Das spanische Schwurgericht

# Schriften der Deutsch-Spanischen Juristenvereinigung

Schriftleitung:
Marc André Gimmy
(Vorstandsmitglied der DSJV)



Band 16

PETER LANG
Frankfurt am Main · Berlin · Bern · Bruxelles · New York · Oxford · Wien

Till Pense

# Das spanische Schwurgericht

## Die Jury im Spannungsfeld von Rechtsstaat und Demokratie

PETER LANG
Europäischer Verlag der Wissenschaften

**Bibliografische Information Der Deutschen Bibliothek**
Die Deutsche Bibliothek verzeichnet diese Publikation in der Deutschen Nationalbibliografie; detaillierte bibliografische Daten sind im Internet über <http://dnb.ddb.de> abrufbar.

Zugl.: Berlin, Humboldt-Univ., Diss., 2004

11
ISSN 1433-884X
ISBN 3-631-53663-1



www.peterlang.de

*Mirta Zampieri*

*in Gedenken*

*gewidmet*

## Vorwort

Die vorliegende Arbeit wurde im Sommersemester 2004 von der Juristischen Fakultät der Humboldt-Universität zu Berlin als Dissertation angenommen.

Mein besonderer Dank gilt Herrn Prof. Dr. Felix Herzog für das große Interesse an meinem Untersuchungsthema und für die engagierte Betreuung der Arbeit. Außerdem danke ich Herrn Prof. Dr. Klaus Marxen für die zügige Erstellung des Zweitgutachtens.

Ferner bedanke ich mich beim Vorstand und dem wissenschaftlichen Beirat der Deutsch-Spanischen Juristenvereinigung für die Aufnahme der Arbeit in die Schriftenreihe der Vereinigung.

Bedanken möchte ich mich auch bei den Mitarbeitern der Juristischen Fakultät der Universität Pompeu Fabra in Barcelona für die freundliche Aufnahme bei meinen Untersuchungen vor Ort. Ganz herzlich bedanke ich mich bei Herrn Prof. Dr. Raúl Núñez Ojeda, der mir bei der Sichtung der einschlägigen spanischen Fachliteratur eine große Hilfe war.

Auch bin ich meinem Freund und Kollegen Herrn Dr. Luis Fajardo López für seine Unterstützung bei meinen Recherchen zu Dank verpflichtet.

Schließlich bedanke ich mich ganz besonders bei meiner Familie und bei meiner lieben Frau Nani für ihren Rückhalt und ihre große Geduld.

Frankfurt am Main, im September 2005

Till Pense

**Inhaltsverzeichnis**

**Abkürzungsverzeichnis**

| | |
|---|---|
| a.A. | anderer Ansicht |
| a.a.O. | am angegebenen Ort |
| Abs. | Absatz |
| abgedr. | abgedruckt |
| a.E. | am Ende |
| a.F. | alte Fassung |
| AJA | Actualidad Jurídica Aranzadi (Zeitschrift) |
| Anm. | Anmerkung |
| Anm. d. Verf. | Anmerkung des Verfassers |
| AnwBl | Anwaltsblatt |
| AP | Audiencia Provincial (≈Landgericht) |
| Art. | Artikel |
| Aufl. | Auflage |
| Bd. | Band |
| BGBl. | Bundesgesetzblatt |
| BGHSt | Entscheidungen des Bundesgerichtshofs in Strafsachen |
| BJC | Boletín de Jurisprudencia Constitucional (Entscheidungssammlung zum Verfassungsrecht) |
| BOC | Boletín Oficial de las Cortes (Drucksachen von Kongress und Senat) |
| BOCG | Boletín Oficial de las Cortes Generales (Gemeinsame Drucksachen von Kongress und Senat) |
| BOE | Boletín Oficial del Estado (Gesetzblatt, Staatsanzeiger) |
| BT-Drucks. | Drucksache des Bundestags |

| | |
|---|---|
| BVerfG | Bundesverfassungsgericht |
| bzw. | beziehungsweise |
| CC | Código Civil (Zivilgesetzbuch) |
| CC AA | Comunidades Autónomas (Autonome Gebietskörperschaften) |
| CE | Constitución Española (Spanische Verfassung) |
| CGPJ | Consejo General del Poder Judicial (Allgemeiner Rechtsprechungsrat) |
| CiU | Convergència i Unió (Katalanische Nationalpartei) |
| CP | Código Penal (Strafgesetzbuch) |
| D. | Decreto (Dekret) |
| ders. | derselbe |
| d.h. | das heißt |
| dies. | dieselbe(n) |
| DSC | Diario de Sesiones del Congreso de los Diputados (Sitzungsberichte des Kongresses) |
| DSCC | Diario de Sesiones de las Cortes Constituyentes (Sitzungsberichte der verfassunggebenden Versammlung) |
| DSS | Diario de Sesiones del Senado (Sitzungsberichte des Senats) |
| DVS | Deutsche Vereinigung der Schöffinnen und Schöffen |
| ebda. | ebenda |
| Ed. | Edición (Auflage) |
| Einl. | Einleitung |
| EM-LOTJ | Exposición de motivos - Ley Orgánica del Tribunal del Jurado (Gesetzesbegründung der LOTJ) |
| Excmo. | Excelentísimo (Seine Exzellenz) |
| f., ff. | folgende, fortfolgende (Fußnoten/Normen/Seiten) |

| | |
|---|---|
| FGE | Fiscalia General del Estado (Spanische Generalstaatsanwaltschaft) |
| Fn. | Fußnote |
| FS | Festschrift |
| gem. | gemäß |
| GG | Grundgesetz |
| GVG | Gerichtsverfassungsgesetz |
| HB | Herri Batasuna (Baskische Separatisten) |
| h.L. | herrschende Lehre |
| h.Lit. | herrschende Literatur |
| h.M. | herrschende Meinung |
| Hrsg. | Herausgeber |
| I.d.F. | in der Fassung |
| i.d.R. | in der Regel |
| i.E. | im Ergebnis |
| IU | Izquierda Unida (Vereinigte Linke, Parteienbündnis) |
| i.V.m. | in Verbindung mit |
| JR | Juristische Rundschau |
| JURA | Juristische Ausbildung |
| Kap. | Kapitel |
| Krit. | Kritik |
| krit. | kritisch |
| l. Sp. | linke Spalte |
| LECrim | Ley de Enjuiciamiento Criminal (Strafverfahrensgesetz) |

| | |
|---|---|
| LI | Ley de Imprenta (Pressegesetz) |
| Lit. | Literatur |
| lit. | Buchstabe |
| LJ | Ley del Jurado (historisch: Schwurgerichtsgesetz) |
| LO | Ley Orgánica (Organgesetz) |
| LOPJ | Ley Orgánica del Poder Judicial (Gerichtsverfassungsgesetz) |
| LOTJ | Ley Orgánica del Tribunal del Jurado (heutiges Schwurgerichtsgesetz) |
| m. | mit |
| m.H.a. | mit Hinweis auf |
| m.w.N. | mit weiteren Nachweisen |
| m.V.a. | mit Verweis auf |
| n.F. | neue Fassung |
| NJW | Neue Juristische Wochenschrift |
| Nr. | Nummer |
| núm., n° | número (Nummer) |
| NStZ | Neue Zeitschrift für Strafrecht |
| ÖStPO | Österreichische Strafprozessordnung |
| PCE | Partido Comunista Español (Spanische Komunistische Partei) |
| PNV | Partido Nacionalista Vasco (Baskische Nationalistische Partei) |
| PP | Partido Popular (Volkspartei) |
| PSOE | Partido Socialista Obrero Español (Spanische Sozialistische Arbeiterpartei) |
| r. Sp. | rechte Spalte |

| | |
|---|---|
| RD | Real Decreto (Königliches Dekret) |
| RDPIb. | Revista de Derecho Procesal Iberoamericana (Zeitschrift) |
| Rev. Int. dr. penal | Revue internacionale de droit pénal (Zeitschrift) |
| Rev. Per. D&JP | Revista Peruana de Doctrina & Jurisprudencia Penal (Zeitschrift) |
| RGBl. | Reichsgesetzblatt |
| RGLJ | Revista General de Legislación y Jurisprudencia (Zeitschrift) |
| RJ | Repertorio de Jurisprudencia Aranzadi (Entscheidungssammlung) |
| RohR | Richter ohne Robe (Zeitschrift der DVS) |
| ROW | Recht in Ost und West |
| Rspr. | Rechtsprechung |
| Rz. | Randziffer |
| S. | Seite |
| S.M. | Su Majestad (Königliche Hoheit) |
| s.o. | siehe oben |
| sog. | sogenannte(r/s) |
| Sp. | Spalte |
| Sr | Señor (Herr) |
| StGB | Strafgesetzbuch |
| StPO | Strafprozessordnung |
| str. | streitig |
| STC | Sentencia del Tribunal Constitucional (Urteil des Spanischen Verfassungsgerichts) |
| STS | Sentencia del Tribunal Supremo (Urteil des obersten ordentlichen Gerichts Spaniens) |

| | |
|---|---|
| SSTS | Sentencias del Tribunal Supremo<br>(Urteile des obersten ordentlichen Gerichts Spaniens) |
| t. | tomo (Band) |
| TC | Tribunal Constitucional<br>(Spanisches Verfassungsgericht) |
| TS | Tribunal Supremo<br>(oberstes ordentliches Gericht Spaniens) |
| TSJ | Tribunal Superior de Justicia (≈Oberlandesgericht) |
| u. | und |
| u.a. | und andere |
| Übers. | Übersetzung |
| v. | vom(n) |
| vgl. | vergleiche |
| vol. | volumen (Band) |
| Vol. | Volume (Band) |
| Ziff. | Ziffer |
| zit. | zitiert |
| ZRP | Zeitschrift für Rechtspolitik |
| ZStW | Zeitschrift für die gesamte Strafrechtswissenschaft |
| z.T. | zum Teil |
| ZZP | Zeitschrift für Zivilprozeß |

# Einleitung

## I. Gegenstand und Ziele der Untersuchung

Die vorliegende Arbeit befasst sich mit einem klassischen Streitgegenstand des Gerichtsverfassungs- und Strafprozessrechts,[1] der Beteiligung von Laien an der gerichtlichen Entscheidungsfindung in Strafsachen.

Der Begriff *Laie* entstammt dem Kirchenrecht. Er bezeichnete ursprünglich den nicht durch eine Weihe ausgesonderten Gläubigen. Später wurde der Laie Synonym für den Ungelehrten, den Nichtsachverständigen.[2] Die Entwicklung des deutschen Strafprozesses hat zwei maßgebliche Formen der Laienbeteiligung an Strafprozessen hervorgebracht: Das Schwurgerichts- und das Schöffengerichtsmodell.

Im *Schöffengericht* entscheiden die Laien gemeinsam mit den Berufsrichtern über Tat- und Rechtsfragen und sprechen das gesamte Urteil mit diesen.[3] Der Begriff *Schöffe* findet seinen Ursprung in *schaffen*, im Rechtssinn *verordnen* beziehungsweise "zwischen den Parteien durch Urteil Ordnung schaffen".[4] Der Ausdruck breitete sich im Laufe des 8. Jahrhunderts im fränkischen Reich allmählich aus und verdrängte hier die Bezeichnungen *rachineburgius* oder *Rachinbürgen*, ein ebenfalls aus zumeist sieben angesehenen und erfahrenen Männern zusammengesetztes Gremium der Dingversammlung, das den vorsitzenden Richter bei der Urteilsfindung unterstützte.[5]

Als *Schwurgericht* oder *Geschworenengericht*[6] wird in Deutschland ein Gericht bezeichnet, das regelmäßig aus zwölf Staatsbürgern gebildet wird, die nicht als Richter angestellt sind und keine Rechtskenntnisse zu besitzen brauchen.[7] Die Bezeichnungen wurden im deutschen Vormärz[8] sowohl für das Gericht als ganzes als auch für den eigentlichen Spruchkörper der Laienrichter verwendet.[9] Ety-

---

[1] Siehe *Ebert*, Jura 1996, S. 242; *Linkenheil*, S. 23, 247.
[2] Vgl. *Wassermann*, in: FS DVS, S. 39.
[3] Vgl. *Ekardt*, Jura 1998, S.121.
[4] Das Wort taucht in mittellateinischer Form erstmals in einer italienischen Urkunde von 774 auf; siehe *Battenberg*, „Schöffen, Schöffengericht", in: HRG, Bd. IV, S. 1463, m.w.N.
[5] *Von Olberg*, „Rachinbürgen", in: HRG, Bd. IV, S. 127.
[6] Vgl. zur Begrifflichkeit: *Feuerbach*, Geschwornen-Gericht, Vorrede.
[7] Vgl. *Ekardt*, Jura 1998, S. 121.
[8] I.e. die Epoche vom Wiener Kongress 1815 bis zur Märzrevolution 1848; dazu *Ekardt*, Jura 1998, S. 122, m.w.N.
[9] Vgl. *Eb. Schmidt*, Einführung, S. 326; *Ekardt*, Jura 1998, S. 121.

mologisch begründet sich die Bezeichnung Schwur- oder Geschworenengericht darin, dass die Laien ursprünglich vor jeder Sitzung feierlich in die Erfüllung ihrer Pflichten eingeschworen wurden.[10]

In Deutschland wurde das „echte“ Schwurgericht nach 1848 in den meisten deutschen Staaten für bestimmte Delikte eingeführt[11] und anlässlich der Verabschiedung der Reichsjustizgesetze 1877 in Gerichtsverfassungsgesetz und Strafprozeßordnung festgeschrieben[12]. Im Jahre 1924 wurde es durch die Verordnung über Gerichtsverfassung und Strafrechtspflege vom 4. Januar 1924[13], der so genannten *Lex Emminger*[14], aus vorgeblichen Kostengründen[15] abgeschafft.[16] Geblieben ist lediglich die Spruchkörperbezeichnung *Schwurgericht* für das große Schöffengericht (§ 74 Abs. 2 Satz 1 a.E. GVG[17]).

Heute gibt es in Strafsachen hierzulande auf den Ebenen des Amts- und des Landgerichts nur noch Schöffen als Laienrichter.[18] Selbst diese verbliebene Form der Laienbeteiligung an strafgerichtlichen Entscheidungen wird gegenwärtig in Frage gestellt.[19] Ihre Kritiker vermögen keine rationalen Gründe für die Laienbeteiligung mehr zu erkennen und messen ihr im Strafverfahren allenfalls noch Symbolwert zu.[20] Die Laienbeteiligung stelle nur noch „eine überlebte Reminiszenz mit Spuren basisdemokratischer Verklärung“[21], die Schöffen „eine blinde Kontrollinstanz ohne Zukunft“[22] dar. Sie gefährdeten die innere Unabhängigkeit des Gerichts, repräsentierten keineswegs die Bevölkerung, seien zur Beurteilung ungeeignet und schließlich zu teuer.[23] Das einzige Argument, das für die Laienbeteiligung noch spreche, „ist die Tatsache, daß es sie gibt“[24].

---

[10] Vgl. *Ekardt*, Jura 1998, S. 121, m.w.N.; *Kern*, Geschichte, S. 6, nach dem der Richtereid auf ein Wormser Kapitular Karls des Großen aus dem Jahre 829 zurückgehen soll.
[11] Siehe *Landau*, in: The trial jury, S. 268 ff.
[12] Siehe *Ebert*, Jura 1996, S. 244 ff.
[13] RGBl. I 1924, S. 15.
[14] Benannt nach dem damaligen Reichsjustizminister Erich Emminger [Anm. d. Verf.].
[15] Siehe *Vormbaum*, Lex Emminger, S. 141 (Fn. 40); *F. Herzog*, in: FS Pawlowski, S. 344.
[16] Zu den Hintergründen siehe *Vormbaum*, Lex Emminger, S. 114 ff.; *Schünemann*, ZStW 114, S. 8 ff.
[17] Gerichtsverfassungsgesetz v. 27.1.1877 i.d.F. der Bekanntmachung v. 9.5.1975 (BGBl. I 1975, S. 1077).
[18] Überblick bei *Linkenheil*, S. 132 ff.
[19] Zum Meinungsstand siehe *Linkenheil*, S. 178 ff.
[20] So *Kühne*, ZRP 1985, S. 237, 239.
[21] *Kühne*, Strafprozeßrecht, § 5 V Rz. 117.
[22] *Lilie*, in: FS Rieß [70], S. 315.
[23] So etwa *Windel*, ZZP 112, S. 296 ff.
[24] *Volk*, in: FS Dünnebier [75], S. 389.

Andere Stimmen treten dagegen für ihren Erhalt oder Ausbau ein.[25] Sie messen der Bürgerbeteiligung vor allem eine demokratische Legitimation der Strafrechtsprechung[26], eine Verbesserung der Rechtsprechungsqualität[27] und eine wirksame Kontrolle der Berufsrichter[28] bei oder rechtfertigen sie aus dem menschlichen Gerechtigkeitsempfinden: Die Laienmitwirkung beuge heute einer Entfremdung des materiellen Strafrechts von der Gesellschaft und einer „Fremdhaltung" der Gesellschaft gegenüber dem Recht vor.[29] Sie legitimiere mithin eine Rechtsprechung „im Namen des Volkes".[30]

In Spanien hat das Schwurgericht in Strafsachen unlängst eine Renaissance erlebt. Anders als das Grundgesetz[31], sieht die Spanische Verfassung von 1978 eine Laienbeteiligung an der Strafrechtsprechung zwingend vor.[32] Im Jahre 1995 ist das Schwurgericht, begleitet von einer lebhaften Debatte in Wissenschaft und Rechtspraxis, gesetzlich wiedereingeführt worden.[33] Dies ist im Zusammenhang mit einer Parallelentwicklung in Russland[34] als überraschende Umkehr der kontinentaleuropäischen Abwendung von der klassischen Geschworenenbank zugunsten von ausschließlich mit Berufsrichtern zu besetzenden Spruchkörpern oder Schöffengerichten gewertet worden.[35] Obwohl die Jury in Strafsachen in der deutschen Literatur Gegenstand zahlreicher Untersuchungen gewesen ist, hat die Entwicklung in Spanien hierzulande wenig Beachtung gefunden.[36]

Ein Ziel der vorliegenden Arbeit ist es, der deutschen Rechtswissenschaft die Laienbeteiligung an der spanischen Strafjustiz zu erschließen. Einleitend kann vorweggenommen werden, dass das Schöffenmodell, wie es heute in Deutschland Anwendung findet, von der spanischen Verfassungs- und Gesetzgebung nie aufgegriffen wurde, de lege ferenda indes von großer Bedeutung ist.

---

[25] So *F. Herzog*, in: FS Pawlowski, S. 357 f.; *Benz*, S. 205, 239; *Wassermann*, in: FS DSV, S. S38 ff.; *Lieber*, RoHR 1999, S. 44; *Eylmann*, in: FS DVS, S. 35 ff.; *Linkenheil*, S. 191 ff.
[26] So *Wassermann*, in: FS DVS, S. 44.
[27] Siehe *Wassermann*, in: FS DVS, S. 45.
[28] So *Eylmann*, in: FS DVS, S. 36 f.
[29] Siehe *F. Herzog*, in: FS Pawlowski, S. 355 ff.
[30] So *Linkenheil*, S. 202.
[31] Siehe *Linkenheil*, S. 176, m.w.N.
[32] Siehe viertes Kap. der vorliegenden Arbeit.
[33] Siehe fünftes Kap.
[34] Zur Wiedereinführung des Geschworenengerichts in Russland siehe *Thaman*, ROW 1997, S. 73 ff.; *Linkenheil*, S. 167 ff., m.w.N.
[35] So *Thaman*, ROW 1997, S. 73 f.
[36] Aus deutscher Sicht nur *Bohlander*, AnwBl 1999, S. 193 ff.; aus spanischer: *Gómez Colomer*, ZStW 110, S. 529 ff.; rechtsvergleichend: *Thaman*, ROW 1997, S. 73 ff.

Die Geschichte des deutschen Schwurgerichts bis zu seiner faktischen Abschaffung durch die *Lex Emminger* ist in der deutschen Literatur mit unterschiedlichen Akzentuierungen aufgearbeitet worden.[37] In Spanien kann das Schwurgericht auf eine ebenso reichhaltige, eigene Rechtsgeschichte zurückblicken. Ihre Kenntnis ist auch für das Verständnis des heutigen Geschworenenprozesses und der um ihn geführten Auseinandersetzung in Spanien notwendig. Einen Schwerpunkt der vorliegenden Arbeit bildet daher die Geschichte des spanischen Schwurgerichts. Es soll dabei auch der Frage nachgegangen werden, worauf die Schwurgerichtsidee in Spanien fußen konnte. Die geschichtlichen und philosophischen Grundlagen sind hierfür gleichermaßen von Bedeutung wie die wirtschaftlichen, politischen und sozialen Bedingungen für die Implementierung der Jury in das spanische Rechtssystem des 19. Jahrhunderts.

Prägende Kraft der deutschen Schwurgerichtsbewegung im 19. Jahrhundert war der bürgerliche Liberalismus. Liberale Rechtsgelehrte waren häufig Angehörige des aufsteigenden Bürgertums, die auch in der politischen Praxis für die Durchsetzung ihrer Ansichten kämpften.[38] Radikalliberale und demokratische Positionen waren in der Minderheit.[39] Das dominante Bürgertum erstrebte, jedenfalls vor der deutschen Revolution von 1848, keine Beteiligung des ganzen Volkes an der Rechtsprechung. Es ging ihm vielmehr um den Ausbau seiner Macht.[40] Ausdruck hierfür war der vielfach geforderte Zensus für die Geschworenenbank. Überblickt man das Schrifttum und die landständischen Verhandlungen vor der Märzrevolution, so lassen sich fast keine Stimmen finden, welche die Zulassung eines jeden Bürgers zur Geschworenenbank forderten.[41] Bezogen auf den Untersuchungsgegenstand soll den Fragen nachgegangen werden, wie sich in Spanien das liberale Bürgertum zum Schwurgericht verhielt und ob dort ein Zusammenhang zwischen bürgerlicher Revolution und der Einführung des Schwurgerichts bestand.

Erstmals Einzug in das deutsche Rechtswesen hielten Schwurgerichte im Zuge der napoleonischen Eroberungsfeldzüge.[42] Auch in Spanien sind die Anfänge

---

[37] Siehe *Schwinge* sowie *Landau*, in: The trial jury, S. 241 ff.; *Vormbaum*, Lex Emminger; *Linkenheil*, S. 42 ff.; aus germanistischer Perspektive: *Kleinz*, S. 69 ff.

[38] Viele von ihnen wurden Opfer der Demagogenverfolgung. Dazu: *Haber*, ZStW 91, S. 599 f., m.w.N.

[39] Vgl. *Haber*, ZStW 91, S. 600.

[40] Vgl. *Haber*, ZStW 91, S. 616.

[41] Vgl. *Haber*, ZStW 91, S. 613 [Fn 55] mit Krit. an *Schwinge*, S. 123 ff.

[42] Nach Beendigung der französischen Besatzung behielten nur die preußischen Rheinlande, Rheinbayern und Rheinhessen das französische Schwurgericht als rezipiertes Partikularrecht bei; vgl. *Schubert*, Gerichtsverfassung, S. 28 ff., m.w.N.; *Eb. Schmidt*, Einführung, S. 324 f. Dort sollen die Geschworenengerichte eine ungeheure Popularität erlangt haben; vgl. *Ebert*, Jura 1996, S. 243.

des Schwurgerichts mit der bonapartistischen Vorherrschaft auf dem europäischen Kontinent verbunden. Die vorliegende Untersuchung der spanischen Verfassungs- und Gesetzgebung zum Schwurgericht bis zu seiner Abschaffung durch die Militärdiktatur General Francos im Jahre 1936 wird deshalb mit einer Darstellung der Herkunft und Entwicklung der Schwurgerichtsidee im 19. Jahrhundert eingeleitet.

In den deutschen Territorialstaaten wurde der Ruf nach Geschworenengerichten bereits im 18. Jahrhundert laut.[43] Justus Möser[44] sah 1774 in der Jury eine Kontrollinstanz der strafgesetzlichen Bestimmtheit.[45] Die wissenschaftliche Debatte wurde hierzulande durch eine von Paul Johann Anselm Feuerbach[46] im Jahre 1812 verfasste Schrift[47] entfacht.[48] Feuerbach wandte sich vehement gegen den bonarpartistischen Geschworenenprozess und die mit diesem verbundene Lehre von der *intime conviction*.[49] Feuerbach differenzierte zwischen einem „rein-politischen" und einem „strafrechtlichen" Gesichtspunkt. In politischer Hinsicht maß er der Jury Vorteile bei.[50] Aus rein strafrechtlicher Perspektive wollte Feuerbach dem Geschworenenprozess jedoch eindeutige Nachteile abgewinnen, die diesen als ineffizient zeichneten.[51] Mit einer überzogen rationalistischen Argumentation trieb Feuerbach das politische Ziel „Gerechtigkeit durch Standesgleichheit" derart auf die Spitze, dass dessen praktische Verwirklichung scheitern muss.[52] Diesen politischen Anspruch spielte Feuerbach gegen den strafrechtlichen Grundsatz „Gerechtigkeit durch Unparteilichkeit" dahin aus, dass er letztendlich zu einem der Jury ungünstigen Ergebnis gelangte.[53]

---

[43] *Kern*, Geschichte, S. 50 f.

[44] 1720-1794.

[45] Vgl. *F. Herzog*, in: FS Pawlowski, S. 351 f.; *Linkenheil*, S. 42 f., beide m.w.N.

[46] 1775-1833.

[47] *Feuerbach*, Geschwornen-Gericht.

[48] Vgl. *F. Herzog*, in: FS Pawlowski, S. 344 f.; *Linkenheil*, S. 52.

[49] Ein Gegner des Schwurgerichts war er aber nicht schlechthin; siehe *Schwinge*, S. 6 ff., 16, m.w.N.; *Linkenheil*, S. 57, 61.

[50] In demokratischen Staaten sei sie immer unentbehrlich, der gemischten Verfassung der konstitutionellen Monarchie wesentlich. In absoluten Staaten hingegen sei die persönliche Freiheit durch allein von Berufsrichtern besetzte Gerichtshöfe „nicht mehr gefährdet und nicht weniger gesichert als durch Geschworene"; *Feuerbach*, Geschwornen-Gericht, S. 47 ff., 57, 80.

[51] Hierzu zählte Feuerbach die Untrennbarkeit von Tatsachen und Rechtsfragen. Er kritisierte zudem das Prinzip der Standesgleichheit, nach dem jeder Stand und jede gesellschaftliche Klasse einer eigenen Jury unterworfen sein sollte; siehe *Feuerbach*, Geschwornen-Gericht, S. 81 ff., 88; 172 ff., 205 ff.; dazu *Schwinge*, S. 10 ff. Zu dieser rein utilitaristischen Betrachtungsweise Feuerbachs krit.: *F. Herzog*, in: FS Pawlowski, S. 346 f.

[52] *F. Herzog*, in: FS Pawlowski, S. 346 f.; so auch *Linkenheil*, S. 59 f.

[53] *F. Herzog*, in: FS Pawlowski, S. 346 f.; *Linkenheil*, S. 60 f.

Der spätere Diskurs des deutschen Schrifttums über das Geschworenengericht ist von Feuerbachs Ansatz maßgeblich beeinflusst gewesen.[54] Nach Feuerbachs frühem Tod waren die renommiertesten deutschen Verfechter des Geschworenengerichts die Rechtsprofessoren Carl Theodor Welcker[55] und Carl Joseph Anton Mittermaier[56], die beide im liberal geprägten Baden agierten.[57] Neben die politische und die juristische Perspektive auf das Schwurgericht trat durch Georg Wilhelm Friedrich Hegel[58] sowie dessen Schüler Gans und Köstlin eine philosophische Betrachtungsweise.[59] Hegel sah im Geschworenengericht das strafprozessuale Vehikel zur Befriedung der Gerechtigkeit. Weil auf der Jury nicht dem Verbrecher entgegengesetzte Richter, sondern Bürger gleichen Standes und gleicher Gesinnung agieren, die keine ihm fremde Sprache sprechen, vermittelten sie auch der subjektiven Perspektive des Angeklagten die angewendeten Strafgesetze.[60]

In ihrem zeitgeschichtlichen Kontext soll die in Spanien unter Rechtsgelehrten um das Schwurgericht geführte Auseinandersetzung untersucht werden. Ziel ist es hierbei zu klären, wie die Schwurgerichtsidee in der spanischen Rechtswissenschaft des 19. Jahrhunderts aufgenommen wurde und welche Funktionen in Spanien dem Schwurgericht zugemessen wurden. Aufschluss hierüber geben in erster Linie die parlamentarischen Debatten sowie die zeitgenössische juristische Literatur.

Nach einer kurzen Betrachtung der zeitlichen Zäsur von rund vierzig Jahren Militärdiktatur soll schließlich die Bedeutung der Laienbeteiligung am Strafverfahren im demokratischen Spanien ergründet werden. Hierbei wird auch zu klären sein, ob das Schwurgericht die moderne Form der Laienbeteiligung in einer demokratischen Form der Rechtspflege ist, auf die man sich in Spanien einigte[61]. Die Auseinandersetzung um Bürgerpartizipation am Strafverfahren in der modernen Strafrechtswissenschaft Spaniens soll im Kontext der Verfassung von 1978, welcher heute eine enorme Bedeutung für den Untersuchungsgegenstand zukommt, untersucht werden. Hier wird vor allem der Frage nachzugehen sein,

[54] Siehe *Vormbaum*, Lex Emminger, S. 142 f.; *F. Herzog*, in: FS Pawlowski, S. 348.
[55] 1790-1869.
[56] 1787-1867.
[57] Während Welcker schon früh zu den energischsten Befürwortern des Geschworenenprozesses zählte, schloss sich Mittermaier erst nach mehrmaligem Sinneswandel auf dem Germanistentag in Lübeck 1847 der Schwurgerichtsbewegung an, dazu *Ekardt*, Jura 1998, S. 122; zum zeitgeschichtlichen Hergang: *Schwinge*, S. 147 ff.
[58] 1770-1831.
[59] Vgl. *Linkenheil*, S. 79 ff., m.w.N.
[60] Vgl. *F. Herzog*, in: FS Pawlowski, S. 354 ff.; *Landau*, in: The trial jury, S. 252 f.; *Linkenheil*, S. 79 ff.
[61] So *Lilie*, in: FS Rieß [70], S. 306.

ob auch das Schöffenmodell eine verfassungskonforme Bürgerbeteiligung an Spaniens Strafrechtsprechung wäre.

Es ist dann der Blick auf den heute in Spanien praktizierten Geschworenenprozess zu richten. Ein Schwerpunkt liegt hierbei auf der Analyse des Gesetzes. Das Gefüge des spanischen Strafprozesses spielt für dessen Verständnis eine bedeutende Rolle. Dies wird etwa im Hinblick auf die hierzulande in Rechtsprechung und Literatur lebhaft umstrittenen Fragen des Akteneinsichtsrechts der Schöffen[62], deren Beteiligung an Entscheidungen außerhalb der Hauptverhandlung (z.B. Haft, Durchsuchungs- und Beschlagnahmebeschlüsse)[63] und an Absprachen[64] deutlich. Der spanische Strafprozess im Allgemeinen und das Geschworenenverfahren im Besonderen lösen diese Kompetenzprobleme anders. Der spanische Gesetzgeber verwehrt insbesondere auch dem Berufsrichter des Schwurgerichts die Einsicht in die Ermittlungsakte.[65]

Für die Darstellung des spanischen Schwurgerichts folgt daraus, dass neben verfassungsrechtlichen Vorgaben auch die Eigenheiten des spanischen Strafverfahrens zu berücksichtigen sind.

In der deutschen Politik sind heute keine deutlichen Tendenzen für einen Ausbau oder für eine Beschränkung der Laiengerichtsbarkeit auszumachen.[66] Die Legislative hat im Dezember 2004 durch ein „Gesetz zur Vereinfachung und Vereinheitlichung der Verfahrensvorschriften zur Wahl und Berufung ehrenamtlicher Richter"[67] die Bürgerpartizipation an den deutschen Gerichtsverfahren nicht substantiell verändert.[68] In Spanien ist der Geschworenenprozess hingegen seit 1997 Gegenstand von diversen Reformanstößen, auf die am Ende der Untersuchung einzugehen sein wird.

---

[62] Siehe aus neuerer Zeit: BGHSt 43, S. 36 = NStZ 1997, S. 506 m. Anm. Kaholnigg = JR 1999, S. 297 m. Anm. Imberger-Bayer; BGHSt 43, S. 360; zum Meinungsstand siehe *Linkenheil*, S. 222 ff., m.w.N.
[63] Zum Meinungsstand siehe *Linkenheil*, S. 142 ff., 232 ff.
[64] Siehe BGHSt 43, S. 195; vgl. *Linkenheil*, S. 158 ff., 237.
[65] Siehe fünftes Kap. der vorliegenden Arbeit.
[66] Vgl. *Linkenheil*, S. 205 ff., m.w.N.
[67] BGBl. I 2004, S. 3599; vgl. *Wendt*, ZRP 2003, S. 286 f.
[68] Vgl. *Linkenheil*, S. 212 ff.

## II. Gang der Untersuchung

Gegenstand und Ziele der Untersuchung ergeben folgenden Aufbau der Arbeit:

Zu Beginn soll der in der spanischen Terminologie für die Laienmitwirkung an Strafgerichten maßgebliche Begriff *jurado* geklärt werden.[69] Danach sollen die historischen Grundlagen für das spanische Schwurgericht untersucht werden.[70] Es folgt die rechtsgeschichtliche Darstellung des spanischen Schwurgerichts für den Zeitraum von 1808 bis 1939.[71] Anschließend wird auf die Laienbeteiligung an der spanischen Strafjustiz nach der Verfassung von 1978 einzugehen sein[72], bevor das spanische Schwurgericht von 1995 im Zusammenhang des heutigen spanischen Strafprozesses dargestellt wird.[73] Hieran knüpft die Auswertung aktueller Gesetzeskritik und Reformtendenzen sowie ein Ausblick auf die Zukunft des spanischen Schwurgerichts an.[74] Die Arbeit schließt mit einer Zusammenfassung der Ergebnisse.[75]

## III. Art und Vorgehensweise der Untersuchung

Wegen der bereits angedeuteten Besonderheiten von Gegenstand und Ziel der Arbeit hat die vorliegende auslandsrechtliche Untersuchung von Normen, Judikatur sowie Primär- und Sekundärliteratur vorwiegend deskriptiven Charakter.

Deutsche und spanische Rechtsvorstellungen und Terminologie decken sich nicht immer. Soweit für das Verständnis erforderlich, werden einzelne Quellen und Fundstellen, auch auszugsweise und, soweit möglich, wortgetreu in deutscher Sprache übersetzt wiedergegeben. Hierbei soll in erster Linie auf bereits vorhandene Übersetzungen zurückgegriffen werden.[76] Wenn nicht anders angegeben, stammen die Übersetzungen vom Autor. Kann einzelnen Begriffen der spanischen Rechtssprache keine eindeutige deutsche Entsprechung zugeordnet werden, finden sie in der Originalsprache Verwendung. Dies gilt auch für Institutionen und Rechtsinstitute.

---

[69] Erstes Kap.
[70] Zweites Kap.
[71] Drittes Kap.
[72] Viertes Kap.
[73] Fünftes Kap.
[74] Sechstes Kap.
[75] Siebtes Kap.
[76] Zur Übersetzungsmethodik siehe *Peuster*, S. XXXV ff.

Soweit historische Quellen in der spanischen Rechtswissenschaft und Judikatur nicht oder nicht abschließend erschlossen sind, sollen diese analysiert und ausgewertet werden.[77] Geschichte und Gegenwart des spanischen Schwurgerichts werden in den politischen und sozialen Kontext der jeweiligen Zeit gestellt.

Der exegetischen Darstellung der Verfassungs- und Gesetzestexte folgt jeweils, sofern vorhanden, eine Interpretation der Rechtswissenschaft unter Berücksichtigung Rechtsprechung. Eine eigene Einschätzung soll nur dann erfolgen, wenn und soweit sie die methodischen Grenzen einer auslandsrechtlichen Untersuchung wahrt. Bei Norminterpretationen des heutigen Rechts sind die in Spanien geltenden Auslegungsregeln zu beachten. Diese sind in Art. 3 CC nicht nur für das bürgerliche Recht, sondern auch für andere Rechtsmaterien niedergelegt.[78] Nach Art. 3 Abs. 1 CC werden Normen

> „gemäß der eigenen Bedeutung ihrer Worte unter Berücksichtigung des Zusammenhanges, der historischen und gesetzgeberischen Vorgeschichte sowie der sozialen Wirklichkeit der Zeit, in der sie angewendet werden müssen, ausgelegt, wobei vor allem Sinn und Zweck jener Gesetze zu beachten sind"[79].

Die Norm knüpft an die klassische Auslegungslehre Savignys an[80], fügt dieser aber ein „soziologisches" Kriterium hinzu.[81] Auf die aus der Materie des Strafrechts oder aus dem Verfassungsrecht resultierenden Modifikationen dieses Interpretationsgrundsatzes wird bei der Darstellung einzugehen sein.

Normen, Rechtsinstitute und Rechtsprinzipien, die nicht Gegenstand der Untersuchung sind, die aber bei der Darstellung des Untersuchungsthemas Erwähnung finden müssen, werden im Kontext des Untersuchungsgegenstandes in der gebotenen Kürze dargestellt und, soweit vorhanden, mit weitergehenden Verweisen auf einschlägige Quellen belegt.

Dies gilt im besonderen Maße für andere Prozessmaximen, die oftmals in den Zusammenhang der Jury in Strafsachen gerückt worden sind, wie die Grundsätze der Öffentlichkeit und Mündlichkeit, richterlicher Unabhängigkeit und Akkusation sowie der freien Beweiswürdigung.[82] Auf den Untersuchungs-

---

[77] Nach dem methodischen Modell von *Jescheck*, Entwicklung, S. 40 f.; *ders.*, Rechtsvergleichung, S. 310 ff.

[78] *Adomeit/Frühbeck*, S. 42 f.

[79] Übers. von *Peuster*, S. 28.

[80] Vgl. *Adomeit/Frühbeck*, S. 43.

[81] *Lasarte Álvarez*, Bd. I, S. 108 f., 110 f.

[82] Hierzulande wurden die Maximen der Mündlichkeit, Öffentlichkeit und Akkusation bereits im Vormärz mit der Schwurgerichtsidee verknüpft; siehe *Rieß*, in: Löwe-Rosenberg, StPO, Einl. I, Rz. 28. Hinzu kam die (ältere) Forderung nach freier Beweiswürdigung, welche die

gegenstand beschränkt, kann die vorliegende Arbeit nicht die Ursprünge und Bedeutungen dieser Prinzipien in Spanien im Einzelnen aufarbeiten. Sie sollen aber Berücksichtigung finden, soweit der Untersuchungsgegenstand nur in ihrem Zusammenhang verständlich ist.

Entsprechendes gilt für Normen und Lehren anderer Länder, soweit sie in Spanien rezipiert wurden. Ausgenommen hiervon sind Bezüge zum deutschen Rechtsraum, wenn sie zur Erschließung des Untersuchungsgegenstandes erforderlich ist.

---

Missstände der aus der Peinlichen Gerichtsordnung hervorgegangenen gesetzlichen - später negativen - Beweistheorie beseitigen sollte und in der deutschen Diskussion besonders eng mit dem Schwurgericht verbunden wurde; vgl. *Küper*, FS Peters [80], S. 25 ff.; *Ekardt*, Jura 1998, S. 124, m.w.N.; *Linkenheil*, S. 56 f.

Erstes Kapitel

# Klärung des Begriffs *jurado*

Die Laienbeteiligung an der Strafrechtsprechung wird im Spanischen mit dem Begriff *jurado* verbunden. Dem Begriff *jurado* kommen allerdings je nach Verwendung unterschiedliche Bedeutungen zu. Daher sollen Wortursprung (**I.**), Wortsinn (**II.**) sowie funktionale (**III.**) und konzeptuelle (**IV.**) Bedeutung des Begriffs geklärt werden.

## I. Wortursprung

Die römischen *iudices iurati* haben möglicherweise den Begriff *jurado* inspiriert. Wie in der deutschen Sprache der Begriff des Geschworenen, wird der etymologische Ursprung des *jurado* in dem Umstand gesehen, dass die Laienrichter feierlich in die Erfüllung ihrer Pflichten eingeschworen wurden.[83] Dementsprechend findet der Begriff auch außerhalb der Rechtssprache auf eine Person Anwendung, die bei einer Amtsübertragung vereidigt worden ist.[84]

## II. Wortsinn

In der spanischen Rechtsterminologie wird der Begriff *jurado* mit drei verschiedenen Einzelbedeutungen verbunden.

### 1. Bezeichnung des Gerichts

Zum einen beschreibt der Begriff *jurado* das Gericht in seiner Gesamtheit, welches sich zu einem Teil aus ständigen und berufsmäßigen, so genannten Richtern über das Recht und zum anderen aus Bürgern, im Grundsatz juristische Laien zusammensetzt, die vorübergehend als Richter der Tatsachen (*jueces del hecho*) wirken und deren Funktion auf das Erkennen über die materiellen, nicht juristischen Fragen, die sich aus den als strafbar angesehenen Tatsachen ergeben, beschränkt ist.[85]

---

[83] Vgl. *Alejandre*, Justicia popular, S. 17; *Ganzenmüller/Frigola/Escudero*, S. 20.
[84] *Ganzenmüller/Frigola/Escudero*, S. 20, m.w.N.
[85] Vgl. *Alejandre*, Justicia popular, S. 17; *Davo Escriva*, S. 26; *Ganzenmüller/Frigola/Escudero*, S. 20.

**2. Bezeichnung eines Gerichtsorgans**

Daneben wird der Begriff *jurado* heute auch zur Beschreibung der Geschworenen in ihrer Gesamtheit, das heißt des Teils des Gerichts, der sich nur aus den so genannten Richtern der Tatsachen zusammensetzt, verwendet.[86] In diesem Sinne beschreiben die allgemeinen spanischen Wörterbücher *jurado* sowohl als ein „weder berufsmäßiges noch dauerhaftes Gericht mit englischem Ursprung, das später in anderen Nationen eingeführt wurde, dessen essenzielle Aufgabe es ist, die abzuurteilende Tat oder die Schuld des Angeklagten zu bestimmen und als solche zu deklarieren, wobei es Aufgabe der Richter bleibt, die Strafe nach dem auf den Fall anzuwendenden Gesetzen zu verhängen"[87] als auch als „in demokratischen Ländern existierender Bürgerorganismus zur Mitwirkung an der Rechtspflege, der mittels Abstimmung und durch seinen Vorsitzenden am Ende des Verfahrens und in Anbetracht dessen Entwicklung erklärt, ob er den Angeklagten des Delikts, dessen er bezichtigt wird, für schuldig oder nicht hält"[88].

Mit *jurado de calificación* wird die Urteilsjury schließlich von der Anklagejury (*jurado de acusación*) abgegrenzt.

**3. Bezeichnung des einzelnen Geschworenen**

Schließlich findet der Begriff *jurado* auch für jeden einzelnen dieser so verstandenen Laienrichter Verwendung.[89]

**4. Unterscheidungsmerkmale**

Wegen der unterschiedlichen Bedeutungen ein und desselben Begriffs ist in der Literatur der Begriff *tribunal del jurado* für das Geschworenengericht, *institución del jurado* für die Geschworenen in ihrer Gesamtheit und für den einzelnen Geschworenen *jurado* (kleingeschrieben) eingeführt worden.[90] Der spanische Gesetzgeber ist diesem Vorschlag beim Schwurgerichtsgesetz von 1995[91] im Grundsatz gefolgt, wobei die *institución del Jurado* auch synonym mit *Jurado* (großgeschrieben)[92] verwendet und der einzelne Geschworene mit *jurado* (kleingeschrieben)[93] abgegrenzt wird.

---

[86] *Guttiérrez Sanz*, S. 28.

[87] *Real Academia*, Diccionario, S. 858, l. Sp.

[88] *M. Moliner*, Diccionario, Bd. II, S. 201, l. Sp.

[89] Vgl. *Alejandre*, Justicia popular, S. 17; *Davo Escriva*, S. 26; *Ganzenmüller/Frigola/Escudero*, S. 20.

[90] *Davo Escriva*, S. 26.

[91] *Ley Orgánica 5/1995, del Tribunal del Jurado* v. 22.5.1995, BOE Nr. 122 v. 23.5.1995 („LOTJ").

[92] So etwa Art. 45 Satz 1 LOTJ.

[93] So etwa Art. 6 LOTJ.

## III. Funktionale Bedeutung

Auch mit *jurado puro* wird die Form der Laienbeteiligung bezeichnet, bei der das Verdikt der Laienrichter darauf beschränkt ist, die angeklagte Person für schuldig oder für nicht schuldig zu erkennen, obgleich in einzelnen Rechtssystemen die Laienrichter zuvor Tatsachen für bewiesen beziehungsweise für nicht bewiesen erklären, wobei die Anwendung des Strafrechts und, im gegebenen Fall, die Verhängung der Rechtsfolgen einer Straftat dem beziehungsweise den Berufsrichtern durch Urteil vorbehalten bleibt.[94] Hierbei handelt es sich um das Modell der so genannten echten oder klassischen Jury, das in der spanischen Literatur mit den heute in England, den USA, Kanada und Australien[95] sowie in Belgien, Schweden, Dänemark und Norwegen praktizierten Formen von Laienbeteiligung verbunden wird und für welches sich der spanische Gesetzgeber im Jahre 1995 im Grundsatz entschieden hat.[96]

Das begriffliche Konzept des *jurado puro* dient vor allem dazu, die klassische Jury von dem Schöffengericht als Form der Laienrechtsprechung abzugrenzen. Das Schöffengericht wird in der spanischen Rechtsterminologie als *escabinato*, *escabinado* oder *tribunal de escabinos* und der einzelne Schöffe als *escabino* bezeichnet.[97] Keine dieser Bezeichnungen für das Schöffengericht findet sich allerdings in dem anerkannten Wörterbuch der *Real Academia de la Lengua Española* wieder.[98]

Weiterhin wird der Terminus *jurado mixto* verwendet, um ein drittes, heute in Österreich anzutreffendes Modell zu beschreiben, in dem ein Geschworenengericht und ein Schöffengericht koexistieren oder nur ein Geschworenengericht besteht, dessen Spruchkompetenz zwar über die der klassischen Jury hinausgeht, ohne aber ein Schöffengericht darzustellen.[99] Dieser Begriff wird teilweise aber auch mit dem Schöffengericht gleichgesetzt.[100]

Schließlich werden Jury und Schwurgericht auch als *jurado popular* und *tribunal popular* bezeichnet. Letztgenannter Begriff kennzeichnet die republikanischen Volksgerichte in der Zeit des Bürgerkrieges.[101] Beide Begriffe berücksich-

---

[94] Statt vieler: *Gómez Colomer*, in: ders./Montero Aroca, S. 54.

[95] Daher auch als angelsächsisches *Jurado* bezeichnet. So *Morón Palomino*, in: Tribunal del Jurado, S. 42.

[96] Statt aller: *Gómez Colomer*, in: ders./Montero Aroca, S. 54.

[97] *Gutiérrez Sanz*, S. 32; *Ganzenmüller/Frigola/Escudero*, S. 29.

[98] *Ganzenmüller/Frigola/Escudero*, S. 29.

[99] So *Gómez Colomer*, in: ders./Montero Aroca, S. 55.

[100] So *Ganzenmüller/Frigola/Escudero*, S. 31; ähnlich *Alejandre*, Justicia popular, S. 21.

[101] Siehe drittes Kap. der vorliegenden Arbeit.

tigen aus Sicht der Literatur jedoch nicht, dass die Geschworenen während ihrer Amtsausübung richterliche Funktionen ausüben.[102]

Die hier als funktional bezeichnete Bedeutung des Begriffs *jurado* hat vor allem im Hinblick auf die verfassungsrechtlichen Vorgaben für die Laienrechtsprechung in Strafsachen große Relevanz, worauf noch einzugehen sein wird.[103]

## IV. Konzeptuelle Bedeutung

Die konzeptuelle Bedeutung des Begriffs *jurado* variiert je nach Betrachter und Zeit zu stark, als dass eine für die Vergangenheit wie für die Gegenwart gleichermaßen geltende Definition zu finden wäre.[104] Die Mehrzahl der im 19. Jahrhundert über den *jurado* hervorgegangenen Schriften enthalten keine klare Definition dieses Begriffs.[105] Bezugspunkt der heutigen Bestrebungen, eine im Grundsatz universelle konzeptuelle Bedeutung des *jurado* zu finden, ist der Definitionsansatz von Joaquín Escriche, eines im 19. Jahrhundert wirkenden spanischen Rechtsgelehrten.[106] Escriche bezeichnet den *jurado* als „die Versammlung einer bestimmten Anzahl von Bürgern, die, ohne die öffentliche Stellung eines Richters innezuhaben, durch Los gewählt und vor das Gericht oder vor den Richter gerufen werden, um ihrem Gewissen nach zu erklären, ob eine Tatsache nachgewiesen ist oder nicht“, damit der Richter „eine Entscheidung mit freisprechendem oder verurteilendem Inhalt fällt und, im letzteren Fall, eine Strafe in Übereinstimmung mit den Gesetzen anwendet.“[107] Heute wird die konzeptuelle Bedeutung des *jurado* ganz überwiegend anhand der vier nachstehend aufgeführten Merkmale kenntlich gemacht.

### 1. Personelle und funktionelle Teilung des Gerichts

Die Einteilung des Gerichts in zwei voneinander sachlich und personell unabhängige Sektionen, nämlich in eine so genannte Tatsachen- und in eine so ge-

---

[102] Siehe *Lorca Navarrete*, Diario La Ley 5762/2003, m.w.N.
[103] Siehe viertes Kap.
[104] *Martín Ostos*, Jurado y Escabinado, S. 10; *Davo Escriva*, S. 27.
[105] Vgl. *Alejandre*, Justicia popular, S. 17; *Davo Escriva*, S. 27 f.
[106] Vgl. *Alejandre*, ebda., S. 18; *Martín Ostos*, Jurado y Escabinado, S. 10; *Davo Escriva*, S. 27; *Ganzenmüller/Frigola/Escudero*, S. 20; Zu Escriches Person und Werk siehe unten drittes Kap.
[107] *Escriche*, Diccionario, Bd. II, S. 392.

nannte Rechtsabteilung, ist für das Geschworenengericht konstitutiv.[108] Diese Aufteilung beruht auf dem Prinzip der Trennung von Tat- und Rechtsfragen.[109]

### 2. Die Geschworenen als juristische Laien

Als zweites Merkmal gilt die Unzugehörigkeit der Geschworenen zum Berufsstand der Juristen.[110] Die Geschworenen sind demnach Bürger, die normalerweise nicht an der Justiz beteiligt sind und keine juristische Ausbildung absolviert haben, die aber während ihres Amtes als Geschworene zu Mitgliedern eines Gerichts werden.[111]

### 3. Zeitliche und spezifische Beschränkung des Geschworenenamtes

Die Geschworenen üben ihre Funktionen zeitlich und spezifisch beschränkt aus. Sie werden in das Gericht sowohl für eine beschränkte Zeit eingebunden („zeitlich beschränktes Amt") als auch für ein Verfahren über eine oder mehrere Straftaten („spezifisch beschränktes Amt"), so dass nach Abschluss des Zeitraums oder des gerichtlichen Verfahrens die Jury aufzulösen ist und ihre Mitglieder in ihre Eigenschaft als einfache Bürger entlassen werden.[112]

### 4. Ungebundenheit der Geschworenen an juristische Maßstäbe

Als viertes und letztes Merkmal wird die Ungebundenheit der Geschworenen bei der Fassung ihres Verdikts an juristische Formeln und Kriterien hervorgehoben. Sie sind bei ihrer Entscheidung über die prozessgegenständlichen Tatsachen allein ihrer inneren Überzeugung (*íntima convicción*) unterworfen.[113]

## V. Zusammenfassung und Begriffsbestimmung für die Untersuchung

Der Begriff *jurado* hat im Hinblick auf den Sinngehalt den gleichen Wortursprung wie der des Geschworenen in der deutschen Terminologie. Er findet aber zur Bezeichnung des gesamten Schwurgerichts, des aus den Geschworenen in

---

[108] Statt vieler: *Alejandre*, Justicia popular, S. 18 f.
[109] *Ganzenmüller/Frigola/Escudero*, S. 22; *Martín Ostos*, Jurado y Escabinado, S. 12.
[110] *Martín Ostos*, Jurado y Escabinado, S. 11; *Ganzenmüller/Frigola/Escudero*, S. 22 f; *Davo Escriva*, S. 31 ff.
[111] *Davo Escriva*, S. 31 ff.
[112] *Davo Escriva*, S. 34; *Ganzenmüller/Frigola/Escudero*, S. 23; *Pérez-Cruz Martín*, Participación popular, S. 39.
[113] *Davo Escriva*, S. 34 f.; *Ganzenmüller/Frigola/Escudero*, S. 23; vgl. *López Sánchez*, Tribunales 1999, S. 1159 ff.

ihrer Gesamtheit bestehenden Teils des Gerichts und des einzelnen Geschworenen gleichermaßen Verwendung. Im weiteren Verlauf der Untersuchung werden die in der deutschen Terminologie gebräuchlichen Bezeichnungen des Geschworenen- oder des Schwurgerichts, der Geschworenen oder der Jury und schließlich des einzelnen Geschworenen synonym verwendet. Soweit der spanische Begriff *jurado* im folgenden genannt wird, steht er großgeschrieben für das gesamte Gericht oder den Spruchkörper und kleingeschrieben für den einzelnenen Geschworenen.

Der Terminus wird in der spanischen Rechtssprache mit den Zusätzen *puro* oder *mixto* funktional von anderen Formen der Laienbeteiligung an der Strafrechtspflege abgegrenzt. *Jurado mixto*, *escabinado* und hiermit verwandte Bezeichnungen stimmen überwiegend mit dem deutschen Begriff des Schöffengerichts überein.

Die dem Schwurgericht in der spanischen Rechtswissenschaft zugemessene konzeptuelle Bedeutung liegt in der personellen und funktionellen Teilung des Gerichts in zwei Sektionen, der Laieneigenschaft der Geschworenen, der zeitlichen und fallbezogenen Beschränkung des Geschworenenamtes und in der Ungebundenheit der Geschworenen an juristische Kriterien begründet.

Zweites Kapitel

# Grundlagen des spanischen Schwurgerichts

Die Untersuchung von Herkunft und Entwicklung der Schwurgerichtsidee im 19. Jahrhundert muss zuerst der in der spanischen Literatur diskutierten Frage nachgehen, ob das historische spanische Recht schon vorher ein dem Schwurgericht verwandtes oder ähnliches Rechtsprechungsorgan kannte (**I.**). Sodann ist auf den politischen Liberalismus als Wegbereiter des Schwurgerichts im 19. Jahrhundert einzugehen. (**II.**)

## I. Laienbeteiligung an Strafprozessen vor dem 19. Jahrhundert

Auch in Spanien wurden richterliche Aufgaben bis zur Entstehung herrschaftlich organisierter Justizorganisationen von juristisch ungelehrten Laien erfüllt. Das Laienrichtertum reicht auch dort bis in die Zeit der Entstehung menschlicher Zivilisation zurück.[114] Erst die mittelalterliche Gerichtsverfassung löste die Ausübung richterlicher Funktionen durch Angehörige des Volkes ab.[115]

Im späten Mittelalter bildete sich in Kastilien unter maßgeblichem Einfluss des seit Mitte des 12. Jahrhunderts verstärkt rezipierten italienischen und kanonischen Rechts ein inquisitorisches Strafverfahren heraus und verdrängte den in den einzelnen Partikularrechten verankerten, westgotisch beeinflussten Akkusationsprozess. Das seit jener Zeit in ganz Spanien herrschende Verfahren zeichnete sich, ähnlich dem Gemeinen Strafprozess hierzulande, durch Heimlichkeit, Schriftlichkeit, Personenidentität zwischen Ankläger[116] und Richter sowie der Anwendung der Folter zur Erzwingung von Geständnissen aus. Es wurde in nahezu unveränderter Form bis in das 19. Jahrhundert hinein praktiziert und in mehreren Kodifikationen festgehalten.[117]

Im absolutistischen Staat lag die Justiz grundsätzlich in den Händen des Monarchen. Daneben bestand eine geistliche Gerichtsbarkeit.[118] Die königliche Gerichtsbarkeit wurde durch die vom König ernannten Richter ausgeübt, soweit die

[114] Vgl. *Varela Castro*, in: CGPJ 1995, S. 28.
[115] Vgl. *Alejandre*, Justicia popular, S. 72 f.
[116] Allerdings konnten vereinzelt auch Bürger sowie Vertreter der Krone als anklagende Parteien am Verfahren teilnehmen. Dazu *Díez-Picazo*, Poder de acusar, S. 141 f., 152.
[117] Vgl. *Vossler*, S. 54, m.w.N.
[118] Zu Kompetenzkonflikten zwischen königlicher und kirchlicher Gerichtsbarkeit siehe *Sainz Guerra*, S. 24.

Gerichtsbarkeit nicht Dritten, in der Regel Feudalherren, im Rahmen eines so genannten *fuero,* einer partikularrechtlichen Gesetzessammlung[119], übertragen war.[120] Die ersten *fueros* stammen aus dem 11. Jahrhundert.[121] Die höchste Gerichtsbarkeit blieb dem Monarchen vorbehalten.[122] Die zunehmende Fragmentierung der Gerichtsverfassung, die nach Standesherkunft der Beteiligten und nach zu richtender Tat unterschied, setzte sich bis in das 19. Jahrhundert fort.[123]

Auch Bürgermeister und andere, nicht selten rechtsunkundige, Mitglieder der öffentlichen Verwaltung übten richterliche Funktionen aus.[124] Sofern einfache Bürger an der Durchführung von inquisitorischen Gerichtsverfahren beteiligt waren, beschränkte sich ihre Zuständigkeit hauptsächlich auf ein Vorschlagsrecht, welchem Beweisverfahren sich die Prozessparteien zu unterziehen hatten, sowie auf die Erklärung, welches Recht anzuwenden war.[125] Vereinzelt, wie in der Grafschaft Kastilien, kam es auch zu einer Wahl der Richter durch Bürger.[126]

Wenn in der rechtshistorischen Literatur Beispiele von Laienrichtertum in einen Zusammenhang mit dem Schwurgericht gerückt werden[127], handelt es sich regelmäßig um das *Fuero de Escalona* oder *Fuero Municipal de Toledo* (**1.**), den *Tribunal de la Curia* (**2.**) und das *Fuero de Aragón* (**3.**).[128]

### 1. *Fuero de Escalona/Fuero Municipal de Toledo*

Eine Laienbeteiligung am Gerichtsverfahren sah ein aus dem *Fuero de Escalona* stammendes mittelalterliches Institut vor, das im 12. Jahrhundert von der neu verfassten und Alfons VII. zugeschriebenen Gerichtsverfassung Toledos übernommen wurde und unter Ferdinand III. fortbestand. Vier, später zehn vom Kö-

[119] Hierzu im Einzelnen *Cabanellas*, Diccionario, Bd. IV, S. 119 ff., m.w.N.
[120] Vgl. *Sainz Guerra*, S. 22 ff.
[121] Siehe *Gleadow*, S. 62, m.w.N.
[122] *Sainz Guerra*, S. 25.
[123] Im Jahre 1797 unterstanden 126 der 149 Städte der königlichen Gerichtsbarkeit, während die 22.000 Dörfer Spaniens mehrheitlich der Feudaljustiz unterworfen waren; siehe *Sainz Guerra*, S. 25 ff., m.w.N.
[124] Die vom Monarchen ernannten Richter bezogen ihr Einkommen z.T. aus von den Parteien zu entrichtenden Gebühren. Da der Dienstherr sie selten pünktlich entlohnte, erhoben sie häufig überhöhte Gebühren. Das Gerichtsverfahren galt als sehr langwierig; siehe *Sainz Guerra*, S. 45 ff.
[125] *Alejandre*, Justicia popular, S. 71 f., m.w.N.
[126] Vgl. *Alejandre*, Justicia popular, S. 73.
[127] Siehe *Alejandre*, Justicia popular, S. 36; *Varona Martínez*, S. 29, zu Ansätzen im 19. Jahrhundert, das Schwurgericht in den mittelalterlichen Gerichtsorganisationen Spaniens wieder zu erkennen.
[128] Vgl. *Martín Ostos*, in: Jornadas Extremadura, S. 100.

nig zu ernennende adlige Männer berieten dort in ständiger Weise den urteilenden Richter oder Bürgermeister.[129]

**2. *Tribunal de la Curia***

Nach dem Gewohnheitsrecht von Tortosa versammelten sich gemeinsam mit dem Statthalter und den Scharfrichtern so genannte gewählte Richter (*jutges eleyts*), die vom Statthalter benannt wurden oder so genannte *paeres* (*paciarii*), die sich aus vier Bürgern und dem Statthalter zusammensetzen, um im Inquisitionsprozess zu richten. Ähnliche Verfahren waren in Valencia, auf Ibiza und auf Formentera sowie bei den alten Handelsgerichten anzutreffen.[130] In Barcelona wurde die oberste Strafgerichtsbarkeit bei Abwesenheit des Vizekönigs Schiedsmännern übertragen, die nicht zwischen Tat- und Rechtsfragen unterschieden.[131]

**3. *Fuero de Aragón***

Das inquisitorische Foralrecht von Aragón des 15. Jahrhunderts sah ein *Tribunal del los 17 iudicantes* vor, dessen Mitglieder jährlich vom König ernannt wurden. Juristen waren von diesem Dienst ausdrücklich ausgeschlossen.[132] Zuständig war dieses Gericht für Taten, die von Mitgliedern der obersten königlichen Gerichtsbarkeit in Ausübung ihrer Funktionen begangen wurden. Letztmalig trat ein solches Gericht im Jahre 1591 zusammen.[133]

**4. Die Sicht der heutigen Rechtswissenschaft**

Heute wird den genannten Spruchkörpern wegen ihrer personellen Zusammensetzung und sachlichen Kompetenz ganz überwiegend jegliche Ursprungsqualität eines Schwurgerichts abgesprochen.[134] Seine Ursprünge sind vielmehr in dem

---

[129] *Escriche*, Diccionario, Bd. II, S. 421, r. Sp.; *Alejandre*, Justicia popular, S. 73, m.w.N.
[130] *Alejandre*, Justicia popular, S. 74, m.w.N.
[131] *Alejandre*, Justicia popular, S. 74, Fn. 184.
[132] Vgl. *Fairén Guillén*, Jurado, S. 24 (Fn. 4).
[133] Vgl. *Fairén Guillén*, ebda.
[134] So schon *Escriche*, Diccionario, Bd. II, S. 422; aus heutiger Sicht: *Alejandre*, Justicia popular, S. 73, m.w.N.; *Varela Castro*, in: CGPJ 1995, S. 28; *Ganzenmüller/Frigola/Escudero*, S. 39; i.E. auch *Pérez-Cruz Martín*, Participación popular, S. 125; a.A.: *Rodríguez García*, S. 55, der eine mittelalterliche Tradition erkennt, ohne auf die soziale Herkunft der Beteiligten einzugehen. Zur Mystifizierung des spanischen Mittelalters als taktischer Schachzug liberaler Revolutionäre: *Tomás y Valiente*, Manual de Historia, S. 439.

im Anschluss an die Französische Revolution in Spanien im 19. Jahrhundert einsetzenden bürgerlichen Emanzipationsprozess zu suchen.[135]

## II. Politischer Liberalismus und bürgerliche Revolution in Spanien

Auch in Spanien gilt der politische Liberalismus als Wegbereiter des Schwurgerichts. Die Ausgangssituation dieser Bewegung soll anhand eines Überblicks über die in Spanien zur Beginn des 19. Jahrhunderts bestehenden politischen, sozialen und wirtschaftlichen Bedingungen geschildert werden (**1.**). Danach sollen Ziele, Struktur und Wirkungsweisen des politischen Liberalismus untersucht werden (**2.**). Im Anschluss wird die zeitliche Dimension der bürgerlichen Revolution in Spanien dargestellt (**3.**).

### 1. Soziale, wirtschaftliche und politische Bedingungen zu Beginn des 19. Jahrhunderts

Anders als in anderen Ländern des europäischen Kontinents hat in Spanien zu Beginn des 19. Jahrhunderts noch keine industrielle Revolution eingesetzt. Spanien war noch immer der aus dem Goldenen Zeitalter des 16. Jahrhunderts überkommene feudale Agrarstaat mit Großgrundbesitztümern, die im Eigentum der Kirche, des Adels oder von Gemeinden standen.[136]

Die ganz überwiegende Mehrheit der spanischen Bevölkerung lebte in ärmsten ländlichen Verhältnissen und war der Schrift nicht mächtig.[137] Politische Macht und wirtschaftlicher Reichtum konzentrierten sich bei einer sehr kleinen Oberschicht.[138] Nur in Küstenstädten mit florierendem Seehandel wie Cádiz, Huelva, Málaga und Barcelona war eine bedeutsame Mittelschicht anzutreffen.[139]

---

[135] Vgl. *Alejandre*, Justicia popular, S. 54 ff.; *Fairén Guillén*, Jurado, S. 25; *Planchadell Gargallo*, in: Gómez Colomer/ Montero Aroca, S. 131; *Gómez de Liaño*, S. 10; *Pérez-Cruz Martín*, Participación popular, S. 125; *Gutiérrez Sanz*, S. 25; *Pedraz Penalva*, Constitución, jurisdicción y proceso, S. 68; *Varela Castro*, in: CGPJ 1995, S. 28; *Cardona Mínguez*, S. 123; *Gisbert Gisbert*, Futuro Tribunal, S. 24; *Martín Ostos*, in: Jornadas Extremadura, S. 100; *Soriano*, in: Jornadas Extremadura, S. 150; *Davo Escriva*, S. 50 ff.; *Gibert Sánchez de la Vega*, in: Jornadas Extremadura, S. 45; *Vilata Menades*, S. 71.

[136] *Castells/Moliner*, S. 20 ff., m.w.N.

[137] Vgl. *García de Cortazár/González Vesga*, Bd. II, S. 444; *Varona Martínez*, S. 33.

[138] Im Jahre 1803 setzte sich die arbeitende spanische Bevölkerung zu 16 % aus Aristokratie und Klerus, 10 % öffentliche Verwaltung, Militär und freie Berufe, 2,5 % Händler, Gewerbetreibende und Gastwirte und 71,5 % Unterschicht, hauptsächlich Bauern, zusammen; siehe *Gleadow*, S. 56, m.w.N.

[139] *Gleadow*, S. 56, m.w.N.; *Gil Novales*, in: Revolución burguesa, S. 47.

Ein starker Bevölkerungsanwuchs im 18. Jahrhundert führte zu einem größeren Bedarf an Agrargütern und infolgedessen an Ackerland. Die Idee, frei erwerbbares Land dem Markt zuzuführen, stieß vor allem bei Feudalherren auf Widerstand.[140]

Das Ansehen der Monarchie nahm unter der Regentschaft[141] von Karl IV. starken Schaden. Die militärischen Niederlagen in den Kriegen gegen Frankreich[142] und England[143] führten zu der Erkenntnis, dass die Krone zur Verteidigung Spaniens sowie seiner Kolonien nicht mehr imstande war.[144] Die schwindende Kontrolle über die Handelsschifffahrt bis zum Verlust der Mehrzahl der spanischen Kolonien in den zwanziger Jahren des 19. Jahrhunderts löste eine dauerhafte Krise der Wirtschaften Andalusiens (Agrar), Kataloniens, Valencias (Textilien) und Kastiliens (Wolle) aus.[145] Lokaler Widerstand gegen Militärabgaben, Plünderungen und Revolten gegenüber Steuern und feudalen Abgaben begleiteten die Rezession.[146]

Die politische Krise, ein hohes Maß an Korruption und Misswirtschaft führten zur praktischen Zahlungsunfähigkeit des *antiguo régimen*.[147] Die Versuche der Regierung Karls IV. unter Leitung des ersten Ministers Manuel de Godoy[148], der Finanzkrise durch Abbau der steuerlichen Adelsprivilegien und dem forcierten Verkauf kirchlichen Grundbesitzes entgegenzusteuern, lösten eine „Revolte der Privilegierten" aus.[149] Im März 1808 musste Godoy wegen des Aufstands in Aranjuez zurücktreten. Karl IV. dankte zugunsten seines Sohnes, Ferdinand VII., ab. Die Krise des *antiguo régimen* führte zu einem Machtvakuum, das alle Bereiche der öffentlichen Verwaltung ergriff.[150]

Mit dem Volksaufstand des 2. Mai 1808 in Madrid begann ein nationaler Unabhängigkeitskrieg gegen die napoleonische Invasion. Am 6. Mai 1808 gab Ferdinand VII. die spanische Krone an seinen Vater Karl IV. zurück, der sie bereits

---

[140] *Tomás y Valiente*, Manual de Historia, S. 407; *Castells/Moliner*, S. 26 f.
[141] 1788-1808.
[142] 1793-1795.
[143] 1796-1802.
[144] *Burdiel*, in: Spanish History, S. 18.
[145] *Burdiel*, ebda., S. 18.
[146] Vgl. *Burdiel*, ebda., S. 18 mit Einzelbeispielen.
[147] Die stark abnehmende Versorgung mit Gold und Silber aus den Kolonien erschwerte den Verkauf öffentlicher Anleihen zur Kapitalbeschaffung. Dazu *Castells/Moliner*, S. 36 f.
[148] 1767-1851.
[149] *Burdiel*, in: Spanish History, S. 19.
[150] *Tomás y Valiente*, Manual de Historia, S. 437; *Sainz Guerra*, S. 71, m.w.N.

zuvor an Napoleon abgetreten hatte. Napoleon krönte sogleich seinen älteren Bruder Joseph zum König von Spanien.[151]

## 2. Der aufkommende politische Liberalismus

Im Befreiungskampf gegen die Franzosen bildete sich eine revolutionäre Bewegung gegen den spanischen Absolutismus heraus.[152] Der politische Liberalismus Spaniens nahm hierin seinen Lauf.

### a) Das staatsphilosophische Fundament

Wie in anderen europäischen Ländern wuchs der spanische Liberalismus essenziell aus dem Gedanken, Regierungsformen auf die Funktionen zu beschränken, welche zur Freiheitssicherung unentbehrlich sind.[153] Der spanische Liberalismus erkennt dieses Prinzip aber auch in der historischen Verfassung des spanischen Mittelalters. Im liberalen Geschichtsbild beginnt die Tradition der Begrenzung von Regierungsmacht, die auf das klassische griechisch-römische Konzept von gesetzmäßiger Regierung zurückgeführt wird, im Mittelalter und wird verbunden mit der Idee des Rechts eines Volkes, seine Zustimmung zu dem Handeln der Regierenden mittels seiner natürlichen Repräsentanten zu äußern. Liberalismus wird so als Resultat der gesamten antiken und modernen Geschichte verstanden.[154]

Im Mittelalter habe der feste Glaube vorgeherrscht, dass die Freiheit vor dem Recht, vor dem Öffentlichen, vor dem Staat liege. Die Gesetze sind demnach nicht mehr als eine Form, diejenigen Freiheiten als Recht zu konsekrieren, deren kollektive Verteidigung notwendig ist. Dieses naturrechtliche Konzept beruhte hauptsächlich auf der christlichen Anschauung, nach der jeder Mensch frei ist auf Grund seiner Eigenschaft, nach Gottes Ebenbild und Gleichnis geschaffen zu sein und folglich, im Gegensatz zu den anderen Wesen, eine natürliche Freiheit zu besitzen. Der Liberalismus wurde so als die mit dem Christentum kohärente politische Ideologie der modernen Zeit verstanden.[155]

---

[151] Zu den Hintergründen siehe *Carr*, S. 91 ff.

[152] Die bloße Bezeichnung als „Unabhängigkeitskrieg" ist dem Romantizismus der liberalen Geschichtsschreibung zuzuschreiben; siehe *Gil Novales*, in: Revolución burguesa, S. 45 ff.; *Castells/Moliner*, S. 39, m.w.N.

[153] *Negro*, S. 11.

[154] *Negro*, S. 12, m.w.N.

[155] Vgl. *Negro*, S. 12, m.w.N.

Im 14. und 15. Jahrhundert nahmen die Angriffe auf diese von den spanischen Liberalen „aufrichtig mystifizierte“[156] Tradition überall dort zu, wo die Monarchie feudale und kanonische Gerichtsbarkeiten an sich zog, um die politische Macht in ihren Händen zu konzentrieren. Die spanische Monarchie stellte im europäischen Ensemble im Laufe der Zeit die archaischste Staatsform mit den meisten mittelalterlichen Reminiszenzen dar.[157] Es dominierte ein Personalismus, welcher bereits die politischen Beziehungen des Mittelalters charakterisierte. Dies stellt einen Kontrast zur steigenden Impersonalisierung des öffentlichen Lebens im restlichen Europa dar, wo der Staat derart objektiviert wurde, dass es möglich wurde, sich ohne größere Rupturen seiner Monarchien zu entledigen.[158]

Die auf die Herrschaft der Habsburger folgende Bourbonische Dynastie, welche den Despotismus nach Spanien trägt, beendet aus Sicht des spanischen Liberalismus jene Tradition von Begrenzung der Regierungsmacht. Der bourbonische Interventionismus ergreift alle Bereiche des öffentlichen Lebens, die Kirche und auch die Universitäten, wo die Lehre des Gemeinen Rechts verdrängt wird. Auf der Ebene des positiven Rechts wird dem Gemeinen Recht, das sich dem königlichen Machtausbau widersetzt, durch den juristischen Rationalismus des Absolutismus die Bildung eines abstrakten zentralisierenden, uniformen und homogenen Rechts entgegengesetzt.

**aa) Die spanische Aufklärung**

Die von den Schriften von Beccaria, Filangieri und Muratori ermutigten, aufgeklärten Juristen Spaniens begannen nun, das Gemeine und auch das römisch-kanonische Recht als „barbarische Gesetze“ anzugreifen.[159] Von der spanischen Aufklärung (*ilustración*) in der zweiten Hälfte des 18. Jahrhunderts besetzte Themen sind hauptsächlich die Forderungen nach Freiheit des Denkens, einer moderaten Regierungsform sowie Eigentum und freier wirtschaftlicher Betätigung. Der Einfluss ausländischer Autoren und die Schule der spanischen Scholastiker und Schriftsteller führten zur Aufnahme eines kontraktualistischen und sich mit der Frage der Volkssouveränität auseinandersetzenden Ideenguts. Die Idee der Glückseligkeit als Regierungsziel war gleichermaßen Vorbild und Wegweiser für Aufklärung und Liberalismus.[160] Bis zur napoleonischen Besatzung wurden Monarchie und Absolutismus aber nicht in Frage gestellt, sondern allenfalls und nur vereinzelt die Privilegien von Aristokratie und Klerus. Typisch für diese Epoche war es, alles Leid der Nation der fehlenden Bildung als

---

156 So *Tomás y Valiente*, Manual de Historia, S. 439.
157 *Negro*, S. 13, m.w.N.
158 *Negro*, S. 13.
159 *Tomás y Valiente*, Manual de Historia, S. 375 ff.
160 *Negro*, S. 37.

Konsequenz von Unfreiheit des Denkens zuzuschreiben.[161] Die fehlende Bildung wird später auch ein hauptsächliches Argument gegen das Schwurgericht sein, worauf noch einzugehen sein wird.

Das französische Gedankengut beherrschte wegen der politischen Situation und der leichteren sprachlichen Zugänglichkeit die Rezeption ausländischer Ideen im 18. Jahrhundert.[162] Daher wurden neben den unter Spaniens Aufklärern (*ilustrados*) bekanntesten Werken von Locke und Montesquieu auch Voltaire, Mably, Rousseau und Condillac rezipiert.[163]

Die spanische Aufklärungsbewegung des ausgehenden 18. Jahrhunderts fand, anders als das ausländische Gedankengut, enge Grenzen im spanischen Katholizismus. Das Areal des Religiösen wird in Spanien im Vergleich zu anderen Ländern des europäischen Kontinents erst später, mit einer Verspätung von einem halben Jahrhundert, überwunden.[164]

Zu den bedeutenden Vertretern der spanischen Aufklärung werden in erster Linie Jovellanos[165], Ignacio de Asso[166], Antonio Capmany[167], Sánchez Barbero[168] und Meléndez Valdés[169] gezählt.[170] Einige *ilustrados* kollaborieren mit der napoleonischen Besatzungsmacht,[171] weshalb sie später von progressiven liberalen Denkern als Anknüpfungspunkt ihrer Überlegungen gemieden werden.[172]

Besonderen Einfluss auf den spanischen Liberalismus des 19. Jahrhunderts wird dem staatsphilosophischen Werk von Gaspar Melchor de Jovellanos zugeschrieben. Jovellanos, unter Karl III. Justizminister, ist in seiner Epoche die herausragende, gleichermaßen politisch und intellektuell anerkannte Persönlichkeit, die in der Geschichte der spanischen Philosophie den Übergang vom 18. in das 19. Jahrhundert personifiziert und dessen Bedeutung in Spanien mit der von Burke in England verglichen wird, da Jovellanos gleichermaßen versucht, Tradi-

---

[161] *Negro*, S. 37, m.w.N.
[162] *Varela Suanzes*, in: Constitución en España, S. 83.
[163] Siehe *Negro*, S. 38, auch zu theoretischen Widersprüchen infolge der Vermengung mit anderen etatistischen Positionen.
[164] *Gil Novales*, in: Revolución burguesa, S. 48.
[165] 1744-1811.
[166] 1742-1814.
[167] 1742-1813.
[168] 1764-1819.
[169] 1754-1817.
[170] Vgl. *Carr*, S. 71 ff.; *Sainz Guerra*, S. 68, m.w.N.; *Alejandre*, Justicia popular, S. 85.
[171] Zu Gründen, Umständen und Verfolgung der Kollaboration siehe *Moreno Alonso*, S. 71 ff.
[172] *Gil Novales*, in: Revolución burguesa, S. 50, spricht von einer nationalen Kulturtragödie, da man einem Großteil der intellektuellen und kulturellen Schöpfung Spaniens entsagt habe.

tion und Freiheit miteinander zu verbinden und weil seine Thesen Ausgangspunkt sowohl für konservative wie für progressive politische Strömungen sind.[173]

Auch in seinem Denken erfüllt die Freiheit eine Voraussetzung der Glückseligkeit. Es geht Jovellanos dabei um konkrete Freiheiten, die in der Kenntnis der sozialen Realitäten gründen und für die das Studium des nationalen Rechts, der Geografie, Geschichte und Gewohnheiten, allerdings immer bezogen auf die Gegenwart, Voraussetzung ist.[174] Rousseau sieht er sich nicht nahe, akzeptiert aber dessen Idee des Sozialpakts. Dieser ist für Jovellanos der Kompromiss, dem das Gesetz entspringt, welches die Freiheiten ermöglicht, die als Rechte und Quellen von Pflichten anerkannt werden. Der Vertrag ist das Fundament der Souveränität, die nach Jovellanos eine unumschränkte, übergeordnete und unabhängige Gewalt einer Vereinigung von Personen darstellt, wenn sie sich zum gesellschaftlichen Leben zusammentun.[175] Die politische Souveränität hingegen liegt in der hierfür vorgesehenen Person des Monarchen und ist bei Jovellanos durch die legislative, exekutive und judikative Gewalten Montesquieus begrenzt. Dort, wo diese Grenzen einmal überschritten sind, beginnt die nationale Vorherrschaft, welche das Recht des gewaltsamen Widerstands gegenüber dem Monarchen, der die Bedingungen des Sozialpakts durch Machtüberschreitung verletzt hat, einschließt. Jovellanos kombiniert so die Idee des Regierens durch Zustimmung mit einem Recht auf Widerstand.[176] Jede Nation hat bei Jovellanos einen eigenen Charakter, nach welchem sich die Verfassungen und die Gesetze richten müssen. Nach seiner Sicht existiert in Spanien eine historische Verfassung, die den Rechten der monarchischen Souveränität übergeordnet ist, die er als ein „lebendiges Prinzip“ oder das „Gewissen der Nation“ beschreibt.[177] Jovellanos wird mit seinem staatsphilosophischen Konzept wie kaum ein anderer spanischer Aufklärer die im 19. Jahrhundert unter spanischen liberalen Politikern einsetzende Debatte um Volkssouveränität und Gewaltenteilung mitbestimmen.

**bb) Liberalismus *sui generis*?**

Erst mit dem im Jahre 1808 gegen die französische Besatzung einsetzenden Unabhängigkeitskrieg kann von der Existenz eines politischen Liberalismus in Spanien die Rede sein. Dem spanischen Liberalismus ist in der ausländischen Geschichtswissenschaft die Originalität seines Gedankengutes abgesprochen

---

[173] Siehe *Negro*, S. 46, m.w.N.
[174] Vgl. *Negro*, S. 46.
[175] Vgl. *Negro*, S. 47, der hierin die klassische Spanische Schule wieder erkennt.
[176] *Negro*, S. 47.
[177] Vgl. *Negro*, S. 48, m.w.N.

worden, da er sich von seinen französischen doktrinellen Leitbildern kaum und noch weniger vom englischen Radikalismus abgehoben habe.[178] Aus Sicht der spanischen Literatur weist er zum Zeitpunkt seiner Entstehung indes Unterschiede zu anderen Liberalismen der Epoche auf, weshalb er auch als Liberalismus *sui generis* bezeichnet worden ist.[179]

Der spanische Liberalismus sah sich zunächst stark in einer eigenen nationalen Tradition verwurzelt. In zweiter Linie war die Nation zum Zeitpunkt seiner Entstehung kein gegen die Monarchie gerichtetes Konzept, wie es in Frankreich der Fall war. Weil es in der Situation des Unabhängigkeitskrieges keinen legitimen spanischen Monarchen gibt, absorbiert die Nation, also das Volk, die Souveränität, um sie später mit einem legitimen Monarchen zu teilen.[180] Ziel der liberalen Bewegung in Spanien war daher die Schaffung eines Nationalstaats, der dem im Unabhängigkeitskrieg hervorgetretenen neuen gesellschaftlichen Nationalgefühl entsprach, sowie die Einrichtung einer neuen Beziehung „zwischen Herrschaft und Gehorsam".[181] Schließlich wird eine Besonderheit des politischen Liberalismus Spaniens in seinem starken Romantizismus gesehen, der während der ersten Hälfte des 19. Jahrhunderts viele europäische Intellektuelle anzog[182] und die Debatte um den Begriff der Nation besonders prägte.[183]

**b) Das liberale Staatsmodell**

In Spanien war der Ausgangspunkt des Konstrukts eines liberalen Staatsgefüges die freie und unabhängige Nation als Inhaberin der staatlichen Souveränität. Die Monarchie hat den Pakt mit der Nation gebrochen, also erhält die Nation ihre ganze Freiheit zurück. Da die Nation kein Erbe einer Familie oder einer Person ist, steht auch nur ihr das Recht zur Verfassungsgebung zu.

Zweitens ist das liberale Staatsmodell das der konstitutionellen Monarchie. Nur der legitime König ist „praktischer" Inhaber der Souveränität. Er hat zum Wohl des Volkes und im Rahmen der Gesetze zu handeln. Seine Autorität entspringt den Gesetzen, die von der Ständevertretung als einzigem Legislativorgan erlassen werden.[184] Der mittelalterliche Dualismus von Monarchie und Ständevertretung wird im Grundsatz beibehalten.[185]

---

[178] *Carr*, S. 137.
[179] Vgl. *Peña González*, S. 16 ff., m.w.N.; *Negro*, S. 12.
[180] *Negro*, S. 51.
[181] *Negro*, S. 52.
[182] *Peña González*, S. 57, m.w.N.
[183] *Peña González*, S. 56 ff, m.w.N.; *Negro*, S. 51.
[184] *Negro*, S. 54, m.w.N.
[185] *Negro*, S. 70.

Drittens steht nach dem liberalen Staatsverständnis die Beziehung des Staates als politischer Körper der Gesellschaft zur Gesellschaft selbst in einem utilitaristischen Verhältnis. Die Gesellschaft ist nützlich und notwendig für die Glückseligkeit, für das Wohlbefinden des Menschen. Es ist hierbei nicht der Nutzen des Einzelnen gemeint, sondern der Nutzen der Menschen insgesamt in Übereinstimmung mit den dauerhaften Bedürfnissen der menschlichen Natur, die den Menschen glücklich machen. Diese Idee vom gesellschaftlichen Nutzen wird in der spanischen Literatur als Individualismus kooperativer Natur bezeichnet.[186]

Die Staatsprinzipien des spanischen Liberalismus unterscheiden sich in materieller Hinsicht nicht wesentlich von den vormärzlichen in Deutschland. Neben der – allerdings nicht gegen die Monarchie gerichteten - Forderung nach nationaler Souveränität werden die Prinzipien der Legalität, der Gleichheit, der Gewaltenteilung und der Einheit der Gesetzbücher genannt.[187] Spaniens Liberale verfochten die Freiheiten des Denkens, der Presse, der wirtschaftlichen Betätigung und des Eigentums und forderten eine Begrenzung der Privilegien von Kirche und Inquisition.[188]

**c) Das liberale Justizmodell**

Das liberale Justizideal suchte in Spanien ein Gleichgewicht zwischen Ausübung des staatlichen Machtanspruchs und bürgerlicher Freiheit. Die Prinzipien der Einheit und der Exklusivität der Rechtsprechung, das Legalitätsprinzip und die Unabsetzbarkeit des Richters richteten sich wie andernorts gegen die Wesenszüge des absolutistischen Rechtssystems. In seinen Hauptlinien knüpfte daher auch das liberale Justizmodell in Spanien an die klassischen Postulate des kontinentaleuropäischen Liberalismus an.[189]

Die Gewaltenteilung, die, ungeachtet der englischen Einflüsse, in Spanien als ein essenziell französisches Prinzip angesehen wurde, war Ausgangspunkt einer liberalen Justizreform.[190] Hierbei wurde an die Unterscheidung von persönlicher Freiheit und politischer Freiheit angeknüpft: Die politische Freiheit des Einzelnen kann um der Allgemeinheit und der Stabilität der Institutionen willen Einschränkungen ausgesetzt sein. Eine Beschränkung der „zivilen“ Freiheit ist hingegen nur möglich, wenn sie sich gegen eine bestimmte Person richtet und

---

186 So *Negro*, S. 55.

187 Vgl. *Sainz Guerra*, S. 71 ff., m.w.N.; *Negro*, S. 69, sieht eine Parallele zur Entwicklung in Preußen, da der Liberalismus auch dort aus einer Rebellion gegen die Lehren und Regierungsform Frankreichs als Konsequenz der napoleonischen Feldzüge erwuchs.

188 *Negro*, S. 71.

189 Vgl. *Lanero Táboas*, S. 28, m.w.N.; *Pedraz Penalva*, in: Juicio por jurados, S. 247 ff.

190 *Aparicio*, S. 19, m.w.N.

durch ein vor dem Beginn des Gerichtsverfahrens erlassenes Gesetz legitimiert ist. Das Gesetz, das für alle gleichermaßen gilt, legt demnach den Raum für Entfaltung der persönlichen Freiheit fest. Um eine gleiche und unparteiische Gesetzesanwendung zu gewährleisten, ist eine in allen Fällen objektive, schnelle und unbefangene Rechtspflege notwendig.

Für den Strafprozess sollte dies auch zur Folge haben, dass der Täter gewiss sein soll, dass ihn nichts vor einer verdienten Strafe bewahren kann. Dem Unschuldigen sollte das Gesetz hingegen alle Mittel zur Verfügung stellen, um die List, die Boshaftigkeit und die Macht seiner Feinde zu bezwingen. Die essenzielle Grundlage des Staates ist das Gesetz. Es erfordert, dass seine Anwendung getrennt von anderen Akten staatlicher Autorität realisiert wird.[191]

Diese Unabhängigkeit der Justiz sollte insbesondere durch die Unabsetzbarkeit des Richters gesichert werden. Gleichzeitig sahen die Liberalen es aber auch als erforderlich an, die Richterschaft einer Kontrolle zu unterwerfen, ohne sie vom König und von der Ständevertretung abhängig zu machen. Spaniens Liberale waren sich uneins, ob die Justiz diese Kontrolle selbst ausüben sollte oder ob derartige Befugnisse auch dem König oder Parlament zugestanden werden sollten.[192] Wegen der personellen Kontinuität der Richterschaft des Absolutismus waren sich die Reformkräfte darüber einig, dass in diesem Punkt, wie auch bei der Einheit der Gesetze und der Rechtsprechung, Konzessionen zu machen waren.[193] Die mit dem Misstrauen gegenüber der Richterschaft gekoppelte Ungewissheit, ob und wie sich die Krone in das liberale Staatsmodell ein- und unterfügen würde, eröffnete die Frage nach einer Kontrolle gerichtlicher Entscheidungen durch das Volk.

Um es vorwegzunehmen, war das Schwurgericht, wie die Untersuchung der Legislativgeschichte und der unter Rechtsgelehrten geführten Debatte noch zeigen soll, kein selbstverständlicher Bestandteil des liberalen Justizmodells in Spanien. Wenn es auf einer gleichen Stufe mit den Rechten des Eigentums, der Versammlung, des friedlichen Zusammenschlusses, der Meinungsäußerung und des Gewissens angesiedelt wurde, sah man es als ein individuelles Recht des Einzelnen an.[194] Wurde die Ausübung des Geschworenenamtes als ein Teilhaberecht an staatlichen Entscheidungsprozessen diskutiert, schieden sich Befürworter und Gegner des Schwurgerichts an der Interpretation des Dogmas der Souveränität.[195] In der Weise, wie sich dieses Dogma dem antagonistischen Prinzip der

[191] *Aparicio*, S. 21.
[192] Vgl. *Sainz Guerra*, S. 102 ff.; *Aparicio*, S. 24 ff.
[193] *Aparicio*, S. 23 ff.
[194] *Alejandre*, Justicia popular, S. 27, m.w.N.
[195] *Alejandre*, ebda., S. 29, m.w.N.

exklusiven Autorität des Königs entgegenstellte, konnte sich die Einordnung der Jury als demokratische Institution für einige Liberale nicht lediglich als eigenständiges Ziel, sondern auch und vor allem als Mittel darstellen, die beim König liegende staatliche Souveränität zu schwächen. Das Schwurgericht erlangte hierdurch seine politische Funktion, eine antimonarchische Finalität, welche naturgemäß auf ein besonders tiefes Misstrauen bei den der Krone verbundenen konservativen politischen Kräften Spaniens traf.[196] Aus diesem Grund versuchten einige Liberale, welche dem Schwurgericht primär einen politischen Nutzen beimaßen, diesem auch ein technisches Fundament – eine juristische Funktion – zu verschaffen, nicht zuletzt, um es unabhängiger von den politischen Geschicken des Landes zu machen,[197] worauf im spezifischen Zusammenhang der vorliegenden Arbeit noch einzugehen sein wird.

**d) Gesellschaftliches (Selbst-)Verständnis der Liberalen**

Der Kampf gegen die französische Besatzung und der politische Verfall des spanischen Königshauses einte große Teile der spanischen Gesellschaft in ihrem verletzten Nationalstolz und dem Verlangen nach politischer Veränderung.[198]

Der revolutionäre Liberalismus war zu Anfang nicht nur politisches Programm, sondern taktisches Resultat der Umstände.[199] Im Krieg gegen die Franzosen kam es zeitweise zu politischen Allianzen zwischen Adel, Unterklasse, Klerus und Mittelschicht. Von einer breiten, politisch oder sozial homogenen Reformbewegung kann zu Beginn des 19. Jahrhunderts aber nicht die Rede sein. Die große Mehrheit der Bevölkerung blieb bereits aufgrund ihrer wirtschaftlichen und sozialen Verhältnisse von der aktiven Politik ausgeschlossen.[200] Für den einfachen Bürger ging es im spanischen Unabhängigkeitskrieg eher um die Verteidigung der eigenen Güter, um das nackte Überleben als um den Kampf für eine spanische Nation.[201] Aufgrund der gegebenen sozialen Strukturen fanden liberale Positionen daher zunächst kaum Rückhalt in der spanischen Bevölkerung.[202] Die wachsenden politischen Aktivitäten spanischer Liberaler korrespondierten, anders als in anderen Ländern Europas, auch nicht mit wirtschaftlichen und sozia-

---

[196] *Alejandre*, Justicia popular, S. 30.

[197] *Alejandre*, ebda., S. 35.

[198] Vgl. *Tomás y Valiente*, Manual de Historia, S. 437; *Gil Nobles*, in: Revolución burguesa, S. 50; zur Kollaboration siehe aber auch *Castells/Moliner*, S. 40 f., 73: Ca. 2 Millionen Spanier schworen Joseph Bonaparte die Treue und mehr als 100.000 kollaborierten mit der Besatzungsmacht.

[199] *Burdiel*, in: Spanish History, S. 17 f.

[200] *Tomás y Valiente*, Manual de Historia, S. 432; *Solé Tura/Aja*, S. 122.

[201] *Castells/Moliner*, S. 41.

[202] *Sainz Guerra*, S. 70.

len Veränderungen.[203] Zu groß war der Abstand der Aufklärungsideale von Freiheit, Gleichheit und Gerechtigkeit zur Realität einer rückständigen und fast ausschließlich analphabetischen spanischen Landbevölkerung, die erst gegen Ende des 19. Jahrhunderts die Mentalität einer Arbeiterklasse entwickeln sollte.[204]

In den zwanziger Jahren des 19. Jahrhunderts kam es zur Spaltung der liberalen Kräfte in die Lager der so genannten Moderaten und Exaltierten.[205] Spätestens ab den dreißiger Jahren des 19. Jahrhunderts standen sich in der Auseinandersetzung um bürgerliche Freiheiten und Demokratie nicht mehr Absolutisten und Konstitutionalisten, sondern Moderate und Progressive, wie die Exaltierten um 1840 genannt wurden, gegenüber.[206] Die Moderaten entwickelten sich ab 1845 zur konservativen Rechten Spaniens. Im Mittelpunkt der progressiven oder exaltierten liberalen Politik standen Ausbau von Demokratie und Beschränkung der Macht der Krone.[207] Die Moderaten als ihre politischen Gegenspieler konnten deshalb eher mit einer Unterstützung durch die Krone, den Adel und das Militär für ihre Politik rechnen. Moderate und Progressive rangen nach 1837 um politische Macht und Ämter bis zum Fall der konstitutionellen Monarchie im Jahre 1931.[208]

Während die Exaltierten tendenziell für einen verstärkten Zugang der Bürger zu allen staatlichen Institutionen plädierten, nahmen moderate Liberale häufig nicht für sich in Anspruch, die Rechte der wirtschaftlich und sozial schlechter gestellten Bevölkerungsschichten Spaniens zu vertreten. Vielmehr hatten sie spätestens zur Jahrhundertwende ein ständisch geprägtes Klassenbewusstsein entwickelt[209], welches die Ausführungen von Joaquín Francisco Pacheco, einem moderaten liberalen Politiker und prominenten Juristen seiner Zeit, in seinen in Madrid in den Jahren 1844 und 1845 zum Staatsrecht gehaltenen Vorlesungen verdeutlichen:

> „Das Wahlrecht wird kein Recht Aller sein. Die untersten Klassen jeden Landes müssen von ihm ausgeschlossen sein, aus dem einfachen Grund, weil sie es nicht angemessen ausüben können. [...] Nach allgemeiner Regel ist Grundlage der Verleihung dieses Rechts der Genuss eines gewissen Einkommens oder die Zahlung einer bestimmten Steuer. Dieses Prin-

---

[203] Vgl. *Carr*, S. 72.
[204] *Tomás y Valiente*, Manual de Historia, S. 433.
[205] Vgl. hierzu im Einzelnen *Burdiel*, in: Spanish History, S. 29 ff.
[206] *Gleadow*, S. 84, m.w.N.
[207] Vgl. *Solé Tura/Aja*, S. 122 ff.: Für die ersten direkten Wahlen zum spanischen Unterhaus des Jahres 1834 waren nur 0,15 % der Gesamtbevölkerung Spaniens stimmberechtigt. Bis zur Revolution von 1868 lag dieser Anteil stets unter 5 %. Dies erkläre auch die enorme Bedeutung des anarchistischen Politikbewusstseins in Spanien am Ende des 19. Jahrhundert.
[208] *Carr*, S. 158.
[209] Vgl. *Tomás y Valiente*, Manual de Historia, S. 432.

zip, meine Herren, ist rational und akzeptabel. Der Reichtum, oder besser gesagt der Wohlstand, das behagliche und einfache Leben, in dem die materielle Arbeit keine schwere Last, keine ständige beschwerliche Beschäftigung ist, lässt Raum für die Empfängnis des Geistes. Jenes Wohlbefinden mittlerer Größe, in dem eine sittliche und leutselige Befriedigung vorzufinden ist, soll Voraussetzung für die politische Befähigung sein, weil es die Intelligenz und den Wert in der gesellschaftlichen Ordnung verleiht. Wer mühevoll seinen Lebensunterhalt mit harter Arbeit verdient [...], wer nicht ein Mal die würdige Entspannung genießen kann, welche uns so sehr erhebt, [...] kann weder die politische Berücksichtigung noch Wertschätzung beanspruchen, die naturgemäß auf denjenigen zurückfallen, der ihm gegenüber einen Vorsprung an so viel Wert hat."[210]

### e) Politische Agitationsformen

Hauptsächlich wurden liberale Ideen in Spanien zunächst von Journalisten, Juristen, Geistlichen, Professoren und Schriftstellern verbreitet, die von den Schriften der spanischen sowie der ausländischen Aufklärung beeinflusst und auf ihren Reisen nach England und Frankreich neuen politischen Ideen und Institutionen, darunter auch den Geschworenengerichten, begegnet waren.[211] Zur Verbreitung und Durchsetzung ihrer Ziele bedienten sich die liberalen Kräfte hauptsächlich der Parteien, der Hilfe des Militärs und der Presse.

#### aa) Parteien

Die liberalen Parteien Spaniens des 19. Jahrhundert waren elitär strukturiert und weit davon entfernt, von einem signifikanten Bevölkerungsanteil mitgetragen zu werden.[212] Noch im Jahre 1890 waren liberale Parteien kleine Gesellschaften oder Vereine, die sich aus prominenten Persönlichkeiten zusammensetzten. Ihr Apparat bestand aus Netzwerken kleiner und unabhängiger Ausschüsse. Die Partei als solche wurde nur bei Wahlen zum Leben erweckt, doktrinäre und ideologische Fragen gegenüber aktuellen politischen Problemen wurden vernachlässigt. Innerparteiliche Rivalitäten und Gruppierungen wurden hauptsächlich mit Personen verbunden, deren Namen einzelne Parteifraktionen zu tragen pflegten.[213] Die Parteien finanzierten sich durch Spenden einzelner wohlhabender Förderer.[214] Einige Liberale waren in Geheimbünden wie den Freimaurern aktiv.[215]

---

[210] *J. Pacheco*, Derecho Político, S. 178 f.; vgl. *Tomás y Valiente*, Manual de Historia, S. 432.

[211] Vgl. *Sainz Guerra*, S. 70; *Gleadow*, S. 56; *Carr*, S. 73, 94; *Témime/Broder/Chastagnaret*, S. 25.

[212] Vgl. *Solé Tura/Aja*, S. 126, bis zur Revolution von 1868 habe es nur „Parteiembrione" gegeben.

[213] Vgl. *Solé Tura/Aja*, S. 127.

[214] *Álvarez Junco*, in: Visperas del 98, S. 60, m.w.N.

[215] *Burdiel*, in: Spanish History, S. 23; *Gleadow*, S. 57, m.w.N.

**bb) Politische Allianzen mit dem Militär**

Die spanische Politik des 19. und 20. Jahrhunderts ist auch durch die Intervention des Militärs durch das so genannte *pronunciamiento* geprägt. Ein *pronunciamiento* war eine von Offizieren in Schlüsselpositionen der Militärspitze verlautbarte öffentliche Erklärung der Illoyalität gegenüber einer bestehenden Regierung, mit dem Ziel, ein anderes Regime an die Macht zu bringen, und in der Regel nicht ein mit Waffengewalt verübter Militärputsch.[216]

Die aktive Intervention des Militärs in der Politik im Spanien des 19. Jahrhunderts wird heute auf die Schwäche der Zivilgesellschaft im politisch elitär dominierten liberalen Staat zurückgeführt. Die Streitkräfte stellten ihr gegenüber eine gefestigte Institution dar.[217] Hinzu kommt, dass spanische Politiker jener Zeit das *pronunciamiento* als ein legitimes Instrument zur politischen Konfliktlösung ansahen.[218]

Im Zeitraum von 1814 bis 1874 wurden *pronunciamientos* auch hin und wieder zugunsten liberaler Regierungen verübt.[219] Begünstigt wurde die Unterstützung liberaler Politik von Seiten des Militärs auch durch den ab 1836 ermöglichten Eintritt von Nichtadeligen in die Offiziersakademien.[220] Darüber hinaus agierten mit Beginn der Karlistischen Kriege ab 1833 einflussreiche liberale Generäle nicht nur im bewaffneten Kampf, sondern auch in der Regierung.[221] Das *pronunciamiento* wird als das in der Praxis maßgebliche Instrument der liberalen Revolution im 19. Jahrhundert angesehen.[222]

**cc) Presse**

Schließlich wurde liberales Gedankengut ab dem Jahr 1808 in Manifesten, Pamphleten und zunehmend in Zeitungen verbreitet.[223] Die an Vielfalt reiche spanische Presse entwickelte sich während der ersten Hälfte des 19. Jahrhunderts zu einer besonders wichtigen politischen Aktionsplattform der in der Entstehung begriffenen politischen Parteien und zur schärfsten Waffe politischer

---

216 Vgl. hierzu im Einzelnen *Boyd*, in: Spanish History, S. 67 ff.
217 *Boyd*, in: Spanish History, S. 68; *Crúz*, in: Spanish History, S. 37.
218 *Crúz*, in: Spanish History, S. 38.
219 *Gleadow*, S. 57.
220 Siehe *Boyd*, in: Spanish History, S. 75.
221 Hervorzuheben sind Riego, Esparto, Prim, O´Donnell und Narváez; siehe *Gleadow*, S. 58; *Boyd*, in: Spanish History, S. 64 ff.
222 So *Carr*, S. 131; *Solé Tura/Aja*, S. 126.
223 Zur spanischen Zeitungslandschaft siehe *Elorza/López Alonso*, S. 11 ff., m.w.N., *García de Cortazár/González Vesga*, Bd. II, S. 444 f.; zur antiklerikalen Haltung der exaltierten Presse siehe *A. Moliner*, in: FS Gil Novales, S. 73; zu den in London erscheinenden spanischen Zeitungen siehe *Moreno Alonso*, S. 225 ff.

Opposition gegenüber einzelnen Ministerien.[224] Zugleich instrumentalisierten liberale Regierungen die Presse aber auch, um ihre Politik mit öffentlicher Meinung zu rechtfertigen.[225] Die freie Presse, die als politisches Meinungsforum Gegenstand von Zensur und repressiven Strafnormen war, ist auch in Spanien untrennbar mit den Anfängen der Schwurgerichtsidee verbunden, worauf bei der Darstellung der Entwicklungsgeschichte der Jury einzugehen sein wird.[226]

### 3. Bürgerliche Revolution in Spanien

Die Evolution des Schwurgerichts ist auf dem europäischen Kontinent und auch in Spanien eng verknüpft mit dem Phänomen der bürgerlichen Revolution. Sofern Revolution nicht als ein Wechsel mit kataklystischen Effekten zu verstehen ist, sondern als zeitlich ausgedehnte Veränderung, die nicht alle Elemente der transformierten Gesellschaft beseitigt, hat eine bürgerliche Revolution in Spanien stattgefunden.[227] Bürgerliche Revolution ist in Spanien als struktureller Prozess zu verstehen, der die gesellschaftlichen Grundlagen des *antiguo régimen* transformierte und die notwendigen rechtlichen und politischen Voraussetzungen für die Errichtung einer bürgerlich dominierten Gesellschaft schuf, welche politisch in Form des liberalen Staates organisiert war und sich durch die Einführung und Entwicklung kapitalistischer Produktionsverhältnisse und Handelsbeziehungen charakterisierte.[228] Zur Klärung der Ausgangssituation und der Entwicklungschancen des spanischen Schwurgerichts sollen im folgenden die Charakteristika und Zeitspannen des erwähnten Prozesses der bürgerlichen Revolution kurz skizziert werden.

Die bürgerliche Revolution in Spanien hat in den Entwicklungslinien nicht dem französischen Modell entsprochen, sondern hat sich, den besonderen gesellschaftlichen Umständen in Spanien entsprechend, in verschiedenen Zeitsträngen ereignet[229]:

#### a) 1808 - 1833

Eine erste revolutionäre Periode begann mit dem Ausbruch des nationalen Unabhängigkeitskrieges im Jahre 1808 und dauerte bis zum Tod von Ferdinand

[224] In Madrid erschienen nach 1820 ca. 120 Zeitungen; siehe *García de Cortázar/González Vesga*, Bd. II, S. 443 f.
[225] *García de Cortázar/González Vesga*, Bd. II, S. 443.
[226] Siehe drittes Kap. der vorliegenden Arbeit.
[227] *Tomás y Valiente*, Manual de Historia, S. 404.
[228] *Tomás y Valiente*, ebda., S. 404.
[229] Zum Folgenden: *Tomás y Valiente*, ebda., S. 404 f.; a.A.: *Peña González*, S. 25: Ein konstitutiv bürgerlich-revolutionärer Prozess habe in Spanien in Ermangelung einer soliden bürgerlichen Klasse nicht stattgefunden.

VII. im Jahre 1833 fort. In diesem Zeitraum manifestierte sich die revolutionäre Ideologie in den Versammlungen von Cádiz. Mit der Rückkehr von Ferdinand VII. aus Frankreich im Jahre 1814 lebte der Absolutismus des *antiguo régimen* bis zum Jahr 1820 wieder auf. Während des anschließenden liberalen Trienniums (*Trienio Liberal)*[230] wurde die Verfassung von Cádiz[231] für kurze Zeit wiederhergestellt, bis der Absolutismus erneut die Macht ergriff. Die Dekade von 1823 bis 1833 bedeutete den Verlust der revolutionären Eroberungen.

**b) 1836 - 1843 / 1854 - 1856**

Mit dem Ende der Regentschaft Ferdinands VII. war der Weg für eine neue revolutionäre Situation frei. Diese ermöglichte die definitive Einführung des konstitutionellen Staates und die Umwandlung der Grundeigentums- sowie die Zerstörung der ständischen Gesellschaftsordnung. Die Kirche wurde aus ihrer traditionellen Position verdrängt.[232] Der Adelsstand stellte zwar weiterhin eine gesellschaftlich mächtige Gruppe dar. Seine Privilegien wurden jedoch formal beseitigt. Das Bürgertum, das sich gegenüber dem offiziell beseitigten, jedoch noch allgegenwärtigen *antiguo régimen* als schwach und in der Minderheit erkannte, legte durch seine liberale Gesetzgebung den rechtlichen Grundstein der bürgerlichen Revolution Spaniens.[233]

**c) 1868 - 1874**

Eine „demokratische Periode" der bürgerlichen Revolution erstreckt sich auf die Zeit des so genannten *Sexenio Revolucionario*, die mit der Septemberrevolution von 1868 eingeleitet wurde und bis zur bourbonischen Restauration von 1874 fortdauerte. Zu jener Zeit der Ersten Republik Spaniens bildeten sich provisorische Allianzen zwischen Bürgertum und Unterschicht. Regiert wurde mit einer Mischung aus „Ethik und Volkshumanismus"[234]. Die 1869 verkündete Verfassung[235] sah einen tief greifenden Schutz individueller Rechte vor und proklamierte erstmalig allgemeine Wahlen. Neben Gesetzen, die einen radikalen Wirtschaftsliberalismus verfolgten, wurden auf dem Gebiet der Justiz das Strafgesetzbuch von 1870, das Gerichtsverfassungsgesetz aus demselben Jahr und das

---

[230] Die dreijährige Regierungszeit liberaler Kräfte (1820-1823); siehe *Burdiel*, in: Spanish History, S. 23 f.

[231] Siehe drittes Kap. der vorliegenden Arbeit.

[232] Zur Rolle der Kirche im bürgerlichen Revolutionsprozess siehe *Callahan*, in: Spanish History, S. 49 ff.

[233] So *Gil Novales*, in: Revolución burguesa, S. 52.

[234] *Tomás y Valiente*, Manual de Historia, S. 405.

[235] Siehe drittes Kap. der vorliegenden Arbeit.

vorläufige Strafprozessgesetz von 1872 erlassen, deren Geltung die absolutistische Restauration von 1874 überdauerte.

Nach dieser Zeit gab das Bürgertum sein revolutionäres Werk auf und verwandelte sich in eine konservative Klasse. Mit der Restauration schwand der Gegensatz eines vom Reformwillen getragenen Bürgertums und den aus der Gesellschaft des *antiguo régimen* stammenden mächtigen Gesellschaftsgruppen. Das aufgestiegene Bürgertum hatte seine Revolution realisiert. Zum anderen hatten sich die einst privilegierten Stände in einer vom aufgestiegenen Bürgertum dominierten Gesellschaft verbürgerlicht. Die Verabschiedung des Zivilgesetzbuches von 1888/1889 ist vielleicht das klarste Zeichen dafür, dass die bürgerliche Ordnung bereits errichtet war. Die nunmehr einsetzende Industrialisierung des Landes brachte einen anderen gesellschaftlichen Konflikt hervor, in dem ein Bündnis aus Finanz-, Industrie- und Handelsbürgertum zusammen mit Landeigentümern einem noch in der Entstehung begriffenen, hauptsächlich urbanen Industrieproletariat gegenüberstand.[236]

## III. Zusammenfassung des zweiten Kapitels

Das spanische Schwurgericht findet keinen Ursprung in den mittelalterlichen Gerichtsverfassungen.

Spanien ist zu Beginn des 19. Jahrhunderts ein wirtschaftlich und politisch angeschlagener Agrarstaat mit einer extrem kleinen wirtschaftlich und politisch mächtigen Oberschicht, einer marginalen bürgerlichen Mittelschicht und einer überaus armen und analphabetischen Unterschicht. Die außen- und innenpolitische Krise des *antiguo régimen* führt zu einem Machtvakuum und mündet in einen Unabhängigkeits- und Bürgerkrieg.

Das rechtsphilosophische Fundament des aufkommenden politischen Liberalismus setzt die spanische Aufklärung, die ihrerseits stark durch das französische Gedankengut beeinflusst ist und dieses mit naturrechtlichen und utilitaristischen Konzepten verbindet. Die Freiheitspostulate der Aufklärung finden ihre Grenzen im spanischen Katholizismus. Die Forderung nach nationaler Souveränität richtet sich in Spanien grundsätzlich nicht gegen die Monarchie, die Teil des liberalen Staatsgefüges ist. Die Gesetzgebungsgewalt der Krone ist im liberalen

[236] Vgl. auch *Gil Novales*, in: Revolución burguesa, S. 52 ff., der eine „Aristokratisierung" des Bürgertums für das Ausbleiben einer profunden Revolution verantwortlich macht. Die bürgerliche Revolution Spaniens habe sich durch eine volksfeindliche Linie und Angst vor der Französischen Revolution und später vor dem Sozialismus gekennzeichnet.

Staatsmodell durch die Zustimmung der Ständevertretung begrenzt. Die nationale Souveränität ist demnach auch kein Ansatzpunkt für das Schwurgericht. Das liberale Justizideal beinhaltet sowohl den Schutz der bürgerlichen Freiheiten durch Legalität und Rechtsschutz als auch das Prinzip der Gewaltenteilung, mit dem gleichermaßen die Unabhängigkeit und Unabsetzbarkeit der Richter und die Gesetzmäßigkeit der Justiz verbunden werden. Die Kontrolle einer persönlich unabhängigen Rechtsprechung zur Sicherung der bürgerlichen Freiheiten eröffnet hingegen die Frage des Schwurgerichts.

Der politische Liberalismus Spaniens wird vom aufsteigenden Bürgertum getragen, das über einen quantitativ unbedeutenden Rückhalt in der spanischen Bevölkerung verfügt. Dem gesellschaftlichen Verständnis vor allem moderater Liberaler liegt ein ständisches Denken zugrunde. Die Mehrheit der spanischen Bevölkerung ist von der Gestaltung des Staates systematisch ausgeschlossen. Die Parteien bleiben bis zum 20. Jahrhundert kleine elitäre Gesellschaften. Von enormer Bedeutung für die liberale Politik sind politische Bündnisse mit den Streitkräften und die Presse als politisches Meinungsforum.

Die bürgerliche Revolution findet in Spanien im Zeitraum von 1808 bis 1874 in mehreren Zeitetappen statt. Ein erster Grundstein wird in der Versammlung von Cádiz gelegt. Deren Ansätze werden im liberalen Triennium aufgriffen. Das *antiguo régimen* kann diese Revolution mittels zweier Restaurationen noch im Keim ersticken. Erst zur Mitte des 19. Jahrhunderts gelingt es den Liberalen, die konstitutionelle Monarchie einzuführen und die privilegierten Stände zu verdrängen. Es folgt eine kurze demokratische Etappe mit der Ersten Republik. Danach entwickelt sich das aufgestiegene Bürgertum zu einer die spanische Gesellschaft dominierenden konservativen Klasse, der gegenüber sich am Ende des 19. Jahrhunderts im Zuge des einsetzenden Industrialisierungsprozesses eine Arbeiterschaft formiert.

Drittes Kapitel
# Die Entwicklung des spanischen Schwurgerichts - rechtsgeschichtliche Darstellung (1808 - 1939) -

Im vorangegangen Kapitel ist auf das Fundament für eine Implementierung des Schwurgerichts in Spanien eingegangen worden. Nun soll dessen Entstehungs- und Entwicklungsgeschichte im 19. Jahrhundert untersucht werden. Ausgangspunkt der Untersuchung ist ein kurzer Überblick über die spanischen Verfassungen des 19. Jahrhunderts. Dieser soll dazu dienen, die legislative Entwicklung des Schwurgerichts im Zeichen der im 19. Jahrhundert in Spanien für lange Zeit herrschenden großen politischen Instabilität geschichtlich einzuordnen (**I.**).

Danach wird in Anlehnung an die bereits erfolgte zeitliche Darstellung des bürgerlichen Revolutionsprozesses die legislative Entwicklung des Schwurgerichts für den Zeitraum von 1808 bis 1874 sowie die zeitgenössische Auseinandersetzung unter den Rechtsgelehrten zu untersuchen sein (**II.**).

In einem weiteren Zeitschritt wird die in legislativer Hinsicht für das Schwurgericht bedeutendste Epoche von 1882 bis 1923, die hier als Kodifikationszeit bezeichnet wird, untersucht (**III.**).

Das rechtshistorische Kapitel schließt mit der Darstellung der Entwicklung in der Zweiten Republik und mit dem Niedergang des Schwurgerichts während des Bürgerkrieges in den Jahren 1931 bis 1939 (**IV.**).

## I. Die Verfassungen des 19. Jahrhunderts - Ausdruck politischer Instabilität

Die spanische Geschichte des 19. Jahrhunderts ist stark geprägt von einem häufigen politischen Macht- und Systemwechsel, der zugleich ein mitbestimmender Faktor für die Entwicklung des Schwurgerichts war. Die politische Instabilität wird deutlich anhand der insgesamt neun Verfassungen jenes Jahrhunderts[237], von denen vier nicht einmal in Kraft traten[238]:

[237] Veröffentlicht bei *Rico Linage*, Constituciones históricas.
[238] Nicht in Kraft traten die nachfolgend zu Ziffern 1., 3., 6. und 8. bezeichneten Verfassungen; siehe *Gleadow*, S. 61, m.w.N.; *Tomás y Valiente*, Manual de Historia, S. 436 f.

1. Verfassungsstatut von Bayonne vom 06. Juli 1808[239]
2. Verfassung von Cádiz vom 19. März 1812[240]
3. Königliches Statut vom 10. April 1834[241]
4. Verfassung vom 18. Juni 1837[242]
5. Verfassung vom 23. Mai 1845[243]
6. Verfassung *non nata* von 1856[244]
7. Verfassung vom 1. Juni 1869[245]
8. Föderales Verfassungsprojekt von 1873
9. Verfassung vom 30. Juni 1876[246]

Spanische Historiker sehen in dieser Vielzahl an Verfassungen ein Zeichen von Krankheit des politischen Systems.[247] Ein Grund hierfür wird einerseits in der Inkompatibilität der liberalen legislativen Reformen mit dem Streben der spanischen Krone nach Erhaltung der Macht[248] gesehen, andererseits in einer Art „Sektenwesen" der politischen Parteien - Liberale und Absolutisten, Radikale und Moderate, Monarchisten und Republikaner -, die im Moment der Machterlangung einen nur dem eigenen politischen Programm verpflichteten Verfassungstext verabschiedeten.[249]

Die Verfassungen von 1812 und 1869 folgten den progressiven politischen Vorstellungen, während sich in den Verfassungen von 1837, 1845 und 1876 das konservative Modell niederschlug.[250] Hierdurch wurden ein ideologischer Pluralismus und die Koexistenz von Parteien unterschiedlichen politischen Spektrums

---

[239] *Constitución de 6 de julio de 1808*, Gaceta de Madrid v. 27.-30.7.1808.

[240] *Constitución política de la Monarquía española de 19 de marzo de 1812* (Imprenta Real).

[241] *Estatuto Real para la convocación de las Cortes generales del Reino, mandado observar por S.M. la Reina Goberadora en 10 de abril de 1834*, Gaceta de Madrid v. 16.4.1834.

[242] *Constitución política de la Monarquía española de 18 de junio de 1837*, Gaceta de Madrid v. 24.6.1837.

[243] *Constitución de la Monarquía española de 23 de mayo de 1845*, Gaceta de Madrid v. 23.5.1845.

[244] *RD de 15 de septiembre de 1856 restableciendo la Constitución promulgada en 23 de mayo de 1845*, Gaceta de Madrid v. 16.9.1856.

[245] *Constitución de la Monarquía española de 1 de junio de 1869*, Gaceta de Madrid v. 7.6.1869.

[246] *Constitución de la Monarquía española de 30 de junio de 1876*, Gaceta de Madrid v. 2.7.1876.

[247] *Llorca*, S. 76, m.w.N.

[248] *Llorca*, S. 77 f.

[249] Siehe *Attard*, S. 46, m.w.N.; *Peña González*, S. 27.

[250] *Merchán Álvarez*, S. 236 ff. Die konservativen Verfassungen von 1845 und 1876 waren wesentlich länger in Kraft. Hierzu: *Solé Tura/Aja*, S. 131 ff.

in einem gemeinsamen verfassungsrechtlichen Rahmen praktisch unmöglich gemacht.[251]

Ein Grund für den häufigen Verfassungswechsel wird aber auch in dem Ausbleiben eines profunden und authentischen konstituierenden Prozesses gesehen, an welchem auch die spanische Bevölkerung teilgenommen hätte. Die Verfassungen entbehrten in Zeiten bürgerlicher Revolution daher eines breiten gesellschaftlichen Rückhalts.[252]

Der häufige Macht- und Verfassungswechsel im 19. Jahrhundert ist ein die Entwicklung der gesamten Rechtsordnung Spaniens bestimmendes Hindernis. Die politische Instabilität wird als ein gewichtiges Argument Verwendung finden, der Demokratisierung des spanischen Staates[253] und auch dem Schwurgericht entgegenzutreten.

## II. Das Schwurgericht in Zeiten bürgerlicher Revolution (1808 - 1874)

### 1. Das Schwurgericht im Verfassungsstatut von Bayonne von 1808

Ähnlich wie in einigen deutschen Territorialstaaten, ist die Kodifizierung des spanischen Geschworenenprozesses zunächst maßgeblich durch die französische Besatzung beeinflusst.[254]

In Frankreich war die Jury bereits durch Anordnung der Nationalversammlung von 1790 und die ihr folgenden Revolutionsgesetze für Verbrechen nach britischem Vorbild und auf Grundlage der Lehren Montesquieus und Rousseaus eingeführt worden[255], zunächst als Anklage- wie auch als Urteilsjury.[256] Maßstab für die Befähigung als Geschworener war zunächst der Steuerzensus.[257] Vorübergehend wurden durch Gesetz auch alle Bürger zugelassen.[258] Das Geschworenengericht geriet jedoch schon bald in Misskredit, da es sich in den Jahren der Schreckensherrschaft als gefügiges Instrument der jeweiligen Machthaber erwiesen hatte.[259] Napoleon entschied sich dennoch für die Beibehaltung der Ur-

---

[251] *Attard*, S. 45 ff., 82, im Hinblick auf die Verfassungen von 1837 und 1845, m.w.N.; ebenso *Solé Tura/Aja*, S. 137 ff.; *Tomás y Valiente*, Manual de Historia, S. 447.
[252] So *Tomás y Valiente*, Manual de Historia, S. 447.
[253] Vgl. *Peña González*, S. 21.
[254] Vgl. *Davo Escriva*, S. 49 ff.; *Gómez Colomer*, ZStW 110, S. 530.
[255] Vgl. *Rüping*, Grundriß, Rz. 290; *Küper*, FS Peters [80], S. 26 f., m.w.N.
[256] Vgl. *Eb. Schmidt*, Einführung, S. 326.
[257] Vgl. *Haber*, ZStW 91, S. 611, m.w.N.
[258] Vgl. *Haber*, ZStW 91, S. 612, m.w.N.
[259] *Ebert*, Jura 1996, S. 243.

teilsjury. Sie wurden 1808 unter massiver Beschneidung ihrer Zuständigkeiten in den *Code d'instruction criminelle* übernommen.[260]

Im Mai 1808 versammelte Napoleon im französischen Bayonne das spanische Königshaus sowie einige spanische Minister des *antiguo régimen* und Mitglieder des Kastilischen Kronrats.[261] Die liberalen Kräfte in der spanischen Politik waren nicht zugegen.[262] Mit der Verabschiedung eines Verfassungsstatuts durch spanische Parlamentarier wollte Napoleon die von ihm initiierte spanische Thronfolge seines Bruders legitimieren. Um seiner Herrschaft das Wohlwollen der spanischen Bevölkerung zu verschaffen, nahm er einige aus seiner Sicht populäre Reformvorschläge in den Statutentwurf mit auf, den er den angereisten[263] spanischen Politikern übermitteln ließ.

Ähnlich Art. 62 der Verfassung der Französischen Republik von 1799 napoleonischen Verfassung sah Art. 61 des Entwurfs vor:

> „Das Kriminalverfahren ist öffentlich. Es findet in der Form des Geschworenenprozesses statt."[264]

Als den spanischen Delegierten eine Stellungnahme erlaubt wurde, äußerten sich diese, für die Thematik des Schwurgerichts offenbar unvorbereitet[265], überwiegend kritisch.

Die spärliche Debatte gilt als die erste über das Geschworenengericht unter Spaniern.[266] Auf die Interventionen einiger anwesender spanischer Politiker[267], die in ihren Wortmeldungen gegen die zwingende Einführung des Geschworenenprozesses hauptsächlich gesetzestechnische Gründe geltend machten, wird zurückgeführt, dass die spanischen Delegierten mehrheitlich gegen die Beibehaltung des Artikels stimmten.[268] Über die wirklichen Motive der Delegierten kann indes nur spekuliert werden.[269]

---

[260] Vgl. *Linkenheil*, S. 45 ff., m.w.N.

[261] *Alejandre*, Justicia popular, S. 80, m.w.N.

[262] Vgl. *Gleadow*, S. 67, m.w.N.

[263] Als deren Anzahl Napoleon als zu gering erschien, befahl er, einfache Spanier in Bayonne ausfindig zu machen und sie der Versammlung zuzuführen; vgl. *Gleadow*, S. 67, m.w.N.

[264] Zit. nach *Sanz Cid*, S. 197; vgl. *Alejandre*, Justicia popular, S. 80; *Artola*, in: Historia de España, Bd. V, S. 19 ff.

[265] *Alejandre*, Justicia popular, S. 80.

[266] *Pérez-Cruz Martín*, Participación popular, S. 127.

[267] Arribas, Marcelino Pereyra, Ettenhard und Ranz Romanillos; vgl. *Alejandre*, Justicia popular, S. 81f.

[268] *Alejandre*, ebda., S. 82, m.w.N.

[269] Als mögliche Gründe werden fehlende Kenntnis, Vorurteile und politische und soziale Herkunft der Delegierten genannt. So *Alejandre*, ebda., S. 80, m.w.N., *Gleadow*, S. 67.

Napoleon akzeptierte das Abstimmungsergebnis, wohl fürchtend, dass die Einführung des Geschworenengerichts in Spanien mehr Unruhe als Wohlgefallen auslösen könnte.[270] Art. 106 des Verfassungsstatuts orientierte sich sogar eng an einem in der vorangegangenen Debatte geäußerten Formulierungsvorschlag[271] und lautete:

> „Das Kriminalverfahren ist öffentlich. Die ersten *Cortes* werden darüber befinden, ob ein Geschworenenprozess eingeführt wird oder nicht."[272]

Spanische Rechtshistoriker sprechen dem Verfassungsstatut von Bayonne wegen der Umstände seines Zustandekommens jeglichen Verfassungsrang ab. Die deshalb als „nichtige" bezeichnete Verfassung von Bayonne stellt aber den ersten historischen Versuch dar, das Schwurgericht in Spanien einzuführen.[273]

**2. Das Schwurgericht in der Verfassung von Cádiz von 1812**

Im Jahre 1810 hielten die napoleonischen Truppen fast das ganze spanische Territorium besetzt. Der spanische Widerstand gegen die Besatzung hatte sich in lokalen, politisch und sozial äußerst heterogen zusammengesetzten Bürgerräten (*juntas*) formiert, die sich in regionalen *juntas* zusammengeschlossen hatten und seit 1808 einer zentralen *Junta Central Suprema* untergeordnet waren.[274] Im Januar 1810 berief die *Junta Central Suprema* eine verfassunggebende Versammlung ein, die im September desselben Jahres im äußersten Süden Spaniens in dem von Napoleon unbesetzten Cádiz ihre Arbeiten aufnahm und in der die liberalrevolutionären Kräfte überwogen.[275] Die Verfassungsdebatten fanden im Februar 1812 ihren Abschluss. Am 19. März 1812 wurde die Verfassung von Cádiz verkündet.

Die Verfassung von Cádiz[276] gilt als Ausdruck eines authentischen radikalen Liberalismus.[277] Sie beeinflusste über die Grenzen Spaniens hinaus die Verfassungsdiskussion in anderen Teilen Europas, so auch die des deutschen Vor-

---

[270] Vgl. *Alejandre*, Justicia popular, S. 82; *Gleadow*, S. 66.
[271] Vgl. *Alejandre*, ebda., S. 81.
[272] Zit. nach *Sanz Cid*, S. 434.
[273] Siehe statt vieler: *Davo Escriva*, S. 51.
[274] *Burdiel*, in: Spanish History, S. 18 ff., 20.
[275] Die starke Repräsentanz radikalliberaler Kräfte wird auch auf das allgemeine politische Klima der Stadt Cádiz zurückgeführt; siehe *Tomás y Valiente*, Manual de Historia, S. 438, m.w.N. Cádiz war zu jener Zeit ein bedeutender Seehandelsort und Residenz einer breiten Mittelschicht, ausländischer Handelsleute sowie Refugium für aus von Napoleon besetzten Gebieten geflohene Spanier; siehe *Moreno Alonso*, S. 210 ff., m.w.N.
[276] Im Folgenden „CE 1812" abgekürzt.
[277] *Sainz Guerra*, S. 80; *Tómas y Valiente*, Manual de Historia, S. 439.

märz[278]. In der spanischen Literatur wird das in Cádiz geschaffene politische System einerseits als die Geburt des spanischen Rechtsstaats beschrieben, soweit seine rechtlichen Grundlagen den Schutz der bestehenden objektiven und subjektiven Rechte beinhalten.[279] Dieser Rechtsstaat kennzeichne sich in der Notwendigkeit, dass die Gesetze, die alle Bürger, Beamten und staatlichen Stellen binden, von der Nation als Inhaberin der staatlichen Souveränität herrühren.[280] Andererseits wird das als Reaktion auf den Absolutismus entstehende politische System als „konstitutioneller monarchischer Liberalismus" bezeichnet, für den die Unterordnung der beim Volk liegenden Verfassungsgewalt unter den König charakteristisch sei.[281]

Obwohl die Verfassung von Cádiz äußerst lang ist, verfügt sie über keinen Katalog individueller Freiheiten. Art. 4 CE 1812 erkennt lediglich die persönliche Freiheit, das Eigentum[282] und die „sonstigen legitimen Rechte der Individuen" an.[283]

Gemäß Art. 3 CE 1812 liegt „die Staatsgewalt im wesentlichen bei der Nation". Der König hat nach Art. 173 CE 1812 auf die Verfassung zu schwören und sie zu verteidigen. Nach der Verfassung ist er König „von Gottes Gnaden und von Verfassung wegen". Hierdurch soll der Wechsel vom Absolutismus zur konstitutionellen Monarchie vollzogen werden.[284] Das Prinzip der Gewaltenteilung wird in Art. 15-17 CE 1812 aufgegriffen. Die Gesetzgebung obliegt den *Cortes* gemeinsam mit dem König, die Exekutive dem König allein und die Judikative den Gerichten. Die Verfassung sah weder einen Einkommens- noch einen Bildungszensus für das passive Wahlrecht zu den *Cortes* vor.[285]

Der Justiz widmete die Verfassung einen eigenen fünften Titel (Art. 242-308). Die Richter sind nur durch Gerichtsurteil absetzbar (Art. 252, 253 CE 1812).[286] Die Einheit der Gesetzbücher (Art. 258) und der Rechtsprechung (Art. 248), je-

---

[278] Siehe *Dippel*, in: Constitución en España, S. 289 ff., 298-307, m.w.N. Vor allem Rotteck empfand große Bewunderung für die Verfassung von Cádiz; siehe *Karl von Rotteck*: Cortes und Cortes-Verfassung in Spanien, in: Staats-Lexikon (hrsg. v. Karl von Rotteck und Karl Theodor Welcker), Bd. III (1846), S. 578 ff.

[279] *Tomás y Valiente*, Manual de Historia, S. 422; zustimmend: *Sainz Guerra*, S. 71 f.

[280] *Tomás y Valiente*, Manual de Historia, S. 422.

[281] *Lalinde Abadia*, S. 471 ff.

[282] Vgl. *Tomás y Valiente*, Manual de Historia, S. 441, der in der Verfassung den Eigentümer als „Prototyp" des Bürgers erkennt.

[283] Art. 12 CE 1812 erklärt hingegen den Katholizismus zur Staatsreligion und verbietet das Glaubensbekenntnis zu jeder anderen Religion.

[284] Vgl. *Tomás y Valiente*, Manual de Historia, S. 439.

[285] Vgl. *Gleadow*, S. 75 ff.

[286] Hierzu auch: *Aparicio*, S. 24 ff.

doch mit nicht geringfügigen Ausnahmen zugunsten von Klerus und Militär (Art. 249, 250)[287], wurde festgeschrieben. Die strafprozessualen Verfassungsnormen nehmen sich in erster Linie des Schutzes der persönlichen Freiheit an, indem ein weitreichender Richtervorbehalt für die Inhaftierung bestimmt wurde (Art. 287 ff. CE 1812). Außerdem wurden für den Strafprozess die Grundsätze der Beschleunigung und Öffentlichkeit vorgeschrieben (Art. 286, 302 CE 1812).

Die Verfassungsartikel über die Strafrechtspflege greifen in Art. 307 CE 1812 die Frage des Schwurgerichts wie folgt auf:

> „Sollten die *Cortes* mit der Zeit eine Unterscheidung zwischen den Richtern der Tatsachen und des Rechts für angebracht halten, werden sie diese[288] in der Form errichten, welche sie für zweckmäßig erachten."

Die kurze unter den Delegierten geführte Debatte setzte sich mit der Frage auseinander, ob und inwieweit die Verfassung das Schwurgericht in Strafsachen zwingend festschreiben soll, „um die Unschuld vor Willkür und Despotismus zu sichern".[289] Der Vorsitzende der Kommission, Agustín Argüelles, soll die Abgeordneten mehrheitlich davon überzeugt haben, dass aufgrund der bestehenden politischen Umstände des Landes eine genauere Vorgabe unpassend wäre.[290] Die Verfassungsbegründung, die ebenfalls Argüelles zugeschrieben wird,[291] verdeutlicht die Zurückhaltung der Verfassungsgeber von Cádiz in der Frage des Schwurgerichts:

> „Dieses bewundernswerte System, das in England so viel Wohl hervorbringt, ist in Spanien kaum bekannt. Seine Art zu richten ist vollkommen verschieden von dem, was bei uns Verwendung findet, und eine Revolution in dem schwierigsten, bedeutendsten und riskantesten Punkt eines Gesetzes zu machen, ist keine Arbeit, die inmitten von Bedrängnis, Agitationen und politischer Wirren in Angriff genommen werden kann. Weder der politische Geist noch die allgemeine Meinung der Nation können jetzt in der Lage sein, eine so substanzielle Neuheit ohne Gewalt aufzunehmen. Die Pressefreiheit, die freie Diskussion über Angelegenheiten der Regierung, der Umlauf von Werken und Abhandlungen des öffentlichen Rechts und der Jurisprudenz, das, was bis jetzt Spanien gefehlt hat, werden das wahre und angemessene Vehikel sein, um allen Teilen des politischen Apparats den vom Staat aufzunehmenden Nährboden der Aufklärung und die Kraft all seiner Mitglieder zuzuführen. Deswegen war die Kommission der Ansicht, anstatt das Missfallen einiger und die Irritation anderer mit einer verfrühten Diskussion hervorzurufen, [..] dem natürlichen Fortschritt der Erkenntnis die Schaffung eines Systems zu überlassen, das nur nützlich sein kann, wenn es Frucht der Bekundung

---

[287] Siehe *Aparicio*, S. 23 f.

[288] I.e. Unterscheidung [Anm. d. Verf.]

[289] So der spätere Kriegsminister Golfín; zit. nach *Alejandre*, Justicia popular, S. 83 f., m.w.N.

[290] Vgl. *Davo Escriva*, S. 54, m.w.N.

[291] *Alejandre*, Justicia popular, S. 84; *Tomás y Valiente*, Manual de Historia, S. 439; vgl. *Aparicio*, S. 21, m.w.N., der auch andere Delegierte als Urheber benennt.

und der Überzeugung ist. Deshalb überlässt sie dem künftigen Parlament die Befugnis, in jenem Punkt die von diesem als ratsam erachteten Verbesserungen herbeizuführen."[292]

Der Verfassungsgeber beschrieb so die aktuelle politische Lage Spaniens: Das Land ist besetzt, das Königshaus geflohen und ein Ausländer auf dem Thron. Eine legitime und geordnete Justiz konnte unter diesen Umständen nur auf dem Papier bestehen.[293] Die Verfassungsbegründung lässt jedoch auch erkennen, dass die Kommission die Einführung der Jury herbeisehnte:

„Die Kommission hat an anderer Stelle den Nutzen angedeutet, die Justiz zu perfektionieren, indem die Funktionen der Richter, zugleich über den Tatbestand und über das Recht zu urteilen, getrennt werden. Des weiteren zweifelt sie nicht daran, dass eines Tages bei uns die heilsame und liberale Institution errichtet wird, mit der alle Spanier ihre Differenzen durch unter ihresgleichen erwählte Richter beilegen können, bei denen sie nicht die Ewigkeit ihrer Ziele und den Korpsgeist der Kollegialgerichte und schließlich deren Ernennung durch die Regierung fürchten müssen, deren Einfluss nicht umhin kann, das Vertrauen in die mächtige Autorität, mit der sie überzogen ist, in die Ferne zu rücken [...]."[294]

Die absolutistische Restauration von Ferdinand VII. rückte die Einführung des Schwurgerichts schon bald in die Ferne. Ein königliches Dekret hob die Verfassung von Cádiz im Mai 1814 auf und bedroht ihre Verteidigung mit dem Tode.[295]

### 3. Das Schwurgericht in der Gesetzgebung des liberalen Trienniums (1820 - 1823)

Nach dem *pronunciamiento* des Majors Rafael Riego am 1. Januar 1820 standen liberale Politiker bis zur erneuten absolutistischen Restauration im September 1823 in Regierungsfunktionen.[296] Mit dem Schwur Ferdinands VII. auf die Verfassung von Cádiz wurde die verfassungsmäßige Ordnung im Juli 1820 formal wiederhergestellt.[297]

---

[292] *Discurso preliminar a la Constitución de la Monarquía Española*, Palma 1813, S. 88 ff.; zit. nach *Gisbert Gisbert*, Futuro Tribunal, S. 26; vgl. *Crónica de la Codificación*, Bd. III, S. 16.

[293] So *Gleadow*, S. 69.

[294] *Discurso preliminar a la Constitución de la Monarquía Española*, Palma 1813, S. 88 ff.; zit. nach *Gisbert Gisbert*, Futuro Tribunal, S. 26.

[295] Hierzu *Gleadow*, S. 72, m.w.N.

[296] Zu den politischen Gründen des Machtwechsels siehe *Burdiel*, in: Spanish History, S. 23 f.; *Boyd*, ebda., S. 67 ff.; *Témime/Broder/Chastagnaret*, S. 39 ff.

[297] *Gutiérrez Sanz*, S. 64; *Burdiel*, in: Spanish History, S. 23; vgl. auch *Varona Martínez*, S. 30.

Die Schaffung eines Schwurgerichts, des „Bollwerks der Unschuld, das für sich ausreicht, um die Nationen aufzuklären und ihnen Sittlichkeit zu verschaffen", wurde in den *Cortes* nun als dringend erforderlich erachtet.[298]

Obwohl es an Vorbildern in der eigenen Geschichte fehlte, würde „die Einführung des Schwurgerichts solche zweifelsohne schaffen und vermehren, denn die lange Übung des Vergleichens und des Sich-Bildens schafft Genauigkeit, Verstand und Ideen".[299] Álvaro Flórez Estrada, ein radikaler Verfechter der Schwurgerichtsidee in den *Cortes*, verlieh dieser Forderung besonderen Nachdruck mit den Worten: „Solange wir das Schwurgericht nicht haben, betrachte ich mein Vaterland als wahrhaft unfrei."[300]

### a) Das Pressegesetz von 1820

Mit dem am 22. Oktober 1820 von den *Cortes* erlassenen Pressegesetz (*Ley de imprenta*)[301] wurde in Spanien erstmals ein Schwurgerichtsverfahren eingeführt, das ausschließlich auf Pressedelikte Anwendung fand. Das Pressegesetz kombinierte Elemente des englischen und des französischen Geschworenenprozesses.[302] Die Geschworenen wurden, wie in der Verfassung von Cádiz, ausnahmslos als Richter der Tatsachen (*jueces del hecho*) bezeichnet. Das Pressegesetz sah neben der Urteilsjury auch eine Anklagejury vor.

#### aa) Rechtsstellung, Eignung und Auswahl der Geschworenen

Das Gesetz sah vor, dass die Rathäuser jeder Provinzhauptstadt jährlich eine Liste potentieller Geschworener für alle Verfahren nach diesem Gesetz erstellten. Nach einem Ergänzungsgesetz von 1822[303] wurde nur noch ein Drittel der Kandidaten von den Rathäusern bestimmt, während die Provinzregierung die verbleibenden zwei Drittel zu nominieren hatte. Geschworene durften nur mindestens 25 Jahre alte Bürger mit Wohnsitz in der jeweiligen Provinzhauptstadt werden, die in der Ausübung ihrer Rechte nicht beschränkt waren. Das Gesetz sah weder einen Einkommens- noch einen Bildungszensus vor. Die Tatrichter wurden für die Dauer eines Jahres gewählt und waren wieder wählbar. (Art. 37-39 LI)

---

298 Nachweise bei *Varona Martínez*, S. 30, m.w.N.

299 Vgl. *Varona Martínez*, S. 30, m.w.N.

300 DSC v. 26.9.1820, S. 1266 f.

301 *D. de las Cortes, sancionado por S.M., acerca del reglamento que ha de regir para la imprenta* v. 22.10.1820, abgedr. in: *Documentación*, S. 357 ff. Im Folgenden „LI" abgekürzt.

302 *Alejandre*, Justicia popular, S. 88.

303 *Ley adicional a la de 22 de Octubre de 1820 sobre libertad de imprenta*, Gaceta de Madrid v. 27.10.1822.

Die Amtsausübung war zwingend. Das Rathaus konnte über Ausnahmen bei körperlicher oder geistiger Verhinderung entscheiden (Art. 41 LI). Das Gesetz sah Bußgelder für das Nichterscheinen Geschworener vor (Art. 42 LI). Die Geschworenen konnten im Fall der Bestechlichkeit oder des Betrugs für ihr Stimmverhalten zur Rechenschaft gezogen werden (Art. 67 LI).

**bb) Eröffnungsverfahren mit Anklagejury**

Das Verfahren wurde durch schriftliche Anzeige einer Druckschrift mit einem „subversiven, aufrührerischen, zum Ungehorsam anstiftenden, obszönen, den guten Sitten zuwiderlaufenden oder diffamierenden" Inhalt gegenüber der Staatsgewalt eingeleitet (Art. 32 LI). Mit dem Ergänzungsgesetz von 1822 wurden den Anklägern an den Gerichten der Provinzhauptstädte entsprechende Ermittlungsaufgaben übertragen und weitere Pressestraftatbestände geschaffen.[304]

Der Bürgermeister hatte gemeinsam mit zwei Ratsherren und einem Verwaltungsbeamten neun Personen von der Liste durch Los auszuwählen, welche, nachdem sie eingeschworen waren, über die Eröffnung des Prozesses zu entscheiden hatten. Eine affirmative Entscheidung bedurfte einer Mehrheit von zwei Dritteln der Geschworenen. (Art. 43-45 LI) Ein Recht, Geschworene der Anklagejury abzulehnen, sah das Gesetz nicht vor.

Erklärte die Anklagejury die Tatsachen als unzureichend für eine Eröffnung des Prozesses, so hatte der Bürgermeister das Verfahren einzustellen. Anderenfalls wurde die Sache dem erstinstanzlichen Richter (*juez de primera instancia*) übergeben. Dieser hatte dann ein vorläufiges Verkaufsverbot für die Druckschrift zu erlassen. (Art. 47-50 LI)

**cc) Hauptverhandlung mit Urteilsjury**

Von den auf der Liste verbliebenen Geschworenen wurden nun weitere zwölf Bürger durch Los für eine Urteilsjury bestimmt, von denen der Angeklagte binnen vierundzwanzig Stunden bis zu sieben Personen peremptorisch ablehnen konnte, was eine Nachwahl von Geschworenen nach dem bereits geschilderten Auswahlverfahren zur Folge hatte. Der Angeklagte konnte nun allerdings erneut in gleichem Umfang von seinem Ablehnungsrecht Gebrauch machen. (Art. 53-55 LI)

Dem Richter oblag die Verhandlungsleitung. Erstmalig in der Geschichte des spanischen Strafprozesses wurden die Grundsätze der Öffentlichkeit und der Mündlichkeit für die Hauptverhandlung einfachgesetzlich verankert (Art. 57,

[304] Zu den damaligen Pressestraftaten und ihren Rechtsfolgen siehe *Cardona Minguez*, S. 154.

58 LI).[305] Der Angeklagte durfte sich eines Verteidigers bedienen, der, gleichermaßen wie der Ankläger (*fiscal*) und der Anzeigende, in der Verhandlung das Wort ergreifen durfte. Am Ende der Verhandlung rekapitulierte der Richter die Hauptverhandlung den Geschworenen gegenüber. Die Geschworenen zogen sich sodann zur Beratung zurück. Für einen verurteilenden Spruch mussten acht Geschworene stimmen (Art. 59 LI). Der Richter hatte abhängig vom Juryspruch den Angeklagten im Namen des Gesetzes freizusprechen oder die gesetzliche Strafe zu verhängen und für deren Vollstreckung zu sorgen. (Art. 62-69 LI)

Sofern der Richter einen Schuldspruch der Geschworenen für falsch hielt, konnte er die Vollstreckung der Strafe jedoch aussetzten und den Bürgermeister auffordern, zwölf neue, am Verfahren bislang unbeteiligte Geschworene, durch Los zu bestimmen, um die Verhandlung vor einer neuen Jury zu wiederholen (Art. 64-65 LI). Ein freisprechender Juryspruch war für den Richter bindend.

#### dd) Rechtsmittel

Nur gegen den Strafausspruch des Richters und bei Verfahrensfehlern bestand ein Rechtsmittel (*apelación*), über das die *audiencia territorial*, ein höherinstanzliches, aus Berufsrichtern zusammengesetztes Kollegialgericht in jeder Provinzhauptstadt, zu entscheiden hatte (Art. 75, 76 LI).

### b) Parlamentarische Debatte

Die um die Einführung des Schwurgerichts in den *Cortes* geführte Debatte drehte sich um die Fragen, ob gerade die Materie der Pressedelikte sich für eine Jury eignete und ob ein Bildungszensus für das Geschworenenamt eingeführt werden sollte.

Einzelne Delegierte hielten die Materie der Pressefreiheit für zu schwierig und sensibel für Geschworene. Die Jury sei besser für klassische Verbrechen wie Mord und Totschlag, Raub, Wegelagerung geeignet, „da alle Bürger interessiert seien, dass diese Taten nicht straflos bleiben“[306]. Hier trat aus heutiger Sicht die traditionell der spanischen Strafjustiz zentral zugemessene Funktion zu Tage, Straflosigkeit zu verhindern.[307]

---

[305] Vgl. *Davo Escriva*, S. 58 f.
[306] So der Abgeordnete *Calatrava*, DSC v. 26.9.1820, S. 1260, der gleichwohl als Anhänger der englischen Jury gilt. Das Auswahlverfahren, das auf das - aus seiner Sicht wenig empfehlenswerte - französische Modell zurückging, kritisierte er daher; krit. *Soriano*, in: Jornadas Extremadura, S. 152. Die Position Calatravas erhielt auch Unterstützung in der Presse; siehe *Alejandre*, Justicia popular, S. 89 f.
[307] So *Gibert Sánchez de la Vega*, in: FS Prieto-Castro, Bd. I, S. 453.

Andererseits wurde die Gefahr einer richterlichen Willkür infolge der Unbestimmtheit der Pressestraftatbestände gesehen, weil diese nicht gesetzlich klar zu definieren und sie nicht festen und unveränderbaren Interpretationsregeln unterworfen seien.[308] Ein größeres Maß an Redlichkeit und ein mittleres Maß an Vernunft sollten vielmehr ausreichen, um in Pressedelikten zu urteilen. Die Einschätzung eines Textes als aufrührerisch oder subversiv setze gemeinen Verstand, nicht aber Bildung voraus. Sei der Text indes ohne ein hohes Maß an Bildung nicht zu verstehen, könne er nicht aufrührerisch oder subversiv sein, weil er dann nicht geeignet sei, die Leute zum Aufstand zu bewegen.[309]

Für einen Bildungszensus wurde angeführt, dass die Schädlichkeit eines Druckwerks nicht von Analphabeten zu beurteilen ist.[310] Vereinzelt wurden über die Befähigung des Lesens und Schreibens hinaus weitere Anforderungen, wie Studium oder einige Jahre Rechtspraxis, an Geschworene gestellt.[311] Andererseits sei das Jurysystem in England zu einer Zeit eingeführt worden, in der die Bürger bei weitem nicht gebildeter waren als die Bürger im Spanien des 19. Jahrhunderts.[312]

**c) Strafgesetzbuch und Entwurf eines Strafprozessgesetzbuches**

Kurz nach der Verabschiedung des Pressegesetzes begannen die parlamentarischen Arbeiten für ein Strafgesetzbuch (*Código Penal*) und ein Strafprozessgesetzbuch (*Código de Procedimiento criminal*). Beide Entwürfe sahen die Beteiligung von Geschworenen – auch hier als Richter der Tatsachen bezeichnet - an Strafverfahren vor. Während das Strafgesetzbuch noch vor der absolutistischen Restauration des Jahres 1823 in Kraft trat,[313] gelangte das Vorhaben zum Strafprozessgesetzbuch nicht mehr zum Abschluss.

Art. 101 des verabschiedeten Strafgesetzbuches[314] sah vor, dass die Geschworenen, wenn sie zu einem Schuldspruch wegen einer Tat gelangt waren, für die das Gesetz einen Strafrahmen vorsah, auch den Strafgrad nach der Schwere der Tat

---

[308] So der Abgeordnete *Martínez de la Rosa*, DSC v. 26.9.1820, S. 1264.
[309] So der Abgeordnete *Flórez Estrada*, DSC v. 26.9.1820, S. 1267.
[310] So der Abgeordnete *Freire*, DSC v. 26.9.1820, S. 1266.
[311] So der Abgeordnete *Lobato*, DSC v. 6.10.1820, S. 1456; krit. *Alejandre*, Justicia popular, S. 91.
[312] So der Abgeordnete *Moreno Guerra*, DSC v. 3.10.1820, S. 1380 ff.: „Die Nation, die für so dumm gehalten wird, ist dieselbe, die uns hierher geschickt und uns ihr Schicksal anvertraut hat."
[313] Der am 9.7.1822 verkündete *Código Penal* trat am 1.1.1823 in Kraft (str.); siehe *Alejandre*, Justicia popular, S. 97, m.w.N.; *Lobedanz*, S. 30.
[314] Abgedr. in *Crónica de la Codificación*, Bd. V/2, S. 23.

und den gesetzlich vorgesehenen strafmildernden oder strafschärfenden Umständen festlegten.

Der Entwurf des Strafprozessgesetzbuches[315] sah in einem umfassenden Regelwerk den Geschworenenprozess für schwere Straftaten[316] vor. Ausgenommen blieben zahlreiche Amtsdelikte. Außerdem sollte entsprechend dem Pressegesetz von 1820 nach englischem Vorbild die „doppelte Jury", also Anklage- und Urteilsjury, eingeführt werden. Die Amtszeit der Geschworenen betrug bei der Anklagejury sechs Monate, die bei der Prozessjury für ein Jahr. Die Jury wurde also nicht nur für eine Strafsache, sondern für eine Vielzahl von Verfahren gebildet.[317]

Anders als noch das zwei Jahre zuvor verabschiedete Pressegesetz sah dieses Vorhaben nunmehr einen Bildungs- und auch einen Einkommens- oder Steuerzensus für das Geschworenenamt vor. Geschworene konnten nur im jeweiligen Gerichtsbezirk wohnhafte Bürger mit einem Mindestalter von nunmehr dreißig Jahren sein, die des Lesens und Schreibens mächtig und in der Ausübung ihrer Rechte nicht beschränkt waren. Nach englischem Vorbild mussten Kandidaten entweder mindestkontribuierende Steuerzahler oder Universitätsgelehrte, Militäroffiziere oder Freiberufler mit einem ebenfalls gesetzlich näher bestimmten Mindesteinkommen sein. (Art. 281 und 282)[318]

Eröffnungsverfahren und Hauptverhandlung sollten öffentlich und mündlich sein. Während beim Eröffnungsverfahren der Vorsitz einem hierzu vom Zivilgouverneur zu bestimmenden Geschworenen der Anklagejury obliegen sollte, war diese Funktion in der Hauptverhandlung dem Richter zugedacht. Die Anklage sollte im Prozess nur von einem Staatsanwalt vertreten sein.[319] Die Geschworenen sollten ihre Entscheidungen mit einfacher Mehrheit treffen können.[320]

---

[315] *Proyecto de Código de Procedimiento criminal, presentado a las Cortes por la Comisión especial nombrada al efecto. Impreso por orden de las mismas.* Madrid 1821; zit. nach *Alejandre*, Justicia popular, S. 97 ff.

[316] Straftaten mit einem Mindeststrafmaß von vier Jahren Verbannung oder zwei Jahren Gefängnis bzw. Einweisung in eine Bessserungsanstalt sowie Totschlag, selbst wenn dieser nicht zu bestrafen wäre (Art. 26 und 99); vgl. *Davo Escriva*, S. 62.

[317] Vgl. *Davo Escriva*, S. 62.

[318] Siehe *Planchadell Gargallo*, in: Gómez Colomer/Montero Aroca, S. 134.

[319] Vgl. *Díez-Picazo*, Poder de acusar, S. 143, auch zu den Ursprüngen der spanischen Staatsanwaltschaft.

[320] Vgl. *Davo Escriva*, S. 62 f.

**d) Die Sicht der zeitgenössischen Jurisprudenz**

Die zuständigen Ausschüsse der *Cortes* legten beide Gesetzentwürfe verschiedenen Universitäten, Anwaltskammern, Provinzregierungen sowie dem *Tribunal Supremo* und den *audiencias territoriales* zur Stellungnahme vor.[321] Diese[322] fielen mehr oder minder kritisch aus. Es überwog die Ansicht, dass die politischen Umstände im Lande den Geschworenenprozess, so wünschens- und begrüßenswert diese Neuerung auch sei, nicht zuließen.[323] Das zeitgenössische Meinungsbild der Juristen zeigt sich bei der Stellungnahme des *Tribunal Supremo*:

> „Diese Institution ist eines der besten Mittel zum Schutz der bürgerlichen Freiheit und der Justiz, sehr vorteilhaft für letztere, weil sie die Gerichte von der heiklen Pflicht der Bestimmung der strafbarkeits- oder unschuldsbegründenden Tatsachen befreit und sie auf die erhabene und behagliche Funktion der Rechtsanwendung, nahezu frei vom Risiko des Irrtums, beschränkt; das Gericht kennt den Geist des Jahrhunderts, den Wunsch vieler aufgeklärter Patrioten, die Meinung des Parlaments und was, mehr oder minder begründet, einigen Gerichten und Richtern vorgeworfen wird. Aber weder das Anliegen der die rechtsprechende Gewalt ausführenden Personen noch die Befürchtung einer unpopulären Meinungsbekundung [...] könnten den *Tribunal Supremo* davon abbringen, seine innerste Überzeugung zu äußern, dass es kein günstiger Zeitpunkt ist, die Jury für alle gemeinen Straftaten schwerer Art in Spanien einzuführen, und dass dies [...] die Rechtspflege schädigen und unerträglich für den Staat und für die an den Prozessen beteiligten Parteien sein würde."[324]

Die politische Inopportunität der Reform wurde von den konsultierten Institutionen mit den politischen Grabenkämpfen in Spanien begründet, die in der Jury ihr Ebenbild finden würden.[325] Das Schwurgericht werde erst dann „das beste Palladium der Freiheiten sein, wenn in der Nation den Parteien die Luft genommen und die Brutstätten der Zwietracht in der Wurzel ausgelöscht sind".[326]

Zahlreiche Institutionen hielten trotz des vorgesehenen Bildungszensus auch das Bildungsniveau in Spanien in Hinblick auf ein Funktionieren der Jury für zu niedrig.[327] Einige Parlamentarier teilten derartige Bedenken.[328] Auch fiskalische Einwände wurden laut, insbesondere gegenüber der Anklagejury, die neben mehr Zeitbedarf auch erhöhte Kosten zur Folge hätte.[329] Schließlich wurde auch

---

[321] Zu dem für jene Zeit ungewöhnlich transparenten Gesetzgebungsverfahren: *Alejandre*, Justicia popular, S. 93 ff.

[322] Siehe *Crónica de la Codificación*, Bd. V/2, S. 9 ff.; Bd. III, S. 29 ff.

[323] Vgl. auch *Alejandre*, Justicia popular, S. 95 f., 99 ff.

[324] Zit. nach *Crónica de la Codificación*, Bd. III, S. 44 f.

[325] Vgl. *Alejandre*, Justicia popular, S. 100, m.w.N.

[326] So die Stellungnahme der Universität von Osuna, siehe *Crónica de la Codificación*, Bd. III, S. 44.

[327] Vgl. *Alejandre*, Justicia popular, S. 95 ff., m.w.N.

[328] Vgl. *Alejandre*, ebda., S. 97 ff., m.w.N.

[329] Vgl. *Alejandre*, ebda., S. 101, m.w.N.

die eine Tendenz der Laien zur Milde und eine hieraus verbundene Straflosigkeit befürchtet.[330]

Die politische Entwicklung sollte den Kritikern der Gesetzesvorhaben recht geben, soweit sie das politische System Spaniens als zu instabil für die Einführung der Jury erachteten. Im Anschluss an die initiierte Invasion französischer Truppen annullierte Ferdinand VII. am 1. Oktober 1823 die gesamte liberale Gesetzgebung des Trienniums, bevor der Entwurf eines Strafprozessgesetzbuches zur parlamentarischen Lesung gelangte.[331]

### e) Die Pressejury in der Praxis

Die Erfahrungen mit der Pressejury des liberalen Trienniums waren zu kurz, als dass eine präzise Aussage über ihr Funktionieren möglich wäre.[332] Das überwiegend dem absolutistischen Inquisitionsprozess verhaftete Berufsrichtertum stand der Jury naturgemäß ablehnend gegenüber. Es überrascht daher nicht, dass die Gerichte jener Zeit dem Verfahren ein schlechtes Zeugnis ausstellten.[333]

Es wird von einer Manipulation der Geschworenenlisten seitens der die Rathäuser dominierenden Parteien berichtet. Abhängig von der politischen Einstellung der Geschworenen und den Inhalten der Druckwerke, sollen die derart eingesetzten Geschworenen angeklagte Autoren tyrannisiert oder auch, selbst bei eindeutiger Tatbestandsverwirklichung, für unschuldig befunden haben.[334]

Es ist nur schwer auszumachen, wie viele Geschworenenprozesse in den knapp drei Jahren der Gesetzeskraft der Pressejury stattfanden. Eine landesweite Statistik existiert nicht.[335] Wegen der zu vermutenden langwierigen Umsetzung in die Praxis kam es wohl nur zu wenigen Verfahren.[336]

### f) Die Sicht der heutigen Rechtswissenschaft

Das Schwurgericht des liberalen Trienniums wird heute als ein mutiger Schritt zur Demokratisierung der rechtsprechenden Gewalt gewertet. Diese Reform musste, wie auch die Einführung der Öffentlichkeit und Mündlichkeit des Ver-

---

[330] So die Universität von Alcalá, die *audiencia territorial* von Granada und die Anwaltskammer von Pamplona, siehe *Crónica de la Codificación*, Bd. III, S. 44 f.
[331] Vgl. *Alejandre*, Justicia popular, S. 97.
[332] *Alejandre*, ebda., S. 92.
[333] *Alejandre*, Justicia popular, S. 92.
[334] Vgl. *Escriche*, Diccionario, Bd. II, S. 424.
[335] *Gleadow*, S. 80, führt dies auf die fehlende Einheit der absolutistischen Justiz zurück.
[336] So *Gleadow*, S. 79.

fahrens, auf einen massiven Widerstand der Justiz und der konservativen politischen Klasse Spaniens treffen. Die dem Schwurgericht auch später entgegengehaltene Argumentation einer politischen Inopportunität habe sich als eine, durch die uneindeutige Bestimmung der Verfassung von Cádiz begünstigte, politische Strategie einer dauerhaften Versprechung für die Zukunft entpuppt. Andererseits sei aufgrund der sozialen Umstände jener Zeit das Schwurgericht des liberalen Trienniums wirklich zum Scheitern verdammt gewesen. Das Schwurgericht der Liberalen habe nicht annähernd mit einer signifikanten, gebildeten Mittelschicht rechnen können, die es zum Leben hätte erwecken können.[337] Den Stellungnahmen der konsultierten Institutionen wird ein tiefer ideologischer Graben zwischen der politischen Klasse der Liberalen und der Welt der Juristen entnommen.[338]

Aus der Sicht der heutigen Literatur hat der Auswahlmodus des Pressegesetzes den Krankheitskeim in sich getragen, der unter erschwerten politischen Bedingungen zum Scheitern des Schwurgerichts führen musste. Die von den Rathäusern oft politisch manipulierten, kärglichen Kandidatenlisten und die Befassung der Geschworenen mit allen während ihrer Amtszeit laufenden Verfahren habe eine Unparteilichkeit der Jury nicht zugelassen.[339]

### g) Zusammenfassung

In der auch als *Trienio Liberal* bezeichneten Zeit von 1820 bis 1823 wurde in Spanien erstmals ein Schwurgericht eingeführt. Die in den *Cortes* mehrheitlich vertretenen liberalen Kräfte sahen in der Institution der Jury ein Palladium der Freiheiten. Das Elemente des englischen und französischen Rechts kombinierende Verfahren mit Anklage- und Urteilsjury fand ausschließlich auf Pressestraftaten Anwendung. Die Auswahl der Kandidaten war weitgehend Rathäusern überlassen, und dieses Verfahren soll zu mannigfachen Manipulationen geführt haben. Dem Angeklagten stand ein umfassendes peremptorisches Ablehnungsrecht zu. Das Pressegesetz sah weder einen Bildungs- noch einen Einkommenszensus für das Geschworenenamt vor, anders als das drei Jahre später wegen der absolutistischen Restauration nicht mehr zur Verabschiedung gelangte Strafprozessgesetzbuch. Das Verfahren war öffentlich und mündlich. Die Geschworenen fällten ihren Spruch mit einfacher Mehrheit. Der Richter konnte die Sache vor einer neuen Jury verhandeln lassen, wenn er den Schuldspruch für falsch hielt. Andernfalls war er an die Entscheidung der Jury gebunden.

---

[337] So *Soriano*, in: Jornadas Extremadura, S. 151, 153.

[338] So *Davo Escriva*, S. 63.

[339] So *Alejandre*, Justicia popular, S. 92; *Davo Escriva*, S. 59, 63; *Pérez-Cruz Martín*, Juicio por jurados, S. 337; *Soriano*, in: Jornadas Extremadura, S. 153.

Die zeitgenössischen Juristen sprachen sich gegen die Jury aus, wobei eine politische Inopportunität, mangelnde Bildung, fiskalische Gesichtspunkte und die Gefahr der Straflosigkeit als Gründe genannt wurden. In der heutigen Literatur wird diese Ablehnung auf eine feindliche Haltung insbesondere der dem Absolutismus verhafteten Richterschaft gegenüber der Jury zurückgeführt. Das gesetzliche Auswahlverfahren habe allerdings keine unparteiischen Entscheidungen zugelassen und einer erfolgreichen Anwendung des Juryprinzips der Nährboden einer signifikanten Mittelschicht gefehlt.
Vermutlich kam es nur zu wenigen Geschworenenprozessen. Der Versuch des liberalen Gesetzgebers, die Anklage- und Urteilsjury durch ein Strafprozessgesetzbuch auf schwere Straftaten auszudehnen, wurde durch die absolutistische Restauration beendet.

### 4. Das Schwurgericht in der Gesetzgebung der Isabellinischen Ära (1834-1868)

Von 1823 an wurde Spanien von Ferdinand VII. bis zu dessen Tod im Jahr 1833 regiert. Die offene Frage der Erbfolge zwischen Isabel, der minderjährigen Tochter Ferdinands VII., und dessen Bruder Karl führte in der Zeit von 1830 bis 1839 zum Ersten Karlistischen Krieg. In diesem Bürgerkrieg kämpften moderate Royalisten und progressive Liberale an der Seite Isabels gegen konservative Royalisten und ultrakatholische Kräfte, welche Karl unterstützten.[340] Der Bürgerkrieg endete mit der Niederlage Karls und führte zur Regentschaft der Mutter der jungen Königin Isabel, María Cristina.[341] Die Isabellinische Ära war geprägt von großer politischer Instabilität,[342] welche unmittelbare Folgen für das Schwurgericht haben sollte: Je nach politischer Einstellung der wechselnden Regierungen wurde es eingeführt oder abgeschafft.[343]

#### a) Das Schwurgericht von 1837

Das königliche Verfassungsstatut von 1834 setzte einige aus der mit den moderaten liberalen Kräften eingegangen Allianz resultierende politische Konzessionen der Krone um, erwähnte das Schwurgericht jedoch nicht. Erst durch ein

---

[340] Zwei weitere Karlistische Kriege brachen 1848 und 1872 aus. Zum Zweckbündnis von Progressiven und Krone gegen die politische Rechte siehe *Burdiel*, in: Spanish History, S. 25 ff.; *Carr*, S. 160 ff.
[341] Vgl. *Artola*, in: Historia de España, Bd. V, S. 59.
[342] In der Zeit von 1844 bis 1854 kam es unter Mitwirkung von María Cristina zu mindestens fünfzehn Regierungswechseln; siehe *Gleadow*, S. 91, m.w.N.
[343] *Alejandre*, Justicia popular, S. 102; *Planchadell Gargallo*, in: Gómez Colomer/Montero Aroca, S. 135.

*pronunciamiento* im August 1836[344] wurde der Weg frei für eine neue Verfassung. Die Verfassung von 1837 sah, anders als die Verfassung von Cádiz, einen weitreichenden Katalog individueller Freiheiten vor. Auch die Gewaltenteilung, die Öffentlichkeit des Strafprozesses und die richterliche Unabhängigkeit wurden als Verfassungsgrundsätze festgeschrieben.[345]

Art. 2 der Verfassung von 1837, der die Pressefreiheit regelte, hatte folgenden Inhalt:

> „Alle Spanier dürfen ihre Ansichten ohne vorherige Zensur nach Maßgabe der Gesetze frei drucken und veröffentlichen. Die Aburteilung der Pressestraftaten obliegt ausschließlich den Geschworenen."

Mit der Verfassung von 1837 wurden die Richter der Tatsachen begrifflich von den Geschworenen abgelöst. Ein erster Zusatzartikel zur Verfassung sah über die Pressestraftaten hinaus die Einführung des Geschworenenprozesses für alle Arten von Straftaten durch den Gesetzgeber vor.[346] In der kurzen Debatte der verfassunggebenden Versammlung über das Schwurgericht, in der nur ein einziger Delegierter für die sofortige Einführung der Jury für alle Straftaten plädierte[347], wurde die politische Lage überwiegend als zu kritisch angesehen, um den Geschworenenprozess auch für andere Straftaten als Pressedelikte vorzuschreiben.[348]

Dem Verfassungsauftrag genügend, setzen die *Cortes* noch im Jahre 1837 das Pressegesetz von 1820 durch Dekret[349] wieder in Kraft. Zusätzlich wurde ein allgemeiner Steuerzensus, nicht aber ein Bildungszensus eingeführt. Das Auswahlverfahren für die Urteilsjury wurde geändert. Durch Los waren nunmehr die Namen von zweiundsiebzig mindestkontribuierenden Steuerzahlern zu bestimmen und in der ausgelosten Reihenfolge auf eine Liste zu setzen. Anklage und Verteidigung konnten jeweils bis zu dreißig Personen auf dieser Liste ab-

---

[344] Eine Offiziersrevolte führte zur Einsetzung Calatravas als Regierungschef; siehe *Gleadow*, S. 84 ff.

[345] Siehe *Sainz Guerra*, S. 86.

[346] Vgl. *Alejandre*, Justicia popular, S. 103 f.

[347] So der Abgeordnete *Vila*, DSCC v. 27.4.1837, S. 3041: „Die gedemütigte nationale Ehre, meine Herren, tut mir weh, wenn wir kaum unsere Landesgrenzen überschreiten können, ohne den Boden einer Nachbarnation zu betreten, auf dem wir, wenn wir straffällig werden, durch Geschworene gerichtet werden."

[348] So der Abgeordnete *Antonio Gonzáles* im Namen der Verfassungskommission, DSCC v. 27.4.1837, S. 3042.

[349] *D. de las Cortes, arreglando el uso de la libertad de imprenta* v. 17.10.1837; in Auszügen abgedr. in: *Documentación*, S. 363.

lehnen. Die verbleibenden Personen setzten nach Ranglistenfolge die zwölfköpfige Urteilsjury zusammen.

Zwei weitere Dekrete von 1842[350] und 1844[351] dehnten den Zensus aus. Das letztgenannte Dekret erhöhte den Mindeststeuerbeitrag um das Dreifache. Deutlich darunter liegende Beiträge galten nun für Absolventen diverser akademischer Laufbahnen wie Anwälte, Ärzte, Theologen, Pharmazeuten und Professoren. Mitglieder der Gesetzgebungs- und Rechtsprechungsorgane sowie der Militärspitze wurden vom Geschworenenamt ausgeschlossen. Das Mindestalter betrug dreißig Jahre. Voraussetzung war nun auch die Fähigkeit des Lesens und Schreibens.[352]

Die Begründung des Dekrets von 1844 drückt die Motive dieser Reform folgendermaßen aus:

> „Wenn die Personen, die sie[353] zusammensetzen, der Gesellschaft gegenüber nicht die Voraussetzungen des Eigentums und des Wissens aufweisen, welche zur Sicherung der Richtigkeit und der Unabhängigkeit der Entscheidungen notwendig sind, verwandelt sich der Geschworenenprozess, anstatt eine Garantie für Mäßigung und Unparteilichkeit im schwierigen Gebrauch des Rechts zu sein, in eine um so unheilvollere Fiktion [...]. Es sind nicht die Proletarier und Unwissenden, welche Richter in den schwierigen Fragen, die das Druckwesen aufwirft, sein können, und traurig und desaströs wäre ihre[354] Zukunft, wenn sie unter solch schwachem Schutz stünde."[355]

Obwohl nunmehr strenge Zugangsschranken zur Pressejury bestanden, wurde ihre Ausdehnung auf andere Straftaten aus Gründen des allgemeinen Bildungsdefizits und der politischen Unruhen für unangebracht gehalten.[356]

Schließlich übertrug das Dekret von 1844 die Entscheidung über die Eröffnung der Hauptverhandlung dem dieser vorsitzenden Richter. Die Anklagejury wurde hiermit nach nur kurzer Wirkenszeit in Spanien definitiv abgeschafft.[357]

---

[350] *D. de las Cortes, sobre la formación del jurado en las capitales de provincia* v. 19.7.1842, abgedr. in: *Documentación*, S. 365.
[351] *D. de las Cortes, reformando la legislación de imprenta* v. 10.4.1844, in Auszügen abgedr. in: *Documentación*, S. 367.
[352] Von der Amtsausübung entschuldigen konnten sich über Siebzigjährige und chronisch Kranke.
[353] I.e. die Jury [Anm. d. Verf].
[354] I.e. der Jury [Anm. d. Verf].
[355] Zit. nach *Alejandre*, Justicia popular, S. 105; vgl. *Pérez-Cruz Martín*, Participación popular, S. 137 (dort Fn. 137); *Varona Martínez*, S. 32 (dort Fn. 73).
[356] Siehe *Alejandre*, Justicia popular, S. 105, m.w.N.
[357] *Varona Martínez*, S. 32.

Ein neuerlicher Regierungswechsel im Jahre 1845 hatte eine neue spanische Verfassung[358] zur Folge, die das Geschworenenverfahren nicht erwähnte. Nur wenige Wochen nach Verkündung der Verfassung ersetzte ein königliches Dekret das Presseschwurgericht durch ein aus sechs Berufsrichtern bestehendes Kollegialgericht.[359]

### b) Das Schwurgericht von 1852

Im Jahre 1852 wurde das Schwurgericht durch ein königliches Dekret wieder eingeführt.[360] Dieses sah eine dem französischen Jurymodell nachempfundene[361] siebenköpfige Urteilsjury für Straftaten gegen die öffentliche Ordnung, die Gesellschaft sowie gegen die Staatsmacht vor. Der Steuerzensus wurde im Vergleich zur früheren Jury verschärft, indem nur noch die meistkontribuierenden Steuerzahler einer Provinzhauptstadt auf die Geschworenenlisten gesetzt werden durften. Dem Verfahren saß ein Einzelrichter vor, der den Prozess aus wichtigem Grund unterbrechen konnte, solange sich die Jury noch nicht zur Beratung zurückgezogen hatte. Während zur Verfahrenseinleitung die Popularanklage zugelassen wurde, war die Anklage im Prozess allein von einem Staatsanwalt[362] vertreten. Das Hauptverfahren war mündlich. Es sollte jedoch hinter verschlossener Tür stattfinden. Der auf nicht schuldig oder schuldig lautende Geschworenenspruch konnte mit einfacher Mehrheit herbeigeführt werden. Bereits wenige Monate später wurde das Verfahren wieder abgeschafft.[363] Es ist daher kaum vorstellbar, dass die Regelung eine nennenswerte Umsetzung in der Praxis erfahren hat.

### c) Das Schwurgericht von 1864

Die progressiven Liberalen erlangten im Jahre 1854 erneut die Regierungsmacht. In einem neuen Verfassungsentwurf fanden die Geschworenen in identischer Weise wie in der Verfassung von 1837 Erwähnung.[364] Auch die in der ver-

---

[358] Zur Verfassung von 1845 siehe auch *Tomás y Valiente*, Manual de Historia, S. 447.

[359] Art. 4 *RD, reformando la legislación de imprenta* v. 6.7.1845, abgedr. in: *Documentación*, S. 371.

[360] *RD, reformando las disposiciones vigentes en materia de imprenta* v. 2.4.1852, in Auszügen abgedr. in: *Documentación*, S. 373 ff.

[361] Vgl. *Gleadow*, S. 91 f. Der damalige Regierungschef Bravo Murillo galt als Bewunderer des französischen Staatsmodells; siehe *Carr*, S. 242.

[362] Die Staatsanwaltschaft wurde erstmals im Jahre 1835 institutionalisiert; siehe *Díez-Picazo*, Poder de acusar, S. 143 ff., 152 ff., auch zum Verhältnis der Staatsanwaltschaft zur Partikularanklage.

[363] Vgl. *Gleadow*, S. 92, m.w.N.

[364] Art. 3 sah die Urteilsjury für Pressestraftaten vor. Art. 73 bestimmte, dass Zeitpunkt und Form der Einführung des Geschworenenprozesses für alle Straftaten durch Gesetz zu bestim-

fassunggebenden Debatte für und wider die Jury genannten Argumente waren die von früher.[365] Die Verfassung von 1856 wurde zwar verabschiedet, bedingt durch einen erneuten Regierungswechsel jedoch nie verkündet, weshalb sie als Verfassung *non nata* Eingang in die spanische Geschichte gefunden hat.[366]

Ein letzter Versuch, den Geschworenenprozess in der Isabellinischen Ära zu etablieren, wurde mit einem neuen Pressegesetz von 1864[367] unternommen. Geschworene konnten in Madrid nur die fünfhundert höchstkontribuierenden Steuerzahler, die zehn ältesten Mitglieder einer jeden *Real Academia*[368] sowie die fünfzig ältesten Anwälte, die den höchsten Mitgliedsbeitrag zur Anwaltskammer entrichteten, sein. In den übrigen Provinzhauptstädten galten noch geringere Personenzahlen. Das Mindestalter für das Geschworenenamt wurde allerdings auf fünfundzwanzig Jahre herabgesetzt. Angehörige des öffentlichen Dienstes wurden vom Geschworenenamt ausgeschlossen.

Für jeden zu verhandelnden Fall wurden sechzig Namen ausgelost, von denen der Beschuldigte und der Ankläger jeweils bis zu zwanzig Namen ohne Angabe von Gründen ablehnen konnten. Die Jury setzte sich aus zwölf Geschworenen zusammen. Acht Ersatzgeschworene sollten an der Hauptverhandlung teilnehmen.

Ein vom Gesetz als Presserichter (*Juez de imprenta*) bezeichneter Berufsrichter führte nicht nur den Vorsitz über die Verhandlung, sondern auch über die Jury. Die Geschworenen konnten den Zeugen durch den Richter Fragen stellen lassen. Gelangte die Jury zu einem Schuldspruch, für welchen eine einfache Mehrheit der Geschworenen erforderlich war, entschied sie auch über die Strafe. Kam es bei der Abstimmung der Geschworenen zu einer Pattsituation, hatte der Berufsrichter die ausschlaggebende Stimme.[369]

Dieser gesetzlich als *Jurado* bezeichnete Spruchkörper hatte größere Ähnlichkeit mit einem Schöffengericht.[370] Das Gesetz wurde im Jahre 1867 durch ein

---

men seien. 1856 wurde in einem Zusatzprotokoll zur Verfassung von 1845 an der Jury festgehalten; dazu *Davo Escriva*, S. 65 ff.

[365] Vgl. *Davo Escriva*, S. 66 f.; *Alejandre*, Justicia popular, S. 108 f.

[366] *Tomás y Valiente*, Manual de Historia, S. 449.

[367] *Ley de Imprenta* v. 22.6.1864, in Auszügen abgedr. in: *Documentación*, S. 381 f. Zu weiteren Regelungen siehe *Planchadell Gargallo*, in: Gómez Colomer/Montero Aroca, S. 135.

[368] Die fünf vom Gesetz erwähnten Königlichen Akademien waren zu jener Zeit die für spanische Sprache, für Geschichte, für Kunst, für Naturwissenschaften und für Politikwissenschaften. Vgl. *Moreno Retamino*, Diario La Ley 5364/2001, S. 2 (dort Fn. 2).

[369] Vgl. *Fairén Guillén*, Jurado, S. 29.

[370] *Gisbert Gisbert*, Futuro Tribunal, S. 34; *Planchadell Gargallo*, in: Gómez Colomer/Montero Aroca, S. 135; ähnlich *Fairén Guillén*, Jurado, S. 28.

königliches Dekret[371] außer Kraft gesetzt und die Zuständigkeit zur Aburteilung von Pressedelikten Einzelrichtern zugewiesen.[372]

### d) Die Sicht der heutigen Rechtswissenschaft und Zusammenfassung

Auch in der Isabellinischen Ära ist die Entwicklung des spanischen Schwurgerichts von einem hohen Maß an politischer Instabilität geprägt. Aus heutiger Sicht konnte das Schwurgericht nicht den notwendigen Frieden finden, um in der Praxis und im gesellschaftlichen Leben Wurzeln zu schlagen. Die Jury konnte daher im Fall des Regimewechsels auch leichter beseitigt werden.[373] Allerdings habe das unsichere und intermittierende Dasein des Schwurgerichts die Überzeugung von der Notwendigkeit einer Bürgerbeteiligung an der Strafjustiz in den Köpfen liberaler Reformer gefestigt.[374]

Die Zuständigkeit des Geschworenengerichts blieb, trotz weitergehender Ansätze, in den drei wesentlichen Regelwerken der Isabellinischen Ära von 1837, 1852 und 1864 auf die Beurteilung von Pressestraftaten beschränkt. Das Auswahlverfahren der Geschworenen stellte sich auch für die damaligen Verhältnisse als praxisfern dar.[375] Die Zugangsschranken für das Geschworenenamt waren zunehmend elitär ausgestaltet. Der liberale Gesetzgeber sah im wirtschaftlichen Wohlstand der Geschworenen nun eine Voraussetzung für die Richtigkeit und Unabhängigkeit ihrer Entscheidung. Die Abschaffung der Anklagejury im Jahre 1844 und die Lockerung des Mehrheitsprinzips bei der Abstimmung der Urteilsjury zeigen, dass das noch während des liberalen Trienniums bevorzugte englische Modell zugunsten der französischen Jury aufgegeben worden ist. Das Schwurgericht von 1864 weist hingegen Ähnlichkeiten mit dem Schöffengerichtsmodell auf.

## 5. Das Schwurgericht in der liberalen Rechtswissenschaft (1820-1868)

In der vorangegangenen Untersuchung der Gesetzgebungsgeschichte bis zum Ende der Isabellinischen Ära ist auf die Sichtweise der liberalen Gesetzgebung und der Justiz eingegangen worden. Im Folgenden soll das Schwurgericht als Gegenstand rechtswissenschaftlicher Schriften jener Zeit untersucht werden.

---

371 *RD, disponiendo rija como ley del Reino el adjunto proyecto de ley sobre libertad de imprenta* v. 7.3.1867; in Auszügen abgedr. in: *Documentación*, S. 383.
372 Vgl. hierzu auch *Alejandre*, Justicia popular, S. 109.
373 So *Alejandre*, ebda., S. 109.
374 *Pérez-Cruz Martín*, Participación popular, S. 139.
375 So *Cardona Minguez*, S. 156; vgl. hierzu auch *Gleadow*, S. 95.

Es stellt sich hierbei zunächst die Frage, welchen Ursprung die Schwurgerichtsidee in Spanien nahm (**a**). Im Anschluss soll auf das Schwurgericht als rechtswissenschaftlicher Gegenstand eingegangen werden. Hierbei werden drei maßgebliche Werke spanischer Rechtsgelehrter jener Zeit untersucht (**b**). Schließlich soll das wissenschaftliche Meinungsbild durch die Auswertung einer Chronik des Juristenkongresses von 1863 abgerundet werden (**c.**).

**a) Ursprung der Schwurgerichtsidee in Spanien**

Während des gesamten 19. und des ersten Drittels des 20. Jahrhunderts agierten fast alle herausragenden Juristen Spaniens hauptsächlich in der Politik.[376] Monografische Studien über die Juristen des 19. Jahrhunderts sind selten und ergeben, soweit vorhanden, kaum einen konkreten Aufschluss über die Quellen dieser Juristen und die externen Einflüsse auf ihre Denkweise, die sich in ihren wissenschaftlichen Werken und den Gesetzestexten niederschlugen, deren Autoren sie allein oder als Mitglieder einer Gesetzeskommission waren.[377]

Die gegenwärtige Rechtswissenschaft hat ohne Erfolg den Versuch unternommen zu belegen, dass die spanische Aufklärung die Schwurgerichtsidee in Spanien begründet hat. Die Werke von Jovellanos, Ignacio de Asso und Antonio Capmany erwähnen in den auffindbaren[378] Schriften die Jury nicht.[379]

Es wird in der spanischen Literatur heute vermutet, dass die Schwurgerichtsidee als ein mit der Forderung nach Bürgerintervention in staatlichen Angelegenheiten übereinstimmendes Prinzip, welches spanischen Liberalen auf ihren Reisen in das europäische Ausland begegnet war, in die Verfassungsdebatte von Cádiz getragen wurde.[380] Besondere Anziehung auf maßgebliche liberale Reformpoli-

---

[376] *Tomás y Valiente*, Manual de Historia, S. 624, der als solche die Liberalen Calatrava, Javier de Burgos, Alejandro Oliván, Seijas Lozano, Jaquín Francisco Pacheco, Gómez de la Serna, Garcia Goyena, Antón de Luzuriaga, Cárdenas, Silvela, Alonso Martínez, Eduardo Dato und Canalejas sowie den Absolutisten Sainz de Andino benennt.

[377] *Tomás y Valiente*, ebda., S. 624.

[378] Ein unveröffentlichtes Werk mit dem Titel *Observationes in iurisprudentiam civilem et criminalem* von *Ignacio de Asso* gilt als verlorengegangen; siehe *Gibert Sánchez de la Vega*, in: FS Prieto-Castro, Bd. I, S. 449 f.

[379] *Gibert Sánchez de la Vega*, in: FS Prieto-Castro, Bd. I, S. 449 f.; vgl. *Alejandre*, Justicia popular, S. 85.

[380] *Alejandre*, Justicia popular, S. 85; so auch *Soriano*, in: Jornadas Extremadura, S. 150. Zum spanischen Exil in England, Frankreich, den deutschen Staaten und Österreich siehe *Moreno Alonso*, S. 221, m.w.N.

tiker Spaniens übte zunächst das politische Modell Englands aus.[381] Einige spanische Liberale empfanden daher auch Bewunderung für die englische Jury.[382]

### b) Das Schwurgericht in der rechtswissenschaftlichen Literatur

Trotz der Studien spanischer Liberaler im europäischen Ausland wurden von den liberalen Rechtsgelehrten Spaniens zunächst keine dem Werke Feuerbachs[383] vergleichbaren wissenschaftlichen Abhandlungen über den Geschworenenprozess verfasst.[384]

Ein Grund hierfür liegt im allgemeinen Zustand der spanischen Rechtswissenschaft zu Beginn des 19. Jahrhunderts. Der Bruch mit dem *antiguo régimen*, der im Befreiungskrieg gegen Napoleon zu Tage trat, übertrug sich zunächst nicht auf viele Bereiche des vom Absolutismus geformten Rechts, dessen Studium sich die Juristen jener Zeit hingaben. Das Recht und die Rechtswissenschaft des Auslands blieben dabei generell unberücksichtigt.[385] Diese Kontinuität findet Ausdruck in Neuauflagen der aus der Zeit des Absolutismus stammenden juristischen Standardwerke, die sich an die Gerichtspraxis des *antiguo régimen* wendeten. Im Laufe der Zeit führte dies zu einem verwirrenden Nebeneinander von Kommentierungen alter, aber noch gültiger, anderer, bereits aufgehobener sowie weiterer, erst kurz zuvor verkündeter Gesetzestexte.[386]

Hinzu kommt, dass das Recht des *antiguo régimen* ein ungeteilter Gesetzeskörper war, welcher in Spanien als Ganzes gelehrt wurde. Mit dem Entstehen des liberalen Staates änderte sich dies allmählich. Das Verfassungsrecht kam als eine neue Materie hinzu. Rechtsgebiete wie das Verwaltungs- und das Arbeitsrecht verselbständigten sich zunehmend. Einzelne Gesetzbücher wurden verabschiedet. Die Kodifizierung des positiven Rechts schlug sich aber erst spät an den Universitäten nieder, wo die Studienpläne den gesetzgeberischen Fortschritten stets mit großem Abstand hinterherhinkten. Die Rechtsgelehrten waren kaum

---

[381] Liberale Politiker wie Quintana, Blanco, Argüelles und Martínez de la Rosa empfanden große Bewunderung für das politische System Englands, das sie, wie viele andere Europäer jener Zeit, als das „Land der Freiheit" ansahen; siehe *Moreno Alonso*, S. 224 ff.

[382] *Alejandre*, Justicia popular, S. 85 f., m.w.N.; *Varona Martínez*, S. 29.

[383] Siehe Einl. der vorliegenden Arbeit.

[384] *Gleadow*, S. 60.

[385] *Tomás y Valiente*, Manual de Historia, S. 621 ff., spricht von „dunklen" Juristen, deren Werke eine Etappe universitärer Trivialität von technischem Mittelmaß und genereller Unkenntnis der ausländischen Rechtswissenschaft repräsentierten.

[386] Siehe *Tomás y Valiente*, ebda., m.w.N., auch zu dem am häufigsten wieder aufgelegten Werk dieser Art, dem von José Febrero begründeten *Febrero* zum theoretischen und praktischen Zivil-, Straf- und Verwaltungsrecht, dessen erste Auflage von 1769 und letzte Neuauflage von 1852 datieren.

spezialisiert. Zivil-, Prozess- und Strafrecht wurden zusammen behandelt. Lehrstühle für „Handels- und Strafrecht" waren auch später keine Seltenheit. Erst mit der zunehmenden Kodifizierung einzelner Materien sollte ab der zweiten Hälfte des 19. Jahrhunderts ein unumkehrbarer, wenn auch langsamer Spezialisierungsprozess einsetzen. Der enzyklopädische Jurist wurde nun allmählich durch den kompetenten Spezialisten abgelöst.[387]

Besonders stark der alten Zeit verhaftet waren die zum Prozessrecht erschienenen Werke jener Epoche, die sich mit metaphysischen Fragen und den an den aristokratischen Gerichtshöfen praktizierten Inquisitionsverfahren beschäftigten. Eine auf dogmatische Durchdringung der Verfahrensstrukturen gerichtete Prozessrechtswissenschaft entwickelte sich in Spanien relativ spät. Erst in den zwanziger Jahren des 20. Jahrhunderts begann sich in Spanien unter ausschlaggebendem Einfluss zunächst der italienischen und später der deutschen Lehre eine eigenständige prozessrechtliche Wissenschaftsdisziplin herauszubilden, in der aber weiterhin alle Verfahrensrechte, unter diesen das Strafverfahren, zusammenliefen.[388] Anders als in Deutschland, wo sich mit dem Übergang vom Anklageverfahren zum Inquisitionsprozess allmählich ein autonomer, spezifisch strafrechtlich geprägter Verfahrenstypus herausbildete[389] und die von der deutschen Rechtswissenschaft geprägte Strafrechtsdogmatik die Zusammengehörigkeit des materiellen und prozessualen Rechts weiter vorantrieb, wurde der spanische Strafprozess, obwohl die rechtsgeschichtliche Ausgangssituation dort die gleiche war, nicht als Annex zum materiellen Strafrecht, sondern als mit den Verfahrensordnungen der übrigen Rechtsgebiete verwandt verstanden.[390]

Zunächst war es ausschließlich ausländische Literatur, welche sich in Spanien zum Geschworenenprozess verbreitete.[391] Hervorzuheben ist das 1810 in London erschienene Werk von Richard Phillips *On the powers and duties of jury*, welches erst 1821, auf einer nach 1815 erschienenen französischen Übersetzung von Antonio Ortiz de Zárate basierend, in die spanische Sprache übersetzt wurde. Derartige Werke waren den rechtsgelehrten Parlamentariern wahrscheinlich bereits zur Zeit der Verfassungsdebatte von Cádiz, spätestens jedoch zu Beginn des liberalen Trienniums bekannt.[392]

---

387 Vgl. *Tomás y Valiente*, ebda., S. 623 f.

388 *Vossler*, S. 72 f., m.w.N.

389 *Eb. Schmidt*, Einführung, §§ 64 ff.

390 Vgl. *Vossler*, S. 1, m.w.N.

391 *Gibert Sánchez de la Vega*, in: FS Prieto-Castro, Bd. I, S. 450 ff.; siehe auch *Alejandre*, Justicia popular, S. 20, 86 f., m.w.N., u.a. zu einem 1827 in die spanische Sprache übersetzten Buch von Etienne Aignan.

392 *Alejandre*, Justicia popular, S. 87; ähnlich *Gibert Sánchez de la Vega*, in: FS Prieto-Castro, Bd. I, S. 452.

Das erste Werk eines spanischen Autors, welches sich mit dem Schwurgericht befasste, erschien im Jahre 1820 und wurde von Santiago Jonama verfasst[393]. Ab 1831, also in der Zeit der Isabellinischen Ära, folgte die kritische Darstellung des Schwurgerichts und seiner Geschichte von Joaquín Escriche in dessen Rechtslexikon[394]. Die Sammlung der von Joaquín Francisco Pacheco im Athenäum zu Madrid in den Jahren 1839 und 1840 gehaltenen Vorlesungen zum Strafrecht, in denen Pacheco auch zum Schwurgericht Stellung bezog, erschien 1843 in zwei Bänden[395]. Die mehrfach wiederaufgelegten Schriften der zwei letztgenannten Autoren stellen herausragende juristische Standardwerke in spanischer Sprache jener Zeit dar. Ihnen wird auch ein erheblicher Einfluss auf die zeitgenössische rechtspolitische Diskussion um das Schwurgericht zugeschrieben.[396]

**aa) Das Schwurgericht bei Santiago Jonama (1820)**

Das Buch mit dem Titel *De la prueba por jurados, o sea consejo de hombres buenos* von Santiago Jonama erschien 1820 in Madrid. Über die Biografie des spanischen Juristen ist nur wenig bekannt. Er war Mitbegründer der liberalen Zeitung *El Imparcial* und hatte einige Jahre auf den Philippinen als Finanzminister der Kolonie gewirkt. Im Jahre 1809 fertigte er eine Denkschrift zur Pressefreiheit sowie einen Verfassungsentwurf, dessen Grundlinien in der Verfassung von Cádiz bestätigt wurden.[397]

Jonama sieht in der englischen und der nordamerikanischen Jury Vorbilder für die Einführung des Schwurgerichts in Spanien, sowohl in allen Straf- als auch in Zivilverfahren.[398] In Frankreich habe man die Jury nur als Brüstung gegen den ministeriellen Einfluss begriffen. Zu fürchten sei aber nicht die Tyrannei der Regierung, sondern der Despotismus der Richterschaft.[399]

Der Geschworenenprozess stelle auch keine Innovation für das spanische Gerichtssystem dar, da es ihn bereits in einer „unvollkommenen“ Form in der kirchenrechtlichen Entlastung und in fast allen aus dem 13. bis zum 15. Jahrhun-

---

[393] *De la prueba por jurados, o sea consejo de hombres buenos*, Madrid 1820.
[394] *Diccionario razonado de legislación y jurisprudencia*, 3. Aufl., Bd. II, Madrid 1847.
[395] *Estudios de Derecho penal. Lecciones pronunciadas en el Ateneo de Madrid en 1839 y 1840*, Madrid 1843.
[396] Vgl. *Alejandre*, Justicia popular, S. 106 f.
[397] *Alejandre*, Justicia popular, S. 86 (dort Fn. 198); siehe auch *Enciclopedia Universal*, Bd. XXVIII, 2ª, S. 2856, r. Sp., wo Jonama auch als Bruder von Lucía Jonama y Bellsolá, einer Heldin des Unabhängigkeitskrieges, ohne weitere biografische Daten erwähnt wird.
[398] *Jonama*, §§ 24 ff.
[399] *Jonama*, § 25.

dert stammenden Foralrechten der kastilischen Städte kenne.[400] In dieser Beschreibung Jonamas tritt der bereits beschriebene Drang spanischer Liberaler jener Zeit zu Tage, Bezüge der liberalen Ideen zu mittelalterlichen Traditionen herzustellen.[401]

Für den Geschworenenprozess in Zivilsachen führt Jonama zwei Thesen an. Zuerst zeige der Mensch mehr Liebe für seine Besitztümer als für sein eigenes Leben.[402] Daher sei wie in England zu verfahren, wo dem Schädiger über den Schadensersatz hinaus ein beträchtlicher Teil seines Eigentums entzogen werde und dieser daher gezwungen sei, seine Ausgaben der Vermögenseinbuße entsprechend zu senken, so dass die Folgen des Verfahrens auch in der Öffentlichkeit deutlich wahrnehmbar würden.[403] Diese Funktion den Richtern zu überlassen, würde sie zu unumschränkten Herrschern über die Besitztümer der politisch anders denkenden Bürger machen.[404]

Zweitens gibt es aus Sicht Jonamas Straftaten, die nur auf dem Zivilrechtsweg genügend bestraft werden können. Hierzu zählt er alle Taten, die gegen die Ehre und den Ruf eines Bürgers gerichtet sind.[405] Der Freiheitsentzug eigne sich nicht, den Hass und das Verlangen nach Rache zu beseitigen. Die Todesstrafe und die Entehrung zählten nicht zu den „Bräuchen des Jahrhunderts“[406]. Die Schändung, der Ehebruch und der Missbrauch der Presse würden in England gewöhnlich fast immer durch den zivilen Anspruch befriedigt und der Täter in einen Zustand versetzt, in dem er nur schwer rückfällig werden könne. Der Jury komme dabei eine unbegrenzte Entscheidungszuständigkeit zu.[407] In dem Maße, wie Jonama dem Zivilrechtsstreit über den bloßen Schadensausgleich hinaus auch Funktionen der Vergeltung und der Prävention zumisst, sieht er das auf die Rechtsfolgen des Entzugs der persönlichen und körperlichen Freiheit reduzierte Strafverfahren als subsidiär an; auch aus heutiger Sicht eine geradezu revolutionäre These.

Es ging dem Autor aber vor allem darum, das Beweisverfahren von den absurden Formen des Gesetzesbeweises zu befreien und durch die freie Beweiswürdigung der Geschworenen zu ersetzen.[408] Hierzu führt Jonama aus:

---

[400] *Jonama*, §§ 16-21, m.V.a. die Präambel der Verfassung von Cádiz [Fn. zu § 20].
[401] Siehe zweites Kap. der vorliegenden Arbeit.
[402] *Jonama*, § 28.
[403] *Jonama*, § 31.
[404] *Jonama*, § 28.
[405] *Jonama*, § 29.
[406] *Jonama*, § 30.
[407] *Jonama*, § 31.
[408] *Jonama*, §§ 5, 12 ff.

„Den Grad der Schuld einer Handlung mit all seinen Begleiterscheinungen zu bestimmen, was wir in der juristischen Sprache als Entscheidung über eine Tatfrage nennen, wird immer einer jener komplizierten Vorgänge des Verstandes sein, die empfunden werden und sich nicht erklären lassen, und daher nie auf feste Regeln zurückgeführt werden können.“[409]

Soweit diese Tatfragen notwendigerweise mit rechtlichen Aspekten vermengt sind, haben die Geschworenen auch über diese mit zu entscheiden.[410] Diese Entscheidung der inneren Überzeugung (*íntima convicción)* der Richterschaft zu überlassen, sieht Jonama als zu riskant an:

„Wird dem guten Willen und dem Gewissen der Richter zu trauen sein? Es erscheint mir als die menschlichen Tugenden zu sehr zu rühmen. Diese Richter [...] haben Tausende von Beziehungen in der Gesellschaft. Die Versuchung wird sie überall umgeben.[...] Der Richter hat nicht weniger eine vorgefertigte Meinung zu einem rechtlichen Punkt. [...] Die Rechtsprechung ist ein Beruf, und die Beharrlichkeit der Gelehrten bei ihren Meinungen und Lehren ist wohlbekannt. Wenn dieser Mann, der bereits über die rechtlichen Punkte entscheidet [...], der keine andere Regel kennt als die natürliche Vernunft, die den Stimmen der Leidenschaft gefügig ist, auch über die Tat richtet, ist es dann nicht wahrscheinlich, dass diese[411] seine Entscheidung mitreißen und ihn eine Ungerechtigkeit aussprechen lassen, die umso fürchtenswerter ist, wenn sie aus einem ruhigen Gewissen stammt und nicht einmal die Hoffnung auf Reue zulässt?“[412]

Auf dem Gebiet des Strafrechts komme der Einfluss der Gewohnheit auf das menschliche Gemüt hinzu. Die ständige Ausübung der Strafrechtspflege forme zwangsläufig die Gesinnung des Richters, denn dieser könne unmöglich seinen Blick fest auf Verbrechen und Boshaftigkeiten richten „ohne dass das Herz des Menschen sich verhärtet, ohne die höchste Missachtung gegen die menschliche Spezies zu schöpfen, ohne in kurzer Zeit stolz, unsensibel und unmenschlich zu werden“.[413]

Als gegen die Jury erhobenen Einwand greift Jonama die von ihren Gegnern geäußerte Befürchtung auf, sie könne Straflosigkeit begünstigen. Jonama sieht in dem Schwur der Geschworenen bei Gott, nur nach dem Gewissen zu entscheiden, und der Belehrung des Richters eine Sicherheit und stellt die Frage, bei wem der Schwur ein höheres Maß an Heiligkeit hervorrufe: „beim Richter, der ihn zu Beginn seiner Laufbahn ablegt oder bei einem einfachen Bürger, der ihn im Antlitz einer zahlreichen Zuhörerschaft zu Beginn seiner Amtsausübung

---

409 *Jonama*, § 8.
410 *Jonama*, §§ 40, 114.
411 I.e. die Stimmen der Leidenschaft [Anm. d. Verf.].
412 *Jonama*, § 10.
413 *Jonama*, § 11, sich auf Thourets Ansprache vor der Französischen Nationalversammlung v. 6.4.1790 beziehend.

leistet?"[414] Bezogen auf die befürchtete Straflosigkeit sieht Jonama umgekehrt ein drohendes Risiko, „mit welch natürlicher Grausamkeit die Menschen die unschuldigsten Handlungen deuten und das außergewöhnliche und wundersame Vergnügen, mit dem sich die Vorstellungskraft nährt, um desto mehr Tatsachen glaubhaft zu machen, je ungewöhnlicher und abscheulicher diese sind"[415].

Dieser menschlichen Eigenschaft habe die Vorsehung jedoch andere als Ausgleich gegenübergestellt: Humanität, die Eigenliebe, welche sich daran ergötze, das Leben einer Person zu bewahren und die Angst vor späterer Reue und öffentlichem Gräuel. Bei den Berufsrichtern, so Jonama, träten letztere Eigenschaften mit der Routine ihrer Amtsausübung eher in den Hintergrund als bei den Geschworenen.[416]

Den Einwänden gegen die Jury, die Bräuche und Sitten in Spanien seien andere als in England und das spanische Bildungsniveau sei zu rückständig, um das Wahre vom Schein zu unterscheiden, begegnet der Autor mit der These, es bedürfe zur Entscheidung über die Tatschuld nur einer sittlichen Gewissheit, die auf der Gewohnheit beruhe, die Menschen zu kennen und das Sichere von dem Zweifelhaften zu trennen. Jeder verständige Mensch verfüge über die notwendige Fähigkeit, um eine solche Überzeugung zu bilden. Weder das juristische Studium noch alle Studien zusammen könnten jene Befähigung steigern. Das Studium des Rechts könne sogar eine Einschränkung dieser Fähigkeit bewirken, die für Jonama aus einem „kostbaren Instinkt" resultiert, der eine Freiheit der Gedanken voraussetze. Die Jurisprudenz könne diese Freiheit nicht bewahren, weil sie ein lebenslanges Studium erfordere, das oftmals die Bildung eines „dogmatischen Geistes" zur Folge habe.[417]

Der gesunde Menschenverstand ist bei Jonama aber nicht die einzige Eigenschaft, die Voraussetzung für die Ausübung des Geschworenenamtes sein soll. Die Maxime, dass Arm und Reich, dass alle Bürger ein gleiches Interesse daran haben, die individuelle Freiheit zu bewahren, stellt aus Sicht des Autors einen klassischen Irrtum dar.[418] Nur das Eigentum sichere die persönliche Unabhängigkeit des Amtes. In ihm liege die Vermutung, dass der Mensch mehr an der Ordnung und an der Aufrechterhaltung aller bürgerlichen Rechte interessiert sei. Jonama spricht sich daher für einen Eigentumszensus aus.

---

[414] *Jonama*, § 47.
[415] *Jonama*, § 48.
[416] *Jonama*, § 48.
[417] *Jonama*, §§ 42, 131.
[418] *Jonama*, § 43.

Das Prinzip der Standesgleichheit der Geschworenen im Verhältnis zum Angeklagten lehnt er hingegen ab. Die Bedeutung der Gleichheit werde hierbei in einem zu engen Sinne verstanden. Im juristischen Sinne könne sie nur Gleichheit vor dem Gesetz bedeuten. Denn im Unterschied zu England kenne die Verfassung von Cádiz keine Klassenhierarchien. Die Gleichheit vor dem Gesetz könne daher nur beinhalten, dass Spanier von ihren Mitbürgern gerichtet werden.[419]

Im Hinblick auf die Pressefreiheit stellt Jonama die Frage, ob die Geschworenen über einschlägige praktische Kenntnisse verfügen müssen. Der Autor hält dies zwar für theoretisch vorteilhaft, jedoch in der Praxis für nicht umsetzbar. Das System der Geschworenen sei nun einmal nicht das vorstellbar perfekte, sondern das möglichst perfekte, von dem nicht abzurücken sei, nur weil die menschlichen Kräfte nicht imstande seien, ihm eine ideale Perfektion zu verleihen. Um ein Schriftstück zu beurteilen, solle von den Geschworenen daher nur gefordert werden, gewöhnlich lesen zu können.[420]

Jonamas Begeisterung für das angloamerikanische Jurysystem zeigt sich in vielerlei Hinsicht. Zum einen tritt er für die Übernahme der Anklagejury ein, in der er sowohl eine Sicherung der Unschuld als auch eine Stärkung des Legalitätsprinzips sieht, weil deren Mitglieder „mit all dem ihrem Eifer, Talent und ihrer Erfahrung entspringenden Scharfsinn und Misstrauen die Straftat bestimmen und alle Indizien zusammentragen, und auf der anderen Seite die öffentliche Sicherheit und Ahndung dringend einfordern".[421] Auch den Schuldspruch der angloamerikanischen Urteilsjury zieht Jonama dem französischen Fragenkatalog vor, der aus seiner Sicht dem Richter zu viel Raum für Einflussnahme auf die Geschworenen lässt.[422] Außerdem fordert Jonama das Einstimmigkeitsprinzip für die Entscheidung der Jury. Wenn es um das Leben oder die Ehre eines Mitmenschen ginge, sei eine gänzliche Überzeugung erforderlich. Es müsse aber auch Einstimmigkeit unter den Geschworenen herrschen, um die Bestrafung des Schuldigen zu sichern. Der Geschworene könne ansonsten einer menschlichen Schwäche erliegen, die sich in einem Widerwillen des Verurteilens ausdrückt. Wenn der einzelne Geschworene meine, dass seine Stimme auf die Entscheidung keinen Einfluss hat, könne er deshalb selbst bei einer inneren Überzeugung von der Schuld des Angeklagten für dessen Unschuld plädieren. Weiterhin hält Jonama auch das englische *special verdict* in Fällen für angebracht, in denen die Geschworenen zwar eine Schuld des Angeklagten erkennen, die Rechtsfolge der Tat im spezifischen Fall jedoch für überzogen halten.[423] Als einen Missstand des

[419] *Jonama*, § 37.
[420] *Jonama*, §§ 50-60.
[421] *Jonama*, §§ 109, 112.
[422] *Jonama*, §§ 114-119.
[423] *Jonama*, §§ 165-176.

englischen Geschworenenprozesses bezeichnet Jonama hingegen die Nichtzulassung eines Rechtsbeistandes des Angeklagten. Um ein Gleichgewicht der Parteien herbeizuführen, sei es dem Angeklagten daher grundsätzlich zu gestatten, Dritte für ihn sprechen zu lassen.[424]

Santiago Jonama ist im Ergebnis ein rigoroser Befürworter der Einführung der Anklage- und auch der Urteilsjury in Spanien sowohl in Straf- als auch in Zivilverfahren nach angloamerikanischem Vorbild. Die hauptsächliche Funktion des Schwurgerichts besteht bei Jonama im Schutz des Angeklagten vor richterlichem Despotismus. Die Geschworenen betrachtet er als fähiger, zu einer richtigen Entscheidung zu gelangen. Der Berufsrichter verfügt aus seiner Sicht nicht über die Verstandesfreiheit, die eine Voraussetzung für eine unabhängige Entscheidung ist. Straflosigkeit sei im Geschworenenprozess nicht zu befürchten, vor allem wenn das von ihm, Jonama, favorisierte Einstimmigkeitsprinzip herrsche. Der Geschworenenspruch soll sich nach Meinung von Jonama grundsätzlich auf die Schuldfrage beschränken. Die Geschworenen sollen aber auch die Rechtsfolgen ihres Schuldspruchs durch ein *special verdict* begrenzen können. Der Angeklagte soll sich zu seiner Verteidigung auch eines Rechtsbeistands bedienen dürfen. Voraussetzungen für die Ausübung des Geschworenenamtes sind bei Jonama Staatsbürgerschaft, Eigentum und bei Pressedelikten zusätzlich die Befähigung des gewöhnlichen Lesens. Das Prinzip der Standesgleichheit und einen Bildungszensus lehnt Jonama ab.

**bb) Das Schwurgericht bei Joaquín Escriche (1831/1847)**

Joaquín Escriche y Martín, geboren 1784 in Caminrela (Teruel), wurde nach dem Studium der klassischen Literatur, Philosophie, Theologie und des Rechts zum Generalsekretär des Verteidigungsrats von Aragon ernannt. Nach dem Unabhängigkeitskrieg war er Offizier der Militärintendantur von Aragon. Mit 36 Jahren wurde er Staatssekretär der Regierung von Aragon. Mit der Wiederkehr des Absolutismus im Jahre 1823 emigrierte Escriche nach Frankreich. Nach dem Tod Ferdinands VII. kehrte er nach Madrid zurück, wo er ein Abgeordnetenmandat ablehnte, aber ehrenamtlich als Mitglied gesetzgebender Kommissionen und auch als Militärrichter wirkte. Escriche übersetzte Werke von Horacio, Jefferson und Bentham und schrieb für Zeitungen[425].

Sein juristisches Lebenswerk, das ausschließlich von ihm verfasste *Diccionario razonado de Legislación y Jurisprudencia*, erschien erstmals im Jahr 1831. Die-

[424] *Jonama*, § 157.

[425] Die in Madrid erschienenenen *La Carta* und *El Observador*. Zur Biografie: *Enciclopedia Universal*, Bd. XX, S. 927, l. Sp.; *Gibert Sánchez de la Vega*, in: FS Prieto-Castro, Bd. I, S. 456.

ses bedeutende spanische Rechtslexikon stellt ein mit dem Staatslexikon Rottecks und Welckers grundsätzlich vergleichbares Standardwerk liberaler Rechtsgelehrter dar. Zwischen 1838 und 1845 folgten eine zweite, 1847 bis 1851 und 1874 bis 1876, also über den Tod von Escriche im Jahr 1847 hinaus, eine dritte und vierte überarbeitete und erweiterte mehrbändige Ausgabe. Das Rechtslexikon von Escriche erlangte auch in Lateinamerika Bedeutung, die Neuauflagen bis in die heutige Zeit[426] dokumentieren.

Dem Schwurgericht widmet Escriches Rechtslexikon eine umfangreiche kritische, rechtshistorische und rechtsvergleichende Darstellung, die im Jahre 1844 auch als Monographie[427] erschien. Escriches Erläuterungen des *Jurado* beginnen mit einer Begriffsanalyse[428], der eine historische Darstellung folgt. Die historische Darstellung setzt bei den dort so genannten primitiven Völkern ein und führt über Griechen, Römer und Germanen bis hin nach England, Frankreich und Spanien.[429]

England sieht Escriche als wahres Vaterland der Jury an. Dem englischen Geschworenenprozess widmet Escriche daher eine ausführliche Darstellung, auf die eine kritische Analyse folgt[430] anhand der fünf aus seiner Sicht zentralen Charakteristika des englischen *jury trial*, nämlich der

1. Standesgleichheit der Geschworenen mit dem Angeklagten,
2. Auslosung der Geschworenen für jede Strafsache,
3. Einstimmigkeit der Geschworenen bei ihrer Entscheidung,
4. Spontaneität des Geschworenenspruchs,
5. Erklärung der Geschworenen über die Tat und nicht über das Recht.

Seine substanzielle Kritik an der französischen Jury beschränkt Escriche auf zwei prozessuale Unterschiede zum englischen *jury trial*, die da sind der mögliche Mehrheitsentscheid der Geschworenen und die Schlussplädoyers der Parteien.

**aaa) Standesgleichheit**

Zur Bedingung der Standesgleichheit zitiert Escriche zunächst die Theorie der Kriminalgesetze von Brissot de Warville. Diese Form von Gewaltenteilung sei

[426] Zuletzt ist eine von María del Refugio González herausgegebene Ausgabe 1998 in Mexiko erschienen.
[427] *Examen histórico-jurídico de la institución del Jurado*, Madrid 1844.
[428] *Escriche*, Diccionario Bd. II, S. 392 f.
[429] *Escriche*, ebda., S. 393 ff.
[430] *Escriche*, ebda., S. 402-415.

in den gemischten Demokratien als Missbrauch zu qualifizieren. In Rom habe der Senat die Mitsenatoren freigesprochen und die Bürger ihre Mitbürger. Straflosigkeit wäre hingegen verhindert worden, wenn die Senatoren durch das Volk und das Volk durch den Senat gerichtet worden wären.[431] Escriche wirft hierzu die Frage auf:

> „Erscheint nicht zwischen diesen zwei so gegensätzlichen Systemen, nämlich einerseits von seinesgleichen und anderseits von seinen Rivalen oder Gegnern gerichtet zu werden, das dritte System als [...] vorteilhaft, in dem man [...] von aus unparteiischen Personen bestehenden Gerichten gerichtet wird, die dem Angeklagten gegenüber weder die Gesinnung der Zuneigung noch der Aversion und auch kein Interesse haben, diesen zu verurteilen oder freizusprechen? Der beste Richter ist sicher nicht jener, der von irgend einer Furcht eingenommen ist, die Angeklagten zu verurteilen oder freizusprechen, sondern solcher, der, weil integer und mit guten Absichten ausgestattet, imstande ist, Unschuldige nicht zu verurteilen und Kriminelle nicht freizusprechen."[432]

Die Standesgleichheit, so Escriche, sichere nicht die Rechtschaffenheit der Prozesse, sondern die Straflosigkeit der Verbrechen.[433]

**bbb) Auslosung**

Die Auslosung der Geschworenen unter den Bürgern, welche nur über ein bestimmtes Maß an Einkommen und Bildung verfügen, stellt sich für den Autor nicht als ein Mittel zur Sicherung der Unabhängigkeit und Unparteilichkeit der Entscheidungsträger dar, sondern verwandelt aus seiner Sicht die Justiz in ein Lotteriespiel. Für die Gleichheit und Angemessenheit der Anwendung von Strafe bestehe somit keine rechtliche Garantie mehr.[434] Escriche unterscheidet hierbei zwischen gemeinen und politischen Straftaten. Bei den gemeinen Straftaten, solche ohne politische Bezüge, erkennt der Autor eher persönliche und soziale Verflechtungen der Geschworenen, als dies bei Berufsrichtern je der Fall sein könnte. Fabrikanten und Gewerbetreibende seien gegenüber den des Betruges oder des Schmuggels Angeklagten eher voreingenommen als Angehörige der Richterlaufbahn. Ein höherer Grad an Voreingenommenheit der Geschworenen lasse sich aber auch ganz allgemein bei bestimmten Straftaten ausmachen, zu denen Escriche den Hausdiebstahl, die Brandstiftung und den Mord zählt. Die Geschworenen seien zwar nicht der Exekutive persönlich ergeben, jedoch ihren Leidenschaften und Gewohnheiten, die ihre Entscheidungen sicherlich mehr beeinflussten als die Minister die der Richter.[435]

---

[431] *Escriche*, ebda., S. 403, l. Sp.
[432] *Escriche*, ebda., S. 403, r. Sp.
[433] *Escriche*, ebda., S. 413, r. Sp.
[434] *Escriche*, ebda., S. 404 l. Sp., 413, r. Sp.
[435] *Escriche*, ebda., S. 404 r. Sp., 405 l. Sp.

Bezogen auf die politischen Straftaten verweist Escriche auf die Gräueltaten jakobinischer Jurys, die ihn zu der Äußerung bewegten: „Fürchte sich die Nation, wo in Zeiten politischer Unruhen das Schwurgericht errichtet wird."[436]

Den Einwand, dass französische Berufsrichter ebenso willkürlich wie Geschworene gerichtet hätten, weist Escriche zurück. Das Studium der Geisteswissenschaften verpflichte Berufsrichter dazu, die Vernunft zu schleifen, den Charakter zu formen, humanistische Gesinnung einzuatmen und die Sitten zu mäßigen. Durch das Studium des Rechts und die richterliche Tätigkeit „haben sie die Gewohnheit erworben, die Wahrheit zu ergründen und hiernach, nicht aber nach ihren Passionen, zu richten."[437]

Ein weiteres gewichtiges Argument gegen die Schwurgerichte sieht Escriche in der moralischen wie rechtlichen Verantwortung der Berufsrichter gegenüber der öffentlichen Meinung beziehungsweise den höherinstanzlichen Gerichten. Die Geschworenen seien hingegen nur gegenüber Gott in einer anderen Welt haftbar. Berufsrichter müssten den Verlust der Früchte einer langen Laufbahn sowie ein Leben in Armut und Verfluchung befürchten, sobald sie als befangen und empfänglich gelten. Sie hätten auch bei häufig wechselnden politischen Mehrheiten ein höchstpersönliches Interesse an einer rechtschaffenden Justiz und wüssten, dass ihre Mission keine andere ist, als dem Gesetz zu dienen. Die Geschworenen könnten im Prozess hingegen unbestraft ihre Rachsucht befriedigen.[438] Escriche misstraut den Geschworenen zutiefst. Sie trügen nur schäbige, von Egoismus geprägte Gesinnungen in sich, die sie beim Anblick der notorischsten Kriminellen aus Furcht vor deren Angehörigen, Komplizen oder Parteigängern zu Feiglingen machen würden. Große gesellschaftliche Bedrohungen blieben ihnen verborgen. Die Geschworenen öffneten daher, ohne es zu wollen, dem Tumult, den Unruhen und vielleicht dem Bürgerkrieg die Tore. Anarchie und Despotismus seien die Folge.[439]

Den Laien spricht Escriche Eigenschaften ab, die er den Berufsrichtern als besondere Qualitäten zuordnet:

> „[...] ein bestimmter lobenswerter und rühmlicher Stolz auf Klasse und Unabhängigkeit, der es für sie zu einer Ehre werden lässt, denjenigen freizusprechen, welchen sie für unschuldig halten, obgleich sie wissen, dass sie dem Ministerium damit missfallen."[440]

---

[436] *Escriche*, ebda., S. 405, r. Sp.
[437] *Escriche*, ebda., S. 405, r. Sp.
[438] *Escriche*, ebda., S. 405, r. Sp.
[439] *Escriche*, ebda., S. 405, r. Sp, 406, l. Sp.
[440] *Escriche*, ebda., S. 405, r. Sp.

Escriche sieht die Routine der Berufsrichter nicht als Nachteil an. Sie mache den Richter weder zu einem Feind des Angeklagten noch empfänglich, nur aufgrund von Vorurteilen oder unzureichenden Beweisen zu verurteilen. Sie rufe beim Richter auch nicht Gleichgültigkeit und Zerstreutheit hervor, wie es die Anhänger der Jury behaupteten[441], sondern befähige ihn, die Wahrheit zu ergründen. Die Geschworenen könnten aufgrund mangelnder Erfahrung, Zeit, Verantwortung und wegen ihrer Unkenntnis der Materie den prozessualen Schwierigkeiten nicht angemessen begegnen. Sie seien auch nicht in der Lage, den Wert eines Beweises zu erkennen und den Verhandlungen zu folgen. Sie würden daher eher Fehler begehen und ihr Handeln und ihre Entscheidungen nach den Anschauungen anderer ausrichten.[442]

**ccc) Einstimmigkeit**

Die mit der Einstimmigkeit der Geschworenen begründete Unfehlbarkeit des Geschworenenspruchs bezeichnet der Autor als ein falsches Prinzip, das nur für die Zeiten des Mystizismus typisch sei. Denn diese Einstimmigkeit, so Escriche, sei nur scheinbarer Natur. Wenn Filangieri meine, dass der Unschuldige nicht die Niedertracht der anderen Geschworenen befürchten müsse, wenn unter ihnen ein Ehrenmann sei, so habe er verkannt, dass umgekehrt ein störrischer, launischer oder listiger und durchsetzungsfähiger Geschworener ausreiche, um eine Entscheidung der Geschworenen zu verhindern oder die Willensbildung aller anderen Geschworenen überproportional zu beeinflussen. Die Einstimmigkeit sei daher, mit Bentham gesprochen, nicht mehr als ein Schleier, den man über unüberwindbare Meinungsverschiedenheiten wirft.[443]

Andererseits kritisiert Escriche auch den Mehrheitsentscheid der französischen Jury. Zwar sei dieser ehrlicher als das englische Einstimmigkeitsprinzip. Die Praxis habe in Frankreich aber gezeigt, dass der einzelne Geschworene dort seine Stimme oftmals nicht nach seiner inneren Überzeugung richte. So komme es in Frankreich vermehrt zu Schuldsprüchen mit einer einfachen Mehrheit von sieben zu fünf Stimmen. Dies habe zur Folge, dass die Richter den Angeklagten im Anschluss mit der Mehrheit ihrer Stimmen durch Urteil freisprechen. Escriche hält dies für einen eklatanten Widerspruch zu dem der Jury beigemessenen Sinn und Zweck. Denn durch ein solches Stimmverhalten entzögen sich die Geschworenen der moralischen Verantwortung eines Schuldspruchs, indem sie die letzte Entscheidung den Berufsrichtern überließen.[444]

---

[441] Wie *Jonama* (s.o. Fn. 412), bezieht sich auch *Escriche*, a.a.O., S. 406, l. Sp., auf die Rede von Thouret vor der Französischen Nationalversammlung v. 6.4.1790.
[442] *Escriche*, a.a.O., S. 413, r. Sp.
[443] *Escriche*, a.a.O., S. 408.
[444] *Escriche*, a.a.O., S. 419, r. Sp., 420, l. Sp.

#### ddd) Spontaneität

Auch die Spontaneität des Geschworenenspruchs verwirft Escriche bei seiner kritischen Analyse der englischen Jury. Die Erfahrung habe gelehrt, dass die Entscheidung der Geschworenen in der Regel nicht spontan, das heißt unbeeinflusst, ergehe. Escriche meint den Einfluss des Richters auf die Geschworenen, den dieser durch sein Resümee der Beweisaufnahme am Ende der Hauptverhandlung ausübt.

> „[…] so bedacht er auch ist, sich der Äußerung seiner persönlichen Meinung über die Strafbarkeit oder die Unschuld des Angeklagten zu enthalten, so kann er es doch nie vermeiden, die günstigen oder ungünstigen Beweise mit der individuellen Färbung vorzubringen, wie sie sich in seinem Bewusstsein eingeprägt haben. [...] ohne es wahrzunehmen, wird er die Bilanz der Geschworenen vom Prozess in Richtung Freispruch oder Verurteilung beugen.“[445]

„Die Wahrheit in den Prozessen“, so Escriche, „ist hartnäckig. Daher ist es notwendig, sie mit lebendiger Kraft oder mit Kriegslist zu erobern. Was macht nun aber derjenige, welcher eine solche Kampfeskunst nicht kennt, sonst, als sich von dem bereits Erfahrenen und Tüchtigen leiten zu lassen?“[446] Auch in Frankreich bliebe außer Acht, dass die Geschworenen wegen mangelnder Bildung die Plädoyers von Anklage und Verteidigung nicht hinreichend kritisch analysieren könnten.[447]

Den Geschworenen spricht Escriche jede Fähigkeit ab, die Wahrheit zu ergründen. Sind sie auf sich selbst gestellt, würden sie auf ihrer Suche nach der Wahrheit nur den Irrtum umarmen. Die Aufgabe der Ergründung irdischer, materieller Wahrheit habe Gott nicht dem Ungebildeten überlassen wollen, sondern dem Kalkül desjenigen, der seinen Verstand am meisten vervollkommnet habe und über ein starkes Urteilsvermögen, Scharfsinn und ein durch Erfahrung geformtes Anstandsgefühl verfüge.[448]

#### eee) Tatfrage

Escriche führt seine Fundamentalkritik an der Jury fort, indem er die Trennbarkeit von Tat- und Rechtsfragen in Frage stellt. Die objektive und subjektive Zurechnung, aber auch Fragen der Rechtfertigung und der Schuld seien mit wertenden Gesichtspunkten vermengt und nur im Kontext der Gesetze, nicht aber mit der bloßen menschlichen Vernunft zu beantworten. Tatfragen könnten „mit

---

[445] *Escriche*, a.a.O., S. 408, r. Sp.
[446] *Escriche*, a.a.O., S. 409, l. Sp.
[447] *Escriche*, a.a.O., S. 416, r. Sp.
[448] *Escriche*, a.a.O., S. 409, l. Sp.

besserem Recht“[449] als Rechtsfragen bezeichnet werden. Das Recht selbst sei aber zu komplex, als dass es juristische Laien begreifen könnten.[450]

Nunmehr rückt Escriche wieder die persönliche Eignung der rechtsgelehrten Berufsrichter in den Vordergrund. Nur die Rechtsgelehrten und Berufsrichter verfügten über die für die Beweiswürdigung notwendigen Qualitäten. Warum, fragt Escriche, sollten nur die Richter desto unfähiger sein, je mehr sie richteten, wenn doch der Habitus das Werk erleichtere: Der Arzt heile desto besser, je besser er die Krankheiten aufgrund seiner Erfahrung kennt. Der Künstler brächte umso bessere Werke hervor, je mehr er sich seinem Handwerk hingibt. Wenn aber zur Ausübung einer so erhabenen Funktion wie der Rechtsprechung Schumacher, Schneider und Händler zu berufen seien, wäre es dann nicht konsequent, Rechtsanwälte und Richter herbeizurufen, um Kleider zu schneidern, Schuhe herzustellen oder die Messelle zu führen?[451] Eine Garantie für den Angeklagten stelle die Jury nicht dar. Folgen ihres Handelns seien Willkür und auch Straflosigkeit, die wiederum zu einem Anstieg von Straftaten führe.[452]

### fff) Resümee und Folgerungen für die Jury in Spanien

Erst bei seiner Zusammenfassung greift Escriche den politischen Aspekt des Schwurgerichts auf. Die Engländer, merkt der Autor an, betrachten die Jury nicht nur als gerichtliche Institution, sondern auch als politische, was dazu führe, dass dort nicht wenige auf ihrem Erhalt bestehen, obgleich sie die Jury als gerichtliche Institution verwerfen. Escriche bestreitet eine politische Funktion der Jury, betont jedoch gleichwohl, dass die Krone die Richter ernennt.[453] Die Justiz habe nichts mit Politik zu tun, von der sie unabhängig sei. Im Gegensatz zur Politik sei sie unparteiisch, dauerhaft, unerschütterlich, gefühllos und über alle Parteien erhaben. Für Escriche kollidiert die politische Funktion der Jury mit der Gewaltenteilung, wobei das System der *checks and balances* allerdings unerwähnt bleibt. Eine einzelne Institution könne nicht gleichzeitig einen juristischen und politischen Charakter haben, ohne zwangsweise einen monströsen und fürchterlichen Körper zu formen. „Die politische Freiheit der Bürger“, so Escriche, „darf ihre Garantien nicht in den gerichtlichen Institutionen suchen, sondern in anderen, zivilen Institutionen, die für diesen Gegenstand geeigneter sind.“[454]

---

[449] *Escriche*, a.a.O., S. 409, r. Sp.
[450] *Escriche*, a.a.O., S. 409, r. Sp.
[451] *Escriche*, a.a.O., S. 411, l. Sp., mit einem Wortspiel: *vara de medir* bedeutet Messelle, *vara* auch Richterstab.
[452] *Escriche*, a.a.O., S. 412, r. Sp., sich auf Franklin und eine im *Journal des Debats* 1843 erschienene Kriminalitätsstatistik über in London begangene Raubtaten berufend.
[453] *Escriche*, a.a.O., S. 415, l. Sp.
[454] *Escriche*, a.a.O., S. 415, l. Sp.

Auch seine Kritik an der französischen Jury schließt der Autor mit einem eindeutigen Votum:

> „Bewahret die Prinzipien des Jury-Systems und die Justiz wird verloren gehen."[455]

In Spanien sieht Escriche weder ein historisch noch politisch gewachsenes Fundament für das Schwurgericht. Die Schwächen der englischen und der französischen Jury lägen in der Natur der Institution, weshalb ihre Einführung auch andernorts zu nachteiligen Ergebnissen führen werde.[456] Eine „zufällige" Garantie könne das Schwurgericht allenfalls dann bieten, wenn die Geschworenen über Bildung, Moral und Standhaftigkeit verfügten. Es sei aber illusorisch zu glauben, dass spanische Geschworene solche Eigenschaften aufwiesen, wenn die Erfahrung in England und Frankreich das Gegenteil gezeigt habe, weshalb diese theoretische Fragestellung, weil durch die Praxis widerlegt, zu verwerfen sei.[457] Escriche lehnt daher die Einführung des Schwurgerichts in Spanien generell ab.

**ggg) Kritische Zusammenfassung**

Escriche gelangt bei seiner kritischen Analyse der Jury in England und Frankreich zu dem Ergebnis, dass diese Institution an keinem Ort und deshalb auch nicht in Spanien Vorteile verspricht. Eine politische Funktion des Schwurgerichts verwirft der Autor und sieht diese auch im Widerspruch zum Prinzip der Gewaltenteilung. Das Verhältnis der Richterschaft zur Exekutive wird hierbei nicht hinterfragt. Auf das Verhältnis des Schwurgerichts zu anderen liberalen Prozessmaximen geht Escriche nicht ein, obwohl er an anderer Stelle seines Rechtslexikons die Prinzipien der Mündlichkeit[458] und Öffentlichkeit[459], der freien Beweiswürdigung[460] und den Grundsatz *in dubio pro reo*[461] anerkennt.

Es sind aus seiner Sicht rein juristische Erwägungen, die Escriche die Jury ablehnen lassen. Die Untrennbarkeit der Tatfragen und Rechtsfragen, die Komplexität des Rechts und der Wahrheitsfindung stehen hierbei im Vordergrund. Das „richtige" Ergebnis der Beweiswürdigung ist ein zentrales Anliegen des Autors, das von der Befürchtung einer Straflosigkeit, die er mehrfach in diesem Zusammenhang äußert, genährt wird. Den Prozess der Wahrheitsfindung bestimmen bei Escriche die Akteure. Dem juristischen Laien spricht Escriche diese Befähi-

[455] *Escriche*, a.a.O., S. 421, r. Sp.
[456] *Escriche*, a.a.O., S. 424, l. Sp.
[457] *Escriche*, a.a.O., S. 425, l. Sp.
[458] *Escriche*, a.a.O., S. 266 ff.
[459] *Escriche*, a.a.O., S. 312.
[460] *Escriche*, a.a.O., S. 347.
[461] *Escriche*, a.a.O., S. 347, r. Sp.

gung nicht nur ab, sondern schreibt ihm eine niedere Gesinnung zu, die sich bei der Ausübung des Geschworenenamtes manifestiere. Der Militärrichter Escriche vertraute seinesgleichen mehr: Nur der integre, gelehrte und von der Krone ernannte, erfahrene Berufsrichter kann angemessen richten.

**cc) Das Schwurgericht bei Joaquín Francisco Pacheco (1839/1840)**

Die von Joaquín Francisco Pacheco y Gutiérrez Calderón in den Jahren 1839 und 1840 in Madrid gehaltenen Vorlesungen über das Strafrecht erschienen im Jahre 1843 zweibändig. Zu diesem Zeitpunkt befindet sich Pacheco auf dem Höhepunkt seiner juristischen, nicht aber seiner politischen Karriere, die er im Jahr 1847 mit dem Amt des spanischen Ministerpräsidenten krönt.[462]

Nach dem Rechtsstudium (1823-1829) wirkte Pacheco zeit seines Lebens aber auch als Zeitungsjournalist und Verfasser verschiedener Oden und romantischer Dramen. Ab 1837 betätigte er sich als Abgeordneter der Moderaten Partei, deren puritanischem Flügel er angehörte, aktiv in der Politik. Im Jahr 1864 wurde er noch ein zweites Mal Ministerpräsident. Kurz vor seinem Tod (1865) wurde er auch zum Präsidenten der Akademie der Künste gewählt.[463]

Die Publikationen seiner Vorlesungen riefen ein enormes Aufsehen hervor. Pacheco wird heute zugeschrieben, das Fundament für ein postabsolutistisches Strafrecht in Spanien gelegt zu haben.[464]

Zur Frage des Schwurgerichts nimmt Pacheco im Rahmen seiner letzten Vorlesung[465], die er vor allem dem Strafverfahren widmet, Stellung. Zu Anfang seiner Ausführungen spricht sich Pacheco für ein staatliches Anklagemonopol bei der Staatsanwaltschaft aus. Die Anwendung von Strafe sei eine öffentliche, gesellschaftliche Angelegenheit, die nur dem Staat obliege. Der Staat eigne sich im Gegensatz zum Individuum besser als Anklagevertreter, weil er emotionslos und ohne Rachegelüste ein Exempel einfordere und es ihm nicht bloß um Strafe, sondern auch um Prävention gehe. Das Interesse des Individuums an einem Schadensausgleich sei eine rein private Angelegenheit und müsse daher auf dem Zivilrechtsweg befriedigt werden.[466] Die Jury erwähnt Pacheco im Zusammen-

---

[462] Zur Biografie siehe das Vorwort von *Francisco Tomás y Valiente*, in: J. Pacheco, Derecho Político, S. IX ff.; siehe auch *Jiménez de Asúa*, Tratado, Bd. I, S. 860; *Enciclopedia Universal*, Bd. XL, S. 1387 f.

[463] *Tomás y Valiente* ebda., S. XI ff.

[464] So *Jiménez de Asúa*, Tratado, Bd. I, S. 861; *Tomás y Valiente*, ebda., S. XVII, XLVI, m.w.N.

[465] *J. Pacheco*, Estudios, II, S. 285 ff. („Lección vigésima segunda")

[466] *J. Pacheco*, ebda., S. 290 f.

hang der Anklage nicht. Seine Ausführungen verdeutlichen indes, dass das Strafverfahren aus seiner Sicht keinen Raum für aktive Mitwirkung von Bürgern lässt.

Pacheco spricht sich dann für die Mündlichkeit des Strafprozesses aus und setzt dessen Öffentlichkeit voraus.[467] Obwohl er den schriftlichen Prozess als eine Errungenschaft der Zivilisation beschreibt, hält er das mündliche dem schriftlichen Verfahren für überlegen. Zum einen diene der mündliche Prozess besser der Wahrheitsfindung, um die allein es ginge, da er über mehr kommunikative Elemente, wie etwa die Möglichkeit zur Befragung von Zeugen, verfüge.[468] Als noch wichtiger stuft Pacheco aber die freie Beweiswürdigung ein. Der Gesetzesbeweis sei ein in der abstrakten Theorie mehr oder weniger vertretbares System, in der Praxis hingegen vollkommen falsch und absurd. Das Resultat seiner Anwendung sei die vollständige Trennung der rechtlichen von der realen Wahrheit gewesen.[469] Jede Tatsache, jeder Umstand sei Gegenstand einer individuellen Meinungsbildung, die in einem anders gelegenen Fall möglicherweise entgegengesetzt ausfiele. Wenn das Gesetz der Verschiedenheit der Fälle nicht unmittelbar begegnen könne, sei die Entscheidung dem Gewissen und der Eigenmacht der Richter zu überlassen und der hierdurch eröffneten Gefahr justizieller Fehler durch prozessuale Garantien und Gerichtsorganisation zu begegnen.[470]

Den Geschworenenprozess hält Pacheco hingegen nicht für untrennbar mit den Maximen der Mündlichkeit, Öffentlichkeit und freien Beweiswürdigung verknüpft, noch sieht er in ihm ein die Willkür des Richters begrenzendes Verfahrenselement. Das Schwurgericht habe keinen Vorteil gegenüber dem aus Berufsrichtern bestehenden Kollegialgericht,[471] in dessen Einrichtung Pacheco eine strafprozessuale Garantie erkennt.[472]

Wie Escriche meint auch Pacheco, dass die Jury einer Lotterie, einem Zufall gleichkomme.[473] Die Zusammensetzung der Jury aus Personen ohne Rücksicht auf Bildung und Wissenschaft könne nur damit gerechtfertigt sein, dass Schulung und Erlerntes unnütz sind, um in einer Strafsache zu richten.[474] Strafrechtliche Sachverhalte seien für gewöhnlich aber schwierig und komplex. Für ihre Bewertung bedürfe es daher mehr als eines gemeinen Verstandes.[475] Es sollten

---

[467] *J. Pacheco*, ebda., S. 293.
[468] *J. Pacheco*, ebda., S. 292 f.
[469] *J. Pacheco*, ebda., S. 294.
[470] *J. Pacheco*, ebda., S. 295.
[471] *J. Pacheco*, ebda., S. 299.
[472] *J. Pacheco*, ebda., S. 299 f.
[473] *J. Pacheco*, ebda., S. 295 f.
[474] *J. Pacheco*, ebda., S. 296 f.
[475] *J. Pacheco*, ebda., S. 297.

aber niemandem gerichtliche Aufgaben übertragen werden, „wenn nicht mit dem Zweck der Erfüllung dieser, oder wenn es Personen von einer anderen Klasse gibt, die für dieselbe Aufgabe tauglicher sind."[476]

Eine Funktion des Schwurgerichts als politischer Garant für bürgerliche Freiheit lehnt Pacheco kategorisch ab. Pacheco merkt zu dem aus seiner Sicht absurden Terminus der *justicia del país*[477] an:

> „Ein tolles Volk, für wahr; ein Dutzend vom Zufall bestimmte Personen in einer Monarchie mit fünfzehn oder zwanzig oder dreißig Millionen Einwohnern. Eine gute Repräsentation des Volkes, die auf diese Weise an jene Anzahl und jene Klasse von Personen verliehen wird."[478]

In der *justicia del país* sieht Pacheco einen revolutionären Satz. Jene, die diesen Begriff verwendeten, gäben zu verstehen, dass es ihnen gerade nicht um rechtliche Garantien gehe.[479] Eine Beteiligung des Volkes an der Rechtspflege lehnt Pacheco aber auch deswegen ab, weil es zwischen dem Volk und der Justiz überhaupt keine Beziehung des Miteinanders gebe. Im Gegensatz zur Politik, zu der das Volk in einem korrelativen und verträglichem Verhältnis stünde, verbiete sich ein solches Verhältnis zur Justiz, denn das Leidenschaftliche und Unbeständige verhalte sich nicht mit dem Unparteiischen und Bleibenden. Justiz und Rechtsprechung seien auch keine liberale Institution. Sie gehörten keiner Partei an. Garantien seien daher nicht in der Gerichtsorganisation, sondern in der Politik zu suchen.[480]

Die strikte Trennung von Politik und Justiz, die Pacheco bei der Frage des Schwurgerichts anwendet, gilt als eines der Hauptanliegen seines Schaffenswerkes.[481] Die Gewaltenteilung im Staat lehnt Pacheco dennoch ab. Pacheco wird heute nachgesagt, das theoretische Problem des Verhältnisses des Rechts zur Macht und zur Politik nur unentschlossen, ohne Tiefe und theoretische Kohärenz aufgeworfen zu haben.[482] Die Ablehnung des Schwurgerichts geht allerdings mit Pachecos staatstheoretischem Konzept einher. Er sieht sich weder den Theorien Beccarias noch Benthams nahe. Auch der Sozialpakt sei eine historische Verkehrung und realitätsfremd. Er erlaube nicht, den Ursprung und die Le-

---

476 *J. Pacheco*, ebda., S. 297.
477 I.e. Volksjustiz [Anm. d. Verf.].
478 *J. Pacheco*, Estudios, II, S. 298.
479 *J. Pacheco*, ebda., S. 298.
480 *J. Pacheco*, ebda., S. 298 f.
481 Siehe das Vorwort von *Francisco Tomás y Valiente*, in: J. Pacheco, Derecho Político, S. XXVI ff.
482 So *Tomás y Valiente*, ebda.: Auch sein straftheoretisches Konzept bleibe nur an der Oberfläche erkennbar.

gitimität von Strafe zu erklären. Dem Utilitarismus Benthams setzt Pacheco, in der Linie von Rossi[483], entgegen, dass die Wahrheit nicht darin liege, dass eine Mehrzahl von Personen sie bestimmten, wie auch das Gesetz weder recht noch unrecht sein könne, nur weil eine Mehrheit dies so für richtig halte.[484] Sein Befürworten des Kollegialgerichts als strafprozessuale Garantie stellt einen Widerspruch hierzu dar.

Im Ergebnis lehnt Pacheco den Geschworenenprozess in juristischer Hinsicht, vor allem aber als politische Institution ab. In den Prinzipien der Öffentlichkeit, der Mündlichkeit und der freien Beweiswürdigung sieht er ausreichende Garantien für den Strafprozess und fügt diesen das Kollegialgericht hinzu. Auch Pacheco befindet die strafrechtlichen Tatbestände für zu komplex für den gemeinen Verstand. Auf die Frage der Trennung von Tat- und Rechtsfragen geht der Autor nicht ein. Die Jury legitimiere die Rechtsprechung schon deshalb nicht, weil sie keinen repräsentativen Körper darstelle. Eine politische Funktion des Schwurgerichts verbiete sich aber auch aus Gründen der Gewaltenteilung, wobei Pacheco - wie auch Escriche - nicht das Verhältnis der Justiz zur Exekutive hinterfragt.

#### c) Das Schwurgericht auf dem Juristenkongress von 1863

Im Jahr 1863 setzte sich in Madrid ein von prominenten Rechtsgelehrten veranstalteter juristischer Kongress mit der Frage des Schwurgerichts auseinander.[485] An dem Kongress, dem kein anderer als Pacheco vorsaß, ohne sich jedoch zu Wort zu melden, nahmen Angehörige verschiedener rechtsgelehrter Schulen und politischer Parteien teil.

Die Mehrheit der im Kongress versammelten Rechtsgelehrten stand der Jury ablehnend gegenüber:

> „Wir haben die Nachteile des Schwurgerichts in der kurzen Zeit gesehen, in der es die Institution bei uns leider gab; die Verübung von Unrecht, das Freisprechen von höchst Schuldigen und das schändliche Verurteilen von vielen Unschuldigen. Zur Ausübung des Amtes eignen sich nicht alle Bürger gleichermaßen.[...] In vielen Fällen ist die Beurteilung und die Würdigung der Tatsachen schwieriger als die Anwendung des Rechts."[486]

[483] Zu den Einflüssen Rossis auf J. Pacheco siehe *Jiménez de Asúa*, Tratado, Bd. I, S. 860 f.
[484] Vgl. *Tomás y Valiente*, a.a.O., S. XLIV.
[485] Kongresschronik bei *Palma y Luján*, RGLJ 23, S. 273 ff.
[486] *Ortiz de Urbina*, bei *Palma y Luján*, RGLJ 23, S. 293.

Eine starke Minderheit der Kongressteilnehmer befürwortete hingegen die Einführung der Jury für alle Strafverfahren:

„Da die Rechtspflege eine Funktion des Staates ist, steht ihre Ausübung den Bürgern als eigenes Recht zu. [...] Der Geschworenenprozess ist die einzig mögliche Form, welche die Bestimmungen der Justiz sowie das mündliche und öffentliche Verfahren respektiert, ein direktes und adäquates Mittel, um zur Kenntnis der Tatumstände zu gelangen.“[487]

Eine rechtsphilosophische Begründung des Schwurgerichts unternahm der junge Rechtsgelehrte Vicente Romero Girón, der auch Mitglied der Progressiven Partei war.[488] Die Frage des Schwurgerichts wurzelt bei ihm im Recht und im Staat als Gewalt, die sich über den Individuen zur Vollziehung des Rechts erhebt. Ein Rechtsinstitut könne nicht mit der Geschichte, in der es so viele Störungen und Überschreitungen des Rechts gegeben habe, begründet werden. Die Jury müsse vielmehr auf dem Terrain der Vernunft untersucht werden. Der Angeklagte dürfe wegen des Verbrechenstatbestandes nicht von der Gesellschaft getrennt werden. Infolgedessen müssten im Verfahren neben den Aufgaben der Justiz auch die Interessen des Angeklagten Berücksichtigung finden.

„Die Untersuchung der Straftat und der Strafe führt zur Lösung der Frage. Das Delikt ist die Übertretung oder Verletzung eines Rechts und die Strafe ist die Wiederherstellung dieser zuwidergehandelten Pflicht, dieses verletzten Rechts. In diesem Sinne gründet das Kriminalverfahren auf einem Rechtsprinzip, welches beinhaltet, dass man zu keiner Wahrheit gelangt, wenn nicht auf dem Wege des Rechts und der Justiz.“[489]

In den Ländern, in denen es kein Schwurgericht gibt, habe man einem entwerteten Individuum die Gesellschaft gegenübergesetzt.

„Wenn das Recht ein Gesetz des Lebens, ein Lebensziel ist, und wenn des Staates Aufgabe die Verwirklichung des Rechts ist, wird der Mensch gleichzeitig Objekt und Finalität des Rechts sein. Der Mensch hat das Recht, an verschiedenen Funktionen des Staates teilzunehmen, und dennoch verweigert man ihm diese Befugnis bei der Rechtspflege. Welche Erklärung gibt es hierfür?“[490]

---

[487] Siehe *Palma y Luján*, RGLJ 23, S. 308.
[488] Zu seiner Biografie siehe *Enciclopedia Universal*, Bd. LII, S. 214 f., m.w.N.
[489] *Romero Girón*, bei *Palma y Luján*, RGLJ 23, S. 291 f.
[490] *Romero Girón*, a.a.O.

Für Romero Girón liegt die Begründung des Schwurgerichts nicht nur in einer Verfahrensgarantie zum Schutz des Angeklagten, sondern auch in der Volkssouveränität im Staate:

> „Der Mensch soll von seinesgleichen gerichtet werden. [...] Die Jury haftet der Volkssouveränität und der menschlichen Persönlichkeit derart an, dass ohne sie sowohl die eine als auch die andere negiert wären."[491]

Zugleich setzt Romero Girón das Schwurgericht in Relation zu den Grundsätzen der Öffentlichkeit und der Mündlichkeit des Verfahrens: „Um zu funktionieren, benötigt die Jury nur Öffentlichkeit, weil sie die einzige Bedingung ist, welche die Ausübung von Souveränität erfordert." Hingegen sei es für die Betätigung der Volkssouveränität unerheblich, ob das Verfahren mündlich oder schriftlich stattfindet.[492]

Die das Schwurgericht stützende These Romero Giróns kollidierte mit der von der Kongressmehrheit vertretenen Ansicht, dass das Recht, das einzig und allein von Gott herrühre, nur um des göttlichen Willens, der auch Existenzgrundlage der Gesellschaft sei, existiere. Recht sei nichts anderes als die Erfüllung Gottes auf dem menschlichen Entwicklungsweg.[493] Der Mensch sei weder unabhängig noch frei[494] und neige dazu, nicht zu strafen.[495] Eine Garantie für den Angeklagten liege nicht in einer ungebildeten Vernunft der Geschworenen, sondern in der Verantwortung der Richterschaft.[496]

#### d) Zusammenfassung

In der spanischen Literatur ist bislang nicht abschließend geklärt, wie die Schwurgerichtsidee Eingang in die spanische liberale Rechtspolitik gefunden hat. Es erscheint als sehr wahrscheinlich, dass die Schwurgerichtsidee in Spanien aus dem europäischen Ausland, zunächst vor allem aus England und, später zunehmend, aus Frankreich rezipiert worden ist. Das Schwurgericht ist in der Zeit seiner ersten Kodifizierungen in Spanien in den Jahren 1808 und 1812 noch kein Gegenstand von Druckwerken wissenschaftlichen oder rechtspolitischen Inhalts.

Erst 1820 erscheint das erste einschlägige Werk eines spanischen Autors. Sein Verfasser Santiago Jonama, ein glühender Verfechter der Schwurgerichtsidee,

---

491 *Romero Girón*, a.a.O.
492 *Romero Girón*, a.a.O.
493 So *Adame*, bei *Palma y Luján*, RGLJ 23, S. 292.
494 *Valls*, bei *Palma y Luján*, RGLJ 23, S. 295.
495 *Valls*, bei *Palma y Luján*, RGLJ 23, S. 291.
496 *Ortiz de Urbina*, bei *Palma y Luján*, RGLJ 23, S. 293.

misst der Jury die politische Funktion einer bürgerlichen Kontrolle der Justiz bei. Die herausragenden Rechtsgelehrten in der Zeit der Isabellinschen Ära, Joaquín Escriche und Joaquín Francisco Pacheco, lehnen das Schwurgericht demgegenüber ab. Escriche sieht bei seiner sehr umfangreichen, im Kern aber weitestgehend auf die Frage der Urteilsfähigkeit der Verfahrensakteure reduzierbaren, kritischen Analyse der Jury vor allem juristische Probleme. Seine Ausführungen lassen ein tiefes Misstrauen gegenüber dem juristischen Laien erkennen. Anders als Jonama befürchtet Escriche auch Straflosigkeit als Konsequenz des Geschworenenprozesses. Auf die politische Komponente der Schwurgerichtsidee geht Escriche im Gegensatz zu Jonama nur am Rande ein. Pacheco greift die Frage der politischen Funktion des Schwurgerichts auf und verneint, wie auch Escriche, einen Zusammenhang zwischen Justiz und Politik. Pacheco und Escriche halten die von der Krone bestimmten Berufsrichter zur Entscheidungsfindung in Strafsachen für fähiger, ohne das Verhältnis der Richterschaft zur Exekutive zu hinterfragen.

Im Gegensatz hierzu betrachtet Vicente Romero Girón das Schwurgericht einerseits als notwendigen Ausdruck der gesellschaftlichen Souveränität, andererseits auch als den Ort, den Angeklagten als Teil der Gesellschaft und als Rechtssubjekt von seinesgleichen zu richten.

Das Schwurgericht stößt bis in die 60er Jahre des 19. Jahrhunderts unter spanischen Rechtsgelehrten auf ein tiefes Misstrauen, insbesondere dann, wenn es mit der Frage der Souveränität in Verbindung gebracht wird. Auch die liberale Rechtswissenschaft Spaniens steht in dem untersuchten Zeitraum einer solchen politischen Funktion der Jury äußerst kritisch gegenüber. In juristischer Hinsicht wird gegen das Schwurgericht hauptsächlich eingewandt, dass Geschworene, insbesondere wegen eines in Spanien herrschenden Bildungsdefizits, nicht geeignet seien, die Tatsachen zu beurteilen und über die Schuldfrage zu entscheiden. Hinzu kommt die mannigfach geäußerte Befürchtung, die bei dem einfachen Bürger anzutreffende Tendenz zur Milde begünstige Straflosigkeit.

## 6. Das Schwurgericht im Revolutionären Sexennium (1868-1874)

Die am 19. September 1868 einsetzende so genannte Glorreiche Revolution (*Revolución Gloriosa*) hatte die Exilierung von Königin Isabel II. und, fünf Jahre später, die Errichtung der Ersten Republik zur Folge.[497] Die Staatsgewalt wurde vorübergehend von Revolutionsräten ausgeübt. Die zunächst von dem liberalen Kleinbürgertum angetriebene Revolution fand auch in anderen Bevölkerungsschichten Unterstützung,[498] so auch bei den Arbeitern in den Städten.[499]

[497] *Davo Escriva*, S. 69.
[498] *Tomás y Valiente*, Manual de Historia, S. 450.

Die schrittweise Einführung und zunehmende Beachtung des Schwurgerichts im liberalen Triennium und während der Isabellinischen Ära hatten nun zur Folge, dass die Jury von den demokratisch ausgerichteten Parteien als eine unumgängliche demokratische Institution angesehen wurde.[500] Noch im Oktober 1868 nahm der Höchste Revolutionsrat (*Junta Superior Revolucionaria*) den Geschworenenprozess in Strafsachen in sein politisches Programm auf.[501] Ebenfalls im Jahre 1868 wurden die Prinzipien der Mündlichkeit, Öffentlichkeit und der freien Beweiswürdigung für den Strafprozess gesetzlich verankert.[502] Die Anhänger des Schwurgerichts sahen einen untrennbaren Zusammenhang der Jury mit diesen Prozessmaximen.[503]

### a) Die Verfassung von 1869

Am 5. Juni 1869 wurde eine Verfassung in liberaldemokratischem Geiste verkündet, welche die Volkssouveränität, das allgemeine Männerwahlrecht auf allen staatlichen Ebenen, Gewaltenteilung mit einer gestärkten Justiz, unter deren Schutz die „Sicherheit, das Eigentum und die Freiheit" gestellt wurden, die Einheit des Rechts und der Rechtsprechung sowie einen stark ausgeprägten Grundrechtskatalog[504] vorsah. Als Staatsform wurde die konstitutionelle Monarchie wieder aufgegriffen. Die Macht der Krone wurde jedoch durch die anderen Staatsgewalten, insbesondere durch das Parlament, sowie durch die Grundrechte stärker als je zuvor beschränkt.[505]

War die Rechtsprechung in der Verfassungsgebung Spaniens bislang eher als Justizverwaltung ausgestaltet, wurde sie nun erstmalig als von den Gerichten ausgeübte Staatsgewalt (*poder judicial*) beschrieben (Art. 36).
Art. 93 der Verfassung von 1869 griff die Jury wie folgt auf:

> „Der Geschworenenprozess wird für alle politischen Straftaten und für die durch Gesetz bestimmten gemeinen Straftaten eingerichtet. Das Gesetz bestimmt auch die notwendigen Voraussetzungen, um das Geschworenenamt auszuüben."

---

[499] *Gleadow*, S. 104, m.w.N.
[500] *Alejandre*, Justicia popular, S. 111 f.
[501] Vgl. hierzu *Varona Martínez*, S. 33, m.w.N.
[502] Die Mündlichkeit wurde bereits seit 1860 bei der AP von Madrid versuchsweise praktiziert; siehe *Alejandre*, Justicia popular, S. 48 f.
[503] Vgl. *Alejandre*, ebda., S. 49.
[504] Neben der Freiheit der Wohnung, des privaten Eigentums, der Meinung, des Glaubens, der Versammlung und Vereinigung wurden auch einzelne prozessuale Rechte festgeschrieben; siehe *Tomás y Valiente*, Manual de Historia, S. 452.
[505] *Tomás y Valiente*, ebda., S. 451 f., m.w.N.

Dem Inhalt nach unterschied sich dies nicht wesentlich von den entsprechenden Artikeln der Verfassungen von 1812, 1837 und 1856, zumal es auch nun wieder dem Gesetzgeber für die Zukunft überlassen wurde, eine weitergehende Zuständigkeit des Schwurgerichts und die Voraussetzungen für das Amt festzulegen. Insoweit wurde ein weiteres Mal für ein Zukunftsversprechen optiert.[506]

Anders aber als früher wurde das Versprechen für die Zukunft vom Gesetzgeber dieses Mal umgesetzt. Im Jahre 1870 wurde ein Gesetz[507] verabschiedet, das den Justizminister ermächtigte, ein dem Ermächtigungsgesetz beigeschlossenes Gesetzesvorhaben über die Gerichtsverfassung zu erlassen. Jenes Gerichtsverfassungsgesetz sah ein Schwurgerichtsverfahren für die Straftaten der Majestätsbeleidigung, Rebellion und Aufstand sowie für andere Taten mit einer Mindeststrafandrohung von zwölf Jahren Gefängnis vor.

**b) Das Schwurgericht von 1872**

Zur definitiven Wiederherstellung des Schwurgerichts wurde im Jahr 1870 eine Kommission zur Ausarbeitung eines entsprechenden Gesetzes eingesetzt. Ihr Gesetzesvorhaben wurde in abgeänderter Fassung einem im Dezember 1872 verkündeten vorläufigen Strafprozessgesetz[508] eingegliedert.[509] Die Urteilsjury wurde dort in 11 Kapiteln (Art. 658-785 und 806-808 LECrim 1872) umfassend geregelt.

**aa) Gerichtsverfassung und Zuständigkeit**

Das bei der *audiencia* jeder Provinz einzurichtende Schwurgericht setzte sich aus zwölf Geschworenen und drei Berufsrichtern zusammen (Art. 658 LECrim 1872). Ersatzgeschworene sah das Gesetz nicht vor. Die Schwurgerichte sollten vierteljährlich an den von der Strafkammer der *audiencia* bestimmten Ortschaften und Terminen zusammentreten (Art. 698 LECrim 1872).

---

[506] So *Alejandre*, Justicia popular, S. 113. Einige Delegierte der verfassunggebenden Versammlung forderten daher die Ausweitung der Verfassungsnorm auf weitere oder alle Straftaten. So *Rodríguez Pinilla*, DSCC v. 22.5.1869, S. 2247; *Rodríguez Seoane* und *Salmerón*, DSCC v. 22.5.1869, S. 2249.

[507] *Ley autorizando al Ministro de Gracia y Justicia para plantear, con carácter provisional, el adjunto proyecto de ley sobre organización del Poder Judicial* v. 15.9.1870, in Auszügen abgedruckt in: *Documentación*, S. 395-386.

[508] *RD, disponiendo la publicación de la Ley provisional de Enjuiciamiento criminal y que empiece a regir desde el 15 de Enero próximo en la Península e Islas Baleares y Canarias* v. 22.12.1872; in Auszügen abgedruckt in: *Documentación*, S. 387-409. Im Folgenden „LECrim 1872" abgekürzt.

[509] Zum Gesetzgebungsverfahren siehe *Alejandre*, Justicia popular, S. 117 ff.

Das Schwurgericht war für politische Wahl- und Pressestraftaten, mit Ausnahme der mittels Druckwerken begangenen Beleidigung oder Verleumdung von Privatpersonen, sowie für alle gemeinen Straftaten mit einer Strafandrohung von mehr als zwölf Jahren Gefängnis zuständig (Art. 661 LECrim 1872). Die Zuständigkeit erstreckte sich auf zusammenhängende Straftaten sowie auf die Teilnahme und Verdeckung (Art. 662 LECrim 1872).[510] Ausgenommen wurde, unabhängig von der angeklagten Tat, der persönliche Gerichtsstand des *Tribunal Supremo* (Art. 663 LECrim 1972) für Angehörige der höchsten staatlichen und kirchlichen Ebenen.[511] Mit dieser Privilegierung sah sich das Prinzip der Gleichheit vor dem Gesetz einer starken Einschränkung ausgesetzt.[512]

**bb) Rechtsstellung, Eignung und Auswahl der Geschworenen**

Die Amtsausübung war unentgeltlich. Sie zog keine rechtliche Verantwortlichkeit der Geschworenen nach sich.[513] Obwohl als individuelles Recht formuliert, stellte sie sich bei näherer Betrachtung als Pflicht dar.

Geschworene mussten mindestens dreißig Jahre alt und Familienoberhaupt sein sowie einen festen Wohnsitz (*casa abierta*) im Gerichtsbezirk haben und Lesen und Schreiben können (Art. 664 LECrim 1872), nicht aber über ein Mindesteinkommen verfügen. Die Gesetzeskommission hielt den Einkommenszensus für ein ungerechtfertigtes Privileg.[514] Allerdings sollten Geschworene auch volljährige Personen ohne den Status des Familienoberhaupts oder Grundeigentümers sein können, die über einen beruflichen Titel verfügten oder eine dem höheren Verwaltungsdienst entsprechende Stellung ausübten (Art. 665 LECrim 1872). Ihr Anteil auf den Geschworenenlisten musste zudem mindestens ein Drittel betragen (Art. 690 LECrim 1872).[515]

---

[510] Die Majestätsbeleidigung fand entgegen der Bestimmung in Art. 276 LOPJ 1870 keine Erwähnung, wohl weil der Gesetzgeber von der Beseitigung der Monarchie bis zum Inkrafttreten des Strafprozessgesetzes ausging. So *Alejandre*, Justicia popular, S. 121, m.w.N.

[511] Vgl. hierzu *Pérez-Cruz Martín*, Participación popular, S. 148, m.w.N.

[512] So auch die zeitgenössische Kritik von *Gómez Rodríguez*, RGLJ 43, S. 159: „Wenn das Gesetz sich lediglich auf bei der Amtsausführung begangene Taten beziehen würde, gäbe es nichts zu sagen, aber indem es sich auf gemeine Taten bezieht, stellt sich [...] die Ausnahme [...] nicht als sehr demokratisch dar und das Prinzip der Gleichheit vor dem Gesetz wird mit diesem Privileg nicht hinreichend berücksichtigt."

[513] Vgl. *Planchadell Gargallo*, in: Gómez Colomer/Montero Aroca, S. 136. Der Gesetzgeber nannte idealistische Gründe; siehe *Alejandre*, Justicia popular, S. 122, m.w.N.

[514] Vgl. *Alejandre*, ebda., S. 122.

[515] Der Gesetzgeber folgte dem angloamerikanischen Modell wirtschaftlicher Kategorien; siehe *Fairén Guillén*, Jurado, S. 32.

Im Unterschied zu früheren Regelungen konnten auch Verurteilte, die ihre Strafe verbüßt hatten, und rehabilitierte Bankrotteure als Geschworene berufen werden (Art. 666 LECrim 1872).[516] Angesichts der vergleichsweise niedrigen Anforderungen an das Geschworenenamt könnte man meinen, dass der Gesetzgeber von 1872 die Jury als eine demokratische Institution ansah.[517] Die von dem Geschworenenamt erfassten Bankiers und Unternehmer, Angehörigen der Spitzen von Militär, Politik und Verwaltung, die Grundeigentümer, Geistlichen und erfolgreichen Freiberufler stellten jedoch eine zu jener Zeit aus lediglich sechs- bis achttausend Spaniern bestehende Elite dar.[518]

Das Gesetz erlaubte es Personen über sechzig Jahren und solchen, die täglicher Arbeit zum notwendigen Erhalt ihres Lebensunterhalts nachgingen, sowie jenen, die das Geschworenenamt im vergangenen Jahr bereits ausgeübt hatten, sich vom Amt zu entschuldigen. Entschuldigen konnten sich aber auch Priester jedweder Glaubensgemeinschaft (Art. 670 LECrim 1872), womit die in der Verfassung von 1869 erstmalig postulierte Glaubensfreiheit umgesetzt wurde.

Das Verfahren zur Auswahl und Benennung der Geschworenen (Art. 671-715 LECrim 1872) war komplex und lässt sich vereinfacht wie folgt darstellen:
In jedem Rathaus bildete sich ein Komitee aus dem Gemeinderichter, dem örtlichen Staatsanwalt, dem Bürgermeister und drei Amtsräten, das eine erste aus Familienoberhäuptern und Berufsträgern bestehende Geschworenenliste zu bilden hatte. Nach der Durchführung von gesetzlich näher bestimmten Einspruchsverfahren wurde diese Liste einem zweiten Komitee übersandt, das sich aus dem Untersuchungsrichter und allen Gemeinderichtern eines Gerichtsdistrikts zusammensetzte. Diese Versammlung wählte ein Zehntel der auf der ersten Liste enthaltenen Kandidaten für eine zweite Liste aus. Danach wählte das Gericht gemeinsam mit dem Staatsanwalt und den Ermittlungsrichtern des Gerichtbezirks von dieser zweiten Liste einhundert Berufsangehörige und zweihundert Familienoberhäupter für eine dritte Liste aus, von der wiederum achtundvierzig Geschworene für eine letzte Liste öffentlich ausgelost wurden.

Die Hauptverhandlung wurde eröffnet, wenn mindestens sechsunddreißig Geschworene am hierfür vorgesehenen Tag präsent waren (Art. 715 LECrim 1872). Die ersten zwölf vom vorsitzenden Richter gezogenen Personen setzten, wenn sie nicht vom Staatsanwalt, von einem Privatkläger, einem Angeklagten oder einem zivilrechtlich Verantwortlichen öffentlich abgelehnt wurden, die Jury zusammen. Dieses peremptorisch ausgestaltete Ablehnungsrecht durfte solange

---

[516] Vgl. *Gibert Sánchez de la Vega*, in: FS Prieto-Castro, Bd. I, S. 460, auch zur anderweitigen Regelung in Frankreich.
[517] So *Alejandre*, Justicia popular, S. 121 f.
[518] Vgl. *Varona Martínez*, S. 34, m.w.N.

ausgeübt werden, bis die Mindestzahl von zwölf Geschworenen übrig blieb. (Art. 726 bis 732 LECrim 1872)

**cc) Hauptverhandlung**

Vor der Auswahl der Geschworenen für das Verfahren wurden Angeklagte und zivilrechtlich Verantwortliche im Beisein ihrer Verteidiger von dem Vorsitzenden zu den Vorwürfen „verhört". Nur wenn Angeklagte ihre Verantwortung für die angeklagten Taten nicht gestanden, kam es zu einer Hauptverhandlung vor der Jury. Andernfalls urteilten die drei Berufsrichter. (Art. 718-720 LECrim 1872)

Nach der Einschwörung der Geschworenen (Art. 732-734 LECrim 1872) war das Beweisverfahren durchzuführen, das mit den Anträgen der Staatsanwaltschaft, der Privatklage und des Angeklagten begann (Art. 735 ff. LECrim 1872). Den Geschworenen standen bei der Beweisaufnahme „die gleichen Rechte und Pflichten" wie den Berufsrichtern zu (Art. 736 LECrim 1872). Sie konnten Fragen unmittelbar stellen und ihnen oblag die gleiche inquisitorische Pflicht zur Wahrheitsfindung.[519]

Nach Abschluss der Beweisaufnahme nahmen Anklage und Verteidigung zur Beweiswürdigung und zur rechtlichen Qualifikation der Tatsachen Stellung. Jedoch durfte das Strafmaß nicht angesprochen werden. Eine Verschärfung des Anklagevorwurfs war nicht möglich. Die Angeklagten hatten das letzte Wort. (Art. 737, 738 LECrim 1872)

Sodann befragte der Vorsitzende die Geschworenen, ob sie eine besondere Belehrung zu einem prozessrelevanten Punkt wünschten. Danach fasste er die Beweisaufnahme und Stellungnahmen von Anklage und Verteidigung zusammen. Dabei erfolgte eine Präzisierung der entscheidungserheblichen Tatsachen und ihrer rechtlichen Qualifikation. Der Vorsitzende hatte die Geschworenen auch über strafbarkeitsausschließende, -erschwerende oder mildernde Umstände und schließlich über ihre Pflichten zu belehren. (Art. 739-740 LECrim 1872)

**dd) Beratung, Abstimmung, Verdikt und Urteil**

Die Geschworenen hatten über Schuld oder Unschuld der Angeklagten wegen der angeklagten Straftaten zu befinden, wobei sich ihr Spruch auch auf eine der Anklage gegenüber minderschwere Straftat beziehen konnte. Im Fall des

---

519 *Thaman*, Hastings Int'l & Comp. L. Rev., Vol. 21, S. 305, der eine Parallele zu den Schöffen zieht.

Schuldspruchs hatten die Richter die korrespondierenden Strafen und die zivilrechtliche Haftung[520] zu determinieren. (Art. 659, 660 LECrim 1872)

Die LECrim 1872 führte in Spanien erstmalig einen vom Vorsitzenden öffentlich zu verlesenden und den Geschworenen zu übergebenden Fragenkatalog in den spanischen Geschworenenprozess ein (Art. 741 LECrim 1872).[521] Anordnung und Formulierung der Fragen waren gesetzlich bestimmt (Art. 750 LECrim 1872). Die Schuldfrage war mit dem *nomen iuris* der Straftat zu verbinden, nicht aber mit einer wertneutralen Bezeichnung von Tatsachen. Das Gesetz sah auch Fragen vor, die strafschärfende oder mildernde Umstände betrafen. (Art. 743, 750 LECrim 1872)

Die Beratungen der Geschworenen hatten hinter verschlossener Tür stattzufinden (Art. 754, 756 LECrim 1872). Die Geschworenen konnten die Ermittlungsakte und Beweisstücke hinzuziehen (Art. 753 LECrim 1872). Die Jury traf ihre Entscheidung mit absoluter Mehrheit. Geschworene waren zur Stimmabgabe verpflichtet. Bei Stimmengleichheit entschied das Votum des zuerst ausgelosten Geschworenen. Die Stimmenverhältnisse durften in dem über die Entscheidung von der Jury anzufertigenden Protokoll nicht erwähnt werden (Art. 761-763 LECrim 1872).

Unmittelbar im Anschluss an das Verdikt erließ das Gericht sein Urteil. Im Falle des Freispruchs hatte das Gericht die sofortige Freilassung des Angeklagten zu verfügen. Das Strafurteil legte auch den Umfang des zivilrechtlichen Schadenersatzes fest. (Art. 768-771 LECrim 1872)

**ee) Rechtsmittel**

Gegen das Urteil bestanden die Rechtsmittel der *casación* und die Wiederaufnahme des Verfahrens (*revisión*) (Art. 806 ff. LECrim 1872).

Als Rechtsbehelf (*recurso*) führte das Gesetz aber auch die Befugnis des Gerichts, den Wahrspruch an die Jury zurückzuleiten (*reforma*), so im Fall der Nichtbeantwortung einer der Jury vorgelegten Frage (Art. 779 Nr.1 LECrim

[520] Eine den spanischen Strafprozess charakterisierende Besonderheit stellt diese enge verfahrensrechtliche Verknüpfung der strafrechtlichen mit den zivilrechtlichen Deliktsfolgen dar, dazu *Vossler*, S. 53, m.w.N. Zu den möglichen Ursprüngen des zivilrechtlichen Schadensausgleichs im spanischen Strafprozess siehe *Lobedanz*, S. 28 ff.

[521] *Thaman*, in: Judicial Role in Criminal Proceedings, S. 53 (dort Fn. 2), sieht hierin eine Abkehr vom angloamerikanischen Prinzip der Arbeitsteilung zwischen Tatrichter und Richter über Rechtsfragen.

1872). Das Gericht konnte nach zweimaliger fruchtloser Zurückleitung die Sache einer neuen Jury vorlegen (*revista*, Art. 781 Abs.1 LECrim 1872).

Darüber hinaus sah das Gesetz die Neuverhandlung der Sache vor einer anderen Jury vor, wenn die Berufsrichter einstimmig einen schweren und offenbaren Fehler des Verdikts befanden (Art. 783 LECrim 1872). Der Gesetzgeber übernahm hiermit die Regelung des Art. 352 des französischen Strafgesetzbuchs mit dem Unterschied, dass in Spanien dieselben Richter des Schwurgerichts entschieden. Darüber hinaus konnte das Gericht die Sache sogar einer dritten Jury vorlegen.[522] Die spanische Jury von 1872 unterlag in ihrer Entscheidung daher einer besonders ausgeprägten Kontrolle des Gerichts, sofern die Berufsrichter konsensual handelten.[523]

**c) Das Schwurgericht in der Praxis**

Die LECrim 1872, die am 15. Januar 1873 in Kraft trat, begann in Spanien in einer Zeit Anwendung zu finden, die von größten sozialen und politischen Konflikten geprägt war.[524] 1870 hatte Königin Isabel II. im Exil zugunsten ihres Sohnes Alfons XII. abgedankt. Die *Cortes* hatten jedoch den Italiener Amadeo von Savoy zum spanischen König gewählt. Im Jahr 1872 war der Dritte Karlistische Krieg ausgebrochen. Der Bürgerkrieg erfasste mehr als die Hälfte des spanischen Territoriums. Amadeo dankte bereits am 11. Februar 1873 ab und verließ Spanien. Noch am selben Tag wurde die Erste Republik ausgerufen.[525]

Art. 8 des nie zur Verabschiedung gelangten Entwurfs einer republikanischen und zugleich föderalen Verfassung[526] sah - nach nordamerikanischem Vorbild[527] - das Recht, Geschworener zu sein und das Recht auf einen Geschworenenprozess als dem positiven Recht vorausliegende und übergeordnete Grundrechte vor. Der Verfassungstext sah die Jury für alle Straftaten vor. Ferner sollte sie in jeder Ortschaft vom Volk direkt gewählt werden.[528]

---

[522] *Gibert Sánchez de la Vega*, in: FS Prieto-Castro, Bd. I, S. 458 f.

[523] Die Justiz sollte nach dem Willen des Gesetzgebers nicht einem „turbulenten Meer der Passionen“ preisgegeben werden; siehe *Gómez Rodríguez*, Jurado, S. 140. *Alejandre*, Justicia popular, S. 124 f. und *Gibert Sánchez de la Vega*, in: FS Prieto-Castro, Bd. I, S. 459 sehen in dieser Kontrolle einen zentralen Angriffspunkt für die Kritiker des Schwurgerichts.

[524] *Fairén Guillén*, Jurado, S. 33.

[525] Vgl. *Fairén Guillén*, Jurado, S. 33.

[526] Zu den Grundlinien des Verfassungsprojekts von 1873 siehe *Tomás y Valiente*, Manual de Historia, S. 453 f.

[527] *Várela Castro*, in: CGPJ 1995, S. 54, m.w.N.

[528] Siehe hierzu *Alejandre*, Justicia popular, S. 126, m.w.N.; *Davo Escriva*, S. 72.

Bis zur Aussetzung des Geschworenenverfahrens nach der LECrim 1872 im Jahre 1874 wurden einige hundert Strafsachen vor Schwurgerichten verhandelt.[529] Die ersten Reaktionen auf das Gesetz griffen die aus früheren Debatten bekannten Argumente für und wider den Geschworenenprozess auf.[530] Berichte aus der Praxis wurden nun aber auch in der Presse publiziert.[531] Die Jury wurde in Spanien zu einem aktuellen Tagesthema der interessierten lesekundigen Öffentlichkeit. Es erschienen auch verschiedene Ratgeber für Geschworene im Taschenformat.[532] Rechts- und auch Staatsanwälte sollen die Jury positiv aufgenommen haben.[533]

Praxisberichte enthalten auch die von der spanischen Regierung in den Jahren 1873 und 1874 an die Provinzgerichte zur Evaluierung versandten Fragebögen. Die Antworten fielen ganz überwiegend kritisch aus.[534] Einzelne Gerichte sahen sich aufgrund des Bürgerkrieges zur Durchführung der Schwurgerichtsprozesse außerstande und forderten die Aussetzung der Gesetzesanwendung.[535] Andere Kritik bezog sich hauptsächlich auf verfahrenstechnische Gesichtspunkte.[536] Alle Gerichte klagten über ein mangelndes Interesse Geschworener, am Verfahren teilzunehmen. Einige Gerichte berichteten von kollusivem Zusammenwirken Angeklagter und Geschworener, häufiger Ablehnung gebildeter Geschworener durch die Parteien und Parteilichkeit Geschworener. Die Gerichte machten eine Tendenz bei Geschworenen aus, ohne Grund strafmildernde Umstände anzunehmen.[537] Die Mehrzahl der Berichte sprach sich allerdings nicht für die Abschaffung des Geschworenenprozesses aus.[538]

Ein vom Justizministerium im Jahr 1874 angeforderter Bericht der *Real Academia de Ciencias Morales y Políticas* stellte dem Schwurgericht hingegen ein schlechtes Urteil aus. Die Trennung von Tat- und Rechtsfragen sei nicht in die Praxis umsetzbar. Es wurden Beispiele krasser Fehlentscheidungen genannt. Ge-

[529] *Gleadow*, S. 113, m.w.N.; anders *Gibert Sánchez de la Vega*, in: FS Prieto-Castro, Bd. I, S. 463, der von ca. 1.500 Schwurgerichtsverfahren ausgeht.
[530] Vgl. *Alejandre*, Justicia popular, S. 125 ff., m.w.N.
[531] Hierzu *Alejandre*, ebda., S. 125 ff., m.w.N.
[532] Vgl. *Alejandre*, ebda., S. 129, m.w.N.
[533] So *Alejandre*, ebda., S. 128 f.
[534] Nur die *audiencias* von Madrid und Burgos stellten dem Schwurgericht gute Noten aus; vgl. *Crónica de la Codificación*, Bd. III, S. 221 ff.
[535] Vgl. *Alejandre*, Justicia popular, S. 133.
[536] Kritisiert werden u.a. Prozessorte und -termine, ein Mangel an verfügbaren Geschworenen und die sofortige Urteilsverkündung; siehe *Crónica de la Codificación*, Bd. III, S. 222 ff.
[537] *Crónica de la Codificación*, Bd. III, S. 228.
[538] *Alejandre*, Justicia popular, Justicia popular, S. 134, begründet dies mit dem Selbstverständnis der Gerichte, bei politischen Grundsatzfragen nicht Partei zu ergreifen.

schworene hätten dazu geneigt, Straftäter freizusprechen oder mildernde Umstände zu erkennen.[539]

Im selben Jahr bewirkte ein pro-monarchisches *pronunciamiento* die Restauration von Alfons XII. mit einer konservativen Regierung unter Antonio Cánovas del Castillo.[540] Kurz darauf wurden Schwurgericht sowie die Mündlichkeit und Öffentlichkeit des Strafprozesses vom neuen Justizminister Francisco de Cárdenas auf unbestimmte Dauer ausgesetzt.[541]

**d) Zusammenfassung**

Das revolutionäre Sexennium (1868-1874) brachte ein Schwurgericht für Presse-, Wahl-, politische und schwere Straftaten hervor. Das Geschworenenamt unterlag weder einem Bildungs- noch einem Vermögenszensus. Es wurde als bürgerliche und unentgeltliche Pflicht reglementiert. Geschworene konnten aber nur Eigentümer und Angehörige angesehener Berufsgruppen sein. Das Auswahlverfahren war sehr komplex. Die mit absoluter Mehrheit zu fällende Entscheidung der Jury war nicht auf die Schuldfrage beschränkt, sondern die Geschworenen hatten erstmals einen gesetzlich vorgegebenen Fragenkatalog des vorsitzenden Richters zu beantworten. Die Geschworenen entschieden aber auch über das Vorliegen strafschärfender oder strafmildernder Tatumstände. Die als Rechtsbehelf bezeichnete Kompetenz des Gerichts, die Sache einer neuen Jury vorzulegen, schränkte die Verbindlichkeit des Juryverdikts ganz erheblich ein.

Das Schwurgericht wurde zum Gegenstand öffentlicher und fachlicher Diskussion. Die Gerichte kritisierten den Geschworenenprozess hauptsächlich wegen verfahrenstechnischer Defizite und beklagten sich über ein mangelndes Interesse Geschworener an der Amtsausübung. Staatsanwälte und Rechtsanwälte sollen das Verfahren positiv aufgenommen haben.

Die unverabschiedet gebliebene republikanische Verfassung sah die Jury für alle Strafverfahren vor und proklamierte das Recht, Geschworener zu sein und das Recht auf einen Geschworenenprozess. Die Geschworenen sollten unmittelbar durch das Volk gewählt werden können.

---

539 Der Bericht wurde, wie sich später herausstellte, vom Justizminister Alonso Martínez, der Mitglied der konsultierten *Real Academia* war, in wesentlichen Teilen selbst gefertigt; siehe *Alejandre*, ebda., S. 134 f.

540 Zu den Einzelheiten siehe *Gleadow*, S. 113.

541 *Art. 1 D., suspendiendo en la parte relativa al Jurado y al juicio oral y público ante los Tribunales de derecho, la observancia de la Ley provisional de Enjuiciamiento Criminal* v. 3.1.1875; abgedr. in: *Documentación*, S. 415-416.

Die bourbonische Restauration beendete dieses kurze Kapitel des Schwurgerichts in Spanien.

## III. Das Schwurgericht in Zeiten der Kodifizierung (1882-1923)

### 1. Die Verfassung von 1876

Die Verfassung vom 30. Juni 1876[542] markiert die Abkoppelung Spaniens vom Demokratisierungsprozess in anderen westeuropäischen Ländern.[543] Sie trat erst mit der Diktatur von Primo de Rivera 1923 außer Kraft und ist somit bis heute die am längsten gültige Verfassung Spaniens.

Nach der Verfassung war nicht das Volk Souverän der Staatsgewalt, sondern der König, der gemeinsam mit dem Parlament die Gesetze zu erlassen hatte (Präambel und Art. 18 CE 1876). Die Verfassung knüpfte auch in anderer Hinsicht an ihre konservative Vorgängerin von 1845 an. So wurde das Wahlrecht unter den einfachen Gesetzesvorbehalt gestellt (Art. 28 CE 1876) und der Katholizismus wieder Staatsreligion (Art. 11 CE 1876). Die Verfassung erkannte zwar einige Grundrechte der Verfassung von 1869, den Grundsatz *nulla poena sine lege* sowie das Recht aller Spanier auf den gesetzlichen Richter an (Art. 16 CE 1876). Die Festlegung der Schutzbereiche der Freiheiten wurde aber weitgehend dem Gesetzgeber überlassen. Zudem durften die Grundrechte nie „zum Nachteil der Rechte der Nation und der Attribute der öffentlichen Gewalt“ ausgeübt werden (Art. 14 CE 1876). Ihre Geltung konnte durch Gesetz, bei Gefahr in Verzug von der Regierung mit anschließender Zustimmung der *Cortes*, ausgesetzt werden (Art. 17 CE 1876).

Das Schwurgericht erwähnte die Verfassung von 1876 nicht. Wie die Verfassung von 1845 sah sie auch kein öffentliches und mündliches Gerichtsverfahren vor. Das Gerichtswesen wurde jetzt wieder nicht als staatliche Gewalt, sondern als bloße Justizverwaltung ausgestaltet.[544]

Die bourbonische Restauration verlieh dem politischen System Spaniens zunächst ein ungewohntes Maß an Stabilität, die in den achtziger Jahren einen ausgeprägten, allerdings sehr ungleich verteilten, industriellen Fortschritt und wirtschaftliches Wachstum erlaubte.[545] Das öffentliche Bildungssystem profitierte kaum vom wirtschaftlichen Aufschwung. Der Bevölkerungsanteil der Anal-

---

[542] Im Folgenden „CE 1876“ abgekürzt.

[543] *Tomás y Valiente*, Manual de Historia, S. 455, m.w.N.

[544] Vgl. *Tomás y Valiente*, Manual de Historia, S. 457.

[545] *Jacobson/Moreno Luzón*, in: Spanish History, S. 104 ff., 109.

phabeten ging in der Zeit von 1887 bis 1910 nur unwesentlich zurück.[546] Vor allem die Landbevölkerung Spaniens blieb von dem wirtschaftlichen Aufschwung abgeschnitten.

In den Städten, insbesondere in Barcelona, begann sich nun die Arbeiterschaft zu organisieren. Das gesetzliche Vereinigungsrecht bestand ab 1887. Im Jahr darauf wurde in Barcelona die erste Gewerkschaft gegründet. Der Streik als Form des Arbeitskampfes etablierte sich ab 1890.[547] Militär und Kirche stellten nach wie vor die einflussreichsten gesellschaftlichen Gruppen dar. Allerdings gewannen die freien Berufe und der enorm erweiterte, größtenteils aber völlig unzureichend entlohnte Apparat von zivilen Staatsbediensteten erheblichen Einfluss auf die Politik. Dies gilt insbesondere für die ständischen Berufsorganisationen wie den seit 1838 bestehenden Anwaltskammern.[548]

In den Jahren 1898 und 1899 verlor Spanien die von seinem einstigen Imperium verbliebenen großen Kolonien Kuba, Puerto Rico und Philippinen. Dies verdeutlichte der spanischen Öffentlichkeit den Verlust der Weltmachtstellung Spaniens[549], was zu einer tiefen Krise des politischen und kulturellen Bewusstseins geführt haben soll.[550]

Das bis 1909 praktizierte und von massiven Wahlfälschungen begleitete Zwei-Parteien-System[551] führte nach dem Tod von Alfons XII. im November 1885 zur Wiederwahl des liberaldemokratischen Reformers Práxedes Mateo Sagasta zum Regierungschef.

Während seiner fünfjährigen Regierungszeit kam es zur Kodifizierung wichtiger Rechtsmaterien. Zu den herausragenden legislativen Fortschritten jener Zeit zählen das Handelsgesetzbuch (1886), das Zivilgesetzbuch (1888/1889), die Wiedereinführung des allgemeinen Männerwahlrechts (1890) und des Geschworenenprozesses in Strafsachen (1888).[552]

---

[546] Siehe *Jacobson/Moreno Luzón*, ebda., S. 104 f.: bei Männern von 52% auf 42%, bei Frauen von 77% auf 61%.

[547] Zunächst in den Minengebieten im Norden Spaniens sowie im industriellen Katalonien; siehe Gleadow, S. 126, m.w.N. Zu dem sich 1909 in Barcelona gegen die Rekrutierung von Arbeitern für den Krieg in Marokko richtenden Generalstreik siehe *Jacobson/Moreno Luzón*, in: Spanish History, S. 103.

[548] Vgl. *Jacobson/Moreno Luzón*, in: Spanish History, S. 108.

[549] *Carr*, S. 365 ff. Zur spanischen Außenpolitik siehe *Moradiellos*, in: Spanish History, S. 115 ff.

[550] So *Jacobson/Moreno Luzón*, in: Spanish History, S. 101 f. *Baker*, in: Spanish History, S. 155 zur Kultur des „Fin de siècle“.

[551] Hierzu *Jacobson/Moreno Luzón*, in: Spanish History, S. 95 ff.

[552] Vgl. *Tomás y Valiente*, Manual de Historia, S. 458 f.

Befürworter des Schwurgerichts waren hauptsächlich Angehörige der demokratischen Partei von Sagasta und des liberalen Zentrums von Alonso Martínez. Nach dem Zusammenschluss beider Parteien zur so genannten Fusionspartei im Jahre 1880 traten sie gemeinsam für Öffentlichkeit und Mündlichkeit des Strafverfahrens sowie für das Schwurgericht ein.[553] Die Konservativen willigten im Gegenzug dafür, dass die Liberalen die Verfassung von 1876 endgültig akzeptierten, in einige liberale Reformforderungen ein, zu denen auch das Schwurgericht zählte.[554]

Die Restrukturierung der Strafjustiz wurde zu einem zentralen Anliegen der liberalen Reformpolitik. Zwei Reformen des Gerichtswesens in den Jahren 1882 und 1892 führten zur Schaffung von Strafgerichten in nunmehr allen Provinzhauptstädten. Juristen strömten zunehmend in Justiz und Verwaltung auf zentralstaatlicher, provinzieller und munizipaler Ebene.[555]

Alonso Martínez, Schlüsselfigur der liberalen Gesetzgebung jener Zeit, pries die Jury nun als eine „in ganz Europa geschätzte juristische Institution" und ein „von den Fortschritten der Zivilisation eingefordertes Verfahren".[556] Tatsächlich glaubte Alonso Martínez nicht an eine bessere Entscheidungseignung der Jury gegenüber den sachkundigen Richtern. Er lehnte die Jury sowohl als Verfahrensgarantie als auch als demokratische Institution ab.[557]

## 2. Das Strafverfahrensgesetz von 1882

Zunächst sollte der überkommene, vielerorts immer noch praktizierte Inquisitionsprozess endlich durch ein reformiertes Strafverfahren abgelöst werden. Als Teil des zwischen Liberalen und Konservativen eingegangenen politischen Kompromisses wurde im Jahre 1882 das noch heute fortgeltende Strafverfahrensgesetz[558] verabschiedet.

---

[553] Dazu im Einzelnen: *Alejandre*, Justicia popular, S. 148 ff.

[554] *Planchadell Gargallo*, in: Gómez Colomer/Montero Aroca, S. 137, m.w.N.

[555] Auch die Kriminologie schafft neue Betätigungsfelder für Juristen im Strafvollzug. In den Jahren 1860 bis 1905 werden landesweit dreißig neue Gefängnisse erbaut. *S. Jacobson/Moreno Luzón*, in: Spanish History, S. 106 f.

[556] Antrittsrede als Justizminister im Jahre 1881. *Discurso de apertura de los tribunales, leído el 15 de septiembre de 1881*, S. 13, zit. nach *Alejandre*, Justicia popular, S. 150 f. Später wies er den Vorwurf zurück, sein Sinneswandel habe auf dem politischen Kompromiss mit Sagasta beruht; DSS v. 26.1.1888, S. 673; krit. *Soriano*, in: Jornadas Extremadura, S. 163.

[557] Auch die Unterscheidung von Tat- und Rechtsfragen hielt er für unmöglich; DSS v. 19.11.1881, S. 598 ff. Heute wird davon ausgegangen, dass Alonso Martínez der Jury abgeneigt gegenüberstand. So *Fairén Guillén*, Jurado, S. 35; *Alejandre*, Justicia popular, S. 154.

[558] *Ley de Enjuiciamiento Criminal, RD* v. 14.9.1882; BOE vom 17.9.1882 u. 10.10.1882.

Der Kompromisscharakter zeigt sich im Gesetz in Form von gegenläufigen strafprozessualen Leitideen der Inquisitions- und Kontradiktionsmaximen.[559] Die LECrim ist durch den starken Einfluss von ausländischen Verfahrensordnungen, insbesondere des reformierten französischen Strafprozesses und des adversatorischen Strafverfahrens Englands geprägt.[560] Diese teilweise ausgesprochen gegenläufigen Einflüsse führten zu einer sehr heterogenen Gesamtstruktur des spanischen Strafprozesses, die bis in die Gegenwart fortwirkt.

Die LECrim koppelte das Ermittlungsverfahren vom Hauptverfahren ab und regelte es in einem inquisitorische Spuren aufweisenden, schriftlichen und geheimen, vom Untersuchungsgrundsatz vollkommen beherrschten Vorverfahren (Art. 301 LECrim a.F.). Der Beschuldigte fand sich in seiner traditionellen Rolle als Ermittlungsobjekt wieder.[561] Andererseits wurden der Akkusationsgrundsatz und das die Staatsanwaltschaft bindende Legalitätsprinzip gesetzlich festgeschrieben.[562] Die Einleitung des Eröffnungsverfahrens konnte, wie bisher, auch durch den Verletzten im Wege der Partikularanklage und, nunmehr auch, durch Bürger im Wege der Popularanklage betrieben werden.[563]

Die Staatsanwaltschaft war streng hierarchisch organisiert und unterlag den Weisungen des Justizministeriums. Seit 1870 war der Generalstaatsanwalt am *Tribunal Supremo* Vorgesetzter aller Staatsanwaltschaften Spaniens. Im Jahr 1885 wurde die staatsanwaltliche Laufbahn mit der des Richters zusammengeführt.[564]

Die Hauptverhandlung hingegen war als hauptsächlich kontradiktorisches Parteiverfahren nach englischem Muster konzipiert. Der mündliche und öffentliche Strafprozess wurde wiedereingeführt. Den Verfahrensbeteiligten (Angeklagte, Staatsanwalt und gegebenenfalls private Ankläger) wurde eine formelle Parteistellung eingeräumt. Die Beweisaufnahme hatte grundsätzlich durch die Parteien zu erfolgen (Art. 701 ff. LECrim), der Zeugenbeweis im Wege des Kreuzverhörs (Art. 708 LECrim). Die grundsätzliche Geltung der Instruktionsmaximen in der Hauptverhandlung wurde allerdings nicht in Frage gestellt. Sofern es zur

---

[559] Vgl. *Volkmann-Schluck*, S. 30.
[560] Daneben sind deutsche, italienische und vor allem österreichische Einflüsse nachgewiesen worden; vgl. *Vossler*, S. 56, m.w.N.
[561] *Volkmann-Schluck*, S. 145 f. Zu den deutschen und italienischen Vorbildern siehe *Díez-Picazo*, Poder de acusar, S. 148.
[562] Vgl. *Montero Aroca*, Recursos, S. 6 f.; *Díez-Picazo*, ebda., S. 146 ff., 154.
[563] Die spanische Staatsanwaltschaft hatte auch später nie ein Anklagemonopol inne; vgl. *Díez-Picazo*, ebda., S. 151, 154, auch zu den Ursprüngen der spanischen Popularanklage.
[564] Dies soll eine richterliche Mentalität bei spanischen Staatsanwälten hervorgerufen haben. So *Díez-Picazo*, ebda., S. 148, m.w.N.

Erforschung der Wahrheit erforderlich erschien, konnte auch das Gericht Beweise erheben, die von keiner Partei vorgeschlagen worden waren.[565]

Schließlich wurde dem Angeklagten in gewissem Umfang die Möglichkeit eingeräumt, über den Verfahrensgegenstand zu disponieren, indem er die erhobene Strafklage in verschiedenen Verfahrensstadien anerkennen konnte (*conformidad*, Art. 655, 688 ff. LECrim)[566], was eine prozessökonomische Ausnahme zum ansonsten strikt geltenden Legalitätsprinzips darstellt.[567] Die *conformidad* war nach der LECrim auf zwei klar differenzierten Stufen des Verfahrens möglich: Zunächst im Zwischenverfahren bei der Einreichung des Schriftsatzes, mit dem die Verteidigung auf die Anklage reagierte (Art. 655 LECrim), und dann in der zu Beginn der Hauptverhandlung, wenn der Angeklagte sich auf die entsprechende Frage des Vorsitzenden hin der vorgeworfenen Tat für schuldig bekannte (Art. 689 Nr. 2 LECrim a.F.). In beiden Fällen war das Verfahren bei mit Freiheitsstrafe von nicht mehr als sechs Jahren bedrohten Taten dann ohne Hauptverhandlung durch Urteil zu beenden.[568]

Der durch die heterogene Verfahrensstruktur im Gesetz angelegte Widerstreit zwischen traditionellen inquisitorischen und den von liberalem Gedankengut geprägten neuartigen Verfahrensprinzipien wurde in der Praxis zunächst eindeutig zu Lasten letzterer entschieden. Die Rechtsprechung begriff die Mündlichkeit und Unmittelbarkeit der Hauptverhandlung nicht als materielle, den Strafprozess gestaltende Grundsätze, sondern lediglich als formale Prinzipien, die sich dem Primat der unbedingten Wahrheitsfindung gegebenenfalls zu beugen hatten.[569] Das inquisitorisch ausgestaltete Vorverfahren gewann daher in der Praxis eine für den Verfahrensausgang alles entscheidende Bedeutung, während die Hauptverhandlung zu einem leeren Ritual degenerierte.[570]

Änderungsanträge zum Gesetzesentwurf, die eine Aufnahme des Geschworenenprozesses vorsahen, setzten sich nicht durch. In der Gesetzesbegründung wurde jedoch die baldige Einführung des Schwurgerichts angekündigt.[571]

---

[565] Vgl. *Vossler*, S. 56 f., m.w.N.
[566] *Gimeno Sendra*, ZStW 104, S. 223 ff.
[567] Vgl. *Weigend*, S. 99, der die *conformidad* als ein Stück Parteiautonomie bezeichnet; vgl. *Armenta Deu*, ZStW 114, S. 740.
[568] Vgl. *Gimeno Sendra*, ZStW 104, S. 223. Zur *conformidad* im heutigen Schwurgerichtsverfahren siehe fünftes Kap. der vorliegenden Arbeit.
[569] *Vossler*, S. 57.
[570] *Volkmann-Schluck*, S. 145 ff.
[571] *LECrim, Exposición de motivos*, XXXII; hierzu: *Gisbert Gisbert*, in: El Jurado sí, S. 23 f.

### 3. Das Schwurgericht von 1888

Bereits 1883 wurde von dem Justizminister Romero Girón ein Gesetzentwurf zur Einführung des Schwurgerichts, der auf die Schwurgerichtsverfassungen einzelner europäischer Länder einging[572], vorgelegt, ohne verabschiedet zu werden. Nach einem weiteren Zusammenschluss der Fusionspartei mit der parlamentarischen Linken entstand im Jahre 1885 die Liberale Partei.[573] Alonso Martínez, nun Justizminister, legte 1886 den noch von seinem Amtsvorgänger überarbeiteten Entwurf vor, der im April 1888 als Gesetz verabschiedet wurde und am 1. Januar 1889 in Kraft trat.[574]

#### a) Gerichtsverfassung und Zuständigkeit

Das bei den *audiencias* angesiedelte Schwurgericht setzte sich aus zwölf Geschworenen und drei Berufsrichtern zusammen. Zwei Ersatzgeschworene nahmen an den Sitzungen teil (Art. 1 LJ 1888).

Die in Art. 4-7 LJ 1888 geregelte sachliche Zuständigkeit des Schwurgerichts erstreckte sich auf einen langen Katalog von Straftaten. Die Festlegung bestimmter Straftaten sollte verhindern, dass die Bürger den Gerichten als Geschworene ständig zur Verfügung stehen müssen.[575] Der Zuständigkeitskatalog enthielt einzelne gegen die staatliche Ordnung (Hochverrat, Rebellion, Aufruhr) und gegen staatliche Institutionen (Parlament, Regierung) gerichtete Straftaten, Amtsdelikte (Misswirtschaft, Rechtsbeugung), Fälschungsdelikte, Tötungs- und schwere Körperverletzungsdelikte, Vergewaltigung, Verführung Minderjähriger, Raub, Duellierung, Brandstiftung und die durch Druckwerke begangenen Straftaten, soweit sie nicht die Beleidigung und Verleumdung von Privatpersonen betrafen. Die im Entwurf ursprünglich enthaltenen Wahldelikte wurden aus dem Katalog entfernt.[576]

Durch ein so genanntes Sprengstoffgesetz[577] wurden im Jahr 1894 auch diverse Terrorismusdelikte[578] der Zuständigkeit des Schwurgerichts unterworfen. Im Jahre 1900 wurden die Straftaten der durch Druckwerke bewirkten Beleidigung

---

572 Die Jurymodelle Englands, Österreichs, Italiens und Deutschlands; vgl. *Alejandre*, Justicia popular, S. 156 ff.

573 *Jacobson/Moreno Luzón*, in: Spanish History, S. 97.

574 *Ley estableciendo el juicio por jurados para determinados delitos* v. 20.4.1888 ("Ley del Jurado"); abgedr. in: *Documentación*, S. 417-451. Im Folgenden "LJ 1888" abgekürzt.

575 *F. Pacheco*, Ley del Jurado, S. 26 f.

576 Vgl. *Alejandre*, Justicia popular, S. 168, 170.

577 *Ley estableciendo una penalidad especial y el procedimiento que ha de seguierse para aplicarla en los casos de atentado contra las personas o daño en las cosas por medio de aparatos o sustancias explosivas* v. 10.7.1894, abgedr. in: *Documentación*, S. 461-464.

578 Zur Terminologie: *Fairén Guillén*, Jurado, S. 39; *Gisbert Gisbert*, Futuro Tribunal, S. 51.

und Verunglimpfung von zivilen, militärischen und kirchlichen Organen aus der Zuständigkeit des Schwurgerichts ausgenommen.[579]

Auch die strafbare fahrlässige Verwirklichung, der Versuch, die Teilnahme und die Verdeckung einer Katalogtat unterlagen der Zuständigkeit des Schwurgerichts (Art. 4 Abs. 1 a.E., 7 LJ 1888).

**b) Rechtsstellung, Eignung und Auswahl der Geschworenen**

Geschworene mussten Spanier, mindestens dreißig Jahre alt, im Vollbesitz der bürgerlichen und politischen Rechte, des Lesens und Schreibens mächtig und Familienoberhaupt sein sowie seit mindestens vier Jahren in der jeweiligen Gemeinde wohnen. Die Voraussetzung des Familienoberhaupts konnte durch einen akademischen oder beruflichen Titel oder ein gesetzlich näher bestimmtes öffentliches Amt ersetzt sein. (Art. 8, 9 LJ 1888) Ein noch im Entwurf enthaltener Steuerzensus wurde nicht mitverabschiedet.[580] Das Gesetz kannte auch keinen anderen Vermögenszensus. Die gesetzlichen Entschuldigungstatbestände für das Geschworenenamt stimmten mit den entsprechenden Regelungen der LECrim 1872 weitgehend überein. Das Geschworenenamt war grundsätzlich obligatorisch (Art. 8 LJ 1888) und unentgeltlich.[581]

Für die Zusammenstellung der Geschworenenlisten sah auch die LJ 1888 ein kompliziertes und nur schwer zu verstehendes Verfahren der Bildung dreier Listen vor. Eine erste Liste von potenziellen Geschworenen wurde jährlich von einem aus einem Richter, einem Staatsanwalt und dem Bürgermeister sowie den vier höchstkontribuierenden Steuerzahlern einer Gemeinde bestehenden Komitee zusammengestellt (Art. 14 LJ 1888). Nach Veröffentlichung und Durchführung von Einspruchsverfahren war diese gemeindliche Liste einem zweiten Komitee auf der Ebene des Gerichtsbezirks zu übergeben. Diesem Komitee, das sich aus einem Pfarrer, dem ältesten Volksschullehrer und den sechs höchstkontribuierenden Steuerzahlern des Bezirks zusammensetzte, kam die wichtige Aufgabe zu, ein Zehntel der Namen von der gemeindlichen Liste für eine Bezirksliste auszuwählen. Diese zweite Liste musste einen Anteil von mindestens zweihundert Familienoberhäuptern und einhundertfünfzig Berufsträgern aufweisen (Art. 31 LJ 1888). Die Liste war der *audiencia* einer jeden Provinz zu übergeben, deren Präsidium auf ihrer Grundlage eine dritte Liste erstellte, die grundsätzlich zweihundert Familienoberhäupter und einhundert Berufsträger enthielt. (Art. 32, 33 LJ 1888)

---

[579] *Ley de 1 de enero de 1900*, Gaceta de Madrid v. 2.1.1900.

[580] Vgl. *Alejandre*, Justicia popular, S. 168, 170.

[581] Gemäß einer dritten Zusatzbestimmung zur LJ 1888 war auf Antrag eines Geschworenen eine geringfügige Entschädigung zu gewähren.

War für eine Strafsache das Schwurgericht zuständig, so wurden zwanzig Familienoberhäupter, sechzehn Berufsträger und sechs Ersatzkandidaten von der dritten Liste öffentlich ausgelost (Art. 44 LJ 1888). Zu Beginn der Hauptverhandlung wurden vierzehn Namen, die von den Parteien, wie bereits nach der LECrim 1872, zahlenmäßig unbegrenzt, peremptorisch abgelehnt werden konnten, sukzessive durch Los ermittelt. Die zwei zuletzt ermittelten Kandidaten stellten die Ersatzgeschworenen (Art. 55-57 LJ 1888). Die nicht abgelehnte erstgezogene Person saß den Geschworenen vor, sofern deren Mehrheit nicht eine andere hierzu bestimmte (Art. 79 LJ 1888).

**c) Hauptverhandlung**

Auch die LJ 1888 enthielt keine das Vorverfahren betreffende Regelung. Die *audiencia* selbst entschied in einem Zwischenverfahren über die Eröffnung des Hauptverfahrens. Der Angeschuldigte konnte sich in diesem Verfahrensstadium mit der von der Anklage beantragten Strafe einverstanden erklären (*conformidad*).

Die Hauptverhandlung vor dem Schwurgericht, dessen Geschworene ausgewählt und eingeschworen wurden, begann mit der Eröffnung des Beweisverfahrens durch den vorsitzenden Richter (Art. 60 LJ 1888). Eröffnungsplädoyers sah das Gesetz nicht vor. Die Geschworenen konnten an die Parteien, Zeugen, Sachverständigen und Angeklagten mündliche Fragen richten, die der Aufklärung und Feststellung der Tatsachen dienlich waren. Im Gegensatz zur LECrim 1872 benötigten sie hierzu die vorherige Erlaubnis des Vorsitzenden. Impertinente und verfängliche Fragen konnten von den Berufsrichtern einstimmig zurückgewiesen werden.(Art. 63 LJ 1888)

An die Beweisaufnahme schloss sich für die Parteien die Möglichkeit an, ihre rechtliche Qualifikation der Tatsachen und Anträge zu ändern, ohne dass zur Strafe vorgetragen werden durfte (Art. 64 LJ 1888). Kam die Anklage nach der Beweisaufnahme zu dem Schluss, dass die angeklagte Tat nicht der Zuständigkeit des Schwurgerichts unterlag, konnte die Verteidigung für eine Entscheidung der Berufsrichter ohne Beteiligung der Jury optieren. Entsprechendes galt auch für den Fall, dass das Verfahren bislang vor einem reinen Berufsgericht stattgefunden hatte; optierte der Angeklagte für die Jury, war der Prozess vor dem Schwurgericht neu zu verhandeln. (Art. 65 LJ 1888)

Beantragte die Anklage den Freispruch des Angeklagten, so stellte das Gericht die Frage, ob jemand der im Saal Anwesenden die Anklage fortführen wollte. War dies nicht der Fall, hatte das Gericht einen Einstellungsbeschluss zu erlassen (Art. 69 LJ 1888), wodurch das Schwurgerichtsverfahren mit dem Akkusationsgrundsatz der LECrim in Einklang gebracht wurde.[582]

Nach den abschließenden Stellungnahmen der Parteien hatte der Vorsitzende die Geschworenen zu befragen, ob sie eine weitere rechtliche Belehrung in einem den Prozessgegenstand betreffenden Punkt für erforderlich hielten. Im Anschluss daran zog der Vorsitzende sein Resümee von der Beweisaufnahme und den Stellungnahmen der Parteien und erklärte die von der Jury zu beurteilenden Tatbestandsmerkmale, wobei er sich einer persönlichen Würdigung oder Meinungsäußerung zu enthalten hatte. (Art. 67-68 LJ 1888)

**d) Beratung, Abstimmung, Verdikt und Urteil**

Gemäß Art. 2 LJ 1888 entschieden die Geschworenen „über die Schuld oder Unschuld der Prozessierten hinsichtlich der Tatsachen, welche die Anklage ihnen im Zusammenhang eines Deliktes zuschreibt, sowie über das Zusammentreffen oder nicht von weiteren die Strafbarkeit gänzlich oder teilweise modifizierenden Umständen“. Ihre Entscheidung hatten die Geschworenen nach ihrem freiem Gewissen zu treffen (Art. 72 Abs. 2 LJ 1888). Gemäß Art. 106 LJ 1888 hatte der vorsitzende Berufsrichter die Geschworenen bei der Ausübung ihrer Funktionen zu leiten, ohne in ihre Befugnisse einzugreifen.

Auch die LJ 1888 sah einen Fragenkatalog vor. Die Fragen bezogen sich neben der Schuldfrage auf alle tatrelevanten Umstände, die Gegenstand des Vorbringens und der Schlussanträge von Anklage und Verteidigung gewesen waren. Anders als nach der LECrim 1872 enthielten die Fragen nun nicht den *nomen iuris* der Tat, sondern ihre gesetzlichen Merkmale. Der Vorsitzende hatte bei der Formulierung der Fragen die Plädoyers von Anklage und Verteidigung zu berücksichtigen. Er konnte allerdings aber auch über diese Plädoyers hinausgehende Fragen formulieren, solange sie nicht auf die Strafbarkeit des Angeklagten wegen schwererer als der angeklagten Taten abzielten. (Art. 70-77 LJ 1888)

Die Beratungen der Geschworenen waren geheim. Beweisstücke und die gesamte Ermittlungsakte konnten hinzugezogen werden (Art. 78 LJ 1888). Die Entscheidung über jede einzelne der Fragen war mit absoluter Mehrheit zu treffen. Bei Stimmengleichheit galt nun die dem Angeklagten günstigere Antwort (Art. 85 LJ 1888). Wie nach der LECrim 1872 durften die Stimmenverhältnisse im Beratungs- und Abstimmungsprotokoll nicht enthalten sein (Art. 88 LJ 1888).

---

[582] *Fairén Guillén*, Jurado, S. 37.

Die Richter hatten die von den Geschworenen befundenen Tatsachen rechtlich zu qualifizieren und dem Angeklagten die gesetzlichen Strafen aufzuerlegen sowie die zivilrechtliche Haftung zu bestimmen oder ein freisprechendes Urteil zu erlassen. Ihre Entscheidungen fällten die Richter mit Stimmenmehrheit, ohne dass die Beratung unterbrochen werden durfte. (Art. 3, 96-99 LJ 1888)

**e) Rechtsmittel**

Unter der LECrim 1872 ähnlichen Voraussetzungen bestand für das Gericht die Möglichkeit, von Amts wegen oder auf Antrag einer Partei das Verdikt an die Jury bis zu zweimal zurückzuleiten (*reforma*) und die Sache danach einer neuen Jury zur Entscheidung vorzulegen (*revista*).[583] Wie nach der LECrim 1872 konnte die Sache aber auch dann einer neuen Jury zugeleitet werden, wenn die Berufsrichter einstimmig befanden, dass die Geschworenen bei ihrem Spruch einen schweren und offenbaren Fehler begangen hatten. In allen Fällen der *revista* war das Verdikt der zweiten Jury verbindlich. (Art. 107-115 LJ 1888)

Auch nach der LJ 1888 waren gegen das gerichtliche Urteil die Rechtsmittel der *casación* und *revisión* zugelassen (Art. 116-122 LJ 1888).

**f) Notstandsklausel**

Ein erster Zusatzartikel zur LJ 1888 ermächtigte die Regierung für die Dauer von einem Jahr, die Anwendung des Schwurgerichts ganz oder teilweise in einer oder mehreren Provinzen auszusetzen, um „eine rechtschaffende und ungehinderte Ausübung der Gerichtsbarkeit sicherzustellen". Hierzu waren die vorherige Zustimmung der *audiencia* der betroffenen Provinz, bei einer landesweiten Aussetzung die des *Tribunal Supremo* sowie die unverzügliche Billigung der *Cortes* erforderlich. Bei einer gleichzeitigen Aussetzung in mehr als zwei Provinzen oder für alle der Zuständigkeit des Schwurgerichts unterworfenen Taten mussten zuvor oder gleichzeitig auch die Grundrechte nach dem in Art. 17 CE 1876 vorgesehenen Verfahren[584] in den betroffenen Provinzen suspendiert sein. Zur Verlängerung der Aussetzung des Schwurgerichts über ein Jahr hinaus bedurfte es einer ausdrücklichen Gesetzesermächtigung.

Bis zum Beginn der Militärdiktatur von Primo de Rivera im Jahre 1923 machte die Regierung von der Notstandsklausel zweimal Gebrauch: 1907[585] in den Provinzen Barcelona und Gerona und 1920[586] erneut in Barcelona.

---

[583] Vgl. hierzu *Gisbert Gisbert*, Futuro Tribunal, S. 41, 50.
[584] Siehe drittes Kap., III/1 der vorliegenden Arbeit.
[585] RD v. 4.2.1907, Gaceta de Madrid v. 5.2.1907.
[586] RD v. 7.8.1920, Gaceta de Madrid v. 10.8.1920.

**4. Parlamentarische Debatten**

Die im Vorfeld der Einführung des Schwurgerichts in den *Cortes* 1887 und 1888 geführten Debatten unterschieden sich von früheren durch ein ausgesprochen hohes wissenschaftliches Niveau[587] und waren von dem eingangs erwähnten politischen Kompromiss zwischen Liberalen und Konservativen stark geprägt. Der hiermit in Verbindung gebrachte Sinneswandel von Alonso Martínez war Gegenstand heftiger Kritik der parlamentarischen Opposition.[588] In der zeitgenössischen Presse wurden die Debatten in Kongress und Senat intensiv mitverfolgt und lebhaft diskutiert.[589]

Auch jetzt wurde das klassische Argument der Untrennbarkeit von Tat- und Rechtsfragen gegen die Jury gerichtet.[590] Vereinzelt wurde die Einführung von Schöffen anstatt von Geschworenen gefordert.[591] Die Schuldfrage, so die Kritiker der Jury, könne von Laien nicht beantwortet werden, da sie ein essenziell juristisches Konzept sei.[592] Dem wurde entgegengehalten, dass sie nur eine sittliche Zurechnung der materiellen Tat beinhalte, für die keine spezielle Vorbereitung erforderlich sei.[593] Es gehe daher nicht um ein juristisches Konzept, sondern schlicht um „die Frage, ob der Angeklagte schuldig ist, die eine oder andere Sache gemacht zu haben“[594]. Die im Strafprozess notwendige Individualisierung von Tat und Strafe werde im Gegensatz zu den sonst generalisierenden und systematisierenden Berufsgerichten im Geschworenenprozess zudem gefördert.[595]

Das Verantwortungsbewusstsein sei stark und wach bei den Geschworenen, während es selbst bei den integren und gewissenhaften Richtern allmählich einschlafe:

> „Die Gewohnheit perfektioniert die Eignungen für identische Handlungen, aber ermüdet auch den Willen und entkräftet die Aufmerksamkeit.“[596]

Die politische Inopportunität fehlte unter den gegen die Jury vorgebrachten Argumenten auch dieses Mal nicht.[597] Die Rechtsprechung sei unmöglich mit ei-

---

[587] *Soriano*, in: Jornadas Extremadura, S. 154.
[588] *Alejandre*, Justicia popular, S. 171 ff.
[589] Vgl. *Alejandre*, ebda., S. 171 ff., m.w.N.
[590] So die konservativen Abgeordneten *Lorenzo Dominguez*, DSC v. 21.4.1887, S. 1950, und *Isasa*, DSC v. 25.4.1887, S. 2015 sowie der konservative Senator *Durán y Bas*, DSS v. 19.1.1888, S. 567.
[591] So der Senator *Mena y Zorilla*, DSS v. 14.1.1888, S. 461.
[592] So der Senator *Hernández Iglesias*, DSS v. 28.1.1888, S. 703.
[593] So der Abgeordnete *Rossell*, DSC v. 22.4.1887, S. 1964.
[594] *Alonso Martínez*, DSS v. 31.1.1888, S. 768.
[595] *F. Pacheco*, DSC v. 27.4.1887, S. 2100.
[596] So der Abgeordnete *Antonio Maura*, DSC v. 28.4.1887, S. 2142.

nem vollkommen unvorbereiteten und von politischer Leidenschaft geleiteten Volk zu verbinden.[598] Das Geschworenengericht sei daher nur durch Misstrauen in die Unabhängigkeit der Richterschaft zu rechtfertigen, wofür aber kein Anlass mehr bestünde.[599] Diese Ansicht verschloss sich der starken Abhängigkeit der spanischen Richterschaft von der Krone und vom Justizministerium nach der Verfassung von 1876. Den von konservativer Seite ebenfalls geäußerten fiskalischen Bedenken[600] entgegnete der Abgeordnete De Asis Pacheco später in einem Zeitschriftenbeitrag:

> „Den ihm inhärenten Fortschritt berücksichtigt handelt es sich um ein preiswertes Gesetz. Die einfachste und billigste Art ein Land zu verwalten ist die patriarchalische und despotische Regierung der primitiven Gesellschaften.“[601]

Das Gesetz, so die Anhänger der Jury, bewirke eine Auswahl der fähigsten Personen und stelle Demokratisierung und Eignung in ein adäquates Verhältnis. Das peremptorische Ablehnungsrecht gewährleiste einen besonderen Schutz des Angeklagten.[602]

Erstmalig wurde die Frage des Schwurgerichts auch im Lichte der geltenden Verfassung beantwortet. Das Schwurgericht wurde als verfassungswidrig angesehen, da nach der Verfassung von 1876, die das Schwurgericht nicht vorsah, die staatliche Souveränität nicht vom Volk, sondern vom König, der die Richter zu ernennen hatte, ausging.[603] Da die Justiz keine staatliche Gewalt war, sollte das Volk auch nicht an ihr beteiligt werden.[604] Diesem Verständnis von Justiz als Verwaltung trat das radikalliberale Bild der Rechtsprechung als staatliche Gewalt gegenüber, wie es der Abgeordnete und spätere Regierungschef Antonio Maura zeichnete. Das Geschworenengericht stellte sich für ihn als Spiegel der Gesellschaft dar.

Die Gesellschaft sei von staatlichen Institutionen nicht zu trennen. Denn letztere werden von den Menschen gebildet, die den Institutionen einen Charakter verleihen.[605] Sich gegen die Jury zu stellen, beinhalte daher einen Angriff sowohl auf das Gerichtswesen als staatliche Institution als auch auf das Volk. Maura verstand die Jury nicht bloß als eine Institution unter vielen, sondern als Synthe-

---

597 So der Abgeordnete *Lorenzo Dominguez*, DSC v. 21.4.1887, S. 1939.
598 So der Abgeordnete *Silvela*, DSC v. 28.4.1887, S. 2131.
599 *Silvela*, DSC v. 28.4.1887, S. 2134 f.
600 So *Marqués de Hoyos*, DSS v. 21.2.1888, S. 1100.
601 *F. Pacheco*, RGLJ 75, S. 405.
602 *Antonio Maura*, DSC v. 28.4.1887, S. 2144.
603 So der Abgeordnete *Danvila*, DSC v. 3.5.1887, S. 2213.
604 So der Abgeordnete *Pidal y Mon*, DSC v. 26.4.1887, S. 2052 ff.
605 *Antonio Maura*, DSC v. 28.4.1887, S. 2142.

se des demokratisch geordneten Zusammenlebens einer zivilisierten Gesellschaft und als Resultat des Zusammentreffens eines politischen und eines juristischen Konzepts.[606]

Gegen die Jury wandte der konservative Senator Durán y Bas ein, dass sie im Gegensatz zu England nicht Teil der Bräuche und Gewohnheiten des spanischen Volkes sei. Das Recht als Teil des historischen Bewusstseins eines Volkes manifestiere sich zunächst in gesellschaftlichen Bräuchen und Gewohnheiten, bevor es von Juristenhand zu Rechtsnormen geformt werde.[607] Die Jury sei keine Institution des historischen Rechts Spaniens. Ihre Einführung bedeute daher, eine Institution aus dem Nichts zu schaffen. Um auch in Spanien Wurzeln zu schlagen, müsse erst das Terrain durch Bildung entsprechender Sitten für das Schwurgericht geschaffen werden. In Anbetracht des Mangels an Bildung, an moralischer Antonie und an tiefem religiösem Empfinden im spanischen Volk sei es ratsam, die Einführung der Jury in „bessere" Zeiten zu verlegen.[608] „Fremde Institutionen" ins „heimische Recht" zu implantieren, sei schädlich.[609]

Im Gegensatz hierzu ging es Romero Girón, der nunmehr Senator war, um die aktuellen gesellschaftlichen Bedürfnisse, welchen die staatlichen Institutionen nachkommen sollten:

> „[...] da es[610] sich um eine gesellschaftliche Funktion handelt, die ein gesellschaftliches Bedürfnis aller Bürger berührt, meine ich, dass niemand sich besser anschickt, die eigenen Bedürfnisse zu befriedigen als jene, die sie verspüren."[611]

Dem historisch veranlagten Konzept von Durán y Bas setzte Romero Girón die These von einer Vergesellschaftung staatlicher Institutionen entgegen: Diese würden in dem Maße sozialisiert, wie die in Rede stehenden Bedürfnisse es erforderten.

In der gesellschaftlichen Funktion der Jury sah Pacheco de Asís, der das Schwurgericht befürwortete, den Grund liegen, dass es weder ein individuelles Recht auf einen Geschworenenprozess noch ein Recht, Geschworener zu sein, gibt. „[...] die Institution der Jury erfüllt eine gesellschaftliche Funktion, ein

---

[606] So *Alejandre*, Justicia popular, S. 177, m.w.N.

[607] DSS v. 26.1.1888, S. 669. *Durán y Bas* gilt als maßgeblicher Vertreter der klassischen Rechtsschule Spaniens; vgl. *Alejandre*, Justicia popular, S. 182; *Soriano*, in: Jornadas Extremadura, S. 160.

[608] *Durán y Bas*, DSS v. 20.1.1888, S. 582.

[609] Vgl. *Soriano*, in: Jornadas Extremadura, S. 161.

[610] I.e. die Jury [Anm. d. Verf.]

[611] *Romero Girón*, DSS v. 26.1.1888, S. 669.

Recht der Gesellschaft, ein Recht der Nation [...].“[612] Das zu beschließende Gesetz basiere auf „der Theorie der Individualisierung der Straftat, dem akkusatorischen Verfahren, der Mündlichkeit des Prozesses und der Würdigung der Beweise nach dem freien Gewissen“.[613] Das Schwurgericht wurde so in den Gesamtzusammenhang des reformierten Strafprozesses Spaniens nach der LECrim von 1888 gestellt.

### 5. Das Schwurgericht in der Praxis

Angaben zur Praxis des Schwurgerichts enthalten die jährlich an das Justizministerium übermittelten Chroniken der Staatsanwaltschaften an den *audiencias* und am *Tribunal Supremo*, die so genannten *Memorias*[614]. Diese enthalten nicht nur eine zeitgenössische Analyse der spanischen Justiz, sondern auch der gesellschaftlichen Zustände jener Zeit.[615] Für die Geschichte des spanischen Schwurgerichts gelten sie als eine Quelle von unschätzbarem Wert.[616]

Der erste Bericht zur Schwurgerichtspraxis datiert aus dem Jahr 1889. Für die Zeit von März bis Juni 1889 wurden in zehn Provinzen nur vierunddreißig Schwurgerichtsverfahren gezählt. Mehrheitlich folgten die Jurys den Anträgen der Anklage.[617] In der *Memoria* von 1890 wurden allein in der Provinz von Alicante achtzehn Schwurgerichtsprozesse gezählt.[618] Erst die *Memoria* von 1891 enthält detaillierte Statistiken für alle Provinzen. Bei einer Gesamtanzahl von 2.386 Schwurgerichtsverfahren wurden 1.458 Schuldsprüche gefällt. 57.589 Spanier hatten im Laufe eines Jahres als Geschworene am Verfahren teilgenommen. Etwa zwei Drittel der Gesamtkosten aller Strafverfahren entfielen auf Schwurgerichtsverfahren.[619]

In der *Memoria* von 1897 wurde die Anzahl der Verfahren bereits mit 3.591 beziffert. In der Folgezeit bis 1923 blieb sie in etwa auf diesem Jahresniveau. Die Statistiken belegen einen progressiven Anstieg von Freisprüchen gegenüber

---

612 *F. Pacheco*, Ley del Jurado, S. 272.
613 *F. Pacheco*, Ley del Jurado, S. 109 ff.
614 Für das Schwurgerichtsverfahren gingen diese in Jahrbüchern zusammengefassten Berichte auf das *RD dictando disposiciones para practicar anualmente una información sobre la manera de funcionar el Jurado y determinar sus resultados*, v. 24.9.1889, abgedruckt in: *Documentación*, S. 455, und auf ein Rundschreiben der Generalstaatsanwaltschaft am TS zurück; vgl. *Alejandre*, Justicia popular, S. 186.
615 Vgl. *Gleadow*, S. 118.
616 Vgl. *Alejandre*, Justicia popular, S. 186.
617 *Colmeiro*, Memoria 1889, S. 17 f.
618 In anderen Provinzen lag die Ziffer nur knapp darunter; siehe *De la Concha Castañeda*, Memoria 1890, S. 10.
619 Siehe *De la Concha Castañeda*, Memoria 1891, S.11 f.

Verurteilungen. Nur in der Zeit von 1919 bis 1920 überwogen die Freisprüche gegenüber den Verurteilungen.[620]

Die in den *Memorias* geschilderten Probleme bei der Gesetzesanwendung betrafen hauptsächlich drei Gruppen:

1. Manipulation des Auswahlverfahrens und Korruption,
2. Emotionsgesteuertes Urteilsverhalten der Geschworenen,
3. Formulierung des Fragenkatalogs.

**a) Manipulation des Auswahlverfahrens und Korruption**

Bereits in der ersten *Memoria* von 1889 wurden Manipulationen der munizipalen Listen konstatiert.[621] Diese Beobachtung setzte sich in den Folgejahren fort.[622] Zur Vermeidung der Amtsausübung wurden die Namen von Bekannten, Parteifreunden und anderer einflussreicher Personen von den Listen ausgenommen.[623] Personen mit lokalem Einfluss entzogen sich so dem Geschworenenamt.[624]

Die als Kazikismus bezeichnete kommunale Cliquenwirtschaft soll vielerorts dazu geführt haben, dass die auf den Listen enthaltenen Namen eine Dekade lang übereinstimmten[625] und dass Personen ohne diesen Einfluss, die oftmals kaum des Lesens und Schreibens mächtig waren, zu Geschworenen berufen wurden. Die agierenden Geschworenen wurden in den *Memorias* als „aus den niedrigsten Klassen, Bauern und Tagelöhner, die bei Gericht mit großem Eifer Entschädigungen beantragen, welche ihnen in Ermangelung von Geldmitteln häufig nicht ausgezahlt werden können" beschrieben.[626]

Andererseits sollen Kandidaten unmittelbar nach Veröffentlichung der gemeindlichen Liste in ihren Dörfern aufgesucht worden sein, um sie bereits vor Prozessbeginn dem Angeklagten günstig zu stimmen. Kandidaten, die sich diesem Druck nicht beugten, sollen zu Beginn des Prozesses von der Verteidigung abgelehnt worden sein.[627] Die Bestechung von Geschworenen soll an der Tagesordnung gewesen sein.[628] In Verfahren gegen einflussreiche Persönlichkeiten habe

---

[620] Auswertung mit Schaubild bei *Alejandre*, Justicia popular, S. 211.
[621] *Colmeiro*, Memoria 1889, S. 19.
[622] Siehe *Puga y Blanco*, Memoria 1895, S. 42 ff.; *ders.*, Memoria 1896, S. 91 ff.
[623] Siehe *Puga y Blanco*, Memoria 1895, S. 42 ff.; *ders.*, Memoria 1896, S. 91 ff.
[624] Siehe *Maluquer y Viladot*, Memoria 1904, S. 40.
[625] *Viada Vilaseca*, Memoria 1899, S. 72.
[626] *Puga y Blanco*, Memoria 1895, S. 40 f.; *Sánchez Román*, Memoria 1898, S. 64.
[627] Siehe *Puga y Blanco*, Memoria 1895, S. 48; *Sanchez Román*, Memoria 1898, S. 65.
[628] So *Maluquer y Viladot*, Memoria 1904, S. 43; *Covián y Junco*, Memoria 1921, S. 41.

ein Freispruch bereits vor Prozessbeginn festgestanden.[629] Entsprechendes galt bei persönlichen Bindungen oder bei gleicher politischer Gesinnung von Angeklagten und Geschworenen.[630]

Eine mangelnde Bereitschaft der Bürger zur Ausübung des Geschworenenamtes zeigte sich in der häufigen Geltendmachung von Entschuldigungsgründen, die vor allem auf Krankheit und körperliche Behinderung gestützt wurden. In einem in der *Memoria* von 1893 geschilderten Fall begehrten 222 von 225 auf einer Geschworenenliste enthaltenen Kandidaten ihren Ausschluss.[631] Die *Memorias* berichten zudem von kollusivem Zusammenwirken von Geschworenen und der Verteidigung bei der Ausübung des Ablehnungsrechts.[632] Das Geschworenenamt soll demnach von den zu seiner Ausübung berufenen Bürgern als Last empfunden worden sein.[633]

Ein Grund hierfür wurde in der langwierigen Beweisaufnahme gesehen, welche auf eine Flut von Beweisanträgen der Verteidigung zurückgeführt wurde.[634] Der Mangel an Geschworenen hatte contra legem zur Folge, dass sich die Gerichte mancherorts so genannter Amtsgeschworener bedienten, die ihre Dienste bei Gericht gegen Entschädigungsleistungen anboten.[635]

### b) Emotionsgesteuertes Urteilsverhalten

Die Staatsanwälte kritisierten bereits seit 1890, dass Jurys zu Milde und Nachsicht bei Straftaten gegen die Person neigten, bei Eigentumsdelikten hingegen mit besonderer Härte ihrem Amt nachgingen.[636] Die Staatsanwälte waren von diesen Tendenzen überrascht[637] und führten sie auf die Identifikationswirkung der angeklagten Tat auf die Geschworenen[638] oder auf eine traditionelle Toleranz gegenüber körperlichen Angriffen, die auf dem Glauben basiere, dass deren

---

629 *Puga y Blanco*, Memoria 1895, S. 50; *Sánchez Román*, Memoria 1898, S. 69 f.; *Ruiz Valarino*, Memoria 1906, S. 62.

630 Siehe *Sánchez Román*, Memoria 1898, S. 74; zum baskischen Nationalismus siehe *Ruiz y Valarino*, Memoria 1905, S. 76; *ders.*, Memoria 1906, S. 57; vgl. hierzu *Alejandre*, Justicia popular, S. 209 ff.

631 *Martínez del Campo*, Memoria 1893, S. 59.

632 *Puga y Blanco*, Memoria 1895, S. 91 ff.; *Sánchez Román*, Memoria 1898, S. 64.

633 Siehe *Silvela y Corral*, Memoria 1903, S. 30; *Ruiz y Valarino*, Memoria 1905, S. 91.

634 *Maluquer y Viladot*, Memoria 1904, S. 43, 45.

635 *Puga y Blanco*, Memoria 1895, S. 46.

636 *De la Concha Castañeda*, Memoria 1890, S. 16; *ders.*, Memoria 1891, S. 29; *Conde y Luque*, Memoria 1892, S. 57 ff.; *Viada Vilaseca*, Memoria 1899, S. 91; *Ruiz y Valarino*, Memoria 1905, S. 81.

637 So *Conde y Luque*, Memoria 1892, S. 57.

638 So *Martínez del Campo*, Memoria 1893, S. 31 f.

Wiedergutmachung eher durch Selbstjustiz als mit staatlicher Strafe hergestellt werden konnte, zurück.[639]

Weitere Deliktsgruppen, bei denen vermehrt Freisprüche gezählt wurden, waren Fälschungs-, Untreue- und Fahrlässigkeitstaten, was von den Staatsanwälten mit einem mangelnden Sachverstand der Geschworenen und den komplizierten Tatbeständen begründet wurde.[640] Vor allem bei angeklagten Pressestraftaten erkannten Staatsanwälte eine besondere Milde der Geschworenen.[641] Ab 1894 wurde von der Generalstaatsanwaltschaft daher eine Einschränkung der sachlichen Zuständigkeit des Schwurgerichts gefordert.[642] Die in den *Memorias* enthaltenen statistischen Daten stützen jedoch nicht die grundsätzliche Annahme, dass Schwurgerichte häufiger als Kollegialgerichte zu einem Freispruch gelangten.[643]

In den Zusammenhang des Urteilsverhaltens der Jurys wurde von Staatsanwälten auch eine zunehmende Agilität von Verteidigern gebracht.[644] Der hierdurch hervorgerufene Mehraufwand bei der Führung von Belastungsbeweisen wird als möglicher mitbestimmender Faktor dafür angesehen, dass die Staatsanwaltschaften bei gegebener Zuständigkeit des Schwurgerichts etwa doppelt so häufig von der Anklage Abstand nahmen als bei Verfahren, die vor einem reinen Berufsgericht anzuklagen waren.[645]

### c) Fragenkatalog

Bereits in der ersten *Memoria* von 1889 wurden Bedenken hinsichtlich des Fragenkatalogs laut.[646] 1892 wurde von einem Fall berichtet, in welchem die Jury einen Katalog von insgesamt 97 Fragen zu beantworten hatte.[647] Auch die Rei-

---

[639] So *Maluquer y Viladot*, Memoria 1904, S. 47; *Ruiz y Valarino*, Memoria 1905, S. 96.
[640] *Viada Vilaseca*, Memoria 1899, S. 82; *Silvela y Corral*, Memoria 1903, S. 30.
[641] *Sánchez Román*, Memoria 1898, S. 52 ff.; *Viada Vilaseca*, Memoria 1899, S. 84.
[642] *Aldana y Carvajal*, Memoria 1894, S. 91; *Puga y Blanco*, Memoria 1896, S. 100; *Maluquer y Viladot*, Memoria 1904, S. 51; *Ruiz y Valarino*, Memoria 1905, S. 77; *ders.*, Memoria 1906, S. 79; *Tornos y Alonso*, Memoria 1911, S. 34.
[643] *Toharia*, S. 143; *Gisbert Gisbert*, Futuro Tribunal, S. 162 f., m.w.N.; *Gleadow*, S. 140.
[644] *Conde y Luque*, Memoria 1892, S. 55 f.; *Aldana y Carvajal*, Memoria 1894, S. 88; *Gómez de la Serna*, Memoria 1910, S. 27.
[645] *Toharia*, S. 142 f., m.w.N. u. Tabelle.
[646] *Colmeiro*, Memoria 1889, S. 19.
[647] *Conde y Luque*, Memoria 1892, S. 60. Es wurde daher empfohlen, die Fragen nicht negativ oder exzessiv zu fassen, juristische Begriffe zu vermeiden, in ein und derselben Frage nicht gegensätzliche Tatsachen aufzunehmen, kurzum die Fragen so einfach wie möglich zu formulieren; *Conde y Luque*, Memoria 1892, S. 59 f.; *Sánchez Román*, Memoria 1898, S. 94; *Maluquer y Viladot*, Memoria 1904, S. 49.

henfolge der zu stellenden Fragen bereitete Probleme.[648] Die Frage nach der Schuld des Angeklagten soll bei Geschworenen eine Verwechslung von Tatsachen und Recht zur Folge gehabt haben.[649]

**d) Weitere Entwicklung**

Die vorab wiedergegebenen Hauptprobleme bei der Verfahrensanwendung kehrten in den *Memorias* mit unterschiedlicher Bandbreite regelmäßig wieder. Das Schwurgericht wurde von den Staatsanwälten aber auch institutionell kritisiert. Vordergründig wurde die aus vergangenen Zeiten bekannte Kritik einer unzureichenden Bildung der Bürger und einer mangelnden Eignung juristischer Laien genannt.[650] Die *Memorias* der ersten zehn Jahre der Gesetzesanwendung lassen bei einer Gesamtbetrachtung aber eher die Forderung nach einer Gesetzesreform als nach Abschaffung des Schwurgerichts erkennen.[651] Trotz der geschilderten Schwierigkeiten zeigen die *Memorias* bis 1906 eine signifikante Besserung der Akzeptanz in der Bevölkerung und des Funktionierens der Institution.[652]

Eine zu Beginn des 20. Jahrhunderts zum Schwurgericht erscheinende, hauptsächlich praxisorientierte juristische Literatur[653] erbrachte zusätzliche Impulse für das Schwurgerichtsverfahren. Die progressiven politischen Parteien jener Zeit verstanden das Schwurgericht bis in die dreißiger Jahre des 20. Jahrhunderts als einen notwendigen Bestandteil der spanischen Strafjustiz.[654] Hingegen nahm die bei den Staatsanwälten zunächst anzutreffende konstruktiv-kritische Einstellung gegenüber dem Schwurgericht in der Folgezeit drastisch ab. Hiermit gingen soziale und politische Spannungen einher. In der Zeit von 1902 bis 1923 wurde Spanien von dreiunddreißig verschiedenen Kabinetten regiert.[655] Die Arbeiterschaft in Katalonien, Vizcaya, Cordoba und im Baskenland trat zur Jahrhundertwende in den Generalstreik.[656] In dieser Zeit verzeichneten die *Memorias* einen Anstieg von Gewaltdelikten, welche der Zuständigkeit des Schwurgerichts unterlagen.[657] Die Staatsanwälte beklagten nunmehr systema-

---

648 Es wurde daher vorgeschlagen, bei der ersten Frage nicht auf die Schuld, sondern auf die Begehung der Tat einzugehen, so *De la Concha Castañeda*, Memoria 1890, S. 16 f.; *Conde y Luque*, Memoria 1892, S. 59. Fragen der Anklage und der Verteidigung sollten auch separat gestellt werden, so *Gómez de la Serna*, Memoria 1910, S. 74.

649 *Aldana y Carvajal*, Memoria 1894, S. 88; *Sánchez Román*, Memoria 1898, S. 80.

650 Vgl. *Toharia*, S. 143 ff.

651 So *Alejandre*, Justicia popular, S. 206.

652 *Gleadow*, S. 125.

653 Nachweise bei *Alejandre*, Justicia popular, S. 206 ff. und *Varona Martínez*, S. 44.

654 Vgl. *Alejandre*, ebda., S. 208 f., *Gleadow*, S. 126, m.w.N.

655 *Attard*, S. 118.

656 Hierzu *Gleadow*, S. 126, m.w.N.

657 Vgl. *Alejandre*, Justicia popular, S. 209 ff., m.w.N. und Schaubild [S. 213].

tisch angelegte, nicht selten auf Nötigung oder Drohung beruhende Freisprüche durch Schwurgerichte von Angeklagten, die politisch motivierter Gewalttaten überführt waren.[658]

Als die spanische Regierung 1907 erstmals von der gesetzlichen Notstandsklausel[659] in den katalonischen Provinzen Gerona und Barcelona Gebrauch machte, verzeichneten die *Memorias* einen anschließenden Rückgang von Gewalttaten.[660] Im Juli 1909 wurde in Barcelona für die Dauer eines Monats das Kriegsrecht ausgerufen und sodann die verfassungsmäßigen Rechte in den Provinzen Barcelona, Gerona und Tarragona suspendiert.[661] Als Reaktion auf zwei im Jahr 1920 in Barcelona verübte politische Attentate wurde das Schwurgerichtsverfahren dort ein zweites Mal für die Dauer eines Jahres ausgesetzt.[662] Der Generalstaatsanwalt am *Tribunal Supremo* schlug daraufhin vor, die Zuständigkeit des Schwurgerichts insgesamt zu begrenzen.[663] Ein Jahr später forderte der *Tribunal Supremo*, die Jury in Strafsachen gänzlich zu beseitigen.[664] Die Tage des Schwurgerichts von 1888 waren gezählt.[665]

Unter Primo de Rivera wurde in Spanien im September 1923 in Anlehnung an den italienischen Faschismus eine totalitäre Militärdiktatur errichtet.[666] König Alfons XIII., der - die Russische Revolution vor Augen - das Erstarken der linksgerichteten spanischen Arbeiterparteien als eine Bedrohung seines Regiments ansah, arrangierte sich mit der Diktatur.[667] Sie hatte eine tief greifende Reform des Staates und seiner Institutionen zur Folge.[668] Bereits eine Woche nach dem Militärputsch wurde die Anwendung der LJ 1888 durch ein königli-

---

658 Siehe *Tornos y Alonso*, Memoria 1911, S. 41; *Montero Rós y Villegas*, Memoria 1916, S. 72 f.; *Covían y Junco*, Memoria 1919, S. 45.
659 Siehe dieses Kap., III/3 f).
660 *Alejandre*, Justicia popular, S. 210 f., hält diese Deduktion für empirisch kaum belegbar.
661 Siehe *Ugarte*, Memoria 1909, S. 2 ff.
662 Siehe hierzu *Alejandre*, Justicia popular, S. 214.
663 Siehe *Covián y Junco*, Memoria 1920, S. 6.
664 Siehe *Covián y Junco*, Memoria 1921, S. 44.
665 *Alejandre*, Justicia popular, S. 218 f., der den politischen Rückhalt für das Schwurgericht infolge der Ereignisse von 1920 als beseitigt ansieht.
666 Vgl. *Varona Martínez*, S. 49, m.w.N.
667 Spaniens Historiker werten dies als Verrat des Königs an der Verfassung von 1876; vgl. *Gleadow*, S. 141, m.w.N.
668 Die Ämter des Ministerpräsidenten, der Minister und Staatssekretäre wurden abgeschafft, die *Cortes* und die ständigen Gesetzeskommissionen aufgelöst, die Grundrechte außer Kraft gesetzt und die Provinzgouverneure beseitigt, bewaffnete Milizen landesweit organisiert und gegen den Separatismus gerichtete Dekrete erlassen; dazu *Alejandre*, Justicia popular, S. 219 ff.; *Solé Tura/Aja*, S. 88 f.

ches Dekret mit sofortiger Wirkung ausgesetzt.[669] Das Dekret stützte sich explizit auf die Notstandsklausel der LJ 1888, ohne deren Voraussetzungen einzuhalten, da weder die Zustimmung der gesetzlich bestimmten Gremien eingeholt noch die gesetzlich vorgesehene zeitliche Begrenzung der Aussetzung im Dekret ausgesprochen wurde.[670]

## 6. Die Sicht der heutigen Rechtswissenschaft und Zusammenfassung

Die LJ 1888 wird in der heutigen spanischen Literatur als zu ausführlich und kasuistisch beschrieben.[671] Positiv habe sich die Katalogisierung ihrer sachlichen Zuständigkeit ausgewirkt.[672] Dem Gesetz habe jedoch eine klare Kompetenzabgrenzung zwischen Jury und Berufsrichtern gefehlt.[673] Der Schuldausspruch der Jury wird als schwerer theoretischer wie semantischer Irrtum bezeichnet, der in Justizkreisen Misstrauen und Argwohn hervorrufen musste.[674]

Ein gravierender Gesetzesdefekt wird in dem komplizierten und elitär ausgerichteten Auswahlverfahren der Geschworenen gesehen.[675] Durch dessen Manipulation habe das wohlhabende Bürgertum von Beginn an ein gesundes Funktionieren des Schwurgerichts untergraben.[676] Aber auch der weit verbreitete Analphabetismus habe die Wirkungsweise des Schwurgerichts deutlich beschränkt.[677]

Schließlich wird auch auf eine fehlende Tradition politischer Partizipation verwiesen. Das Schwurgericht habe nicht auf einer entsprechenden politischen Kultur aufbauen können.[678] Das Ausbleiben notwendiger Gesetzesreformen wird zudem als Indiz für ein mangelndes Interesse der regierenden politischen Klasse an einer Stärkung des Schwurgerichts gewertet. Sein Ansehensverlust sei hierdurch verstärkt und sein Verfall begünstigt worden.[679] Der Gebrauch der Notstandsklausel in den Jahren 1907 und 1920 hätte Präzedenzfälle geschaffen, die

---

[669] *RD suspendiendo el jucio por Jurados en todas las provincias del Reino* v. 21.9.1923, Gaceta de Madrid v. 22.9.1923. Neben fiskalischen Gründen bezeichnete das Dekret die Aussetzung als notwendig, um die „rechtschaffende und ungehinderte Ausübung der Gerichtsbarkeit sicherzustellen“.

[670] Krit. *Lladó y Vallés*, Memoria 1923, S. 22. Die in ganz Spanien vorzensierte Presse kommentierte die Maßnahme nicht; siehe *Alejandre*, Justicia popular, S. 220.

[671] *Davo Escriva*, S. 73, führt dies auf die der Epoche typische Gesetzestechnik zurück.

[672] *Davo Escriva*, S. 74.

[673] *Davo Escriva*, S. 73; *Fairén Guillén*, Jurado, S. 37.

[674] *Davo Escriva*, S. 73 f.

[675] So *Davo Escriva*, S. 74 f.

[676] *Toharia*, S. 141.

[677] *Toharia*, S. 140 f., m.w.N.

[678] *Toharia*, S. 141.

[679] So *Alejandre*, Justicia popular, S. 207; *Toharia*, S. 141.

wegen des gesellschaftlichen und politischen Wandels einen neuerlichen Angriff auf die Institution erwarten ließen.[680]

Ohne in der Verfassung von 1876 Erwähnung zu finden, ist der Geschworenenprozess nach der LJ 1888 für die Dauer von rund vierunddreißig Jahren in Spanien praktiziert worden. In der Gerichtspraxis warf das Verfahren eine ganze Reihe von Problemen auf und führte, insbesondere bei der Besetzung der Jury, auch zu eklatanten Gesetzesverstößen. Die Einführung des Schwurgerichts durch die LJ 1888 als Bestandteil eines politischen Kompromisses mit den konservativen liberalen Kräften wurde von progressiven Liberalen in erster Linie mit einer gesellschaftlichen Funktion der Jury, die sie als ein partizipatives Element und Kontrollinstrument der Rechtsprechung verstanden, begründet. Der in den Chroniken der Staatsanwaltschaft beschriebene Boykott der Institution durch Teile des wohlhabenden Bürgertums widerspricht auf den ersten Blick diesem Bild. Das als Last empfundene Geschworenenamt wurde allerdings auch nicht hinreichend entschädigt.

Das als oftmals willkürlich von den Staatsanwälten beschriebene Urteilsverhalten der Jury griff andererseits die dem Geschworenenprozess zugemessene Eigenschaft als Verfahrensgarantie an. Das Gesetz unterwarf die Entscheidung der Jury einem vom Richter vorzulegenden Fragenkatalog und sah neben Rechtsmitteln der Parteien auch eine gerichtliche Entscheidungskontrolle (*reforma, revista*) vor. Der Willkür Geschworener waren also deutlich höhere Schranken als einer rein berufsrichterlichen Entscheidung gesetzt.

Die Kritiker der Institution sahen die Jury als einen Fremdkörper in der spanischen Justiz an. Das Recht gründet in diesem Bild auf eigenen Traditionen und wird von Juristen gestrickt. Die Beweiswürdigung wird hierbei mit der Rechtsetzung gleichgesetzt. Die LJ 1888 sah eine solche Kompetenz der Jury indes nicht vor.

Die zu Beginn des 20. Jahrhunderts einsetzenden politischen Turbulenzen hatten einen neuerlichen Systemwechsel zur Folge. In der gegen einen gesellschaftlichen Umbau gerichteten und von der Krone geduldeten Diktatur von Primo de Rivera wurde das Schwurgericht, wie alle anderen Formen von bürgerlicher Teilhabe an der staatlichen Macht, eliminiert.

---

680 *Alejandre*, Justicia popular, S. 218.

## IV. Die Schwurgerichte der Zweiten Republik und des Bürgerkrieges (1931-1939)

Die Schwurgerichtsdebatte, die in der Zeit der Diktatur von Primo de Rivera zunächst verstummt war, setzte ab 1926 in der spanischsprachigen Presse und in rechtsgelehrten Kreisen wieder ein.[681] Spätestens nach dem Rücktritt von Primo de Rivera im Januar 1930 war das Schwurgericht wieder ein zentrales politisches Thema. Die Militärdiktatur versuchte, unterstützt von der Krone, dem Schwinden ihrer politischen Macht mit einem politischen Liberalisierungsprozess entgegenzuwirken.[682]

Am Vortag der von der Militärjunta anstelle von nationalen Parlamentswahlen einberufenen Kommunalwahlen des 12. April 1931 unterzeichnete König Alfons XIII. ein ihm von der Junta vorgelegtes Dekret[683], welches die Wiedereinführung des Schwurgerichts nach der LJ 1888 vorsah. Aus den Wahlen gingen die republikanischen und sozialistischen Parteien als Sieger hervor. Am 14. April 1931 wurde die Zweite Republik ausgerufen. Alfons XIII. verließ Spanien noch am selben Tag.

### 1. Das Schwurgericht der Zweiten Republik

Die Wiedereinführung des Schwurgerichts zählte zu dem zentralen Anliegen der revolutionären Kräfte, durch den Ausbau von Volksbeteiligung an staatlichen Institutionen die republikanische Staatsform zu stärken.

#### a) Die Schwurgerichtsdekrete von 1931

Am 27. April 1931 führte die von dem Juristen Alcalá-Zamora y Castillo geführte republikanische Übergangsregierung das Schwurgerichtsverfahren nach der LJ 1888 mit wichtigen Modifikationen wieder ein.[684] Der Zuständigkeit der Jury wurden die Fälschungsdelikte und die strafbare Duellierung entzogen. Die Zahl der Geschworenen wurde auf acht reduziert, um, wie aus der Präambel des Dekrets hervorgeht, die Funktion der Jury zu erleichtern und Kosten zu reduzieren.

---

[681] Siehe *Alejandre*, Justicia popular, S. 223 ff.; *Varona Martínez*, S. 49; *Fairén Guillén*, Jurado, S. 60 f.

[682] *Pérez-Cruz Martín*, Participación popular, S. 179; *Varona Martínez*, S. 49.

[683] *RD N° 1.103, restableciendo el funcionamiento del juicio por Jurados suspendido por el de 21 de septiembre de 1923* v. 11.4.1931, Gaceta de Madrid v. 12.4.1931.

[684] *D. declarando restablecida la institución del Jurado* v. 27.4.1931, Gaceta de Madrid v. 28.4.1931.

Erstmals konnten Frauen das Geschworenenamt ausüben, jedoch nur bei Anklagen wegen im Affekt begangenen Mordes, Totschlags oder Körperverletzung, wenn die Tat „aus Liebe, Eifersucht, Treue oder einem anderen Aspekt heterosexueller Beziehungen" begangen war. Die Jury sollte sich dann zur Hälfte aus Frauen zusammensetzen.[685]

Das peremptorische Ablehnungsrecht wurde auf jeweils zwei unbegründete Ablehnungen von Geschworenen durch Anklage und Verteidigung begrenzt. Geschworene wurden unmittelbar nach dem Prozess entschädigt. Die für unentschuldigte Säumnis von Geschworenen zu verhängenden Ordnungsgelder wurden drastisch erhöht. Lagen Anhaltspunkte für eine Bestechung von Geschworenen vor, konnten diese sowie andere an der Tat Beteiligte strafrechtlich verfolgt werden, und die Wiederaufnahme des Verfahrens war zwingend anzuordnen.

Um eine möglichst weitreichende Unbefangenheit und Handlungsfreiheit der Geschworenen zu gewährleisten, wurde das Konzentrationsprinzip festgeschrieben. Die gesamte Hauptverhandlung sollte möglichst in einem Zug durchgeführt werden. War dies nicht möglich, mussten die Geschworenen isoliert werden. Das richterliche Resümee von der Beweisaufnahme wurde abgeschafft. Die Geschworenen hatten sich nicht mehr über die Schuld, sondern nur über die Beteiligung der Angeklagten an der Ausführung der Tat zu erklären. Die richterlichen Belehrungen beschränkten sich auf die Beratung und Entscheidung der Jury.

Das auf einen Schuldspruch der Jury ergangene gerichtliche Urteil war den Geschworenen vorzulegen. Diese hatten unverzüglich und in geheimer Abstimmung über die Verhältnismäßigkeit der im Urteil verhängten Strafe zu befinden. Verneinte die Jury dies, war ein Begnadigungsverfahren einzuleiten.

Durch zwei weitere Dekrete[686] wurden die persönlichen Voraussetzungen für die Ausübung des Geschworenenamtes auch für Frauen festgelegt und bestimmt, dass die Geschworenenlisten nunmehr aufgrund der durch eine Volkszählung von 1930 erlangten Personenstandsdaten zusammengestellt wurden. Der Zuständigkeit der Jury wurden der Raub und die Fahrlässigkeitsdelikte, da letztere sich für die Geschworenen als zu schwierig herausgestellt hatten, entzogen. Die Präambel des zweiten Dekrets beschreibt die Rolle des Schwurgerichts in der Republik wie folgt:

> „Die erhabene rechtsprechende Betätigung der Volkssouveränität, welche das Schwurgericht ausführt, [...] ist jeder demokratischen Staatsorganisation wesenseigen und kann daher

[685] Siehe *Boatwright/Ucelay Da Cal*, in: Estudios de la mujer, S. 377 ff.; *Varona Martínez*, S. 50 f., auch zu den Vorbehalten gegenüber weiblichen Geschworenen in der Justiz.
[686] D. v. 18.6.1931 und D. v. 22.9.1931, abgedr. in: *Documentación*, S. 499, 503.

auch nicht in der Spanischen Republik fehlen. [...] Diese Institution ist eine der ruhmreichsten Eroberungen des modernen spanischen Liberalismus und gleichzeitig eine höchste Garantie für die Bürger, die von ihresgleichen gerichtet werden, und soll staatsbürgerliche Schule sein, welche das juristische Bewusstsein des Volkes, welches es zum direkten Teilhaber der Ausübung einer der grundlegenden Funktionen der öffentlichen Gewalt macht, bildet und reinigt, um der professionellen, wissenschaftlichen und fachlichen Intervention des Richtertums Volkes Verstand und die intuitive und treffsichere Würdigung der Einzelfallgerechtigkeit beizusteuern, die immer dann den richtigen Ausdruck im Willen des *Demos* findet, wenn sie sich einer unparteiisch gebildeten und freiheitlich manifestierten Überzeugung entsprechend formulieren kann."

Das republikanische Schwurgericht erfüllte also in erster Linie eine demokratische Funktion. Zweitens stellte es eine Verfahrensgarantie für den Angeklagten dar. Das Schwurgericht sollte drittens eine staatsbürgerliche Schule für den Bürger sein. Schließlich sollte die Jury die Qualität der Rechtsprechung mit der natürlichen Vernunft des Volkes bereichern.

### b) Die Verfassung von 1931

Die Übergangsregierung rief im Juni 1931 Wahlen zu einer verfassunggebenden Versammlung aus. Aus den freien Wahlen vom 28. Juni 1931 ging eine aus radikalen Republikanern und Sozialisten gebildete Koalition hervor, die bis in das Jahr 1933 die spanische Politik bestimmte.[687]

Die von der Regierung mit der Ausarbeitung eines Verfassungsentwurfs beauftragte Kommission, deren Vorsitz dem berühmten Strafrechtslehrer Luis Jiménez de Asúa übertragen wurde, legte der verfassunggebenden Versammlung bereits wenige Wochen nach Aufnahme ihrer Arbeit den Text der dann am 9. Dezember 1931 verabschiedeten Verfassung vor.[688]

Art. 1 der Republikanischen Verfassung von 1931[689] beschrieb Spanien als „eine demokratische Republik von Arbeitern jeder Klasse, die sich in Herrschaft von Freiheit und Gerechtigkeit organisiert. Die Macht all ihrer Organe geht vom Volke aus." Art. 1 CE 1931 bringt nicht nur den demokratischen, sondern auch den sozialistischen Geist der Verfassung zum Ausdruck.[690]

---

687 Vgl. *Tomás y Valiente*, Manual de Historia, S. 460.
688 Vgl. *Tomás y Valiente*, ebda., S. 460; *Alejandre*, Justicia popular, S. 232 ff.
689 Im Folgenden „CE 1931" abgekürzt.
690 A.A.: *Tomás y Valiente*, Manual de Historia, S. 460.

Gemäß Art. 36 und 52 CE 1931 wurde das allgemeine, gleiche, unmittelbare und geheime aktive und passive Wahlrecht eingeführt. Frauen waren nicht länger rechtlich von der Politik ausgeschlossen.[691]

Die Verfassung schrieb eine Vielzahl von grundrechtlichen Garantien sowie Staatsziele und Schranken staatlicher Machtausübung fest. Sie brach mit dem Katholizismus als Staatsreligion[692] und vermied den von früheren liberalen Verfassungen verwendeten Begriff der „Spanischen Nation".[693]

Erstmalig in der spanischen Verfassungsgeschichte wurde ein Verfassungsgericht (*Tribunal de Garantías Constitucionales*, Art. 121 ff. CE 1931) und das Verfahren der Verfassungsänderung (Art. 125 CE 1931) geregelt. Die Justiz wurde als Gewalt im Namen des Staates durch Richter ausgeübt, welche in ihrer Funktion unabhängig und nur dem Gesetz unterworfen waren (Art. 94 CE 1931). Um den Einfluss der Exekutive auf die Justiz zu schmälern, wurde der Staatsanwaltschaft, die über die „exakte Erfüllung der Gesetze und der gesellschaftlichen Interessen zu wachen" hatte, ein gleiches Maß an persönlicher und sachlicher Unabhängigkeit eingeräumt wie der Richterschaft (Art. 104 CE 1931).[694]

Für das Schwurgericht bestimmte Art. 103 CE 1931 Folgendes:

> „Das Volk nimmt an der Rechtsprechung durch die Institution des Schwurgerichts teil, dessen Organisation und Funktionsweise Gegenstand eines besonderen Gesetzes sein wird."

Art. 99 CE 1931 sah ein besonderes Verfahren gegen Richter und Staatsanwälte wegen im Zusammenhang ihrer Ausübung stehender zivil- und strafrechtlicher Verantwortung vor dem *Tribunal Supremo* vor, an dem eine durch Gesetz zu regelnde besondere Jury zu beteiligen war.[695]

---

[691] Zu den Frauen der 2. Republik siehe *Varona Martínez*, S. 50 f., m.w.N.; *García Jordán*, in: Estudios de la mujer, S. 391 ff.

[692] Nach Art. 3 CE 1931 gab es keine staatliche Religion. Art. 26, 27 CE 1931 sahen Eingriffe in die Autonomie der katholischen Orden vor, die bis zur Vermögensbeschlagnahme reichten.

[693] Art. 1 Abs. 3 CE 1931 propagierte das Verfassungsziel des „Integralstaats". Die regionale Selbstbestimmung unterlag weitgreifenden Zustimmungserfordernissen, weshalb es sich um keine föderalistische Ordnung handelte; dazu *Tomás y Valiente*, Manual de Historia, S. 462.

[694] Erstmals regelte eine spanische Verfassung die Institutionen der Staatsanwaltschaft und der Generalstaatsanwaltschaft der Republik (Art. 97, 99 CE 1931); vgl. *Díez-Picazo*, Poder de acusar, S. 149 f.

[695] Diese für Fälle von Rechtsbeugung vorgesehene besondere Jury wurde erst mit der *Ley de responsabilidad civil y criminal de Magistrados, Jueces y Fiscales* v. 13.6.1936, abgedr. in: *Documentación*, S. 523, geregelt.

**c) Das Änderungsgesetz von 1933**

Im Juli 1933 wurde durch ein Änderungsgesetz zur LJ 1888[696] eine ganze Reihe politischer Straftaten[697] der Zuständigkeit des Schwurgerichts entzogen. Hierdurch sollte die Republik einerseits vor den alten monarchischen Kräften, andererseits vor linksextremem Terrorismus geschützt werden.[698] Einzelne Abgeordnete warfen der Regierung vor, mit diesem Gesetz ihr Misstrauen gegenüber Laienrichtern[699] und Angst vor Demokratie[700] zum Ausdruck zu bringen. Einmal mehr wurde die Jury zum Barometer der politischen und sozialen Situation.[701]

**d) Weitere Entwicklung**

In der Zeit von 1932 bis 1936 kam es nur zu wenigen Hundert Geschworenenverfahren.[702] In der zeitgenössischen Literatur wurde wenig über die Jury geschrieben.[703] Es herrschte vorwiegend Desinteresse an der Jury.[704] Eine wissenschaftliche Auseinandersetzung blieb in der Zeit bis 1936, bis auf wenige Ausnahmen[705], aus.[706] Dieses Phänomen wird heute unter anderem auf die Konfrontation der republikanischen Regierung mit dringenderen politischen und sozialen Problemen zurückgeführt.[707] Andererseits wird es als Anzeichen dafür gewertet, dass das Schwurgericht in Spanien Wurzeln geschlagen hatte und aufhörte, Gegenstand von permanenter Polemik zu sein.[708]

---

[696] *Ley excluyendo del número primero del artículo 4° de la vigente ley del Jurado, los delitos que se indican* v. 27.7.1933; abgedr. in: *Documentación*, S. 521.

[697] Straftaten gegen Parlament, Regierung und Regierungsform, Aufruhr, Rebellion, terroristisch motivierter Mord, Totschlag, Brandstiftung und Körperverletzung (Art. 1) und die gem. Sprengstoffgesetz von 1894 der Jury einst unterstellten Terrorismusdelikte (Art. 2).

[698] So der damalige Justizminister *Álvaro de Albornoz*, DSC v. 29.6.1933, S. 13.740 ff.

[699] So *Barriobero*, DSC v. 7.6.1933, S. 13.380 ff.

[700] So *Royo Villanova*, DSC v. 7.6.1933, S. 13.386 ff.

[701] Vgl. *Gleadow*, S. 147; *Alejandre*, Justicia popular, S. 236.

[702] *Gleadow*, S. 144, m.w.N.

[703] Vgl. *Gleadow*, S.144.

[704] Vgl. *Alejandre*, Justicia popular, S. 235, m.w.N.

[705] Siehe *Goldschmidt*, Problemas jurídicos, S. 80 ff.; vgl. *Alejandre*, ebda., S. 238, m.w.N.

[706] *Alejandre*, ebda., S. 238. Einzig die Staatsanwaltschaften setzten ihre Praxiskritik in den jährlich dem Generalstaatsanwalt der Republik übermittelten Berichten fort. In den einschlägigen *Memorias* ist die Rede von einem zu geringen intellektuellen und sittlichen Niveau der Geschworenen; siehe *Gallardo González*, Memoria 1934, S. 23; *ders.*, Memoria 1935, S. 20 f.

[707] So *Soriano*, in: Jornadas Extremadura, S. 166; *Davo Escriva*, S. 77. Die Agrarreform, die Stärkung der Arbeitnehmerrechte, die Klärung der Autonomiefrage, die Zurückdrängung der katholischen Kirche, insbesondere auf dem Gebiet der Bildung, und die Modernisierung der Streitkräfte zählten zu den von der Regierung simultan betriebenen Reformprojekten; siehe *Carr*, S. 603 ff.

[708] So *Alejandre*, Justicia popular S. 238.

## 2. Das Schwurgericht des Bürgerkrieges

Die Reformprojekte der Regierung stießen auf heftigen innenpolitischen Widerstand, insbesondere in der Militärspitze.[709] Prominente Politiker distanzierten sich öffentlich von der Regierung.[710] Politische Meinungsverschiedenheiten innerhalb der Regierungskoalition führten zu ständigen Kabinettsumbildungen. Sie spiegeln den tiefen politischen Graben wider, der zwischen den widerstreitenden gesellschaftlichen Kräften in Spanien verlief. Diese Polarisierung drückte sich zunehmend in Straßenkämpfen und politischen Morden aus.[711]

Im Juli 1936 wurden die *Cortes* geschlossen. Kurz darauf erhob eine von Teilen der Streitkräfte selbsternannte Junta zur nationalen Verteidigung Spaniens die Waffen gegen die Regierung. Wenige Tage später dekretierten die Militärs die simultane Amtsenthebung aller republikanischen Zivilgouverneure und riefen das Kriegsrecht aus.[712] Spanien war von diesem Zeitpunkt an im Bürgerkrieg, in dem sich Republikaner und Nationalisten bekämpften.[713]

Der Bürgerkrieg hatte einen Dualismus zweier auf antagonistischen und unversöhnlichen politischen Anschauungen basierenden Rechtssysteme zur Folge, die von den Kriegsparteien zunehmend politisch instrumentalisiert wurden.[714] Es war nicht mehr vorhersehbar, welches Recht und welches Verfahren territorial Anwendung fanden. Beide Kriegsparteien verletzten die justizielle Unabhängigkeit, indem sie illoyale Richter und Staatsanwälte aus dem Dienst entfernten.[715] Von beiden Seiten wurde in kürzester Zeit eine Vielzahl von Dekreten erlassen, die keiner legislativen Kontrolle unterlagen.[716]

### a) Die republikanischen Volksgerichte

Im August 1936 schuf die republikanische Regierung ein Spezialgericht in allen Provinzen.[717] Dieses setzte sich aus drei Berufsrichtern und einer Jury von vierzehn, später acht[718] Bürgern zusammen. Zuständig war das Gericht für Rebellion, Aufruhr und Straftaten gegen die Sicherheit des Staates, also für solche De-

---

[709] *Carr*, S. 603 ff.

[710] Alcalá-Zamora und Maura traten aus Protest gegen Maßnahmen gegen die katholischen Kirche als Minister zurück; vgl. *Carr*, S. 603 f.

[711] *Gleadow*, S. 150.

[712] *Gleadow*, S. 159, m.w.N.

[713] *Gleadow*, S. 150.

[714] *Davo Escriva*, S. 77 f.

[715] *Gleadow*, S. 152, 160, m.w.N.; *Cano Bueso*, S. 120 f.

[716] Zur „Dekretflut" der Nationalisten siehe *Cano Bueso*, S. 111 ff.

[717] D. v. 23.8.1936, Gaceta de Madrid v. 24.8.1936; D. v. 25.8.1936, Gaceta de Madrid v. 26.8.1936.

[718] D. v. 2.11.1936, Gaceta de Madrid v. 4.11.1936.

likte, die noch im Jahr 1933 dem Schwurgericht entzogen worden waren. Wie bei allen späteren republikanischen Volksgerichten (*tribunales populares*) wurden die Geschworenen ausschließlich von den in der so genannten Volksfront zusammengeschlossenen Parteien[719] und den diesen angeschlossenen Gewerkschaftsorganisationen[720] ernannt. Dieses Schnellverfahren fand rückwirkend auf alle seit dem 17. Juli 1933 begangenen Staatsschutzdelikte Anwendung. In Eilfällen konnte das Gericht mit nur einem Berufsrichter besetzt sein. Gegen die Urteile der Volksgerichte bestand, selbst bei verhängter Todesstrafe, kein Rechtsmittel. Die Jury konnte sich über das gerichtliche Urteil hinwegsetzen und die Sache einer neuen Jury zuleiten.

Die auf politische Instrumentalisierung angelegten Volksgerichte verübten Willkürjustiz in einem bislang ungekannten Maße.[721] Ihre Zuständigkeiten wurden in den Folgemonaten drastisch ausgedehnt.[722] Im Oktober 1936 wurde für die Aburteilung von „Taten der Feindseligkeit und der Abneigung gegenüber dem Regime, welche nicht Bestandteil der im Strafgesetzbuch oder in den besonderen Gesetzen vorgesehenen und sanktionierten Straftaten sind", Eilgerichte eingerichtet, die sich aus einem Berufsrichter und zwei Geschworenen zusammensetzten.[723]

Kurz darauf wurde ein ständiges Bereitschaftsgericht in Madrid errichtet, das sich aus einem Richter und sechs Geschworenen zusammensetzte.[724] Auf alle Verfahren, also auch gegen Zivilisten, fand Militärstrafrecht Anwendung. Durch öffentliche Bekanntmachung des Innenministers wurden sukzessive weitere Zuständigkeiten festlegt.

Im Mai 1937 erließ die republikanische Regierung noch weitere Dekrete, mit denen Zuständigkeiten der Volksgerichte und Kriegsräte so genannten Volkskriegsgerichten (*tribunales populares de guerra*) übertragen wurden.[725] Diese Gerichte agierten bis zum Ende des Bürgerkrieges.[726] Die republikanische Justiz wurde während des Bürgerkrieges durch Volksgerichte politisch instrumentali-

---

719 Zu diesen: *Varona Martínez*, S. 55.
720 Siehe *Varona Martínez*, S. 55.
721 *Gleadow*, S. 156, mit Beispielen und Nachweisen.
722 D. v. 15.9.1936, Gaceta de Madrid v. 16.9.1936; D. v. 6.10.1936, Gaceta de Madrid v. 7.10.1936.
723 D. v. 10.10.1936, Gaceta de Madrid v. 11.10.1936.
724 D. v. 17.10.1936, Gaceta de Madrid v. 18.10.1936.
725 Hierzu *Alejandre*, Justicia popular, S. 243.
726 *Alejandre*, ebda., S. 244.

siert und galt als im höchsten Maße parteiisch.[727] In Massen- und Schnellverfahren wurden mutmaßliche Gegner der Republik ohne jede Verfahrensgarantie beseitigt und das rechtsstaatliche Fundament der Verfassung von 1931 gänzlich verlassen.[728]

### b) Die Abschaffung des Schwurgerichts durch die Nationalisten

Nach der Ausrufung des Kriegsrechts unterwarf die Militärjunta alle möglichen Verhaltensformen der Strafandrohung des Militärrechts. All das nach der Erhebung der Nationalisten erlassene republikanische Recht wurde von der Junta für nichtig erklärt.[729] In den von ihr kontrollierten Gebieten wurden Schnellgerichte militärischen Zuschnitts eingesetzt, welche Angeklagte in einem summarischen Verfahren in kürzester Zeit zum Tode verurteilten, um sie sodann exekutieren zu lassen. Die Justiz wurde von republiktreuen Richtern und Staatsanwälten „gesäubert".[730] Selektionskriterium war weniger eine Parteizugehörigkeit als die konkrete Einstellung der Richter und Staatsanwälte gegenüber rechtskonservativen Positionen und dem Katholizismus, vor allem aber Adaptionsbereitschaft gegenüber dem Zuschnitt des nationalistischen Militärs.[731] Circa fünf Prozent der gesamten Richterschaft sollen von den Nationalisten aus dem Dienst entfernt worden sein.[732] Den Weisungen der Junta ergebene Richter und Staatsanwälte wurden zu Offizieren ernannt und den Militärtribunalen zugewiesen.[733] Aus Sicht der heutigen Geschichtsliteratur bestand bei der spanischen Richterschaft die Tendenz, sich der nationalistischen Kriegspartei anzudienen, was auf eine konservative und reaktionäre Gesinnung des Berufsrichtertums jener Zeit zurückgeführt wird.[734] Zum anderen sollen die bereits zu Beginn des Bürgerkrieges von den Nationalisten ergriffenen Säuberungsaktionen Richter und Staatsanwälte in einem hohen Maße eingeschüchtert haben.[735] Allenfalls örtliche Gemeinderichter stellten für die Militärjunta einen höheren Unsicherheitsfaktor dar. In den

---

[727] Die republikanische Tagespresse berichtete von Geschworenen, die nach gefälltem Schuldspruch noch im Gerichtssaal ungehindert „Nieder mit dem Faschismus" und „No pasarán" riefen; vgl. *Alejandre*, ebda., S. 243, m.w.N.

[728] *Alejandre*, ebda., S. 243 f.; *Ganzenmüller/Frigola/Escudero*, S. 63, *Varona Martínez*, S. 55.

[729] D. 56 v. 5.11.1936, BOE v. 05.11.1936.

[730] Siehe *Gleadow*, S. 160.

[731] *Gleadow*, S. 161, m.w.N.

[732] *Cano Bueso*, S. 7. 49 Richter und Staatsanwälte wurden exekutiert; siehe *Gleadow*, S. 161, m.w.N.

[733] *Cano Bueso*, S. 120.

[734] Vgl. *Gleadow*, S. 161, m.w.N.

[735] Vgl. *Gleadow*, S. 161, m.w.N.

Provinzhauptstädten bestand bei der Justiz hingegen ein höheres Maß an Bereitschaft, mit dem neuen Regime zu kollaborieren.[736]

Das Schwurgericht, das die Nationalisten als republikanische Institution verwarfen, wurde von der Junta noch vor der Einsetzung von General Franco zu ihrem Präsidenten[737] im September 1936[738] mit sofortiger Wirkung suspendiert[739]. Die Rechtsprechung in den nationalistisch kontrollierten Gebieten Spaniens wurde in der Folgezeit ausschließlich von mit militärangehörigen Laienrichtern und Mitgliedern des juristischen Dienstes der Streitkräfte, in welchen die Richterschaft eingegliedert worden war, besetzten Militärtribunalen ausgeübt.[740] Die von diesen ohne das Bestehen von Verfahrensrechten des Angeklagten verübte Willkürjustiz stand der Wirkungsweise der republikanischen Volksgerichte um nichts nach.[741]

### 3. Zusammenfassung

Das Schwurgericht in Strafsachen wurde zu Beginn der Zweiten Republik wieder eingeführt und verfassungsmäßig verankert. Die republikanischen Kräfte erblickten in ihm eine demokratische Institution, eine Verfahrensgarantie für den Angeklagten, eine staatsbürgerliche Schule und eine Bereicherung der Qualität der Rechtsprechung.

Seiner Zuständigkeit wurden zahlreiche, auch politische, Straftaten entzogen. Erstmalig konnten auch Frauen zum Geschworenendienst herangezogen werden. Geschworene wurden entschädigt. Das peremptorische Ablehnungsrecht der Parteien wurde begrenzt. Das richterliche Resümee der zu konzentrierenden Hauptverhandlung wurde abgeschafft.

Die Jury erklärte sich nur zur Tatfrage. Sie konnte im Falle der Verurteilung des Angeklagten ein Begnadigungsverfahren herbeiführen. In der Zeit von 1932 bis 1936 wurden nur wenige Geschworenenprozesse verhandelt. Die Jury spielte in der fachlichen und politischen Debatte der Zweiten Republik eine gänzlich untergeordnete Rolle.

---

[736] *Cano Bueso*, S. 116.
[737] Am 29. September 1936.
[738] D. 102, Boletin Oficial de la Junta de Defensa Nacional Española v. 12.9.1936.
[739] Str., ob dies formaljuristisch einer Abschaffung gleichkam; siehe *Gisbert Gisbert*, Notas, S. 37; *Fairén Guillén*, Participación, S. 200 f.
[740] *Alejandre*, Justicia popular, S. 241, *Gleadow*, S. 163 ff.
[741] Siehe *Alcalá-Zamora*, Estudios diversos, S. 75.

Während des Bürgerkrieges beseitigten beide Kriegsparteien die strafprozessualen Garantien der Verfassung von 1931 vollständig. Strafe und Verfahren waren nicht mehr vorhersehbar, Entscheidungen nicht revisibel. Dies galt auch für die politisch völlig instrumentalisierten republikanischen Volksgerichte. Während diese bis zum Kriegsende in unterschiedlicher Form und Besetzung agierten, wurde das Schwurgericht in den nationalistisch kontrollierten Gebieten beseitigt und durch Militärtribunale ersetzt, in denen militärangehörige Laien und Juristen Willkürjustiz verübten. Der Bürgerkrieg stellt in der Geschichte des spanischen Schwurgerichts ein in jeder Hinsicht dunkles Kapitel dar.

## V. Zusammenfassung des dritten Kapitels

Spaniens Rechtsgeschichte ist im 19. Jahrhundert von großer politischer Instabilität geprägt, die aus dem langen Ringen liberaler, absolutistischer und republikanischer Kräfte um politische Macht resultiert. Der ständige Systemwechsel hatte unmittelbare Folgen für die Entwicklung des Schwurgerichts. Während die liberalen Verfassungen von 1812, 1837 und 1869 es vorsahen, erwähnten die bourbonischen Verfassungen von 1834, 1845 und 1876 die Jury nicht.

Erstmals Einzug in die spanische Verfassungsdebatte hielt das Schwurgericht im Zuge der napoleonischen Besatzung. Die Forderung nach Schwurgerichten erwuchs auch in Spanien aus dem Bruch mit der despotischen Justiz des Absolutismus und dem Streben nach politischer Emanzipation des aufsteigenden Bürgertums. Die Jury wurde mit starken angloamerikanischen Einflüssen in Spanien 1820 zunächst für Pressestraftaten eingeführt. Weitere Versuche einer dauerhaften Implementierung wurden 1837, 1852 und 1864 unternommen. Charakteristisch für die Jury ist im Laufe der Zeit ein Bildungs- und ein zunehmend verschärfter Vermögenszensus.

Die Idee, dass nur der Vermögende gerecht zu richten imstande ist, äußert sich auch in der ersten spanischen Schrift über das Schwurgericht, die in der revolutionären Phase des liberalen Trienniums erschien. Ihr Autor Santiago Jonama sah in der Jury ein Bollwerk gegen die dem Absolutismus verhaftete Justiz und als Voraussetzung, den Strafprozess von inquisitorischen Elementen zu befreien. Die herausragenden liberalen Rechtsgelehrten Spaniens zur Mitte des 19. Jahrhunderts, Escriche und Pacheco, sprachen sich jedoch gegen das Schwurgericht aus, hauptsächlich aus juristischen Erwägungen und im Vertrauen in den Berufsjuristen. Erst mit Romero Girón trat in den sechziger Jahren des 19. Jahrhunderts eine klare politische Begründung der Schwurgerichtsidee unter Spaniens Rechtsgelehrten hervor, bei der die Jury als Ausdruck gesellschaftlicher Souveränität und der Angeklagte als ihr gegenübergestelltes Rechtssubjekt mit Verfahrensgarantien, unter ihnen die Jury, begriffen wurde. Die Jury als Kontrollinstanz für strafgesetzliche Bestimmtheit, wie Justus Möser sie in Deutschland forderte, trat im spanischen Schrifttum jener Zeit in den Hintergrund. Die der Jury von Hegel zugemessene Funktion einer Befriedung der Gerechtigkeit fand in Spanien kein Korrelat.[742]

In der Zeit der Ersten Republik wurde die Jury für kurze Zeit auch für alle schweren Straftaten nach dem französischen Modell mit einer gestärkten Verfahrensstellung der Berufsrichter eingeführt und erste handfeste Erfahrungen gesammelt. Der Durchbruch gelang den Befürwortern der Jury erst im Zuge der Einführung des reformierten Strafprozesses. Das Schwurgericht der LJ 1888 wurde zu einem festen Bestandteil des kontradiktorischen Strafprozesses Spaniens. Es zeigte sich jedoch schon bald, dass die Jury in ihrer Zusammensetzung und Entscheidung manipulierbar war, was durch die gemeindlichen Vorschlagslisten begünstigt wurde und durch den von der Jury zu beantwortenden Fragenkatalog nicht begrenzt werden konnte. In der spanischen Justiz lehnte man die Jury ab. Die Folgen des zu Beginn des 20. Jahrhunderts gewaltsam geführten politischen Kampfs um Arbeiterrechte und regionale Autonomie führten auch in der Politik zu einer allmählichen Abkehr vom Schwurgericht. Die Diktatur von Primo de Rivera beendete das bis heute längste Kapitel der spanischen Schwurgerichtsgeschichte.

Das Schwurgericht wurde in der Zweiten Republik zugleich als demokratische Institution, Verfahrensgarantie des Angeklagten, staatsbürgerliche Schule und qualitativer Beitrag zur Rechtsprechung verstanden. Die Jury der Republik verkam im Laufe des Bürgerkrieges jedoch zu einem politisch kontrollierten Instrument zur Beseitigung ihrer Gegner. Die Schreckensherrschaft der Volksgerichte erbrachte bis zum Kriegsende ein bislang unbekanntes Maß an Willkürjustiz. Das Schwurgericht wurde von den im Bürgerkrieg obsiegenden Nationalisten 1936 abgeschafft.

[742] Zur späten Rezeption Hegels in Spanien: *Lacasta Zabalza*, Hegel en España, Madrid 1984.

Viertes Kapitel

# Laienbeteiligung an der Strafjustiz nach der Spanischen Verfassung von 1978

Im Folgenden ist auf die Entwicklung des Schwurgerichts im demokratischen Spanien nach 1978 einzugehen. Dem vorangestellt sollen die Ausgangssituation der Militärdiktatur General Francos (**I.**) und die demokratische Wendezeit (**II.**) kurz skizziert werden. Sodann wird auf die Verfassung von 1978 einzugehen sein, die einen Neubeginn für die spanische Schwurgerichtsdebatte markierte (**III.**).

## I. Die Militärdiktatur General Francos als Ausgangssituation

Die von General Franco präsidierte Militärjunta ergriff in den auf das Ende des Bürgerkrieges folgenden Jahren besonders harte Maßnahmen, um die politische Opposition vollständig zu beseitigen. Die Maßnahmen reichten von der vollständigen Enteignung bis zur Anwendung der Todesstrafe. Militärische Sondergerichte wurden eingesetzt, deren Mitglieder anfangs Franco unmittelbar ernannte.[743]

Die militärische Niederlage der Franco nahe stehenden Achsenmächte im Zweiten Weltkrieg löste nur scheinbar eine Besserung der politischen Bedingungen aus. Noch im Jahr 1959 waren in Spaniens Gefängnissen etwa achttausend politische Gefangene inhaftiert.[744] Die Exekutive übte eine umfassende sachliche und persönliche Kontrolle über die Justiz aus durch die ministeriale Ernennung der Richter, eine dominante und Franco unterworfene Militärgerichtsbarkeit sowie eine zentralisierte, politisch selektive und uniforme Ausbildung von Richtern und Staatsanwälten in der als *Escuela Judicial* bezeichneten juristischen Akademie Francos.[745]

Gegen Mitte der sechziger Jahre versuchten Angehörige der spanischen Justiz, deren monolithischen Charakter aufzubrechen und sie einem sozialen Reformprozess zu öffnen. In einzelnen Städten geschah dies durch den geheimen Zusammenschluss von Richtern, Staatsanwälten, anderen Justizangehörigen und Rechtsanwälten unter dem Gruppennamen *Justicia Democrática*.[746] Bis zum Tod

[743] Siehe *Gleadow*, S. 182.
[744] *Cano Bueso*, S. 92 f.
[745] *Díez-Picazo*, Poder de acusar, S. 150; *Gleadow*, S. 184 f.
[746] Zur politischen Opposition siehe *Gleadow*, S. 190 ff., m.w.N.

Francos im Herbst 1975 blieben diese Bestrebungen ohne Erfolg. Das Franco-Regime verhinderte mit allen Mitteln eines diktatorischen Machtapparates jede Reformbestrebung, mithin auch eine von demokratischen und rechtsstaatlichen Ideen getragene Weiterentwicklung des Strafverfahrens mit einem Mindeststandard an Verfahrensgarantien.[747] Noch im Jahr 1970 war es der spanischen Polizei möglich, Personen für unbestimmte Zeit zu verhaften, ohne sie einem Richter vorzuführen.[748] Im September 1975, zwei Monate vor Francos Tod, wurden fünf überwiegend in Schnellverfahren verhängte Todesurteile gegen spanische Staatsbürger vollstreckt, die auf ein rückwirkend angewendetes Antiterrordekret Francos gestützt wurden.[749]

Die spanische Justiz ist im gesamten Zeitraum der Diktatur Francos willkürlich, parteiisch und alles andere als unabhängig.[750] Das Schwurgerichtsverfahren bleibt in Spanien in der rund vierzig Jahre währenden Diktatur gänzlich abgeschafft.

## II. Die Demokratische Wende (1975 – 1978)

Nach Francos Tod setzte in Spanien ein als *transición democrática* bezeichneter Demokratisierungsprozess ein. Der konservative Politiker Adolfo Suárez wurde von König Juan Carlos zum Regierungschef ernannt. Ein politisches Reformgesetz vom Januar 1977 ebnete den Weg für freie, direkte und allgemeine Wahlen, die im Juni 1977 stattfanden. Die Wahlprogramme der einflussreichsten politischen Kräfte[751] griffen die Bürgerbeteiligung an der Rechtsprechung ganz überwiegend nicht auf.[752] Die aus der Wahl hervorgegangene, in zwei Kammern - Kongress und Senat - gefasste gesetzgebende Versammlung (*Cortes Generales*) sollte eine neue spanische Verfassung ausarbeiten.[753] Anfang August 1977 nahmen die *Cortes Generales* ihre Arbeit auf. Keine der dort vertretenen Parteien führte hierzu einen eigenen, bereits vorbereiteten Verfassungstext ein, was zu zahlreichen Modifikationen von Entwurfsartikeln und zu einer grenzenlos anmu-

---

747 *Volkmann-Schluck*, S. 33 f., m.w.N., hält Spanien im Jahr 1970 für politisch rückständiger als noch im letzten Viertel des 19. Jahrhunderts.

748 *Gleadow*, S. 193 f., m.w.N. zur sog. Anti-Terrorismusgesetzgebung des Franco-Regimes.

749 *Gleadow*, S. 194, m.w.N.

750 So *Gleadow*, S. 194 f.: Richter und Staatsanwälte seien dem politischem Druck ebenso wenig gewachsen gewesen wie Geschworene vor der Machtergreifung Francos.

751 *Unión de Centro Democrático* des Regierungschefs Súarez, die rechtskonservative *Alianza Popular* und die linksgerichteten *PSOE* und *PCE*; vgl. *Martin Ostos*, in: Jornadas Extremadura, S. 106.

752 Einzig die Kommunisten forderten Schwurgerichte; vgl. *Martin Ostos*, ebd., S. 106.

753 *Vilata Menades*, S. 89.

tenden Anzahl von Änderungsanträgen führte.[754] Der Verfassungsentwurf erhielt Ende Oktober 1978 die Zustimmung der parlamentarisch vertretenen Parteien.[755] Anfang Dezember 1978 wurde er einem Referendum unterworfen. Eine absolute Mehrheit von 59 Prozent der wahlberechtigten Bürger stimmte dem Verfassungsentwurf zu.[756] Der verfassunggebende Prozess gilt als einer der längsten und komplexesten in der Geschichte Spaniens.[757] Die am 27.12.1978 verkündete Verfassung ist am 29.12.1978 in Kraft getreten.

## III. Die Spanische Verfassung von 1978

### 1. Grundzüge der Verfassung

Die Spanische Verfassung von 1978 gliedert sich in zehn Titel mit insgesamt 169 Artikeln und in diverse Zusatz-, Übergangs-, Aufhebungs- und Schlussbestimmungen.

#### a) Verfassungsprinzipien

Art. 1 Abs. 1 CE kennzeichnet Spanien als sozialen und demokratischen Rechtsstaat, der Freiheit, Gerechtigkeit, Gleichheit und den politischen Pluralismus als der Rechtsordnung übergeordnete Werte anerkennt. Die nationale Souveränität gründet im spanischen Volk, von dem gemäß Art. 1 Abs. 2 CE alle staatlichen Gewalten ausgehen. Das von der Verfassung geschaffene politische System wird in der spanischen Rechtswissenschaft als formelle und tatsächliche Demokratie bezeichnet.[758] Staatsoberhaupt Spaniens ist - in Erbfolge - der König, dessen Kompetenzen gemäß Art. 62 CE neben repräsentativen Aufgaben auch staatspolitische Rechte beinhalten.[759] Art. 1 Abs. 3 CE bezeichnet die politische Form des spanischen Staates daher auch als parlamentarische Monarchie.

#### b) Grundrechte

Die Verfassung enthält einen breit gefächerten Grundrechtskatalog, der hauptsächlich in ihrem zweiten Kapitel (Art. 14-38 CE) angelegt ist, wo in zwei Ab-

---

[754] *Davo Escriva*, S. 84.

[755] Die führenden politischen Kräfte gelangten zu einem Verfassungskompromiss, der die Akzeptanz einer Mehrdeutigkeit von Verfassungsprinzipien beinhaltete. Die baskischen Nationalisten enthielten sich der Stimme; siehe hierzu *López Pina*, in: Spanisches Verfassungsrecht, S. 22 ff., S. 30; *Morodo*, in: Spanisches Verfassungsrecht, S. 48.

[756] Siehe *Adomeit/Frühbeck*, S. 12, auch zur niedrigen Wahlbeteiligung im Baskenland.

[757] *Davo Escriva*, S. 84; *López Pina*, in: Spanisches Verfassungsrecht, S. 48.

[758] Statt vieler: *Gómez Colomer*, Rev. int. dr. penal 72, S. 286; *ders.*, ZStW 110, S. 531.

[759] Gemäß Art. 62 lit. h) übt der König auch den Oberbefehl über die Streitkräfte aus.

schnitten zwischen Menschen- und Bürgerrechten unterschieden wird. Anders als das deutsche Grundgesetz sieht die spanische Verfassung auch Grundpflichten in diesen allgemeinen Grundsätzen explizit vor.[760] Die Grundrechte binden alle staatlichen Gewalten (Art. 53 Abs. 1 Satz 1 CE).

Art. 23 Abs. 1 CE sieht vor, dass alle Bürger das Recht zur Teilhabe an den öffentlichen Aufgaben haben, direkt oder über Repräsentanten, die in periodischen und allgemeinen Wahlen frei gewählt werden. Art. 23 Abs. 2 CE bestimmt - als besondere Ausprägung des Gleichheitsgrundsatzes (Art. 14 CE) - ferner, dass alle Bürger grundsätzlich gleichen Zugang zu öffentlichen Funktionen und Ämtern haben. Es ist gemäß Art. 9 Abs. 2 CE Aufgabe aller Staatsgewalten, die Beteiligung aller Bürger am politischen, wirtschaftlichen, kulturellen und gesellschaftlichen Leben zu ermöglichen.

Für grundrechtsrelevante Gesetzesvorhaben ist das besondere Gesetzgebungsverfahren der *Ley Orgánica* vorgesehen (Art. 81 Abs. 1 CE). Die Verabschiedung, Änderung oder Aufhebung eines solchen Organgesetzes bedarf einer absoluten Mehrheit der im Kongress vertretenen Stimmen (Art. 81 Abs. 2 CE).[761]

#### c) Justizgewalt

Die territoriale Kompetenzordnung Spaniens (Art. 137 ff. CE) sieht bestimmte Autonomierechte für Gemeinden, Provinzen und autonome Gebietskörperschaften (*comunidades autónomas*) vor. Dem Nationalstaat bleiben allerdings eine Reihe von ausschließlichen Kompetenzen vorbehalten, zu denen gemäß Art. 149 Nr. 5 CE auch die Rechtspflege zählt.

Die Justiz ist als echte Staatsgewalt ausgestaltet (6. Titel, Art. 117-127 CE). Ihre verfassungsmäßigen Leitprinzipien sind demokratische Legitimation, Unabhängigkeit, Exklusivität und Einheit.[762] Der von der Verfassung gewählte, traditionelle Ausdruck *Poder Judicial* bezeichnet neben der richterlichen Gewalt aber auch die Gesamtheit des Richterstandes.[763] Gemäß Art. 117 Abs. 1 CE geht die

---

[760] Dies gilt u.a. für die Landesverteidigung (Art. 30 CE) und für das gleichermaßen als Pflicht festgeschriebene Recht auf Arbeit (Art. 35 Abs. 1 CE). Zu weiteren Grundpflichten der CE 1978 siehe *Adomeit/Frühbeck*, S. 26; *Sommermann*, S. 203 ff.

[761] Art. 90 Abs. 2 CE gewährt dem Senat bei allen Gesetzgebungsverfahren ein Vetorecht (absolute Mehrheit) und ein Abänderungsrecht (einfache Mehrheit). Um den ursprünglichen Gesetzestext dem König zur Bestätigung und Verkündung vorzulegen, muss der Kongress das Veto des Senats grundsätzlich mit absoluter Mehrheit, Abänderungen des Gesetzestextes mit einfacher Mehrheit zurückweisen.

[762] *Andrés Ibañez*, in: Spanisches Verfassungsrecht, S. 442 ff.

[763] *Adomeit/Frühbeck*, S. 37.

Justiz vom Volke aus[764] und wird im Namen des Königs durch der Justizgewalt angehörige Richter und gesetzlich bestimmte Gerichte ausgeübt. Art. 117 CE erklärt auch die Einheit der Rechtsprechung zum Grundprinzip der Gerichtsverfassung Spaniens.

Die Richter sind unabhängig, unabsetzbar, nur dem Gesetz unterworfen und nur nach diesem verantwortlich.[765] Art. 122 Abs. 2 und 3 CE sieht die Einrichtung eines Allgemeinen Rechtsprechungsrates (*Consejo General del Poder Judicial*) vor, der nach französischem und italienischem Vorbild für die Selbstverwaltung der Justiz als eine Art „Regierungsorgan" der Judikative für Fragen der Richterernennung, der Beförderung und des Disziplinarrechts zuständig ist.[766]

Auch die Staatsanwaltschaft und die im Auftrag der Justiz tätige Polizei[767] finden eine institutionelle Regelung. Aufgabe der Staatsanwaltschaft ist es gemäß Art. 124 Abs. 1 CE, sowohl die Handlungen der Justiz zum Schutze der Gesetzlichkeit, der Rechte der Bürger und des vom Gesetz geschützten Allgemeinwohls von Amts wegen oder auf Antrag der betroffenen Person zu fördern als auch über die Unabhängigkeit der Gerichte zu wachen und vor diesen für die Befriedigung des Allgemeinwohls zu sorgen. Die Staatsanwaltschaft erfüllt ihre Aufgaben nach den Prinzipien der Handlungseinheit und der hierarchischen Abhängigkeit, wobei sie den Prinzipien der Legalität und der Unparteilichkeit unterworfen ist (Art. 124 Abs. 2 CE). Der Generalstaatsanwalt wird gemäß Art. 124 Abs. 3 CE auf Vorschlag der Regierung vom König ernannt.[768] Die Staatsanwaltschaft wird daher entgegen ihrer verfassungssystematischen Stellung bei der Exekutive angesiedelt.[769]

---

[764] Eine Formel, die in der Verfassungsgeschichte Spaniens ohne Vorläufer ist; vgl. *Andrés Ibañez*, in: Spanisches Verfassungsrecht, S. 442, m.w.N.

[765] Ein Hauptanliegen der Verfassung ist es, die sachliche und persönliche Unabhängigkeit der Richter zu garantieren und zu wahren; vgl. *Adomeit/Frühbeck*, S. 37. Aktive spanische Berufsrichter und Staatsanwälte dürfen daher weder einer politischen Partei noch einer Gewerkschaft angehören (Art. 127 Abs. 1 CE 1978), wohl aber ihren einflussreichen Berufsorganisationen; siehe *Andrés Ibáñez*, in: Spanisches Verfassungsrecht, S. 450 f.

[766] *Adomeit/Frühbeck*, S. 38; *Sommermann*, S. 100, m.w.N.

[767] Art. 126 CE bestimmt, dass die „Gerichtspolizei" als Hilfsorgan sowohl der Gerichte als auch der Staatsanwaltschaft tätig ist. Sie ist organisch dem Innenministerium unterstellt. Institutionell gibt es keine Gerichtspolizei. Ihre Aufgaben werden von der nationalen, autonomen und lokalen Polizei ausgeführt; siehe hierzu *Gómez Colomer*, ZStW 112, S. 139 [dort Fn. 14].

[768] Dem *CGPJ* räumt Art. 124 Abs. 3 CE nur ein Anhörungsrecht ein.

[769] *Andrés Ibañez*, in: Spanisches Verfassungsrecht, S. 453; *Gómez Colomer*, ZStW 112, S. 136; vgl. auch *Díez-Picazo*, Poder de acusar, S. 159 ff. zur institutionellen und politischen Abhängigkeit.

### d) Verfassungsänderung

Auf verfassungsrechtlicher Ebene sind für die Laiengerichtsbarkeit schließlich die Anforderungen an eine Verfassungsänderung von Bedeutung, die im zehnten Titel der Verfassung (Art. 166-169 CE) geregelt werden.

Grundsätzlich muss ein verfassungsändernder Gesetzentwurf gemäß Art. 167 CE die Zustimmung einer Mehrheit von drei Fünfteln der Stimmen sowohl im Kongress als auch im Senat erhalten.[770] Gemäß Art. 168 CE ist bei einer Gesamtrevision sowie bei einer Änderung von näher bestimmten Verfassungsartikeln[771] eine Zweidrittelmehrheit in jeder Kammer sowie die daran anschließende, sofortige Auflösung der *Cortes* erforderlich. Die neu gewählten Kammern müssen den Beschluss mit einer Zweidrittelmehrheit bestätigen. Daran schließt sich zwingend ein Volksentscheid über die Verfassungsänderung an.[772] Eine der Ewigkeitsgarantie des Art. 79 Abs. 3 GG entsprechende Grenze für Verfassungsänderungen kennt die spanische Verfassung nicht.[773]

## 2. Verfassungsrechtliche Garantien für das Strafverfahren

Die spanische Verfassung enthält eine ganze Reihe strafprozessualer Rechte und Garantien, die weit über den im deutschen Grundgesetz explizit gewährleisteten Schutz hinausgehen.[774]

Gemäß Art. 24 Abs. 1 CE genießen alle Personen effektiven Rechtsschutz. Art. 24 Abs. 2 CE schreibt das Recht auf den gesetzlichen Richter fest. Daneben garantiert Art. 24 Abs. 2 CE einen umfassenden Grundrechtsschutz im Strafverfahren, indem die Rechte auf Verteidigung und freie Wahl des anwaltlichen Beistands, auf Mitteilung des Tatvorwurfs, auf einen öffentlichen Prozess ohne unangemessene Verzögerungen, auf den Gebrauch der zur Verteidigung sachdienlichen Beweismittel sowie die Unschuldsvermutung, der Grundsatz *nemo tene-*

---

[770] Ist dies in einer der beiden Kammern nicht der Fall, wird ein Vermittlungsausschuss gebildet, der den Kammern einen Text zur erneuten Abstimmung vorlegen muss. Kommt die qualifizierte Mehrheit wiederum nicht zustande, reicht eine Kongressmehrheit von zwei Dritteln, wenn der Senat mit absoluter Mehrheit zugestimmt hat. Bei einer Verabschiedung durch die Kammern wird die Verfassungsänderung einer Volksabstimmung zugeleitet, wenn ein Zehntel der Mitglieder einer der Kammern binnen fünfzehn Tagen nach der Zustimmung der Kammern zur Verfassungsänderung dies beantragt. Zu den Einzelheiten *Pérez Royo*, in: Alzaga Villaamil, Bd. XII, S. 355 ff.

[771] Die des Vortitels (Art. 1-9 CE), der Menschenrechte (Art. 15-29 CE) und der Krone (Art. 56-65 CE); krit. hierzu *Pérez Royo*, ebda., S. 394 ff.

[772] Zu den Einzelheiten: *Pérez Royo*, ebda., S. 385 ff.

[773] Vgl. *Adomeit/Frühbeck*, S. 40, m.w.N.; *Sommermann*, S. 107, m.w.N.

[774] *Vossler*, S. 58.

*tur* und ein gesetzlich auszugestaltendes Zeugnisverweigerungsrecht verfassungsmäßig festgeschrieben sind.

Art. 17 CE enthält eine *habeas-corpus*-Garantie, Gewährleistungen der Verteidigungsrechte des Festgenommenen sowie den gesetzgeberischen Auftrag, die Höchstdauer der Untersuchungshaft gesetzlich festzulegen und ein spezielles Verfahren zur gerichtlichen Überwachung der *habeas-corpus*-Garantie einzuführen.

Art. 25 Abs. 1 CE normiert den Grundsatz *nullum crimen, nulla poena sine praevia lege*, der das strafrechtliche Bestimmtheits- und Legalitätsprinzip, das Analogieverbot, Rückwirkungsverbot und den Grundsatz *non bis in idem* einschließt.[775]

Art. 120 CE schreibt die Prinzipien der Öffentlichkeit und der Mündlichkeit des Strafprozesses fest und bestimmt ferner, dass die Urteile immer begründet und in öffentlicher Sitzung verkündet werden müssen.

Gemäß Art. 10 Abs. 2 CE sind die von der Verfassung anerkannten Grundrechte und Grundfreiheiten in Übereinstimmung mit der Allgemeinen Erklärung der Menschenrechte sowie den von Spanien ratifizierten internationalen Abkommen und Verträgen zu interpretieren. Zu diesen Rechtsquellen zählen die Menschenrechtserklärung der Vereinten Nationen, der Internationale Pakt über bürgerliche und politische Rechte sowie die Europäische Menschenrechtskonvention, die im Rang über dem einfachen Gesetz steht.[776]

Das spanische Verfassungsgericht – das im siebten Titel der Verfassung (Art. 159-165 CE) vorgesehene *Tribunal Constitucional*[777] – hat die Reichweite der in der spanischen Verfassung konsekrierten strafprozessualen Verfahrensprinzipien in seiner Rechtsprechung inhaltlich konkretisiert und fortgebildet[778], wodurch auch die Bedeutung des Schwurgerichts im Gesamtgefüge des spanischen Strafverfahrens nach der Verfassung von 1978 einer neuen Bewertung zu unterziehen war. Die Umsetzung der verfassungsrechtlichen Vorgaben hat eine Entwicklung des spanischen Strafverfahrensrechts hin zu einem die Rechte des Beschuldigten respektierenden, modernen Akkusationsverfahren eingeleitet. Das *Tribunal Constitucional* hat zu diesem Erneuerungsprozess einen entscheidenden Beitrag

---

[775] Vgl. *Sommermann*, S. 166.

[776] Siehe *Vilata Menades*, S. 132 f.; *Gómez Colomer*, ZStW 112, S. 148.

[777] Siehe *García Pelayo*, in: Spanisches Verfassungsrecht, S. 475 ff., m.w.N., zu Status und Funktionen des *TC* mit Vergleichen zum *BVerfG*; siehe auch *Grau*, S. 19 ff.

[778] Umfassende Nachweise bei *Cardona Mínguez*, S. 199 ff.; *Vilata Menades*, S. 131 ff.; *Vossler*, S. 59 f., *Sommermann*, S. 163 ff.; zivilprozessual siehe *Knothe*, S. 66 ff.

geleistet. Durch seine konsequente Rechtsprechung hat es häufig gesetzgeberische und gerichtliche Entscheidungen korrigiert und so den an dem überkommenen, vorkonstitutionellen Strafprozess festhaltenden Kräften entgegengewirkt. Schwerpunkte sind zum einen die Stärkung der Verteidigungsrechte im Vorverfahren gewesen, zum anderen die Wiederbelebung der kontradiktorischen Hauptverhandlung, der das Verfassungsgericht besondere Aufmerksamkeit gewidmet hat.[779]

Bereits im Jahre 1978 ist das bis dahin im Rahmen der gerichtlichen Voruntersuchung gegenüber dem Beschuldigten geltende Ermittlungsgeheimnis beseitigt und die Parteiöffentlichkeit des Verfahrens grundsätzlich garantiert worden. Dem Beschuldigten wurde ein die Ermittlungsmaßnahmen betreffendes Informationsrecht sowie die Möglichkeit, diese gerichtlich überprüfen zu lassen, eingeräumt. Allerdings besteht die Möglichkeit zur Geheimhaltung im beschränkten Umfang fort (Art. 301, 302 LECrim).[780] Das Recht des Beschuldigten, einen Verteidiger zu bestellen, ist von der Mitteilung des Schuldvorwurfs an gewährleistet (Art. 118 Abs. 1, 384 Abs. 2 LECrim).[781] Gemäß Art. 520 Abs. 2 LECrim sind polizeiliche Verhöre grundsätzlich nur in Gegenwart eines Verteidigers durchzuführen, der erforderlichenfalls von Amts wegen zu bestellen ist. Seit 1984 sind die Beschuldigtenrechte im Ermittlungsverfahren, vor allem im Fall der vorläufigen Festnahme oder Verhaftung, weiter ausgebaut worden, was zu einem teilweise erheblich über dem deutschen Strafverfahren liegenden Standard geführt hat.[782]

Für die Durchführung des Vorverfahrens, insbesondere für die polizeiliche Ermittlungspraxis, kommt, neben diesen Gesetzesänderungen, der Rechtsprechung des *Tribunal Constitucional* zu den Verwertungsverboten eine entscheidende Bedeutung zu. In einer Grundsatzentscheidung aus dem Jahr 1984 stellte das Gericht fest, dass durch die Verwertung rechtswidrig erlangter Beweismittel das in Art. 24 Abs. 2 CE garantierte Grundrecht auf einen „Prozess mit allen Garantien“ berührt werde. Dies gebiete eine Abwägung zwischen dem öffentlichen Interesse an der Wahrheitsfindung und den subjektiven Interessen des Beschuldigten, denen ausnahmslos der Vorrang einzuräumen sei, soweit sie grundrechtlich geschützt seien. In diesen Fällen folge grundsätzlich ein prozessuales Be-

---

[779] *Vossler*, S. 59.
[780] *Gómez Colomer*, ZStW 97, S. 639.
[781] Siehe *Vossler*, S, 59, auch zur früheren Rechtslage, nach welcher der Beschuldigte erst nach Erlass eines förmlichen Eröffnungsbeschlusses über das gerichtliche Untersuchungsverfahren (*auto de procesamiento*) einen Verteidiger bestellen durfte.
[782] *Gómez Colomer*, ZStW 97, S. 645 f.; *ders.*, ZStW 112, S. 148 zu einzelnen Rechten des Beschuldigten; zu den Umgehungsverboten siehe *Vossler*, S. 60, m.w.N.

weisverwertungsverbot.[783] Diese gefestigte Rechtsprechung ist in Art. 11 Abs. 1 des neuen Gerichtsverfassungsgesetzes[784] anerkannt worden.[785]

Auch für die Wiederbelebung der kontradiktorischen Hauptverhandlung gingen entscheidende Impulse von der Rechtsprechung des *Tribunal Constitucional* aus. Bereits im Jahr 1981 hat das Verfassungsgericht die bis dahin von Strafgerichten praktizierte Restitution der Beweisaufnahme durch die Verwertung von in polizeilichen Vernehmungsprotokollen festgehaltenen Geständnissen für verfassungswidrig erklärt.[786] Das Unmittelbarkeitsgebot wurde in zahlreichen weiteren Entscheidungen inhaltlich kontinuierlich fortentwickelt und präzisiert.[787]

Die Bedeutung der kontradiktorischen Hauptverhandlung wurde auch auf dem Gebiet der Gerichtsverfassung gefestigt. Das *Tribunal Constitucional* erklärte 1988 das bis dahin für die Aburteilung minderschwerer Delikte vorgesehene Schnellverfahren mit dem aus Art. 24 Abs. 2 CE abgeleiteten Recht auf einen unparteiischen Richter für unvereinbar, da in diesen Verfahren keine personelle Trennung des untersuchenden und des erkennenden Richters bestand.[788] Diese Entscheidung hatte die Einführung eines neuen so genannten abgekürzten Verfahrens[789] zur Folge, das eine strikte Trennung von untersuchungs- und spruchrichterlichen Funktionen vorsieht.[790] Hierdurch wurde die bis dahin immanente Gefahr einer weitgehenden Vorverlagerung des Ausgangs der Hauptverhandlung in das Ermittlungsverfahren wesentlich vermindert und die Beseitigung inquisitorischer Elemente aus dem spanischen Strafverfahrensrecht auch auf dem Gebiet der Gerichtsverfassung vorangetrieben.[791] Die Reform hat aber nicht zu einer grundsätzlichen Kompetenzverlagerung von dem das spanische Ermittlungsverfahren nach wie vor dominierenden Untersuchungsrichter hin zu einem staatlichen Amtsermittlungsgrundsatz der Staatsanwaltschaft geführt.[792] Bedeutende Änderungen für den Bereich des abgekürzten Verfahrens hat ein im April

---

[783] STC v. 29.11.1984, BJC 44 (1984), S. 1446.
[784] *LO 6/1985 del Poder Judicial* v. 1.7.1985, BOE Nr. 157 v. 2.7.1985, Nr. 264 v. 4.11.1985.
[785] Vgl. *Vossler*, S. 61, m.w.N.
[786] STC v. 28.7.1981, BJC 6 (1981), 439; zur vorherigen Praxis: *Volkmann-Schluck*, S. 104.
[787] Zu den Zusammenhängen von Unschuldsvermutung, Mündlichkeit, Unmittelbarkeit und Konzentration: *Montero Aroca*, in: ders. u.a., Derecho Jurisdiccional Bd. III, S. 36 f, m.w.N.
[788] STC v. 12.7.1988, BJC 88-89 (1988), 1168, 1175 f.
[789] *Procedimiento abreviado* (Art. 757 ff. LECrim n.F.), das gemäß Art. 757 LECrim im Wesentlichen auf Straftatbestände mit einem Strafmaß von bis zu neun Jahren Anwendung findet.
[790] Vgl. *Buhlmann*, S. 27 ff.
[791] Vgl. *Vossler*, S. 62, m.w.N.
[792] Die h. Lit. fordert, dem Untersuchungsrichter Ermittlungsfunktionen zu entziehen. Zum Meinungsstreit: *Gómez Colomer*, ZStW 112, S. 140 ff., m.w.N.

2003 in Kraft getretenes Reformgesetz zur LECrim erbracht[793], durch welches auch ein so genanntes Schnellverfahren für minderschwere Delikte[794] landesweit eingeführt wurde.

### 3. Bürgerbeteiligung an der Strafrechtsprechung

Die Bürgerbeteiligung an der Strafjustiz greift Art. 125 CE innerhalb der Organisationsnormen[795] der Verfassung zur rechtsprechende Gewalt wie folgt auf:

> „Die Bürger können die Popularanklage[796] erheben und an der Rechtsprechung durch die Institution des *Jurado* in der Form und an den Strafprozessen, die das Gesetz bestimmt, sowie an den gewohnheitsrechtlichen und traditionellen Gerichten[797] partizipieren.“

Inhalt und Reichweite der verfassungsrechtlichen Vorgaben für die Laienbeteiligung an der Rechtsprechung sind bis in die heutige Zeit sehr umstritten. Die Verfassung von 1978 wirkt mit ihrem umfassenden Grundrechtsstandard und ihren Verfahrensmaximen, wie bereits dargestellt, anerkanntermaßen weit in den spanischen Strafprozess hinein. Die heutige Auseinandersetzung unterscheidet sich, wie im Folgenden darzustellen ist, daher signifikant von früheren Debatten über das Schwurgericht. Die Voraussetzungen für die Laienbeteiligung, von denen im heutigen Spanien ausgegangen wird, sind völlig andere. Die Frage der Laienbeteiligung wird heute stets im Lichte des geltenden Verfassungsrechts und auf der Grundlage des modernen Rechtsstaats beantwortet.[798] Die Laienbeteiligung an der Rechtsprechung wird in der spanischen Wissenschaft daher heute grundsätzlich nicht mehr in Frage gestellt, sondern die Debatte konzentriert sich auf drei zentrale Fragen, auf die im Folgenden eingegangen wird.

Umstritten ist zunächst, ob die Spanische Verfassung die Mitwirkung des Bürgers an der Rechtsprechung zu einem subjektiven Recht und/oder zu einer Pflicht des Einzelnen deklariert (**a**).

---

[793] *Ley 38/2002 de reforma parcial de la Ley de Enjuiciamiento Criminal* v. 24.10.2002, BOE v. 28.10.2002, 23.11.2002. Von der Reform erfasste Art. der LECrim werden im Text mit dem Zusatz „n.F.“ gekennzeichnet.

[794] Mit bis zu fünf Jahren Freiheitsstrafe bedrohte, gesetzlich näher bestimmte Gewalt-, Eigentums, Freiheits- und Verkehrs- und andere Delikte, wenn der Täter auf frischer Tat ertappt wurde oder bei Straftaten, „deren Aufklärung als einfach erscheint“ (Art. 795 Abs. 1, Nr. 1-3 LECrim); krit. *Marco Cos*, AJA 559/2002.

[795] Zur Bezeichnung *normas orgánicas* siehe *Varela Castro*, in: CGPJ 1995, S. 55.

[796] Zur Abgrenzung von Popular- und Partikularanklage im spanischen Strafprozess siehe *Pérez Gil*, in: Juicio por jurados, S. 401 f., m.w.N.

[797] Zu diesen siehe *Quintero Olivares*, S. 204.

[798] Vgl. *Gómez Colomer*, ZStW 110, S. 531.

Zweitens ist fraglich, ob sie das Recht des Angeklagten auf einen Geschworenenprozess und/oder auf Wahl zwischen einem auch mit Laien und einem lediglich mit Berufsrichtern besetzten Spruchkörper vorsieht (**b**).

Besonderes Augenmerk gilt schließlich der Frage, ob Art. 125 CE dem Gesetzgeber auch erlaubt, die Mitwirkung der Bürger an der Rechtsprechung mit der Einrichtung eines Schöffengerichts anstelle des Schwurgerichts zu gewährleisten (**c**).

**a) Recht und/oder Pflicht des Bürgers?**

Einerseits wird diese Form der Mitwirkung der Bürger an der Rechtsprechung im Anschluss an den von Jellinek[799] beschriebenen Begriff des *status activae civitatis* als ein Grundrecht verstanden.[800] Die Verfassung räumt dem spanischen Staatsbürger nach dieser Ansicht ein subjektives Recht ein, an der Rechtsprechung als Laienrichter mitzuwirken, wobei dieses als ein Teilhaberecht zu verstehen ist.[801] Dies wird einerseits mit dem Wortlaut des Art. 125 CE[802], andererseits im Wege der systematischen Auslegung mit Art. 23 CE begründet, da Art. 125 CE eine Fortschreibung des dort festgeschriebenen Rechts auf Mitwirkung an öffentlichen Aufgaben und des gleichen Zugangs zu öffentlichen Funktionen und Ämtern darstelle.[803] Von dieser Meinung wird die Beteiligung an der Rechtsprechung jedoch nicht nur als ein Grundrecht, sondern gleichzeitig als eine verfassungsmäßige Rechtspflicht verstanden, die als *derecho-deber* oder *facultad-obligación* bezeichnet wird.[804] Begründet wird dies einerseits mit Art. 118 CE, der die Pflicht des einzelnen begründet, die von den Gerichten im Prozess oder bei der Vollstreckung geforderte Mitarbeit zu leisten. Andererseits definiere die Verfassung an verschiedenen Stellen Grundrechte zugleich als Grundpflichten. Der Verfassungsgeber habe solches für die Beteiligung an der Rechtspflege nicht ausdrücklich bestimmt, da deren verpflichtender Charakter aufgrund der Natur der Sache, ihres historischen Gewichts sowie aus rechtsvergleichenden Gründen offenkundig gewesen sei.[805]

Eine in der Literatur stark vertretene Meinung tritt dem entgegen. Die Verfassung sehe ein subjektives Recht des Bürgers auf Mitwirkung an der Rechtspre-

---

[799] *Jellinek*, System, S. 136 ff.

[800] *Ganzenmüller/Frigola/Escudero*, S. 68; *Gisbert Gisbert*, Futuro Tribunal, S. 94; *Gimeno Sendra*, Constitución y proceso, S. 16; *Pérez-Cruz Martín*, in: Comentarios sistemáticos, S. 15, 17.

[801] *Gisbert Gisbert*, Futuro Tribunal, S. 94.

[802] So *Ganzenmüller/Frigola/Escudero*, S. 68.

[803] So *Gisbert Gisbert*, Futuro Tribunal, S. 93 ff.

[804] *Gimeno Sendra*, Constitución y proceso, S. 17, 25.

[805] *Gisbert Gisbert*, Futuro Tribunal, S. 102.

chung weder ausdrücklich noch stillschweigend vor. In systematischer Hinsicht könne ein solches Grundrecht auch nicht auf Art. 23 CE gestützt werden. Art. 23 Abs. 1 CE meine allein die politische Mitwirkung der Bürger an den öffentlichen Aufgaben durch direkte Demokratie oder Wahlen.[806] Art. 23 Abs. 2 CE, der den gleichen Zugang zu öffentlichen Aufgaben und Ämtern garantiert, beziehe sich auf Beamte und nicht auf repräsentative Ämter.[807] Zutreffend wird eingewandt, dass auch Jellinek, auf den sich die Gegenmeinung beruft, das Geschworenenamt von dem von ihm beschriebenen *status activae civitatis* ausdrücklich ausnimmt, indem er in ihm eine auf dem Individuum ruhende, in einem speziellen Gewaltverhältnis des Staates begründete Pflicht sieht, als Staatsorgan tätig zu werden.[808] Dieser aktive Status unterscheidet sich nach Jellinek „vom *status civitatis* erheblich dadurch, dass nicht Ansprüche an den Staat seinen unmittelbaren Inhalt bilden, sondern dass der einzelne mögliches Objekt einer staatlichen Aktion ist, wodurch er der staatlichen Organisation als Glied eingefügt wird“[809].

Allein Art. 125 CE enthalte daher den verfassungsrechtlichen Rahmen der Bürgerbeteiligung an der Rechtsprechung.[810] Die Verfassung greife diese innerhalb der die Justiz betreffenden Organisationsnormen auf und nicht etwa im Grundrechtskatalog. Hiermit sei zum Ausdruck gebracht, dass es sich hierbei nicht um ein der Verfassungsbeschwerde zugängliches subjektiv-öffentliches Recht handeln sollte.[811]

Es sei auch in dogmatischer Hinsicht unsinnig, ein solches Recht zugleich als Pflicht zu verstehen.[812] Art. 125 CE enthalte eine solche Verpflichtung des Bürgers nicht. Die in Art. 118 CE niedergelegte allgemeine Kollaborationspflicht des Einzelnen bei rechtsprechenden Maßnahmen könne auf den Geschworenen nicht übertragen werden, da dieser selbst Rechtsprechung ausübe.[813] Allerdings erlaube das die Spanische Verfassung durchziehende Demokratieprinzip dem Gesetzgeber, der Bürgermitwirkung an der Rechtsprechung korrespondierend Pflichten konstitutiv zur Seite zu stellen. Hierdurch genüge die öffentliche Gewalt auch der Sicherung des Rechts auf den gesetzlichen Richter.[814]

---

806 *Gómez Colomer*, ZStW 110, S. 531; so auch *Varela Castro*, in: CGPJ 1995, S. 59; *Pedraz Penalva*, in: Juicio por jurados, S. 301.
807 *Gómez Colomer*, ZStW 110, S. 531.
808 So *Pedraz Penalva*, in: Juicio por jurados, S. 300.
809 *Jellinek*, System, S. 139.
810 *De la Oliva Santos*, Comentarios, S. 5.
811 *Varela Castro*, in: CGJP 1995, S. 58 f.; so auch *López Sánchez*, Tribunales 1999, S. 1160.
812 *Pedraz Penalva*, in: Juicio por jurados, S. 300.
813 *Varela Castro*, in: CGJP 1995, S. 62.
814 *Varela Castro*, ebda., S. 61 f.

Besonders umstritten ist in diesem Zusammenhang auch, ob der Geschworenendienst aus Gewissensgründen verweigert werden darf.[815] Ein Teil der Literatur bejaht dies, da der Wortlaut des Art. 125 CE eine fakultative und nicht obligatorische Mitwirkung des Bürgers meine[816]. Hiergegen wird eingewandt, dass die Spanische Verfassung einzelne Weigerungsrechte aus Gewissensgründen explizit anerkenne, für die Laienbeteiligung an der Rechtsprechung jedoch nicht.[817] Auch das Gemeinschaftsinteresse könne unter Umständen die Schaffung von an bestimmte Mitglieder der Gesellschaft adressierte Pflichten rechtfertigen, denen sich das einzelne Mitglied dann nicht aus ideologischen Gründen entziehen könne, wie es etwa bei der Steuerpflicht der Fall sei.[818]

Im Ergebnis wird ein Grundrecht auf Mitwirkung an der Rechtsprechung mit überzeugender Verfassungsinterpretation verneint. Der Wortlaut und die systematische Stellung des Art. 125 CE sprechen für diese Ansicht. Grundrechte sind in der Spanischen Verfassung als solche klar formuliert. Dies gilt insbesondere auch für die in Art. 23 und 24 CE konsekrierten Rechte, auf die sich die Gegenmeinung beruft. Aus den gleichen Gründen ist auch die Ablehnung einer Grundpflicht überzeugend, obgleich das Verständnis einer synallagmatischen Rechtspflicht nicht dogmatisch falsch sein kann, wenn die Verfassung selbst an anderer Stelle Grundpflichten ausdrücklich begründet. Aus externer Sicht kann die Gewissensfreiheit des Geschworenen nicht grundsätzlich einem Gemeinschaftsinteresse weichen.[819] Der Vergleich zur Steuerpflicht ist unverständlich, da die Steuerkontribution keine Ausübung staatlicher Gewalt beinhaltet. Da die Verfassung andere Weigerungsrechte aus Gewissensgründen explizit anerkennt, ist die ablehnende Haltung allerdings argumentativ nachvollziehbar.

**b) Recht des Angeklagten?**

Die ganz überwiegend in der Literatur vertretene Ansicht geht davon aus, dass die Spanische Verfassung dem Angeklagten kein Recht auf einen Strafprozess,

---

[815] Dagegen: *Varela Castro*, in: CGJP 1995, S. 62 f.; *Ganzenmüller/Frigola/Escudero*, S. 69 f.

[816] *Pérez-Cruz Martín*, Participación popular, S. 338; vgl. *Llabrés Fuster/Tomás-Valiente Lanuza*, S. 40 ff., m.w.N.

[817] So das Recht zur Wehrdienstverweigerung aus Gewissensgründen (*objeción de conciencia*, Art. 30 Abs. 2 CE); siehe *Gómez Colomer*, in: ders./Montero Aroca, S. 396; vgl. *Llabrés Fuster/Tomás-Valiente Lanuza*, S. 42 f., m.w.N. auch zur umstr. Frage, ob aus Art. 16 CE ein allgemeines Recht auf Gehorsamsverweigerung aus Gewissensgründen abzuleiten ist. Zur grundrechtlichen Gewissensfreiheit des einzelnen Angehörigen eines Informationsmediums bei der Ausübung der Informationsfreiheit (*cláusula de conciencia*, Art. 20 Abs. 2 lit. d) Satz 2 CE), die in Deutschland unter dem Topus der inneren Pressfreiheit diskutiert wird, siehe *Cremades*, Meinungsfreiheit, S. 103 ff.

[818] *Gómez Colomer*, in: ders./Montero Aroca, S. 153, 396.

[819] Vgl. zum Diskussionsstand in Deutschland *Lisken*, NJW 1997, S. 34 f.

an dessen Entscheidungsfindung Bürger teilnehmen, gewährt.[820] Ein solches Recht sei dem Verfassungstext von heute - im Gegensatz zum Föderalen Verfassungsprojekt von 1876[821] - nicht zu entnehmen.[822] Erst durch die Festlegung des Anwendungsbereichs durch den einfachen Gesetzgeber könne der Schutzbereich des Rechts auf den gesetzlichen Richter mit der Folge eröffnet sein, dass eine Missachtung der Kompetenz dieses Spruchkörpers eine Rechtsverletzung des Angeklagten zur Folge hätte.[823]

Nach der ganz überwiegenden Ansicht scheidet auch ein einfachgesetzlich eingeräumtes Wahlrecht zwischen einem Laien- und Berufsrichterspruchkörper aus. Ein solches würde den aus der Verfassung folgenden Grundsatz der Waffengleichheit der Prozessparteien[824] verletzen, da den anklagenden Parteien ein solches Recht nicht zustünde und sie daher benachteiligt wären.[825] Dieses Verständnis beruht auf der im spanischen Strafprozess auch der Staatsanwaltschaft zugewiesenen Parteirolle.[826] Das Prinzip der Waffengleichheit findet im spanischen Strafprozess Anwendung auf alle Parteien, ohne Unterschied, ob es sich um öffentliche oder private Personen handelt.[827]

Auch das in Art. 24 Abs. 2 CE enthaltene Recht auf den gesetzlichen Richter[828] und der *ordre public*[829] werden durch ein Wahlrecht des Angeklagten als verletzt angesehen. Da das Strafverfahrensrecht zwingenden Charakter habe, könne auch keine Sphäre der Willensfreiheit bei der Strafgerichtsverfassung bestehen.[830]

Im Ergebnis gewährt die heutige spanische Verfassung dem Angeklagten kein Recht auf einen Laienprozess. Das Schwurgericht als Ausdruck des Rechts des Angeklagten, von seinesgleichen gerichtet zu werden, ist zugunsten eines ein-

---

820 *Gómez Colomer*, ZStW 109, S. 536; *Davo Escriva*, S. 106; *Varela Castro*, in: CGPJ 1995, S. 56; i.E. auch *Pérez-Cruz Martin*, Participación popular, S. 329; *Ganzenmüller/Frigola/Escudero*, S. 71.

821 Siehe drittes Kap., III/1.

822 *Davo Escriva*, S. 106; *Varela Castro*, in: CGPJ 1995, S. 56.

823 *Varela Castro*, ebda., S. 56; *Vilata Menades*, S. 101, m.w.N.; *Pérez-Cruz Martín*, Participación popular, S. 51, m.w.N.

824 In Rspr. und Lit. ist das Gebot der Waffengleichheit allgemein anerkannt, wobei es entweder aus Art. 14 oder aus Art. 24 CE abgeleitet wird. Zum Meinungsstand: *Montero Aroca*, in: ders. u.a., Derecho Jurisdiccional, Bd. III, S. 32 f.

825 *Gimeno Sendra*, Constitución y proceso, S. 21; a.A.: *Serra Domínguez*, in: Problemas actuales, S. 64.

826 *Montero Aroca*, in: ders. u.a., Derecho Jurisdiccional, Bd. III, S. 62 ff.

827 *Montero Aroca*, ebda., S. 32 f; *ders.* in: Gómez Colomer/Montero Aroca, S. 916, m.w.N. zur Rspr. des *TS* und des *TC* zum verfassungsrechtlichen Schutz der Staatsanwaltschaft.

828 *Davo Escriva*, S. 106; *Gimeno Sendra*, Constitución y proceso, S. 21.

829 So *Pérez-Cruz Martín*, in: Comentarios sistemáticos, S. 28.

830 *Gimeno Sendra*, Constitución y proceso, S. 21.

fachgesetzlich zu begründenden Rechts, über seine Mitbürger zu richten, aufgegeben worden.[831]

Soweit die Ablehnung eines Wahlrechts des Angeklagten auf den Grundsatz des gesetzlichen Richters und auf den *ordre public* gestützt wird, erscheint dies für den Fall einer gesetzlichen Verankerung als fragwürdig. Konsequent müsste auch die Waffengleichheit zumindest dann gewahrt sein, wenn die Ausübung des Wahlrechts auch das Einverständnis der anklagenden Partei oder Parteien voraussetzen würde.[832]

**c) Schwur- und/oder Schöffenmodell?**

In der spanischen Literatur war bis zur Wiedereinführung des Schwurgerichts im Jahr 1995 heftig umstritten, ob Art. 125 CE nur die Bürgerbeteiligung an der Rechtsprechung in Form der klassischen Jury zulässt[833] oder ob der Gesetzgeber dem Verfassungsauftrag[834] der Laienbeteiligung auch mit der Einführung eines den Modellen der kontinentaleuropäischen Länder Deutschland, Italien, Frankreich und Portugal ähnlichen Schöffengerichts genügen kann[835], wie auch heute die überwiegend in der spanischen Literatur anzutreffende Ansicht meint. Eine Verfassungswidrigkeit des Schöffengerichts hätte aber auch im Falle seiner Einführung de lege ferenda die Notwendigkeit einer vorherigen Verfassungsänderung[836] zur Folge, weshalb der Auslegung von Art. 125 CE auch heute noch große Bedeutung zukommt. Hierbei werden grammatikalische (**aa**), systematische (**bb**), historische (**cc**, **dd**) und teleologische Argumente (**ee**, **ff**) vorgebracht, die im Folgenden nach den für spanische Normen geltenden Auslegungsregeln[837] geordnet dargestellt werden sollen.

---

[831] So *Pedraz Penava*, in: Juicio por jurados, S. 304.

[832] So die Rechtslage in einzelnen Staaten der USA; siehe *Thaman*, Hastings Int'l & Comp. L. Rev., Vol. 21, S. 257 [ dort Fn. 76], m.w.N.

[833] So *Davo Escriva*, S. 94 f.; *Gisbert Gisbert*, Futuro Tribunal, S. 108 ff., 121, m.w.N.; *Mares Roger/Mora Alarcon*, S. 33, 39; *Lorca Navarrete*, Jurado, S. 26 f.

[834] Bis 1995 wurde in der Lit. z.T. vertreten, dass Art. 125 CE dem Gesetzgeber die Laienbeteiligung an der Rechtsprechung freistelle, teilweise sogar, dass die Laienrichter verfassungswidrig seien; siehe *Pérez-Cruz Martín*, Participación popular, S. 245 ff.; *Thaman*, Hastings Int'l & Comp. L. Rev., Vol. 21, S. 250, beide m.w.N.

[835] So *Martín Ostos*, Jurado y Escabinado, S. 23; *Pedraz Penalva*, in: Jornadas Extremadura, S. 143; *Gimeno Sendra*, Constitución y proceso, S. 24ff; *Ganzenmüller/Frigola/Escudero*, S. 74; *Pérez-Cruz Martín*, Participación popular, S. 253, m.w.N.; *López Sánchez*, Tribunales 1999, S. 1187, m.w.N.

[836] Zu deren Anforderungen siehe dieses Kap., III/1 d).

[837] Siehe Einl., III der vorliegenden Arbeit.

**aa) Wortsinn**

Die als *juradistas* bezeichneten Anhänger der klassischen Jury berufen sich in erster Linie auf den Wortlaut des Art. 125 CE. Die Institution des *Jurado* sei nur derart auslegbar, dass die Beteiligung der Bürger an der Strafrechtsprechung einzig durch die Bildung eines Kollegiums erfolgen soll, das unabhängig von Berufsrichtern über Tatfragen entscheidet. Hierbei wird sich auf die entsprechende Definition des Begriffs *Jurado* in dem anerkannten Wörterbuch der *Real Academia*[838] berufen.[839] Da die Spanische Verfassung nur den Terminus *Jurado* wähle, nicht aber das Schöffengericht erwähne, würde die gesetzliche Einführung des Schöffengerichts anstelle des Schwurgerichts gegen die Verfassung verstoßen.[840]

Die *antijuradista* genannte Gegenmeinung entgegnet dem, dass der Begriff *Jurado* in seiner modernen Konzeption weit zu verstehen sei und auch das Schöffenmodell mit einschließe. Der Begriff *Jurado* verkörpere heute ein allgemeines Konzept, eine Gattung, die in die Arten der klassischen Jury und des Schöffengerichts zu unterteilen sei. *Jurado* sei daher heute nicht mehr ein bestimmtes, für die Beteiligung des Volkes an den Strafprozessen vorgesehenes Verfahren, sondern stehe generell für die Zusammenarbeit des Volkes mit der berufsmäßigen Justiz auf dem Gebiet des Strafprozesses. Die Begriffe *escabinato* und *escabinado* enthalte das Wörterbuch der *Real Academia* deshalb nicht, weil es sie im Spanischen nicht gebe, weshalb die Verfassung diese gezwungen auch nicht enthalten kann.[841] Auch in anderen kontinentaleuropäischen Ländern, in denen früher Schwurgerichte bestanden haben, gäbe es heute Schöffengerichte, obwohl sie in den jeweiligen Gerichtsverfassungen nach wie vor als Schwurgerichte bezeichnet werden, wie es in Deutschland, Frankreich und Italien der Fall sei. Schöffen seien auch Geschworene, da sie, wie etwa im französischen *Cour d'Assises*, einen Schwur leisten müssen.[842]

Die Verfassungskonformität des Schöffengerichts wird auch auf den weiteren Wortlaut des Art. 125 CE „in der Form [...], die das Gesetz bestimmt" gestützt, worin ein Ermessensspielraum für den Gesetzgeber auch bei der Frage Schwur-

---

838 Siehe erstes Kap., II/2.

839 *Davo Escriva*, S. 95; *Gisbert Gisbert*, Futuro Tribunal, S. 121f; so auch *Gimeno Sendra*, Constitución y proceso, S. 26; *Martín Ostos*, Juradoy Escabinado, S. 20.

840 *Carbonell Mateu*, in: Jornadas Extremadura, S. 28 f., der anmerkt, dass der Ausdruck *Jurado mixto*, der für das Schöffengericht ohnehin nicht passe, erst seit Inkrafttreten der Verfassung Verwendung finde, um dieses unter Art. 125 CE zu subsumieren.

841 Vgl. *Ganzenmüller/Frigola/Escudero*, S. 73, m.w.N.

842 *Fairén Guillén*, Tribunales, S. 111; *Gimeno Sendra*, Constitución y proceso, S. 27.

oder Schöffengericht gesehen wird.[843] Dem wird von anderer Seite entgegnet, dass der Begriff „Form“ nicht das „ob“ sondern nur das „wie“ der Jury betreffe[844], wobei auch hier auf die entsprechende lexikalische Definition des Wortes rekurriert wird.[845]

### bb) Kontext

Gegen die Verfassungsmäßigkeit der klassischen Jury ist im Wege der systematischen Auslegung vorgebracht worden, dass sie nicht dem auch der Revisibilität gerichtlicher Entscheidungen dienenden Begründungsgebot des Art. 120 CE genüge.[846] Dem wurde bereits vor Einführung des Schwurgerichts entgegnet, dass die Begründung der Beweiswürdigung durch Laienrichter nicht allein ein Charakteristikum des Schöffengerichts sein müsse.[847] Art. 120 CE sei dann jedenfalls gewahrt, wenn die Jury die Gründe für ihre Entscheidung in den Grundlinien darlege.[848]

Gegen die Jury spricht aus Sicht der *antijuradistas* auch, dass Art. 117 CE die Rechtsprechung ausschließlich den der Justiz angehörigen Richtern anvertraut.[849] Dieser systematische Einwand trifft allerdings auf die Beteiligung von Schöffen gleichermaßen zu. Ihm wird mit dem Verweis auf Art. 117 Abs. 3 CE begegnet, nach dem die Rechtsprechung durch die gesetzlich bestimmten Gerichte ausgeübt wird.[850]

### cc) Entstehungsgeschichte

Die Beratungen zum späteren Art. 125 CE begannen im Januar 1978 im Kongress. Im ersten Vorentwurf der Verfassung hieß es zunächst, dass die Bürger an der Rechtsprechung in den vom Gesetz bestimmten Fällen und Formen partizipieren.[851] Viele Kongressabgeordnete waren grundsätzlich für eine Laienbeteili-

---

843 *Pedraz Penalva*, in: Jornadas Extremadura, S. 142; *Gimeno Sendra*, Constitución y proceso, S. 27; *Martín Ostos*, Jurado y Escabinado, S. 27; *Gutérrez-Alviz y Armario/Moreno Catena*, in: Alzaga Villaamil, Bd. IX, S. 611.

844 Vgl. *Gisbert Gisbert*, Futuro Tribunal, S. 110; *Carbonell Mateu*, in: Jornadas Extremadura, S. 29.

845 *Gisbert Gisbert*, Futuro Tribunal, S. 124, m.V.a. Diccionario de la Real Academia de la Lengua.

846 *Pedraz Penalva*, in: Jornadas Extremadura, S. 143; *Pérez-Cruz Martín*, Participación popular, S. 104 f.

847 *Gisbert Gisbert*, Futuro Tribunal, S. 158, m.w.N.

848 *Gisbert Gisbert*, Futuro Tribunal, S. 158; *Vilata Menades*, S. 141 ff., m.w.N.

849 *Pedraz Penalva*, in: Jornadas Extremadura, S. 142.

850 Siehe *Rodríguez García*, S. 64.

851 BOC v. 5.1.1978; siehe *Cortes Generales*, Constitución, Bd. I, S. 26.

gung am Gerichtswesen.[852] Die Redaktion des Entwurfsartikels erschien den Delegierten aber als zu unklar, weshalb eine ganze Reihe von Änderungsanträgen formuliert wurde.[853]

Die Sozialisten optierten zunächst nur für die Einfügung des Rechts auf Erhebung der Popularanklage, die in einem zweiten Entwurf aufgenommen wurde.[854] Andere Abgeordnete[855] forderten die explizite Erwähnung des Schwurgerichts und wieder andere[856] die Direktwahl von Gemeinderichtern durch das Volk anstelle von Schwurgerichten. Nur Abgeordnete der konservativen Rechten *Alianza Popular* sprachen sich für eine komplette Streichung des Artikels aus, da sie die Wiedereinführung der Laienrechtsprechung in Spanien ablehnten.[857] Sie erkannten in ihr das Risiko einer Politisierung der Justiz sowie einen Widerspruch zu dem späteren Art. 117 CE, nach welchem die Rechtsprechung durch justizangehörige Richter ausgeübt werden soll.[858] Auch sei die Institution historisch gescheitert. Die Ideen, dass jeder nur durch seinesgleichen gerichtet werden soll und dass die Bürgerpartizipation an der Rechtsprechung Ausfluss der Volkssouveränität sei, könne nur in bestimmten revolutionären Epochen gelten. Beide Konzepte seien von der modernen Doktrin überwunden.[859] Die Sozialisten entgegneten, die Politisierung der Justiz sei keinesfalls ein pathologischer Zustand. Der zu entwerfende Verfassungsartikel sei eine Organisationsnorm, die keine unmittelbaren Schlussfolgerungen auf eine konkrete Beteiligungsform zulasse.[860] Eine mitverantwortliche Einbindung der Bevölkerung in die rechtsprechende Gewalt müsse aber gewährleistet sein. Dies könne, müsse aber nicht unbedingt in Gestalt des Schwurgerichts geschehen.[861]

Der ohne weitere Änderungen im Kongress verabschiedete Entwurfsartikel[862] wurde im September 1978 im Senat debattiert. Senatoren verschiedener Parteien schlugen eine Konkretisierung durch den Terminus *Jurado* vor. Hierdurch sollte eine Ausnahme zum Berufsrichtertum geschaffen werden, um einen verfas-

---

[852] Vgl. *Cardona Minguez*, S. 170, m.w.N.
[853] Vgl. *Alejandre*, Justicia popular, S. 247 f.
[854] BOC v. 17.4.1978, siehe *Cortes Generales*, Constitución, Bd. I, S. 572.
[855] *Grupo Parlamentario Mixto del Congreso*, ein Zusammenschluss von Angehörigen verschiedener Parteien; vgl. *Alejandre*, Justicia popular, S. 248; *Martin Ostos*, in: Jornadas Extremadura, S. 107.
[856] *Unión de Centro Democrático*; vgl. *Alejandre*, ebda., S. 248; *Martin Ostos*, ebda., S. 107.
[857] Nachweise bei *Alejandre*, ebda., S. 248 und *Martin Ostos*, ebda., S. 107.
[858] So der Abgeordnete De la Fuente; vgl. *Alejandre*, ebda., S. 249, m.w.N.
[859] So De la Fuente; vgl. *Alejandre*, ebda., S. 250.
[860] So der Abgeordnete Peces-Barba Martínez; vgl. *Vilata Menades*, S. 92, m.w.N.
[861] Vgl. die Nachweise bei *Alejandre*, Justicia popular, S. 250; *Martin Ostos*, in: Jornadas Extremadura, S. 110 f.
[862] BSC. Pleno de Constitución, S. 4249 ff.

sungsimmanenten Widerspruch zum späteren Art. 117 CE zu verhindern.[863] Sozialisten und das konservative Zentrum stimmten diesem Vorschlag zu. Senatoren der *Alianza Popular*, deren Kongressabgeordnete zuvor für die Streichung des Artikels eingetreten waren, meldeten sich nicht mehr zu Wort.[864] Der Entwurf wurde vom Senat[865] und sodann von dem Vermittlungsausschuss beider Kammern[866] ohne weitere Debatte verabschiedet.

Die parlamentarischen Debatten werden im Schrifttum als wissenschaftlich unfundiert kritisiert. Sie haben, so wird vermutet, unter dem in den *Cortes Generales* anzutreffenden Konsensus gelitten.[867] Geschichte und Gegenwart der europäischen Entwicklung seien überwiegend unberücksichtigt geblieben.[868] Besonderes Erstaunen ruft in der spanischen Rechtswissenschaft der Umstand hervor, dass in den Kammern nicht ein einziges Mal das Schöffenmodell erwähnt und über dessen Unterschiede zum Schwurgericht gesprochen wurde.[869] Der Begriff *Jurado* sei daher terminologisch unreflektiert, eher aus Gründen der Semantik und der dialektischen Spontaneität als aufgrund politischer oder juristischer Erwägungen verwendet worden.[870] Der Verfassungsgeber hat aus Sicht einzelner *antijuradistas* den Begriff *Jurado* nur gewählt, um die Laienspruchkörper von den republikanischen Volksgerichten[871] abzugrenzen, weshalb auch das Schöffengericht unter den Begriff subsumiert werden könne.[872] Dem wird entgegnet, dass gerade weil die verfassunggebenden Organe das Schöffengericht nicht erwähnt haben, dieses auch nicht gemeint gewesen sein könnte.[873]

#### dd) Geschichte und soziale Wirklichkeit

Das spanische Schwurgericht, so die Gegner der klassischen Jury, sei historisch gescheitert. Ein erneutes Scheitern der Laienbeteiligung dürfe nicht riskiert werden.[874] Das Schöffengericht sei Resultat einer langsamen und vorteilhaften Evo-

---

[863] So Senator Pedrol Ríus (*Grupo Mixto*); vgl. *Alejandre*, Justicia popular, S. 251 f.
[864] Vgl. *Alejandre*, ebda., S. 252; *Martín Ostos*, in: Jornadas Extremadura, S. 112; *Vilata Menades*, S. 92 ff.; *Cardona Mínguez*, S. 170 f, alle m.w.N.
[865] BOC v. 13.10.1978, S. 3570.
[866] *Comisión Mixta Senado-Congreso.*
[867] So *Martin Ostos*, in: Jornadas Extremadura, S. 113.
[868] So *Alejandre*, Justicia popular, S. 246; *Martín Ostos*, in: Jornadas Extremadura, S. 111.
[869] Siehe *Alejandre*, ebda., S. 253; *Martín Ostos*, ebda., S. 111, 113.
[870] *Alejandre*, ebda., S. 246; *Martín Ostos*, ebda., S. 111, 114.
[871] Siehe drittes Kap., IV/2 a) der vorliegenden Arbeit.
[872] *Narváez Rodríguez*, S. 5 f.; *Pedraz Penalva*, in: Jornadas Extremadura, S. 130.
[873] *Carbonell Mateu*, in: Jornadas Extremadura, S. 29.
[874] Vgl. *Gisbert Gisbert*, Futuro Tribunal, S. 133, m.w.N.

lution der Jury, wie sie in anderen kontinentaleuropäischen Ländern zu beobachten gewesen sei.[875]

Dem wird entgegnet, dass die Voraussetzungen für die Jury heute andere seien. Der Rückgriff auf mehr als ein halbes Jahrhundert zurückliegende Erfahrungen trage ein Misstrauen in Bürger und Richter zu Tage, das in letzter Konsequenz auch gegen das Schöffengericht gerichtet sei.[876] Bei der Auslegung von Art. 125 CE könne nicht auf die Entwicklung in anderen Ländern abgestellt werden, da sie für sich betrachtet kein Auslegungskriterium für eine Bestimmung der spanischen Rechtsordnung sei.[877] Spanien verfüge diesbezüglich über eine eigene Rechtstradition.[878]

Als „soziologisches“ Auslegungskriterium könne die Entwicklung des Schwurgerichts hin zum Schöffengericht in anderen Ländern ohnehin deswegen nicht gelten, da dieses Kriterium nur auf den Zeitraum seit Inkrafttreten der auszulegenden Norm Anwendung findet.[879] Seit 1978 hätten sich die sozialen Bedingungen für die Frage der Laienrechtsprechung aber nicht verändert.[880]

**ee) Sinn und Zweck**

Einige Autoren, die das Schöffengericht befürworten, treten für eine „flexible“ oder „zweckorientierte“ Auslegung des Art. 125 CE ein.[881] Die teleologische Auslegung der Verfassungsnorm wird so zum Forum der um die Form der Laienbeteiligung in der spanischen Justiz geführten Grundsatzdiskussion. Die Vor- und Nachteile der beiden Modelle werden im Kontext des Demokratieprinzips (**aaa**), der Entwicklung des materiellen Strafrechts (**bbb**), der positiven Generalprävention (**ccc**), des Entscheidungsverhaltens des Laien und des Berufsrichters (**ddd**), der Stärkung strafprozessualer Verfahrensmaximen (**eee**), der Trenn-

---

[875] *Soriano*, Jurado, S. 88; *Gutierrez-Alviz y Armario/Moreno Catena*, in: Alzaga Villaamil, Bd. IX, S. 610 f.; *Martín Ostos*, Jurado y Escabinado, S. 19.

[876] *Gisbert Gisbert*, Futuro Tribunal, S. 128, m.w.N.

[877] *Gisbert Gisbert*, ebda., S. 123.

[878] „Unsere Jury ist nicht angelsächsisch, nicht französisch, nicht deutsch, nicht italienisch. Sie ist spanisch, wie unsere Oliven, ein historisches – und nach wie vor rechtswirksames – Produkt unserer Gesetzgeber, welches über eigene Rechtsprechung und Erfahrung verfügt.“ *López-Muñoz y Larraz/Cid Cebrián*, «En defensa de Jurado», *El País* v. 05.04.1983, zit. nach *Pérez-Cruz Martín*, Participación popular, S. 249.

[879] *Gisbert Gisbert*, Futuro Tribunal, S. 123 f.; zur Auslegungslehre: *Díez-Picazo/Gullón*, S. 182.

[880] *Gisbert Gisbert*, ebda., S. 123 f.

[881] So *Martín Ostos*, Jurado y Escabinado, S. 24; *Gimeno Sendra*, Constitución y proceso, S. 27; *Pérez-Cruz Martín*, Participación popular, S. 254, der zwar von "systematischer" Interpretation spricht, seinen Standpunkt hauptsächlich aber auf rechtsvergleichende Gründe (a.a.O., S. 253 f., 322 f.) stützt.

barkeit und Beurteilung von Tat- und Rechtsfragen (**fff**) sowie fiskalischer Gesichtspunkte (**ggg**) erörtert.

**aaa) Demokratieprinzip**

Innerhalb der modernen Konzeption des spanischen Rechtsstaats wird das Schwurgericht als eine Institution angesehen, welche die Demokratie stärkt, weil sie eines der Mittel ist, um Bürger an einer der Staatsgewalten partizipieren zu lassen.[882] Die Proklamation des demokratischen Staates findet in der Verfassung seine Fortsetzung in den Feststellungen, dass die nationale Souveränität und auch die Justiz vom spanischen Volk ausgeht. Die Manifestierung des Demokratieprinzips, die das Schwurgericht darstellt, stärke die Legitimation der Ausübung der Rechtsprechung.[883]

Im demokratischen Rechtsstaat festige die Jury aber auch die Unabhängigkeit der Rechtsprechungsorgane, da die Geschworenen nicht den staatlichen Gewalten zugehören, wie es bei den Richtern aufgrund ihrer Eigenschaft als Beamte der Fall sei. Auch die Schaffung von Selbstverwaltungsorganen der Justiz vermindere nicht diesen Vorsprung an Unabhängigkeit des Bürgers gegenüber dem Richter.[884]

Die spanische Justiz galt in der Literatur noch bis in die neunziger Jahre als elitär und als besonders resistent gegenüber dem Demokratisierungsprozess. Sie hat eine gleichmäßige Repräsentanz aller gesellschaftlichen Schichten vermissen lassen. Daher galt die Beteiligung von Bürgern aller gesellschaftlichen Schichten an der Rechtsprechung auch für eine Demokratisierung der Gesetzanwendung als viel versprechend.[885] Dieser Demokratisierungsanspruch werde nicht durch Richterwahlausschüsse befriedigt, da diese ebenfalls mit Juristen besetzt seien, sondern allenfalls durch die unmittelbare Wahl der Richter durch die Bürger einer Gemeinde, die neben den Laienrichtern allerdings nur ein weiteres Mittel zur Demokratisierung der Justiz darstellen könne.[886] Die bloße Existenz der Laienrichter, ist in der spanischen Literatur auch angemerkt worden, könne allerdings weder Garant für noch Indikator von Demokratie sein. Die Stärkung der Demokratie hänge, wie bei den anderen justiziellen und politischen Institutionen auch, besonders von der konkreten Organisation des Spruchkörpers ab.[887]

---

[882] *Gómez Colomer*, ZStW 109, S. 531.
[883] *Varela Castro*, in: CGPJ 1995, S. 58.
[884] *Gisbert Gisbert*, Futuro Tribunal, S. 145; a.A.: *Pérez-Cruz Martín*, in: Comentarios sistemáticos, S. 24.
[885] *Soriano*, Jurado S. 30, 69 ff.; *Gutiérrez Sanz*, S. 89 f.; *Martín Pallín*, in: Centenario, S. 43.
[886] So *Soriano*, Jurado, S. 44 f.
[887] *Varona Martínez*, S. 232.

Das Schöffengericht, so vereinzelt die Kritik in der Literatur, schwäche, verglichen mit der Jury, die demokratische Legitimation der Justiz. Durch die Intervention von Berufsrichtern sei die Entscheidungsautonomie und Souveränität der Bürger bereits formal beseitigt.[888] Zwar können die Bürger noch individuell rechtsprechende Funktionen ausüben. Das Resultat ihrer Aktivitäten ist jedoch nicht mehr exklusiv das eines „Volkskollektivs".[889] Die gesellschaftliche und die politische Bedeutung der Bürgerbeteiligung sei hierdurch geschmälert. In den Rechtsfragen stellt sich die Intervention der Bürger als bloß symbolisch dar, während die Richter auch in den Tatsachenfragen entscheiden, was das partizipative Element auch in individueller Hinsicht zu Lasten des Bürgers reduziert. Dies habe eine Schwächung der demokratischen Legitimation der Rechtsprechung zur Folge.[890]

#### bbb) Entwicklung des materiellen Strafrechts

Durch Laienbeteiligung an der Rechtsprechung wird auch die Entwicklung des materiellen Strafrechts als schlechthin begünstigt angesehen. Das Strafrecht weise tendenziell eine perniziöse geistige Starrheit auf. Nicht immer berücksichtigten Strafnormen die gesellschaftlichen Interessen in ihrer Gesamtheit.[891] Durch die Intervention der Bürger im Strafprozess werde deutlich, ob das Strafrecht mit dem öffentlichen Bewusstsein übereinstimmt und seiner zugedachten Funktion gerecht wird. Die Laienrichter würden durch eine eigene Auslegung der gesetzlichen Tatbestandsmerkmale eine Kontrollfunktion sowohl gegenüber dem Gesetzgeber als auch gegenüber der Berufsjustiz ausüben. [892]

Diese Ansicht sieht sich dem Einwand ausgesetzt, dass die im angloamerikanischen Recht diskutierte *jury nullification* gegen die in Art. 117 CE 1978 verankerte strikte Gesetzesbindung der spanischen Justiz verstoßen würde.[893] Im demokratischen Rechtsstaat Spanien liege die Rechtsänderungskompetenz ausschließlich bei der Legislative.[894]

---

[888] *Gisbert Gisbert*, Futuro Tribunal, S. 159.
[889] *Gisbert Gisbert*, ebda., S. 145.
[890] Siehe *Gisbert Gisbert*, ebda., S. 126 ff., m.w.N.
[891] *Gisbert Gisbert*, ebda., S. 144, gibt allerdings auch zu bedenken, dass in einer Klassengesellschaft mit klaren Ungleichheiten das Recht auch die Interessen von Minderheiten schütze. Die kritische Analyse des Rechts müsse daher der Kontrolle durch Bürgerintervention vorangehen. Das bloße Vertrauen in das Korrektiv der Jury begründe die Gefahr ausbleibender Reformen der Rechtsordnung.
[892] *Gisbert Gisbert*, ebda., S. 144; krit. *Pérez-Cruz Martín*, Participación popular, S. 60.
[893] *Pérez-Cruz Martín*, in: Comentarios sistemáticos, S. 26.
[894] *Pedraz Penalva*, in: Juicio por jurados, S. 291.

Dem wird entgegnet, dass die Laienbeteiligung verdeutliche, dass das Strafverfahren auch eine politische Komponente in dem Sinne habe, dass ein absolut objektives Recht nicht existiere. Im Prozess ginge es zudem nicht darum, die Wahrheit zu ergründen, sondern sie mittels der präsenten Beweise zu „konstruieren“. Die Laien füllten demnach zwei Funktionen aus: Kontrolle und Legitimation des Verfahrens.[895] Die Jury in Strafsachen, so ihre Befürworter, sei daher bestens für Straftatbestände geeignet, deren Gehalt von einer gesellschaftlichen Bewertung abhänge. Hierzu werden einzelne Straftaten gegen die Rechtsgüter der Ehre, Freiheit, Sicherheit und des Eigentums sowie alle Straftaten gegen die Person und so genannte politische Straftaten gezählt.[896]

**ccc) Positive Generalprävention**

In der spanischen Literatur wird auch der Frage nachgegangen, ob Laienrichter die allgemeine Kenntnis und Akzeptanz von Strafnormen sowie des Verfahrens durch ihre Anwendung begünstigten.

Laienrichter könnten die Legitimation des Strafverfahrens stärken, indem sie das Vertrauen der Bevölkerung in die Rechtsprechung festigten.[897] Die Beteiligung von Laien begünstige die Entwicklung der Rechtsprechung, indem deren einseitig juristischer Zusammenhang aufgebrochen werde, um sie der gesellschaftlichen Realität näher zu bringen.[898] Die Laien trügen demnach zu einer besseren Vermittlung des angewandten Rechts bei, sowohl gegenüber den als Laienrichtern partizipierenden Bürgern als auch gegenüber dem Angeklagten.[899]

Die Übersetzung der juristischen in die Alltagssprache wird vor allem im Hinblick auf die Verfahrensposition des Angeklagten als problematisch erachtet. Der Angeklagte könne, wenn er nicht über präzise Rechtskenntnisse verfüge, dem Verfahrensgang der Hauptverhandlung aufgrund der Anwendung juristischer Sprache nicht folgen. Die Präzision der juristischen Sprache stelle, obwohl sie der Bestimmtheit der Strafnorm und der Rechtssicherheit dienen solle, im Strafprozess oftmals ein unüberwindbares Hindernis für den Angeklagten dar.[900]

Die Laienbeteiligung an der Strafrechtspflege wird unter dem Aspekt der Vermittlung des Rechts gegenüber den partizipierenden Bürgern auch als „staats-

---

[895] *Varona Martínez*, S. 232.
[896] *Carbonell Mateu*, in: Jornadas Extremadura, S. 29 f.
[897] *Gimeno Sendra*, Constitución y proceso, S. 34.
[898] *Martín Pallín*, in: Centenario, S. 42.
[899] Siehe *Cardona Mínguez*, S. 185 ff.
[900] *Cardona Mínguez*, S. 186.

bürgerliche Schule“ oder „Schule der Demokratie“ diskutiert.[901] Eine jüngere rechtssoziologische Studie geht hierbei von einer symbolischen Funktion der Gerichte aus. Ihre Wirkung hänge maßgeblich von einer externen Internalisierung der Rechtskultur ab, welche die Gesamtheit der bestehenden, das Rechtssystem betreffenden Wertvorstellungen und Einstellungen beinhalte. Die spanische Rechtspflege hat sich in dieser Untersuchung als eine von den Bürgern am schlechtesten bewertete öffentliche Institution herausgestellt.[902] Die Justiz könne durch Mitwirkung der Laienrichter als eine weitere Anforderung der demokratischen Wirklichkeit an den Bürger den Ruf als eine unzugängliche Institution überwinden.[903] Die gemeinsame Ausübung der Funktion mit Richtern helfe, das Misstrauen der Bürger in die Richterschaft abzubauen.[904]

Demgegenüber wird unter Verweis auf die Komplexität eines Rechtsstudiums zu bedenken gegeben, dass die Mitwirkung des Bürgers an einem Verfahren dessen Rechtsverständnis kaum verstärken könne.[905]

Die der Jury gewissermaßen als Selbstzweck zugeschriebene Funktion, das Rechtsverständnis und das Urteilsvermögen der Bürger zu schulen, wird in der Literatur auch als ein überholter Paternalismus bezeichnet. Das Verständnis des Strafprozesses als Bildungsanstalt für den Bürger nehme den Angeklagten zudem nur als bloßes Verfahrensobjekt wahr und hebele so dessen verfassungsmäßiges Recht aus.[906]

Die aktuelle Diskussion in der spanischen Literatur vertieft die Frage nach dem Zusammenhang von Laienrichtern und positiver Generalprävention nicht weiter. Ob das jeweilige Modell der Jury und der Schöffen die Norm- und Verfahrensakzeptanz eher begünstigen, bleibt daher offen.

**ddd) Entscheidungsqualität**

Vor- und Nachteile des Jury- beziehungsweise des Schöffenmodells werden in der Literatur auch in verhaltenspsychologischer und -soziologischer Hinsicht ausgemacht.

Anhänger beider Modelle sehen die Einzelfallgerechtigkeit gerichtlicher Entscheidungen durch Laienrichter als gestärkt an. Ohne Laienbeteiligung bestehe

---

[901] *Gimeno Sendra*, Constitución y proceso, S. 17, 29.
[902] *Varona Martínez*, S. 233.
[903] *Cardona Mínguez*, S. 187, m.w.N.
[904] *Gutiérrez Sanz*, S. 123.
[905] *Gimeno Sendra*, Constitución y proceso, S. 35.
[906] So *Cardona Mínguez*, S. 188, 271.

die Gefahr, dass eine individuelle Würdigung der Beweise unterbleibe. Die Hauptverhandlung stelle sich für den teilnehmenden Laien als eine einzigartige Erfahrung dar. Er könne sich daher nicht auf eingeübte Verhaltensmuster zurückziehen. Der erfahrene Berufsrichter, für den sich die konkrete Hauptverhandlung als eine von vielen seiner Laufbahn darstelle, greife bei seiner Entscheidung auf Formalismen, Stereotypen, Präjudizien und eingewöhnte Interpretationsregeln und Urteilsmethoden zurück. Unternehme er nicht täglich die Anstrengung einer Adaption, mit den gesellschaftlichen Wertvorstellungen Schritt zu halten, so entwickele er unterbewusst eine vereinfachende Formel und starre Schemata von Verfahren, Straftätern und Patentlösungen. Der Strafrichter erblicke im Angeklagten dann nicht mehr eine Person, sondern einen Typ von Täter.[907] Dies berücksichtigt, übten die Laienrichter daher eine soziale und psychologische Kontrollfunktion aus, indem sie die Automatismen der Strafjustiz und ihre Entfremdung von ihrer „gewöhnlichen Klientel“ beschränkten.[908]

Dem Schöffenmodell wird von seinen Kritikern zugeschrieben, dass es die Entscheidungsautonomie des Laienrichters im Vergleich zur Jury erheblich einschränke. Die Interdependenz von Richter und Schöffe falle immer zum Vorteil des Richters aus; sein Protagonismus durchziehe das Schöffenverfahren.[909] Der Berufsrichter dominiere die Schöffen aufgrund seines juristisch geschulten Intellekts. Er könne den Schöffen seinen Standpunkt entweder autoritär auferlegen oder aufgrund seiner Erfahrung die Laien in den Tatfragen überzeugen.[910] Da die Schöffen seinem Sachverstand vertrauten, legten sie ein eher passives Verhalten an den Tag. Vor allem bei der Beweisaufnahme und deren Würdigung schränke dies die Entscheidungsautonomie der Schöffen deutlich ein.[911]

Befürworter des Schöffengerichts entgegnen dem, dass auch beim Modell der Jury die Gefahr einer Beeinflussung der Laien durch den oder die Berufsrichter bestehe. Dies hätte die Anwendung der LJ 1888 gezeigt. Die Belehrung der Jury durch den vorsitzenden Richter habe sich nicht nur als eine zweite Anklage, sondern auch als ein entscheidender und richtungweisender Einfluss auf die Beweiswürdigung durch die Jury herausgestellt.[912] Beim Schöffenmodell könne dem Einfluss des Berufsrichters durch eine signifikante Steigerung der Schöffenanzahl begegnet werden.[913]

---

[907] *Soriano*, Jurado, S. 58 ff.

[908] *Varona Martínez*, S. 232.

[909] *Lorca Navarrete*, La Ley 1986, S. 1183: Der Bürger werde zum steinernen Gast des Schöffengerichts.

[910] Vgl. *Gisbert Gisbert*, Futuro Tribunal, S. 129, m.w.N.

[911] *Gisbert Gisbert*, ebda., S. 146.

[912] *Gómez Colomer*, ZStW 110, S. 545.

[913] *Soriano*, Jurado, S. 90.

Gegner des Jury-Modells halten die Unerfahrenheit einer heterogen zusammengesetzten Jury für nicht weniger gefährlich als den richterlichen Habitus. Demnach verfügten die Geschworenen möglicherweise nicht über das notwendige Maß eines klaren Verständnisses, um die Geschehnisse in der Kürze der Hauptverhandlung zu begreifen und um über die ernste Angelegenheit des Verfahrensgegenstandes zu entscheiden.[914] Die Geschichte des spanischen Schwurgerichts habe zudem ein selektives und emotionsgesteuertes Urteilsverhalten der Jury an den Tag gelegt, das sich unter den heutigen Voraussetzungen fortsetzen würde. Verwiesen wird hierbei auf emotionale Neigungen bei Gewalt- und Eigentumsdelikten, nationalistische Gesinnung lokaler Jurys bei so genannten politischen Straftaten und Missachtung der Strafbarkeit insbesondere von Urkunds- oder Untreuetaten.[915]

Das Schöffengericht setze sich gleichermaßen über die Kritik an dem Habitus des Richters und der Rechtsunwissenheit des Laien hinweg, da bei diesem Modell Richter und Schöffen zusammenwirkten und sie sich wechselseitig die dem anderen fehlenden Befähigungen zugute kommen lassen würden.[916] Der juristische Scharfsinn des Richters relativiere die Unerfahrenheit des leicht zu beeindruckenden Laien. Umgekehrt mäßige die Empfindung des Laien die Härte des Berufsrichters, der seinerseits auch nicht frei von Emotionen und Vorurteilen richte.[917]

**eee) Stärkung strafprozessualer Maximen**

Anhänger des Schwurgerichts[918] wie auch des Schöffengerichts[919] verbinden mit der Laienbeteiligung eine Stärkung der Prinzipien der Mündlichkeit, Unmittelbarkeit, Öffentlichkeit, der freien Beweiswürdigung und der Waffengleichheit.

Einerseits verhindere die Laienbeteiligung eine typische Orientierung an dem von der Anklage zugetragenen Ermittlungsergebnis. Daneben werde das Prinzip der Öffentlichkeit durch eine Entmystifizierung der juristischen Sprache gestärkt. Die Laienrichter dienten schließlich auch der Waffengleichheit des Beschuldigten und der Verteidigung, weil sie die persönlichen und örtlichen Verflechtungen von Berufsrichtern und Staatsanwälten durchbrächen.[920]

---

914 *Gutiérrez Sanz*, S. 92,107.
915 Siehe *Pérez-Cruz Martín*, Participación popular, S. 115.
916 So *Soriano*, Jurado, S. 51.
917 *Gutiérrez Sanz*, S. 124; *Gimeno Sendra*, Constitución y proceso, S. 43 f.
918 *Carbonell Mateu*, in: Jornadas Extremadura, S. 27; *López Muñoz y Larraz*, RDPIb 1982, S. 122 ff.
919 *Soriano*, Jurado, S. 55 f; *Pérez-Cruz Martín*, Participación popular, S. 85.
920 *López Muñoz y Larraz*, RDPIb 1982, S. 125; *Soriano*, Jurado S. 57 f.

Gegner der Jury sehen diese Prinzipien heute als von der Verfassung hinreichend geschützt an. Die klassische Jury habe den Zweck des Übergangs vom inquisitorischen zum kontradiktorischen Strafverfahren verfolgt. Dieser Prozess sei in Form der konstitutionellen Implementierung der strafverfahrensrechtlichen Garantien abgeschlossen.[921]

Befürworter der Jury sehen diesen Übergang keineswegs als abgeschlossen an. Die Möglichkeit der richterlichen Einflussnahme auf die Schöffen minimiere die Geltung dieser Verfahrensmaximen. Der Richter verfüge nicht nur über bessere Kenntnisse des Rechts, sondern auch über Vorkenntnisse der Tatsachen des zu entscheidenden Falls, da er, im Gegensatz zu den Schöffen, die Ermittlungsakte studiert habe.[922] Das Schöffengericht würde in der Praxis daher das dem spanischen Strafprozess traditionell immanente inquisitorische Prinzip, das sich in der Ausrichtung der Hauptverhandlung an den polizeilichen Ermittlungsergebnissen manifestiere, fortführen. Infolgedessen werde auch die Unschuldsvermutung geschwächt. Wegen ihrer institutionellen Unabhängigkeit beschleunige die Jury die Implementierung eines kontradiktorischen Strafverfahrens, mit welchem die mündliche Beweisaufnahme, größeres öffentliches Interesse und vermehrte Berichterstattung der Medien einhergingen. Die Unabhängigkeit von Richtern, Staatsanwälten, Verteidigern und Angeklagten werde durch die Jury gestärkt.[923]

#### fff) Trennbarkeit und Beurteilung von Tat- und Rechtsfragen

Ein zentrales Argument gegen die Jury stellt auch heute die aus Sicht ihrer Kritiker nicht durchzuhaltende notwendige Trennung von Tatsachen- und Rechtsfragen dar.

Diese Trennung sei bereits eine Fiktion. Der die Fakten Beurteilende schiele auch immer auf die anknüpfende Rechtsfolge, das gesetzliche Strafmaß. Eine isolierte Tatsachenwürdigung sei daher eine Utopie.[924] Dem kontinentaleuropäischen Strafprozess sei deshalb die Einheit von Tatsachen und Recht wesenseigen.[925]

---

[921] So *Pedraz Penalva*, in: Juicio por jurados, S. 289 ff.
[922] *Gisbert Gisbert*, Futuro Tribunal, S. 146.
[923] *Martín Pallín*, in: Centenario, S. 48.
[924] *Soriano*, Jurado, S. 47; so auch *Varona Martínez*, S. 232: Die Geschworenen entschieden letztendlich auch über den „Verdienst" einer Strafe, was moralische Erwägungen impliziere.
[925] *Soriano*, Jurado, S. 48 f.

Zudem könnten Straftatbestände mit normativen Merkmalen von juristischen Laien nicht beurteilt werden.[926] Dies habe auch die Praxis der LJ 1888 insbesondere bei den Urkundsdelikten gezeigt.[927] Gleichermaßen erkenne eine Jury die Bedeutung von Tatbestandsmerkmalen nicht, die im Wege richterlicher Rechtsfortbildung zugunsten des Täters konkretisiert worden seien.[928]

Das Schöffenmodell begegne diesem Dilemma mittels der umfassenden Beurteilung der strafbaren Handlung durch rechtsunkundige und berufsmäßige Richter. Dabei ergäben sich auch reziprok vorteilhafte Effekte für die Findung der richtigen Entscheidung. Das den Laien zugeschriebene hohe Maß an Lebenserfahrung übertrage sich auf die Strafrichter, die den Laien umgekehrt die für die Entscheidung unentbehrlichen Rechtskenntnisse vermittelten.[929] Das Schöffengericht schaffe aber auch einen höheren Grad an Transparenz bei der Entscheidungsfindung, denn die Beweisaufnahme und die Aussprachen seien den Beteiligten bekannt. Die Erkenntnis der Tatsachen vertiefe sich bei der Prüfung und Beratung mit den Berufsrichtern. Es ergehe daher eine zuverlässigere Entscheidung. Durch deren Begründung würden auch die Beweggründe der Schöffen für ihre Entscheidung nachvollziehbar.[930]

Der These, dass die Einheit von Tat- und Rechtsfragen dem spanischen Strafprozess immanent sei, wird entgegengesetzt, dass das spanische Revisionsrecht gerade an diese Trennung anknüpft.[931] Infolge der Aufhebung dieser Trennung im Schöffenprozess müssten juristische Laien auch über komplizierte Rechtsfragen richten, ohne hierfür geeignet zu sein.[932] Andererseits könnten Geschworene bei bestimmten Taten über mehr Sachwissen verfügen als der juristisch geschulte Richter.[933]

Befürworter der Jury erkennen die Problematik der normativen Tatbestandselemente an. Auch wertende Merkmale, die primär eine soziokulturelle Beurteilung im konkreten Fall erforderten, könnten rechtlicher Natur sein.[934] Dies gebiete aber weder eine Reduzierung der sachlichen Zuständigkeit der Jury noch die zwingende Einführung des Schöffengerichts an ihrer Stelle.[935]

---

926 *Gimeno Sendra*, Constitución y proceso, S. 36.
927 *Gimeno Sendra*, ebda., S. 36.
928 *Gimeno Sendra*, ebda., mit Beispiel des Irrtums.
929 *Gimeno Sendra*, ebda., S. 37.
930 So *Gutiérrez Sanz*, S. 124.
931 *Carbonell Mateu*, in: Jornadas Extremadura, S. 27 f., m.w.N.
932 *Cortés Domínguez*, in: Jornadas Extremadura, S. 31.
933 *Gisbert Gisbert*, Futuro Tribunal, S. 161 f., bezogen auf Umweltdelikte und den Denkmalschutz.
934 *Gisbert Gisbert*, ebda., S. 148.
935 *Gisbert Gisbert*, ebda., S. 150 ff.

Zum einen seien normative Tatbestandsmerkmale in Einzelfällen auch durch den Laien ergründbar.[936] Eine präzise Fassung der von der Jury zu beantwortenden Fragen beuge einer Vermengung mit Rechtsfragen vor.[937] Außerdem könnte die Klärung reiner Rechtsfragen auch bei dem Jury-Modell dem Berufsrichter überlassen werden, wie es die LJ 1888 vorgesehen habe.

Die für eine weitere Belehrung der Jury durch den Vorsitzenden in den Regelwerken von 1872 und 1888 enthaltenen Instrumentarien seien auch weiterhin geeignet, den normativen Gehalt der Tatfragen den Geschworenen zu erschließen.[938] Weil ihre Anwendung schwerste Konsequenzen für den Betroffenen zur Folge habe, müssten gerade Strafgesetze einem Laien vermittelbar sein. Stellten sie sich hingegen als nur für wenige Eingeweihte verständliche Hieroglyphen heraus, wenn nicht mit absoluter Klarheit erklärbar sei, welches Verhalten warum bestraft wird, sei das Problem nicht in der Jury, sondern im Gesetz angelegt.[939]

Ein Ausspruch der Jury auch über die Schuld wird, da es sich hierbei um ein normatives Konzept handele, allerdings auch von Befürwortern der Jury verworfen.[940]

**ggg) Fiskalische Gesichtspunkte**

Weitgehend Einigkeit herrscht heute darüber, dass die mit dem Einsatz von Laien verbundenen Kosten nicht für das eine oder andere Modell ausschlaggebend sein dürfen.[941] Die Jury mache, so ihre Kritiker, den Prozess jedoch komplizierter und verzögere daher die Entscheidungsfindung in Strafverfahren.[942] Die Hauptverhandlung dauere länger, während sich die Dauer des Ermittlungsverfahrens nicht verkürze. Eine im Verhältnis zum Schöffengericht höhere Anzahl von Juroren müssten entschädigt und bewirtet werden. Diese Mehrkosten seien durch den Geschworenenprozess nicht gerechtfertigt, da die Jury keinerlei Vorteile gegenüber dem Schöffensystem habe.[943] Dem wird von Befürwortern des Schwurgerichtsprinzips entgegnet, dass die Dauer der Hauptverhandlung nicht

---

[936] *Gisbert Gisbert*, ebda., S. 151.
[937] *Gisbert Gisbert*, ebda., S. 129, m.w.N.
[938] *Gisbert Gisbert*, ebda., S. 153 f.
[939] Vgl. *Cardona Mínguez*, S. 185.
[940] So *Gisbert Gisbert*, La Ley 1989, S. 912.
[941] *Gimeno Sendra*, Constitución y proceso, S. 44 f; *Gisbert Gisbert*, Futuro Tribunal, S. 165; *Pérez-Cruz Martín*, Participación popular, S. 117; *Soriano*, Jurado, S. 53.
[942] *Pedráz Penalva*, in: Jornadas Extremadura, S. 143.
[943] *Pérez-Cruz Martín*, Participación popular, S. 115 ff.

in der Jury angelegt sei, sondern weil Unmittelbarkeit und Mündlichkeit des Verfahrens ohne Jury weniger Beachtung fänden.[944]

**ff) Stellungnahme**

Der Wortlaut des Art. 125 CE 1978, der auf die Institution des *Jurado* abstellt, ist etymologisch auf das klassische Schwurgericht zugeschnitten.[945] Das Schwurgericht ist auch historisch betrachtet diejenige Form von Laienbeteiligung, die spätestens seit der Verfassung von Cádiz und bis zu ihrer Beseitigung durch das frankistische Regime traditionell mit diesem Begriff verbunden ist. Dass auch das Schöffengericht unter den Begriff in seiner modernen Konzeption subsumierbar ist, ist etymologisch jedenfalls nicht belegbar.[946] Aus externer Sicht bestehen daher Zweifel, ob die grammatikalische Wortsinngrenze[947] eine Subsumtion des Schöffenmodells unter Art. 125 CE nach den in Spanien geltenden Interpretationsregeln zulässt.

Für eine derart moderne Konzeption des Schwurgerichts können die in systematischer Hinsicht gegen die Verfassungskonformität des Schwurgerichts erhobenen Einwände nicht sprechen. Auch rechtsvergleichende Gesichtspunkte können das begriffliche Konzept der spanischen Laienrechtsprechung bereits deshalb nicht prägen, da es sich um ein eigenes handelt. Eine rechtsvergleichende Auslegungsregel enthält das spanische Recht zudem nicht.[948]

Die Entstehungsgeschichte des Art. 125 CE deutet allerdings darauf hin, dass die verfassunggebende Versammlung den Begriff *Jurado* als offen für Form von Laienbeteiligung verstanden hat, soweit die sachliche Unabhängigkeit der Laienrichter gewahrt wird. Dass hiermit auch das Schöffensystem gemeint sein sollte, ist allerdings nicht belegt, da dieses in den Verfassungsdebatten an keiner Stelle genannt wurde. Der aus der Entstehungsgeschichte grundsätzlich für den Gesetzgeber folgende Ermessensspielraum wird in systematischer Hinsicht durch den weiteren Wortlaut *forma* des Art. 125 CE gestützt. Soweit hierdurch die Wortlautgrenze über die hergebrachte etymologische Begriffsbedeutung hinaus zu ziehen ist, wäre die Frage, ob es sich bei dem Schöffengericht um eine moderne Konzeption des Schwurgerichts handelt, im Rahmen der teleologischen Auslegung zu beantworten.

---

[944] *Martín Pallín*, in: Centenario, S. 62.

[945] Siehe erstes Kap. der vorliegenden Arbeit.

[946] Vgl. *Gleadow*, S. 211: Manche Befürworter des Schöffenmodells, die zu dessen Kennzeichnung den Terminus *tribunal de escabinos* verwenden, stellen bei der Subsumtion auf *Jurado de escabinos* um.

[947] Auch in der spanischen Auslegungslehre anerkannt; siehe *Díez-Picazo/Gullón*, S. 180.

[948] Siehe Einl., III.

In teleologischer Hinsicht ist die heutige Diskussion in der spanischen Literatur, wie dargestellt, reichhaltig. Die aus früheren Debatten des 19. Jahrhunderts bekannte Auseinandersetzung über die Trennbarkeit von Tatsachen- und Rechtsfragen zeigt in der Sache keine neuen Argumente, wohl aber eine dogmatische Auseinandersetzung mit dem normativen Gehalt von Straftatbeständen. Eine Entscheidung der Jury über die Schuld wird heute auch von Befürwortern des Jury-Modells abgelehnt. Hingegen bleiben die Folgen der Laienbeteiligung für die Entwicklung des materiellen Strafrechts im Ungewissen.

Im Vordergrund der Debatte stehen die Anforderungen des demokratischen Rechtsstaats der Verfassung von 1978, die in das moderne spanische Strafverfahren anerkanntermaßen weit hineinwirkt. Vordergründig geht es nicht nur um die Kontrolle der einst als despotisch geltenden Justiz, sondern auch um deren Demokratisierung durch Beteiligung von Bürgern aller Bevölkerungsschichten. Die Laienrichter symbolisieren in der modernen Konzeption des Schwurgerichts diese Demokratisierung der Justiz. Hierin liegt zuvorderst die Finalität des Art. 125 CE.

Die Entscheidungsautonomie der Laienrichter wird für die Stärkung des Demokratieprinzips als eine wesentliche Bedingung angesehen. Ob ein gleiches Maß an Freiheit für Schöffen wie für Geschworene besteht, ist, soweit dies von einer konkreten Verfahrensgestaltung losgelöst bewertet werden kann, in der spanischen Rechtswissenschaft jedenfalls mit nachvollziehbaren Gründen in Zweifel gezogen worden. Die Bedeutung der durch das jeweilige Modell eingeräumten kollektiven und individuellen Entscheidungsautonomie für Demokratie und Rechtsstaat sowie für Mitgestaltung und Qualität einer Rechtsprechung wird hierdurch verdeutlicht.

Die Debatte zeigt auch einen Gesamtzusammenhang des Verständnisses von Demokratie und Rechtsstaat einerseits und von strafprozessualen Freiheiten und Garantien andererseits. Ein entscheidender Vorteil der Laienrichter wird auch in der durch ihre Partizipation bewirkten Stärkung der bereits formell von der Verfassung garantierten Prinzipien der Unmittelbarkeit, Mündlichkeit, Öffentlichkeit und der Waffengleichheit gesehen. Die Frage, ob das Schöffengericht im Vergleich zum Schwurgericht diese Garantien zumindest in einem gleichen Maße stärkt, wird in der spanischen Wissenschaft bezogen auf die individuelle Entscheidungsfreiheit der Laien interdisziplinär zu beantworten sein.

Auch im Hinblick auf generalpräventive Thesen, nach welchen die Laienbeteiligung eine bessere Normakzeptanz sowohl bei Bürgern und Angeklagtem bewirkt, lässt die Diskussion in Spanien ein Bedürfnis nach interdisziplinärer Klärung offenkundig werden. Erste soziologische und psychologische Untersuchungen sind in Spanien vorgelegt und ausgewertet worden. Eine Klärung der Frage, inwieweit die Interaktion und Interdependenz mit Richtern eine autonome Entscheidung der Schöffen generell einschränkt oder verhindert, steht noch aus. Ob das Schöffengericht auch in dieser Hinsicht eine moderne Konzeption des spanischen Schwurgerichts sein kann, ist daher unklar.

Wegen der unmittelbaren Anwendung des Demokratieprinzips auf die spanische Justiz spielen fiskalische Gesichtspunkte zu Recht eine untergeordnete Rolle bei der Entscheidung für das eine oder andere Modell.

## IV. Zusammenfassung des vierten Kapitels

Während der rund vierzig Jahre dauernden frankistischen Militärdiktatur bleibt die Laienbeteiligung am Strafprozess in Spanien abgeschafft. Die Verfassung von 1978 führt in Spanien den demokratischen Rechtsstaat ein, in dem alle Staatsgewalten, also die Justiz, vom Volke ausgehen. Der verfassungsmäßige Grundrechtsschutz reicht anerkanntermaßen weit in das gesamte spanische Strafverfahren hinein. Dieses Verfassungsverständnis prägt die heutige Debatte um die Laienbeteiligung an der Strafjustiz.

Die Verfassung schreibt die Laienbeteiligung an der Strafrechtspflege zwingend vor. Heute wird sie in der spanischen Rechtswissenschaft daher nicht mehr grundsätzlich in Frage gestellt.

Ein Grundrecht und auch eine Grundpflicht des Bürgers auf Mitwirkung an der Rechtsprechung gewährt die spanische Verfassung indes nicht. Dem Angeklagte misst die Verfassung auch kein Recht auf einen Laienprozess bei. Er kann auch nicht anstelle eines Schwur- oder Schöffengerichts einen Berufsrichterspruchkörper wählen. Es ist nur schwer nachvollziehbar, warum dies, auf den Grundsatz der Waffengleichheit gestützt, ausnahmslos gelten soll. Die zwingende Zuständigkeit der Laienrichter dürfte vor allem in der modernen Konzeption des spanischen Geschworenengerichts begründet sein. Die spanische Jury dient heute zuvorderst der Bürgerbeteiligung an der Rechtspflege und ist erst in zweiter Linie ein Verfahrensrecht des Beschuldigten.[949]

Die spanische Rechtswissenschaft geht heute überwiegend davon aus, dass auch die Einführung des Schöffenmodells anstelle der klassischen Jury verfassungskonform wäre. Diese Auslegung erscheint wegen des Wortlauts des Art. 125 CE als zweifelhaft und, auch wenn die *mens legislatoris* nicht eindeutig in die eine

---

[949] So auch *Thaman*, ROW 1997, S. 76.

oder andere Richtung weist, in teleologischer Hinsicht als ungesichert. In der heutigen Diskussion werden neben der Verwirklichung des Demokratieprinzips und der klassischen Frage der Trennbarkeit von Tat- und Rechtsfragen auch die Folgen der Laienbeteiligung für die Entwicklung des spanischen Strafrechts und dessen Akzeptanz sowohl seitens des Angeklagten als auch der Bevölkerung aufgegriffen. Die Einzelfallgerechtigkeit der Strafjustiz wird durch Laienbeteiligung insgesamt als begünstigt angesehen. Ob das Schöffen- oder das Geschworenenmodell ein höheres Maß an Gerechtigkeit erlaubt, ist umstritten und bedarf einer interdisziplinären Untersuchung.

Fünftes Kapitel
# Das spanische Schwurgericht von 1995

Das spanische Gerichtsverfassungsgesetz von 1985 enthielt zur Umsetzung des verfassungsrechtlichen Mandats von Art. 125 CE zwei Vorschriften (Art. 19 Abs. 2 und Art. 83 LOPJ), welche die Leitlinien für ein zukünftiges Schwurgerichtsgesetz vorgaben. Das Schwurgericht sollte danach nur für Strafverfahren eingeführt werden. Zweitens sollte es lediglich für Straftaten (*delitos*), nach der deutschen Einteilung Verbrechen und Vergehen, nicht aber für Übertretungen (*faltas*)[950] zuständig sein. Schließlich sollte es nur über gesetzlich bestimmte Straftaten entscheiden dürfen.[951]

In der Folgezeit wurden verschiedene Gesetzesvorschläge von Vertretern der Legislative[952] und der Rechtswissenschaft[953] zur Einführung der Laienrichter in Strafverfahren unterbreitet. Am 22. Mai 1995 wurde schließlich das neue spanische Schwurgerichtsgesetz – *Ley Orgánica del Tribunal del Jurado*[954] – verabschiedet, das sechs Monate nach seiner Veröffentlichung in Kraft getreten ist.[955] Das aus 70 Artikeln sowie diversen Zusatz-, Übergangs- und Schlussbestimmungen bestehende Gesetz wurde durch verschiedene Normen mit Verordnungsrang zwischenzeitlich ergänzt.[956]

Mit diesem Gesetz ist in Spanien gegen die von der herrschenden Meinung in der Rechtswissenschaft geäußerten Kritik und den Widerstand der konservativen

---

950 Art. 10 CP sieht eine formelle Zweiteilung strafbaren Verhaltens in Übertretungen und Straftaten vor. Art. 13 CP unterscheidet je nach angedrohter Strafe schwere Straftaten (*delitos graves*), weniger schwere Straftaten (*delitos menos graves*) und Übertretungen (*faltas*).

951 Zu den Vorgaben der LOPJ krit. *Gómez Colomer*, ZStW 110, S. 532.

952 Entwürfe, die eine Einführung des klassischen Jury-Modells vorsahen, wurden bereits im Jahre 1982 von den baskischen Nationalisten und 1990 von *Centro Democrático y Social* vorgelegt; siehe zu diesen *Thaman*, Hastings Int'l & Comp. L. Rev., Vol. 21, S. 253 f.

953 Die Vorschläge von *López-Muñoz y Larraz* und *Fairén Guillén* sahen die klassische Jury, der Entwurf von *Gimeno Sendra* das Schöffenmodell vor; zu diesen und zu einem weiteren, sog. *Chinchón*-Entwurf, siehe *Thaman*, Hastings Int'l & Comp. L. Rev., Vol. 21, S. 254 f.

954 *Ley Orgánica 5/1995, del Tribunal del Jurado* v. 22.5.1995, BOE Nr. 122 v. 23.5.1995, zuletzt geändert durch *Ley 38/2002* v. 24.10.2002, BOE Nr. 258 v. 28.10.2002.

955 Aus organisatorischen Gründen sind die Vorschriften über die ersten Geschworenenlisten und die Voraussetzungen für das Geschworenenamt bereits zwei Monate nach Verkündung in Kraft getreten (*Disposiciones Finales Nr. 5* LOTJ). Die ursprüngliche Gesetzesfassung enthielt gesetzestechnische Fehler, weshalb wenige Tage vor Inkrafttreten der LOTJ ein Änderungsgesetz erging; vgl. *Thaman*, Hastings Int'l & Comp. L. Rev., Vol. 21, S. 255, m.w.N.

956 Regelungen, welche die Auslosung, Vergütung und Entschädigung der Geschworenen betreffen; vgl. *Gómez Colomer*, ZStW 110, S. 532 f.

Opposition[957] ein Geschworenenverfahren für einzelne, gesetzlich bestimmte Straftaten wieder eingeführt worden.[958] Die LOTJ hat innerhalb ihres Anwendungsbereichs auch Veränderungen der Gerichtsverfassung und der einzelnen Verfahrensabschnitte erbracht, die vor dem Hintergrund der im spanischen Strafverfahren bestehenden Grundstrukturen erläutert werden sollen.

## I. Gerichtsverfassung und Zuständigkeit

Das Schwurgericht ist nicht für alle Strafgerichte vorgesehen. Grundsätzlich werden Geschworenenverfahren nur bei der dem deutschen Landgericht in etwa vergleichbaren *audiencia provincial*[959] jeder spanischen Provinz durchgeführt. In Fällen eines besonderen persönlichen Gerichtsstands, etwa bei Anklagen gegen hochrangige Personen und Amtsträger auf territorialer Ebene der Autonomen Gemeinschaften[960], findet das Verfahren Anwendung vor dem einem deutschen Oberlandesgericht vergleichbaren *tribunal superior de justicia* und vor dem obersten ordentlichen Gericht Spaniens, dem *Tribunal Supremo*, in Verfahren gegen den entsprechenden Personenkreis auf gesamtstaatlicher Ebene[961].

Vor dem in Strafsachen dem deutschen Amtsgericht vergleichbaren *Juzgado de lo Penal*, der für Staatsschutz-, Terrorismus- und Betäubungsmittelkriminalität mit Sonderzuständigkeiten ausgestatteten *Audiencia Nacional* und dem *Juzgado Central de lo Penal* findet das Schwurgerichtsverfahren keine Anwendung.[962]

Gemäß Art. 2 LOTJ setzt sich das Schwurgericht aus einem Berufsrichter und neun Laienrichtern zusammen. Zwei Ergänzungsgeschworene nehmen an der

---

[957] Die *PP* sprach sich gegen die Einführung des Jurymodells aus, brachte 84 Änderungen in den Gesetzestext ein und blieb der entscheidenden Abstimmung im Kongress fern. Zu den Debatten in Kongress und Senat siehe *Cardona Minguez*, S. 223 ff.; Gleadow, S. 249 ff.

[958] Die LOTJ gilt neben dem Strafgesetzbuch von 1995 als eines der letzten großen Reformprojekte der *PSOE* vor dem Regierungswechsel 1996; siehe *Thaman*, Hastings Int'l & Comp. L. Rev., Vol. 21, S. 256.

[959] Außerhalb des Schwurgerichtsverfahrens erstreckt sich die Zuständigkeit der *AP* i.d.R. auf die Aburteilung von Taten, welche mit mehr als fünf Jahren Freiheitsstrafe bedroht sind (Art. 82 Nr. 1 LOPJ i.V.m. Art. 14 Nr. 3 und 4 LECrim).

[960] Im Falle der Sonderzuweisung durch die *Estatutos* der *CC AA* sowie in Verfahren gegen Richter und Staatsanwälte der *CC AA*, solange nicht die Zuständigkeit des *TS* gegeben ist (Art. 73 Nr. 3 LOPJ).

[961] Z.B. in Verfahren gegen Mitglieder der Regierung, des Kongresses, des Senats, des Rechnungshofes, des *TC* und des *TS* (Art. 57 Abs. 2 LOPJ).

[962] Für die *Audiencia Nacional* bestimmt dies Art. 1 Abs. 3 Satz 2 LOTJ explizit. Zum Ursprung und zur Verfassungsgemäßheit dieses Sondergerichts siehe *Reeg*, S. 137 ff., m.w.N.

Hauptverhandlung bis zur Verlesung des Verdikts teil (Art. 2 Abs. 2, 66 Abs. 2 LOTJ).[963]

Der Berufsrichter ist der vorsitzende Richter des Schwurgerichts (*magistrado presidente*). In Verfahren vor einer *audiencia provincial* handelt es sich um einen gerichtsangehörigen Richter, vor einem *tribunal superior de justicia* um einen Richter des Zivil- und Strafsenats und vor dem *Tribunal Supremo* um einen Richter des Strafsenats. Die Zusammensetzung des Schwurgerichts nach der LOTJ unterscheidet sich also wesentlich von Schwurgerichtsgesetzen von 1872 und 1888, welche drei Berufsrichter und die in der Geschichte des spanischen Schwurgerichts klassische Anzahl von zwölf Geschworenen vorsahen.[964]

Art. 1 Abs. 1 LOTJ, der die sachliche Zuständigkeit regelt, enthält sieben Deliktskategorien. Art. 1 Abs. 2 LOTJ konkretisiert die sachliche Zuständigkeit, indem an die Tatbestände des *Código Penal* angeknüpft wird. Es ergeben sich folgende sachliche Zuständigkeiten:

- Straftaten gegen die Person: Vollendeter Totschlag und Mord (138-140 CP)

- Straftaten im Amt: Untreue bei der Urkundenverwahrung, Verletzung von Amtsgeheimnissen (Art. 413-415 CP), Bestechungsdelikte (Art. 419-426 CP), unerlaubte Einflussnahme (Art. 428-430 CP), Veruntreuung öffentlicher Mittel (Art. 432-434 CP), Betrügerische Machenschaften, Gebühren- und Abgabenüberhebung (Art. 436-438 CP), den Beamten verbotene Tätigkeiten (Art. 439 und 440 CP), Entweichenlassen von Gefangenen (Art. 471 CP).

- Straftaten gegen die Freiheit und Sicherheit: Unterlassene Hilfeleistung (Art. 195, 196 CP), Drohungen (Art. 169 Nr. 1 CP)[965], Hausfriedensbruch (Art. 202, 204 CP).

- Brandstiftungsdelikte: Brandstiftungen in Forstgebieten (Art. 352-354 CP)[966]

---

[963] Für die Eröffnung der Hauptverhandlung ist nach Art. 38 Abs. 1 LOTJ eine Zahl von 20 anwesenden Kandidaten für das Geschworenenamt erforderlich.

[964] Der Gesetzgeber hat sich bei der Anzahl der Laien an dem französischen *cour d'assises* orientiert; vgl. *Thaman*, Hastings Int'l & Comp. L. Rev., Vol. 21, S. 264, m.w.N.; krit. *Gómez Colomer*, ZStW 110, S. 535.

[965] Das Gesetz spricht von Drohungen (*amenazas*), der in Bezug genommene Tatbestand ist jedoch dem des § 253 Abs. 1 StGB ähnlicher.

[966] Als Deliktskategorie werden auch Straftaten gegen die Ehre (Art. 1 Abs. 1 LOTJ) geführt, ohne dass sie eine Konkretisierung im zweiten Absatz finden. Das Schwurgericht sollte nach dem Willen des Gesetzgebers nur de lege ferenda für Ehrdelikte zuständig sein; siehe *Gómez Colomer*, Rev. int. dr. penal 72, S. 291.

Der Gesetzgeber ist bei allen der Zuständigkeit des Schwurgerichts unterstellten Taten davon ausgegangen, dass sie bei typischer Ausführung keine besonderen Schwierigkeiten aufweisen und dass ihre normativen Elemente für die Bewertung durch juristisch ungeschulte Bürger besonders geeignet sind.[967]

Mit Ausnahme der vom Gesetz genannten Straftaten gegen die Person besteht die sachliche Zuständigkeit unabhängig von dem Beteiligungsgrad oder des Ausführungsstadiums (Art. 5 Abs. 1 Satz. 1 LOTJ).

Die sachliche Zuständigkeit des Schwurgerichts erstreckt sich gemäß Art. 5 Abs. 3 LOTJ auf Fälle der Idealkonkurrenz (Art. 77 CP) und der fortgesetzten Straftat (Art. 74 CP). Auch für verbundene Straftaten (*delitos conexos*) ist das Schwurgericht zuständig, wenn mehrere Täter gleichzeitig verschiedene Straftaten begehen, mehrere Personen nach einem gemeinsam gefassten Tatentschluss mehr als eine Tat an verschiedenen Orten und zu verschiedenen Zeiten begehen, oder wenn es sich um Taten handelt, die zur Verdeckung oder Ermöglichung einer anderen Tat begangen wurden. Von der Zuständigkeit kraft Konnexität nimmt das Gesetz die Rechtsbeugung und alle solche Straftaten, die getrennt verhandelt werden können, ohne dass der Verfahrensgegenstand auseinander gerissen wird, aus (Art. 5 Abs. 2 a.E. LOTJ).

Die letztgenannte Ausnahme verdeutlicht den gesetzgeberischen Willen, die Zuständigkeit für verbundene Straftaten zu begrenzen, um die Geschworenen nicht mit mehreren und zudem komplexen Straftatbeständen zu überfordern.[968]

Schließlich entscheidet das Schwurgericht nach Art. 48 Abs. 3 LOTJ selbst dann, wenn die Parteien in ihren Schlussplädoyers am Ende der Hauptverhandlung die angeklagte Tat übereinstimmend als solche qualifizieren, die nicht in den Zuständigkeitskatalog der LOTJ fällt.[969]

Das neue spanische Schwurgericht ist sachlich zwingend für die gesetzlich bestimmten Straftaten zuständig. Dem Angeklagten ist, entsprechend dem bereits dargestellten herrschenden Verfassungsverständnis, kein Recht zur Wahl zwischen einem Schwurgericht und einem reinen Berufsrichterspruchkörper eingeräumt worden. In der dem Gesetz vorangestellten Gesetzesbegründung heißt es, dass die Jury heute, anders als bei ihrer Rezeption im bürgerlich-liberalen Staat,

---

[967] EM-LOTJ, II; krit. *Gómez Colomer*, ZStW 110, S. 537; *Pérez-Cruz Martín*, in: Comentarios, S. 40; vgl. *Thaman*, Hastings Int'l & Comp. L. Rev., Vol. 21, S. 261, m.w.N.

[968] Zur Gesetzeskonkurrenz krit. *Gómez Colomer*, ZStW 110, S. 536.

[969] Krit. hierzu *Gómez Colomer*, ZStW 110, S. 537; *ders.*, Rev. Int. Dr. penal 72, S. 292 f.

Ausdruck der Volkssouveränität und nicht des Misstrauens in den Berufsrichter ist. Sie soll daher keine Parallel- oder Gegenjustiz zum Berufsrichtertum sein.[970]

Die örtliche Zuständigkeit des Schwurgerichts (Art. 5 Abs. 4 LOTJ) entspricht dem allgemeinen Grundsatz des Gerichtsbezirks des Ortes, an dem die Straftat begangen wurde.[971]

## II. Rechtsstellung, Eignung und Auswahl der Geschworenen

### 1. Rechtsstellung

Der Gesetzgeber hat das Geschworenenamt sowohl als Recht als auch als Pflicht des Bürgers aufgefasst[972] und bezeichnet[973].

Die Geschworenen sind Richter und üben rechtsprechende Tätigkeit aus (Art. 3 Abs. 3 LOTJ). Daraus folgt, dass die Geschworenen nicht nur entschädigt, sondern den Bezügen eines einfachen Richtergehaltes angeglichen vergütet werden (Art. 7 Abs. 1 LOTJ)[974]. Das Recht, Geschworener zu sein, ist öffentlich-rechtlicher Natur und genießt den Schutz des Beamten- und Arbeitsrechts (Art. 7 Abs. 2 LOTJ).

Die Geschworenen sind, wie die der rechtsprechenden Gewalt angehörigen Berufsrichter auch, unabhängig, verantwortlich vor dem Gesetz und nur diesem unterworfen (Art. 3 Abs. 3 LOTJ). Sie können Handlungen, welche ihre Unabhängigkeit beinträchtigen, beim vorsitzenden Richter rügen (Art. 3 Abs. 4 LOTJ).

Hingegen ist die Jury nicht unabsetzbar, da sie durch den Vorsitzenden in bestimmten durch das Gesetz geregelten Fällen entlassen werden kann.[975] Die Unabhängigkeit der Geschworenen ist auch durch den Umstand eingeschränkt, dass der Berufsrichter ihnen Anweisungen für ihren Wahrspruch erteilt.[976]

---

970 EM-LOTJ, I.
971 *Goméz Colomer*, ZStW 110, S. 538.
972 EM-LOTJ, I.
973 *Derecho y deber de jurado* (Überschrift des Art. 6 LOTJ).
974 Die Vergütung beträgt 60,70 Euro täglich zuzüglich der Kosten für Fahrt, Unterkunft und Verpflegung, Art. 7 Abs. 1 LOTJ i.V.m. RD 385/1996 i.d.F. des Orden Jus 2352/2002 v. 5.9.2002 (BOE 230 v. 25.9.2002).
975 Siehe hierzu dieses Kap., IV/2 d).
976 Siehe hierzu dieses Kap., IV/3 a) und b).

Die Ausübung des Geschworenenamtes ist auch eine gesetzliche Pflicht. Das Gesetz bestimmt empfindliche Sanktionen für Kandidaten und Geschworene, die ihr nicht nachkommen.[977] Gegen einen Geschworenen, der das Beratungsgeheimnis bricht, kann eine Haftstrafe bis zu sechs Monaten angeordnet werden (2. Zusatzvorschrift LOTJ).

**2. Eignung und Entschuldigungsgründe**

Um für das Amt des Geschworenen wählbar zu sein, müssen Kandidaten nach Art. 8 LOTJ volljährige[978] Spanier, im Vollbesitz der bürgerlichen Rechte, des Lesens und Schreibens mächtig sein, einen Wohnsitz in der Provinz, in der die Tat begangen wurde, haben und weder körperlich noch geistig an der Ausübung des Geschworenenamtes gehindert sein.

Art. 9 LOTJ sieht, ähnlich § 32 GVG für das Schöffenamt, Ausschlussgründe wegen Unfähigkeit (*incapacidad*). Dies betrifft Personen, die wegen eines vorsätzlichen Delikts verurteilt und nicht rehabilitiert worden sind, gegen die das Hauptverfahren eröffnet worden ist oder die sich in Untersuchungshaft, Strafvollzug oder Unterbringung befinden und die in einem Strafverfahren mit einem Amts- oder Berufsverbot belegt worden sind, für die Dauer des Verbotes.

Art. 10 LOTJ erklärt, ähnlich § 34 GVG, eine ganze Reihe von Berufen und Stellungen für mit dem Geschworenendienst unvereinbar (*incompatibilidad*). Hierzu zählen unter anderen Mitglieder des Königshauses und der Regierung, der Legislative, aber auch Inhaber juristischer Ämter, Professoren des Rechts und der Rechtsmedizin, Rechtsanwälte und diplomatische Beamte.

Weiterhin sieht Art. 11 LOTJ Verbote (*prohibición*) der Amtsausübung wegen möglicher Interessenkollision vor. Neben den Verfahrensbeteiligten sind hiervon

---

[977] Bei unentschuldigtem Nichterscheinen können gegen Kandidaten Ordnungsgelder von 150 bis 1.500 Euro verhängt werden (Art. 39 Abs.2 LOTJ). Bei einer Weigerung, den Eid oder eine Beteuerungsformel zu leisten, ist ein Ordnungsgeld von 300 Euro zu verhängen (Art. 41 Abs. 4 LOTJ). Ein Ordnungsgeld von 450 Euro ist für den Fall der Weigerung eines Geschworenen vorgesehen, bei der Abstimmung der Jury seine Stimme abzugeben (Art. 58 Abs. 2 LOTJ). Gegen den säumigen Kandidaten und den nicht abstimmungswilligen Geschworenen können Geldstrafen von bis zu 3.000 Euro verhängt werden, wenn das Verhalten trotz Verhängung eines oder mehrerer Ordnungsgelder beibehalten wird.

[978] Volljährigkeit tritt mit Vollendung des achtzehnten Lebensjahres ein. Das im Vergleich zur LJ 1888 und zu heutigen Gerichtsverfassungen anderer europäischer Länder geringe Mindestalter des spanischen Laienrichters hat in der Lit. Kritik ausgelöst; siehe *Gómez Colomer*, Rev. Int. dr. penal 72, S. 294; rechtsvergleichend *Thaman*, Hastings Int'l & Comp. L. Rev., Vol. 21, S. 266 [dort Fn. 122]. Zur ratio des Mindestalters deutscher Schöffen siehe *Wendt*, ZRP 2003, S. 286.

auch mit diesen verwandte sowie diejenigen Personen erfasst, die ein direktes oder indirektes Interesse am Ausgang des Verfahrens haben.

Schließlich bestehen nach Art. 12 LOTJ Gründe für eine Entschuldigung (*excusa*) aus Altersgründen (über 65 Jahre), wegen starker familiärer Belastung, einer bereits innerhalb der letzten vier Jahre erfolgten Amtsausübung, dienstlicher Unabkömmlichkeit, eines im Ausland bestehenden Hauptwohnsitzes und des Einsatzes als Berufssoldat. Eine Verweigerung aus Gewissensgründen sieht das Gesetz nicht vor.[979] Art. 12 Abs. 7 LOTJ enthält jedoch eine Generalklausel. Zur Entschuldigung kann auch ein Grund glaubhaft gemacht werden, „der die Ausübung der Geschworenenfunktion wesentlich erschwert".

### 3. Auswahlverfahren

Art. 13-23, 38-41 LOTJ regeln das Auswahlverfahren in drei Phasen. Nach der Gesetzesbegründung beruht das Verfahren auf den Prinzipien der Transparenz und Öffentlichkeit.[980]

#### a) Abstrakte Kandidatenliste für eine Vielzahl von Verfahren

In jeder Provinz Spaniens werden alle zwei Jahre Kandidatenlisten aus dem Wählerverzeichnis durch öffentliche Auslosung abstrakt zusammengestellt und in allen Rathäusern der Provinz durch Aushang öffentlich bekannt gemacht.[981] Daraufhin kann jeder Bürger, nicht nur der herangezogene, fristgebunden Einspruch gegen das Auslosungsverfahren bei der *audiencia provincial* erheben. Wird diesem nicht abgeholfen, wird die Liste veröffentlicht und jeder auf ihr aufgeführte Kandidat schriftlich informiert und fristgebunden aufgefordert, in einem beigefügten Formular mögliche Gründe für eine Untauglichkeit, Unvereinbarkeit oder Entschuldigung mitzuteilen. (Art. 13 LOTJ) Auch während der zweijährigen Geltungsdauer dieser Vorschlagsliste können Untauglichkeits- oder Unvereinbarkeitsgründe mitteilt werden. Das Gericht streicht gegebenenfalls Kandidaten von der Liste (Art. 16 Abs. 2-4 LOTJ).

#### b) Kandidatenliste für eine konkrete Strafsache

Die Kandidatenliste für einen konkret zu verhandelnden Fall wird spätestens dreißig Tage vor Beginn der Hauptverhandlung gebildet. In öffentlicher Sitzung, zu der die Parteien geladen werden, werden unter Aufsicht des Gerichts von der

[979] Vgl. *Gómez Colomer*, in: ders./Montero Aroca, S. 396.
[980] EM-LOTJ, II.
[981] Wie in Frankreich basiert die Auswahl nunmehr auf dem Wählerverzeichnis; vgl. *Thaman*, Hastings Int'l & Comp. L. Rev., Vol. 21, S. 267, auch krit. zur deutschen Schöffenwahl.

Provinzliste 36 Namen ausgelost (Art. 18 LOTJ). Die ausgewählten Kandidaten werden sodann dem Prozedere der ersten Liste entsprechend informiert, für den für die Eröffnung der Hauptverhandlung anberaumten Termin geladen und aufgefordert, einen Fragebogen auszufüllen, in dem sie Hinderungsgründe angeben müssen (Art. 19 LOTJ).

Den Parteien werden Fragebögen überlassen. Sie können Kandidaten wegen Untauglichkeit, Unvereinbarkeit oder Verbots der Amtsausübung ablehnen, worüber im Anschluss mündlich zu verhandeln und vom Vorsitzenden zu entscheiden ist. Machen sie einen bereits bekannten Ablehnungsgrund jetzt nicht geltend, ist dieser präkludiert. Bleiben nach erfolgreichen Ablehnungen weniger als 20 Kandidaten übrig, sind Kandidaten nachzuwählen. (Art. 21-23, 38 LOTJ)

**c) Auswahl der Geschworenen für die Hauptverhandlung**

Zu Beginn der Hauptverhandlung werden schließlich die neun Geschworenen und zwei Ersatzgeschworene in einem zweistufigen Verfahren ausgewählt.

Zunächst werden die Kandidaten vom Richter und sodann von den Parteien erneut auf die gesetzlichen Hinderungsgründe hin befragt. Der Vorsitzende entscheidet über hierauf gestützte Ablehnungsanträge der Parteien. (Art. 38 LOTJ) Bleiben weniger als die zwanzig Kandidaten übrig, ist ein neuer Termin innerhalb von längstens fünfzehn Tagen zu bestimmen. Dies geschieht solange, bis die Mindestzahl von zwanzig Kandidaten erreicht ist. (Art. 39 LOTJ)

Auf einer zweiten Stufe werden neun Kandidaten für die Jury sowie zwei Kandidaten als Ergänzungsgeschworene durch den Urkundsbeamten sukzessive ausgelost. Anklage und Verteidigung können den ausgelosten Kandidaten Fragen stellen und jeweils bis zu vier von ihnen peremptorisch ablehnen.[982] Sind mehrere Ankläger oder Angeklagte vorhanden, müssen sie ihr Ablehnungsrecht aufeinander abstimmen. Andernfalls entscheidet das Los über die Reihenfolge der Ausübung. Ergänzungskandidaten können jedoch von Anklage und Verteidigung solange ohne Angabe von Gründen abgelehnt werden, bis zwei übrig bleiben. (Art. 40 LOTJ)

Das Gesetz trifft keine eindeutige Aussage darüber, ob das Auswahlverfahren öffentlich oder hinter verschlossener Tür[983] stattfindet und ob ausgeloste Kandi-

[982] Beteiligten Zivilklägern und -beklagten steht ein Ablehnungsrecht nicht zu (Art. 40 Abs. 3 LOTJ).

[983] So die überwiegende Praxis und wohl h.Lit.; siehe *Del Río Fernández*, in: CGPJ 1999, S. 85; *Salom Escriva*, in: Gómez Colomer/Montero Aroca, S. 643; vgl. *Thaman*, Hastings Int'l & Comp. L. Rev., Vol. 21, S. 287

daten in Abwesenheit der anderen befragt werden müssen[984]. Auch schreibt die LOTJ für kein Stadium des Auswahlverfahrens eine angemessene Berücksichtigung aller Bevölkerungsgruppen („Proportionalitätsprinzip“) vor.[985] Offen bleibt insbesondere, welche Fragen die Parteien an die Kandidaten richten dürfen. Art. 40 Abs. 3 LOTJ bestimmt nur, dass der Richter die Fragen als zulässig erklärt haben muss. Die Grenzen der Zulässigkeit werden in der Gewissens- und Religionsfreiheit (Art. 16 Abs. 2 CE) und im Kernbereich des allgemeinen Persönlichkeitsrechts (Art. 18 Abs. 1 CE) des betroffenen Kandidaten gezogen.[986]

Vor Beginn der öffentlichen Verhandlung werden die ausgewählten Kandidaten vereidigt beziehungsweise geben eine eidesgleiche Bekräftigung ab. Dies ist konstitutiv für die Ausübung des Geschworenenamtes. (Art. 41 LOTJ)

### III. Ermittlungs- und Zwischenverfahren

Die LOTJ hat in ihrem Anwendungsbereich bedeutende Änderungen auch für das Ermittlungs- und für das Zwischenverfahren ergeben. Die LOTJ ist lex specialis zur LECrim in allen Verfahrensstadien.[987]

Stellt sich im Ermittlungsverfahren heraus, dass die sachliche Zuständigkeit des Schwurgerichts wahrscheinlich gegeben ist, finden die Vorschriften der LECrim nur dann subsidiär zur LOTJ Anwendung, wenn sie Sinn und Zweck der LOTJ nicht widersprechen (Art. 24 Abs. 2 LOTJ). Die LOTJ unterscheidet sich auch insoweit von ihren historischen Vorgängern, da jene allesamt keine besonderen Vorschriften für das Ermittlungsverfahren enthielten. Anliegen des Gesetzgebers von 1995 war es, bereits das Vorverfahren auf eine den Laienrichtern verständliche Bündelung von Beweisen zuzuschneiden, um in der Hauptverhandlung die Beweisaufnahme vor der Jury zu erleichtern.[988] Zum anderen sollten die Prinzipien der Akkusation, der Kontradiktion und der Konzentration insgesamt gestärkt werden. Die kontradiktorische Mitwirkung der Parteien ist nach der LOTJ stärker als in allen anderen europäischen Ländern und auch den USA ausge-

---

[984] Unterschiedlich die Praxis, vgl. *Gómez Colomer*, ZStW 110, S. 543.
[985] *Gómez Colomer*, Rev. int. dr. penal 72, S. 304 f.
[986] Für ein eingeschränktes Weigerungsrecht des Kandidaten: *Del Río Fernandez*, in: CGPJ 1999, 86; a.A.: *Salom Escriva*, in: Gómez Colomer/Montero Aroca, S. 642.
[987] *González Pillado*, S. 24 ff., m.w.N.
[988] EM-LOTJ, III, 1.

prägt.[989] Diese Besonderheiten der LOTJ sollten nach dem Willen des Gesetzgebers Vorbild für eine umfassende Reform des spanischen Strafverfahrens sein.[990]

Im Folgenden ist das heutige spanische Vorverfahren im Grundsatz (**1.**) sowie im besonderen Anwendungsbereich der LOTJ (**2.**) darzustellen.

### 1. Allgemeines Vorverfahren im Überblick

In der Praxis werden die meisten Ermittlungsverfahren durch die Kenntnis der Polizei von strafbaren Handlungen in Gang gesetzt. Gemäß Art. 284 LECrim hat die Polizei in diesen Fällen unverzüglich entweder dem zuständigen Untersuchungsrichter oder der Staatsanwaltschaft Mitteilung zu machen. Die Staatsanwaltschaft reicht ihrerseits je nach Ermittlungsstand entweder eine Strafanzeige (*denuncia*, Art. 259 ff. LECrim) oder einen Strafantrag (*querella*, Art. 270 ff. LECrim) beim Untersuchungsrichter ein (Art. 269, 272 LECrim).[991]

Im spanischen Strafverfahren werden die Ermittlungen grundsätzlich vom Untersuchungsrichter betrieben, dem die formelle Einleitung sowie die Durchführung des Ermittlungsverfahrens obliegt (Art. 87 Abs. 1 lit. a) LOPJ).[992] Entsprechend des für das gesamte Vorverfahren im Grundsatz geltenden, an der materiellen Wahrheitsfindung ausgerichteten Offizialprinzip[993] trägt er allgemein die Verantwortung für die sachgemäße Vorbereitung der Hauptverhandlung. Der Untersuchungsrichter veranlasst die Durchführung von Ermittlungen, die er für die Aufklärung des Tatvorwurfs für erforderlich hält (Art. 299 ff. LECrim). Er kann auch von Amts wegen den Sachverhalt erforschen.[994]

Neben der Sachverhaltsaufklärung und Beweissicherung hat der Untersuchungsrichter auch die Belange des Geschädigten zu schützen, etwa durch einstweilige Sicherung der aus der Tat resultierenden zivilrechtlichen Ansprüche (Art. 13, 299 LECrim).

---

[989] So *Thaman*, Hastings Int'l & Comp. L. Rev., Vol. 21, S. 273 [dort auch Fn. 152].

[990] Nach der 4. Schlussbestimmung LOTJ sollte die Regierung binnen eines Jahres nach der Gesetzesverabschiedung den *Cortes* einen Gesetzentwurf zur Reform der LECrim übermittelt, der die in der LOTJ eingerichteten prozessualen Gesichtspunkte zu einem in den Prinzipien der Akkusation und der Kontradiktion begründeten Verfahren verallgemeinert und die Dauer des Ermittlungsverfahrens abkürzt. Die h. L. lehnt dies bis heute ab; siehe *González Pillado*, S. 3 f., m.w.N.

[991] Auch Privatpersonen können mit einer *denuncia* oder *querella* beim Untersuchungsrichter das Untersuchungsverfahren in Gang setzen (Art. 259, 270 LECrim).

[992] Vgl. *Gómez Colomer*, ZStW 112, S. 135 f. *Núñez Ojeda*, Rev. Per. D&JP 2000, S. 269 ff.; *Pérez-Cruz Martín*, in: Comentarios, S. 132 ff.

[993] Zu den Einschränkungen: *González Pillado*, S. 11; siehe auch *Núñez Ojeda*, ebda., S. 269.

[994] *González Pillado*, S. 33.

Die Staatsanwaltschaft ist formelle Prozesspartei und kein Organ der Rechtspflege. Sie setzt, streng dem Legalitätsgrundsatz verpflichtet[995], die Tätigkeit der Rechtsprechungsorgane in Gang, erhält sie aufrecht und unterstützt sie, indem sie gerichtliche Beschlüsse beantragt, Erklärungen abgibt, Beweismittel beschafft und Rechtsmittel einlegt. Die spezifische und prozessual wichtigste Funktion der Staatsanwaltschaft besteht indes in der Erhebung der öffentlichen Anklage (Art. 105 LECrim) und macht sie zum wesentlichen Bestandteil des formellen Anklagesystems.[996] Trotz ihrer Parteistellung repräsentiert die spanische Staatsanwaltschaft auch das öffentliche Interesse an Gerechtigkeit. Sie soll daher auch zugunsten des Beschuldigten in allen Verfahrensstadien tätig werden.[997]

Ihre eigenen Ermittlungsbefugnisse sind in einem erheblichen Maße der Kontrolle des Untersuchungsrichters unterworfen. Ohne richterlichen Beschluss kann die Staatsanwaltschaft die vorläufige Festnahme des Verdächtigten[998] sowie vorläufige Schutzmaßnahmen, Eilmaßnahmen und dergleichen[999] anordnen. Alle übrigen Maßnahmen mit grundrechtseinschränkender Wirkung muss der Staatsanwalt beim Untersuchungsrichter beantragen, der allein für deren Anordnung zuständig ist.[1000] Nur im Rahmen des abgekürzten Verfahrens kann die Staatsanwaltschaft aus eigener Initiative selbst ermitteln, wenn sie von einem strafbaren Verhalten unmittelbar, durch Strafantrag oder durch ein Vernehmungsprotokoll Kenntnis erlangt hat.[1001] Ihre eigenständige Ermittlungsfunktion endet jedoch grundsätzlich mit der Einleitung eines gerichtlichen Untersuchungsverfahrens oder dann, wenn die Ermittlungen soweit abgeschlossen sind, dass beim Untersuchungsrichter die Einleitung eines gerichtlichen Untersuchungsverfahrens beantragt werden kann (*diligencias previas*, Art. 774 ff. LECrim n.F.).[1002] Alle weiteren Ermittlungen erfolgen nunmehr ausschließlich im Namen des Untersuchungsrichters und nach dessen Weisungen.

---

[995] Das Opportunitätsprinzip ist in Spanien nicht gesetzlich anerkannt. Zur Unterscheidung von öffentlichen, semi-öffentlichen und Privatklagedelikten siehe *Gómez Colomer*, ZStW 112, S. 137; zur „Krise des Legalitätsprinzips" siehe *Armenta Deu*, ZStW 114, S. 739; *dies.*, in: FS Roxin [70], S. 1232 ff.

[996] Siehe *Gómez Colomer*, ZStW 112, S. 138.

[997] Die Staatsanwaltschaft beantragt je nach Sachlage so auch die Einstellung des Verfahrens, den Freispruch des Angeklagten oder legt ein Rechtsmittel zu dessen Gunsten ein; siehe *Gómez Colomer*, ZStW 112, S. 137 f., m.w.N.

[998] Der Festgenommene muss binnen 72 Stunden dem Richter vorgeführt werden. Im Bereich der Terrorismus- und Bandendelikte gelten Ausnahmen (Art. 17 Abs. 2 CE, Art. 496, 520 bis, 384 bis LECrim).

[999] Siehe *Cómez Colomer*, ZStW 112, S. 146; *Vossler*, S. 84 ff.

[1000] *Gómez Colomer*, ZStW 112, S. 140.

[1001] In engen Grenzen gilt dies auch für die Polizei; siehe *Vossler*, S. 67.

[1002] *Gómez Colomer*, ZStW 112, S. 140; *Vossler*, S. 67.

Im gewöhnlichen Verfahren (*proceso ordinario*) wegen schwerwiegender Delikte erlässt der Untersuchungsrichter, sobald ein begründeter Hinweis (*indicio racional*) für ein strafbares Verhalten einer bestimmten Person vorliegt, einen Beschluss (*auto de procesamiento*), in dem eine förmliche Beschuldigung erhoben und der Beschuldigte zum *procesado*, in etwa dem Angeschuldigten nach der deutschen Gesetzesterminologie vergleichbar, erklärt wird (Art. 384 Abs. 1 LECrim).[1003] Auch die Beendigung der gerichtlichen Voruntersuchung erfolgt im gewöhnlichen Verfahren durch einen Beschluss (*auto de conclusión*, Art. 622 LECrim), sobald der Untersuchungsrichter alles zur Ermittlung des Sachverhalts Erforderliche unternommen hat. Mit diesem Beschluss wird der Prozessgegenstand des Hauptverfahrens definiert.[1004] Mit der nachfolgenden Übersendung der gesamten Ermittlungsakten an das zuständige Prozessgericht – bei schweren Straftaten in der Regel die *audiencia provincial* - beginnt das so genannte Zwischenverfahren (*fase intermedia*), in welchem das Prozessgericht, nach Anhörung der Staatsanwaltschaft und gegebenenfalls privater Anklageparteien, die Eröffnung des Hauptverfahrens oder die Verfahrenseinstellung beschließt (Art. 622 ff., 632 LECrim).[1005]

Hingegen trifft im abgekürzten Verfahren der Untersuchungsrichter auch die Entscheidung über die Eröffnung des Hauptverfahrens (Art. 779 n.F. LECrim), wodurch das Zwischenverfahren gewissermaßen in die Voruntersuchung integriert wurde. Hierdurch soll vermieden werden, dass sich das erkennende Gericht bereits vor Beginn der Hauptverhandlung zur Wahrscheinlichkeit einer Verurteilung zu äußern hat, wie dies im gewöhnlichen Verfahren wegen schwerer Delikte der Fall ist.[1006]

Weder das gewöhnliche noch das abgekürzte Verfahren setzen für die Entscheidung über die Eröffnung des Hauptverfahrens die vorherige Anhörung des Angeschuldigten voraus.[1007]

Durch die Reform des abgekürzten Verfahrens und die gleichzeitige Einführung der so genannten Schnellverfahren sind dem Opfer weitgehende Informationsrechte auch im Ermittlungsverfahren eingeräumt worden (Art. 785.3 LECrim n.F.). Im so genannten Schnellverfahren sind die Ermittlungsbefugnisse der Po-

---

[1003] Zur praktischen Funktionslosigkeit des *auto de procesamiento*: *Vossler*, S. 67 f., m.w.N.
[1004] Neue Tatsachen können danach nur durch eine Aussetzung der Hauptverhandlung in den Prozess eingeführt werden (Art. 746 Abs. 6 LECrim); siehe *Buhlmann*, S. 34.
[1005] Das Gericht kann auch die Durchführung weiterer Ermittlungen durch den Untersuchungsrichter anordnen, wenn es den Sachverhalt noch nicht für hinreichend aufgeklärt hält (Art. 630, 631 LECrim).
[1006] *Vossler*, S. 68 f., m.w.N.
[1007] *González Pillado*, S. 20.

lizei drastisch ausgeweitet worden. Das Schnellverfahren kann auch nur durch die Polizei in Gang gesetzt werden (Art. 795 Abs. 1, 796 LECrim n.F.).[1008]

**2. Schwurgerichtliches Vorverfahren**

Ermittlungs- und Zwischenverfahren nach der LOTJ sind im Gegensatz zum herkömmlichen Verfahren akkusatorisch und kontradiktorisch ausgestaltet, wobei die Prinzipien der Mündlichkeit, Konzentration, Parteiöffentlichkeit, Beschleunigung und Präklusion Anwendung finden.

Die LOTJ sieht für beide Verfahrensabschnitte jeweils eine mündliche Verhandlung vor, zu der alle Parteien, also auch der Beschuldigte (*imputado*) beziehungsweise Angeschuldigte (*procesado*), geladen werden. Im Ermittlungsverfahren ist dies die *comparencia* (Art. 25 LOTJ), eine Anhörung, im Zwischenverfahren die *audiencia preliminar*[1009] (Art. 31 LOTJ), die der Entscheidung über die Eröffnung der Hauptverfahrens vorangeht.

Für beide Verfahrensabschnitte wurde die Rolle des Untersuchungsrichters im Verhältnis zu den Parteien neu ausgerichtet. Der Untersuchungsrichter ist auch im Schwurgerichtsverfahren eine zentrale Figur des Vorverfahrens, da nur er Ermittlungsmaßnahmen anordnet und über die Eröffnung des Hauptverfahrens entscheidet. Weil das Gesetz seine Handlungen aber in einem hohen Maße an die Anträge der Parteien bindet, ist er nicht mehr Herr des Verfahrens. Der Gesetzgeber wollte ein höheres Maß an Unvoreingenommenheit des Untersuchungsrichters für dessen spätere Entscheidung über die Einleitung des Hauptverfahrens gewährleisten.[1010] Im Zwischenverfahren soll er die von den Parteien zugetragenen Tatsachen neutral bewerten und die von diesen eingeforderten Ermittlungsmaßnahmen veranlassen.[1011] Wenn er ausnahmsweise Ermittlungsmaßnahmen von Amts wegen anordnen kann, sind diese immer durch den Verfahrensgegenstand, den die Parteien festlegen, begrenzt. Das im herkömmlichen Ermittlungs- und Zwischenverfahren grundsätzlich geltende Offizialprinzip wird im Bereich des Schwurgerichtsverfahrens weitgehend durch Akkusation und Kontradiktion abgelöst,[1012] was die folgende Darstellung der beiden Verfahrensabschnitte zeigen soll.

---

[1008] Krit. *Marco Cos*, AJA 559/2002.

[1009] Die *audiencia preliminar* wurde von der italienischen *udienza preliminare* abgeleitet und durch die LOTJ in das spanische Strafverfahren eingeführt; siehe *Gómez Colomer*, in: ders./Montero Aroca, S. 516.

[1010] EM-LOTJ, III, 2.

[1011] Siehe *Thaman*, Hastings Int'l & Comp. L. Rev., Vol. 21, S. 273.

[1012] *González Pillado*, S. 14. Auch außerhalb des Schwurgerichtsverfahrens gilt dies für einzelne Kautelarmaßnahmen. Die Anordnung der Untersuchungshaft durch den Untersuchungsrichter setzt stets eine kontradiktorisch durchzuführende mündliche Verhandlung voraus. Er

### a) Ermittlungsverfahren

Das Ermittlungsverfahren nach der LOTJ beginnt durch den Beschluss des Untersuchungsrichters, das Vorverfahren für die Verhandlung vor dem Schwurgericht einzuleiten (*resolución de incoación del procedimiento para el juicio ante el Tribunal del Jurado*). Den Beschluss erlässt der Untersuchungsrichter im Fall der Beschuldigung einer Person durch Anzeige oder Strafantrag, eine Straftat begangen zu haben, für die das Schwurgericht sachlich zuständig ist, wenn die Tat als wahrscheinlich gilt. (Art. 24 Abs. 1 LOTJ)

Der Untersuchungsrichter teilt dem Beschuldigten die Verfahrenseinleitung und den Inhalt der Anzeige oder des Strafantrags mit und belehrt ihn über seine prozessualen Rechte. Ferner bestimmt er einen Termin binnen fünf Tagen zur Anhörung. Zu dieser sind die Staatsanwaltschaft, der Beschuldigte und mutmaßlich Geschädigte oder Verletzte der Tat zu laden. Der Beschuldigte muss in Begleitung eines Rechtsbeistands seiner Wahl oder eines Pflichtverteidigers erscheinen. (Art. 25 Abs. 1 LOTJ)[1013]

In der kontradiktorisch ausgestalteten Anhörung werden die Parteien zu dem Tatvorwurf mündlich gehört. Alle Parteien können die Durchführung weiterer Ermittlungsmaßnahmen beantragen (Art. 25 Abs. 3 LOTJ). Im Anschluss an die Anhörung entscheidet der Untersuchungsrichter über die Fortsetzung oder die Einstellung des Ermittlungsverfahrens (Art. 26 LOTJ).

Wird das Verfahren fortgesetzt, hat der Untersuchungsrichter die beantragten Ermittlungsmaßnahmen zu veranlassen, sofern sie zulässig sowie für die Entscheidung über die Eröffnung des Hauptverfahrens unerlässlich sind und nicht unmittelbar in der (späteren) *audiencia preliminar* erfolgen können (Art. 27 Abs. 1 LOTJ). Die Parteien können fristgebunden weitere Ermittlungsmaßnahmen beantragen. Nach Fristablauf sind in diesem Verfahrensabschnitt weitere Ermittlungsanträge ausgeschlossen.[1014] Von Amts wegen kann der Untersuchungsrichter nur Ermittlungsmaßnahmen anordnen, die sich ausschließlich auf die Straftat und auf die Personen beziehen, die Gegenstand des Tatvorwurfs der anklagenden Parteien sind. (Art. 27 Abs. 3 LOTJ)

---

kann die Untersuchungshaft nur auf Antrag einer Anklagepartei (Staatsanwaltschaft, Privatkläger) verhängen (Art. 504bis 2 LECrim); krit. *Gómez Colomer*, in: ders./Montero Aroca, S. 513: „Privatisierung des Strafrechts“.

[1013] Auch Geschädigte oder Verletzte der Tat sind über ihre prozessualen Rechte zu belehren, wenn sie ohne anwaltlichen Beistand zur Anhörung erscheinen (Art. 25 Abs. 2 LOTJ).

[1014] *González Pillado*, S. 23.

**b) Zwischenverfahren**

Ordnet der Untersuchungsrichter keine weiteren Ermittlungsmaßnahmen an, so fordert er alle Parteien auf, binnen fünf Tagen zur Frage der Eröffnung des Hauptverfahrens abschließend Stellung zu nehmen (Art. 27 Abs. 4, 29 LOTJ, Art. 650-653 LECrim).

Hiermit wird, ohne entsprechende gesetzliche Bezeichnung, das Zwischenverfahren eingeleitet.[1015] Im ordentlichen Strafverfahren stellen die Schriftsätze (*escritos de calificación*) von Anklage und Verteidigung erst den ersten Akt des Hauptverfahrens dar.[1016] Die Anforderungen, die Art. 650 LECrim an diese Schriftsätze der anklagenden Parteien stellt, entsprechen in etwa denen der deutschen Anklageschrift nach Art. 200 Abs. 1 StPO.[1017] Der Gegenstand der Verteidigungsschrift korrespondiert mit dem Inhalt der anklagenden Schriftsätze (Art. 29 Abs. 2 i.V.m. 652 LECrim). In den Schriftsätzen können die Parteien auch die Durchführung weiterer Ermittlungsmaßnahmen in der *audiencia preliminar* beantragen. Ferner kann angeregt werden, den Tatvorwurf als Straftat, die nicht der Strafgewalt des Schwurgerichts unterliegt, zu qualifizieren (Art. 29 Abs. 5 LOTJ), was im gegebenen Fall zu einer Überleitung in ein ordentliches oder abgekürztes Verfahren durch den Ermittlungsrichter führen kann (Art. 28 LOTJ). In der Praxis kann dieser Mechanismus zur Umgehung des Geschworenenprozesses führen.[1018]

In der Verteidigungsschrift kann sich der Verteidiger eines Angeklagten mit der von den Anklageparteien beantragten Strafe einverstanden erklären (*conformidad*). Umstritten ist hierbei, ob die im Stadium des Zwischenverfahrens erklärte *conformidad* die spätere Durchführung der Hauptverhandlung vor der Jury entbehrlich macht.[1019] Die *conformidad* kann das Verfahren jedenfalls nur in den Grenzen des Art. 50 LOTJ beenden, worauf bei der Untersuchung der Hauptverhandlung einzugehen sein wird.[1020]

Sofern die Anklage die Eröffnung des Hauptverfahrens beantragt hat, bestimmt der Untersuchungsrichter einen zeitnahen Termin für die *audiencia preliminar*.

---

[1015] *Gómez Colomer*, in: ders./Montero Aroca, S. 515.

[1016] *Gómez Colomer*, ebda., S. 515.

[1017] Die Anklage nimmt aber auch zu den Strafen Stellung. Sofern auch zivile Ansprüche geltend gemacht werden, ist auch zur Schadenshöhe und zur möglichen Haftung Dritter Stellung zu nehmen (Art. 650 Nr. 5 LECrim).

[1018] Vgl. *Thaman*, Hastings Int'l & Comp. L. Rev., Vol. 21, S. 278, m.w.N.

[1019] Dafür die wohl h. M. bei entsprechender Anwendung der Vorschriften des abgekürzten Verfahrens oder aus Gründen der Prozessökonomie; siehe *Salom Escriva*, in: Gómez Colomer/Montero Aroca, S. 669, m.w.N.; *Muerza Espara*, in: ebda., S. 718; *CGPJ*, Informe 1998, S. 66 ff.; a.A.: *Gómez Colomer*, in: ders./Montero Aroca, S. 521.

[1020] Siehe dieses Kap., IV/2 d) cc).

Die Verteidigung kann auf diese Verhandlung verzichten. Dann beschließt der Untersuchungsrichter sofort die Eröffnung des Hauptverfahrens (Art. 30 LOTJ). Haben weder die Staatsanwaltschaft noch sonst eine Partei fristgemäß die Eröffnung des Hauptverfahrens beantragt, so hat der Untersuchungsrichter das Verfahren durch Beschluss zwingend einzustellen.[1021] Die Entscheidung des Untersuchungsrichters ist in diesem Verfahrensstadium also vollständig dem Willen der Parteien unterworfen.

Die *audiencia preliminar* vor dem Untersuchungsrichter ist eine kontradiktorisch ausgestaltete Verhandlung. In ihr können Ermittlungsmaßnahmen durchgeführt und weitere, nicht bereits präkludierte, für die Entscheidung über die Eröffnung des Hauptverfahrens unbedingt erforderliche Maßnahmen beantragt werden. Die Parteien erhalten im Anschluss wiederum Gelegenheit zur Stellungnahme. Die Anklage kann jetzt allerdings keine neuen Tatsachen einführen, die eine Änderung der Straftat oder in der angeklagten Person bewirken würden. (Art. 31 LOTJ)

Nach der *audiencia preliminar* beschließt der Untersuchungsrichter binnen drei Tagen, ob das Hauptverfahren zu eröffnen oder das Verfahren ganz oder zum Teil einzustellen ist. Die Einstellungsverfügung ist anfechtbar, der Eröffnungsbeschluss nicht. (Art. 32 LOTJ)

Im Eröffnungsbeschluss hält der Untersuchungsrichter „die Straftat oder Straftaten, die Gegenstand der Anklage gewesen sind und deren gerichtliche Verfolgung er als zulässig erachtet“ sowie die Person oder Personen, die als Angeklagte oder als zivilrechtlich haftbare Dritte abgeurteilt werden können, fest. Der Beschluss ist unter Angabe der anzuwendenden Gesetzesvorschriften zu begründen. (Art. 33 LOTJ) Er begrenzt in objektiver und subjektiver Hinsicht den Verfahrensgegenstand der Hauptverhandlung, da andere als in ihm genannte Tatsachen und Personen nicht Gegenstand des Prozesses sein dürfen.[1022] Diese Festlegung des Verfahrensgegenstandes durch den Untersuchungsrichter stellt eine Durchbrechung des das Verfahren ansonsten dominierenden Akkusationsprinzips dar.[1023] In der Praxis eröffnet dies die Möglichkeit von mit der Reduktion des Anklagevorwurfs verbundenen Absprachen[1024], für die das Gesetz in diesem Verfahrensstadium kein Verfahren vorsieht.[1025]

---

[1021] *González Pillado*, S. 15; *Pérez-Cruz Martín*, in: Commentarios, S. 153.
[1022] *Pérez-Cruz Martín*, ebda., S. 158.
[1023] *González Pillado*, S. 16; *Pérez-Cruz Martín*, in: Commentarios, S. 158.
[1024] *Gómez Colomer*, in: ders./Montero Aroca, S. 517.
[1025] Zur *conformidad* siehe dieses Kap., IV/2 d) cc).

Schließlich hat der Untersuchungsrichter eine Prozessakte anzufertigen, welche nur die Stellungnahmen der Parteien zur Eröffnung des Hauptverfahrens, die Protokolle über in der Hauptverhandlung nicht reproduzierbare Ermittlungen sowie den richterlichen Eröffnungsbeschluss enthält. Die Prozessakte hat der Untersuchungsrichter gemeinsam mit den körperlichen Beweisstücken dem Prozessgericht zu übermitteln. Die Parteien können jederzeit die Hinzufügung von Beweismitteln für den späteren Gebrauch in der Hauptverhandlung verlangen. (Art. 34 LOTJ) Die Prozessakte soll die herkömmliche gerichtliche Praxis unterbinden, in der Hauptverhandlung an der Ermittlungsakte, die in den anderen Verfahrensarten insgesamt an das Prozessgericht übersandt wird, zu kleben. Der Gesetzgeber wollte die Mündlichkeit und Unmittelbarkeit der Beweisaufnahme vor der Jury in der Hauptverhandlung stärken.[1026] In Rechtsprechung und Literatur wird die Einsichtnahme in die Ermittlungsakte durch den Vorsitzenden des Schwurgerichts allerdings als zulässig erachtet.[1027]

Die letzte Verfahrenshandlung des Untersuchungsrichters besteht in der Bestimmung einer Frist von 15 Tagen, binnen derer die Parteien vor dem Prozessgericht erscheinen müssen (Art. 35 Abs. 1 LOTJ).

## IV. Hauptverfahren

Sobald die Prozessakte beim Prozessgericht eingegangen ist, wird der für das Verfahren zuständige Richter nach dem Geschäftsverteilungsplan bestimmt (Art. 35 Abs. 2 LOTJ).

### 1. Vorbereitung der Hauptverhandlung

Bei ihrem ersten Erscheinen vor dem Prozessgericht haben die Parteien Gelegenheit, den Eröffnungsbeschluss und weitere Bestandteile der Prozessakte inhaltlich anzugreifen. Sie können Verfahrenshindernisse[1028], die Unzuständigkeit des Gerichts, die Unzulässigkeit des Verfahrens und die Verletzung von Grundrechten[1029] rügen (Art. 36 Abs. 1 lit. a) und b) LOTJ). Die Parteien können ferner beantragen, das Verfahren auf weitere, vom Untersuchungsrichter nicht berück-

[1026] EM-LOTJ, III, 2.

[1027] Vgl. *Salom Escriva*, in: Gómez Colomer/Montero Aroca, S. 601, m.w.N.

[1028] Gem. Art. 36 LOTJ i.V.m. Art. 666 LECrim u.a. Rechtskraft, Verjährung, Amnestie und Begnadigung.

[1029] Die Grundrechtsverletzung kann, wie auch im abgekürzten Verfahren (Art. 793 LECrim), auf allen in Art. 14-30 CE niedergelegten Bürger- und Menschenrechten beruhen; siehe *Gómez Colomer*, in: ders./Montero Aroca, S. 519.

sichtigte Tatsachen zu erstrecken beziehungsweise andere, nicht in den Anklageschriften enthalte Umstände auszuschließen (Art. 36 Abs. 1 lit. c) und d) LOTJ). Schließlich sieht das Gesetz ein begrenztes Beweisantragsrecht vor (Art. 36 Abs. 1 lit. e) LOTJ). Über die Einwände der Parteien ist in einem schriftlichen Zwischenverfahren außerhalb der Hauptverhandlung zu befinden (Art. 36 Abs. 2 i.V.m. Art. 668-677 LECrim).[1030]

Ist im Ergebnis die Fortsetzung des Hauptverfahrens zulässig, so erlässt der Richter, der dem Schwurgericht vorsitzen wird, einen Beschluss (*auto de hechos justiciables*), in welchem er die von Anklage und Verteidigung behaupteten, von der Jury zu beurteilenden Tatsachen in einer Liste wertneutral präzisiert und in Relation zu den Straftatbeständen, aber auch zu den Fragen der Beteiligung, des Begehungsstadiums der Straftat und zu den strafschärfenden, -mildernden und -befreienden Umständen setzt. (Art. 37 LOTJ) Diese Aufstellung soll den Geschworenen die spätere Arbeit erleichtern.[1031] In dem Beschluss ist auch über die Zulassung der von den Parteien angebotenen Beweismittel zu entscheiden.[1032] Gegen die Zulassung eines Beweismittels besteht kein Rechtsbehelf. Dem Ausschluss von Beweismitteln können die Parteien widersprechen, um sich insoweit ein Rechtsmittel gegen das erstinstanzliche Urteil vorzubehalten (Art. 37 lit. d) Satz 2 LOTJ).

### 2. Durchführung der Hauptverhandlung

Nach der Vereidigung der Geschworenen beginnt die öffentliche Verhandlung vor dem konstituierten Schwurgericht. Die Anwesenheit aller Angeklagten und Verteidiger ist für die Dauer des gesamten Prozesses zwingend erforderlich (Art. 44 LOTJ).[1033] Angeklagte sind im Gerichtssaal so zu platzieren, dass ihnen eine unmittelbare Verständigung mit den Verteidigern möglich ist (Art. 42 Abs. 2 LOTJ).

---

[1030] Dem Richter liegt zur Überprüfung der Parteieinwände nur die vom Untersuchungsrichter überlassene Prozessakte vor. Die Parteien müssen daher Nachweise beibringen. Die Trennung von Untersuchungs- und Prozessrichter wird hierdurch aufgeweicht; krit. *Thaman*, Hastings Int'l & Comp. L. Rev., Vol. 21, S. 283 f., m.w.N.

[1031] *Gómez Colomer*, in: ders./Montero Aroca, S. 519 f., sieht hierin einen Widerspruch zum gesetzgeberischen Willen, ein möglichst hohes Maß an Unbefangenheit beim Richter zu gewährleisten, begründet.

[1032] Der Beschluss bestimmt auch den Beginn der Hauptverhandlung und vorbereitende Maßnahmen für deren Durchführung (Art. 37 lit. e) LOTJ).

[1033] Außerhalb des Schwurgerichtsprozesses ist dies im abgekürzten Verfahren möglich, wenn die beantragte Freiheitsstrafe zwei Jahre nicht übersteigt (Art. 786 Abs. 1 LECrim n.F.).

Der Ablauf der Hauptverhandlung richtet sich nach den allgemeinen Verfahrensvorschriften, soweit diese den Vorschriften der LOTJ nicht widersprechen (Art. 42 Abs. 1, 24 Abs. 2 LOTJ; 680 ff. LECrim).

**a) Eröffnungsplädoyers**

Wie der spanische Strafprozess im allgemeinen beginnt auch der Geschworenenprozess mit der öffentlichen Verlesung der Anklage- und Verteidigungsschriften durch den Urkundsbeamten (Art. 45 Satz 1 LOTJ, 701 LECrim). Im Anschluss richten die Parteien ihre Eröffnungsplädoyers an die Geschworenen. Die in den Schwurgerichtsverfahren des 19. Jahrhunderts nicht vorgesehenen Eröffnungsplädoyers sollen den Geschworenen, die mit dem Verfahrensgegenstand vor Verlesung der Anklage- und Verteidigungsschriften noch nicht in Berührung gekommen sind, die von den Parteien erhobenen Behauptungen und Beweisantritte in allgemeinverständlicher Sprache vermitteln.[1034] Über die Zulassung neuer Beweisanträge einer Partei entscheidet der Vorsitzende nach Anhörung der übrigen Parteien. (Art. 45 LOTJ)

Wie bei anderen Strafverfahren (Art. 688 ff., 694, 655; 787 Abs. 1 n.F. LECrim) kann der Angeklagte nach allgemeiner Meinung in jedem Stadium der Hauptverhandlung vor dem Schwurgericht, also auch zu deren Beginn, sein Einverständnis (*conformidad*) mit der beantragten Strafe erklären.[1035]

**b) Beweisaufnahme**

Im Anschluss an die Plädoyers erfolgt die Beweisaufnahme. Sie wird durch die Parteien durchgeführt. Dem Vorsitzenden obliegt lediglich die Verhandlungsleitung, die im wesentlichen darauf beschränkt ist, unsachliche und nicht der Sachverhaltsaufklärung dienende Diskussionen zu unterbinden, ohne hierbei die für die Verteidigung notwendige Freiheit zu beschränken (Art. 683 LECrim).

Die Beweisaufnahme findet, wie auch sonst im spanischen Strafprozess, in der Reihenfolge statt, dass zunächst der Angeklagte[1036] und danach Zeugen und Sachverständige durch den Staatsanwalt, Privatkläger und Verteidigung befragt

---

[1034] *Salom Escriva*, in: Gómez Colomer/Montero Aroca, S. 665.

[1035] *Gómez Colomer*, in: ders./Montero Aroca, S. 521; *Salom Escriva*, ebda., S. 669; *Muerza Espara*, in: Gómez Colomer/Montero Aroca, S. 719 ff.; *Del Rio Fernandez*, CGPJ 1999, S. 140. Art. 50 LOTJ sieht dies nur nach der Beweisaufnahme ausdrücklich vor.

[1036] Der Angeklagte ist über sein Aussageverweigerungsrecht zu belehren; vgl. *Thaman*, Hastings Int'l & Comp. L. Rev., Vol. 21, S. 297, m.w.N.

werden.[1037] Verfängliche, suggestive und impertinente Fragen sind vom Vorsitzenden zu unterbinden. (Art. 709 LECrim) Der Vorsitzende kann Zeugen und Sachverständigen ergänzend nur solche Fragen stellen, die zur Klärung von Tatsachen, zu welchen sie ausgesagt haben, sachdienlich sind (Art. 708 Abs. 2 LECrim). Im spanischen Strafprozess ist das Zeugnis vom Hörensagen zulässig, wenn der Zeuge die Quelle der Information und die Person, gegenüber welcher die Aussage getroffen worden sein soll, offen legt (Art. 710 LECrim).[1038] Mehrere Sachverständige werden zu denselben in Frage stehenden Tatsachen stets gemeinsam vernommen (Art. 724 LECrim).[1039]

Besonderheiten ergeben sich im Geschworenenprozess bei der Verlesung von Schriftstücken, die im spanischen Strafprozess ansonsten grundsätzlich zulässig ist (Art. 714, 730 LECrim). Die Parteien dürfen bei der Vernehmung des Angeklagten, eines Zeugen oder Sachverständigen zwar Vorhalte wegen angeblicher Widersprüche zu früheren Aussagen im Vorverfahren machen. Die hierbei in Bezug genommenen früheren Aussagen dürfen vor der Jury jedoch nicht verlesen werden, selbst wenn sie sich bei der Prozessakte befinden (Art. 46 Abs. 5 Satz 2 LOTJ). Das Gesetz spricht diesen früheren Aussagen jeglichen Beweiswert ab.[1040] Beweiswert haben nur die in der Hauptverhandlung nicht reproduzierbaren Aussagen, deren Protokolle sich bei der Prozessakte befinden und den Geschworenen auch zur Durchsicht vorgelegt werden können. (Art. 46 Abs. 4, Abs. 5 Satz 3 LOTJ)[1041]

Auch den Geschworenen räumt das Gesetz ein Fragerecht gegenüber Zeugen, Sachverständigen und Angeklagten ein. Die Geschworenen müssen ihre Fragen allerdings dem Vorsitzenden in Schriftform übergeben, der sie, wenn sie zur Aufklärung der beweiserheblichen Tatsachen beitragen[1042], den vernommenen Personen stellt (Art. 46 Abs. 1 LOTJ).

---

[1037] Vgl. *Vossler*, S. 70. Der Vorsitzende befragt Zeugen und Sachverständige nur zur Person und zu ihrem Verhältnis zum Angeklagten (Art. 708, 436 LECrim).

[1038] Eine Veurteilung darf aber nie allein auf den Beweis vom Hörensagen gestützt werden; vgl. *Thaman*, Hastings Int'l & Comp. L. Rev., Vol. 21, S. 301, m.w.N.

[1039] Nach Art. 459 LECrim müssen stets zwei Sachverständige mit dem Gutachten betraut werden, im abgekürzten Verfahren neuerdings auch ein Sachverständiger (Art. 788 Abs. 2 LECrim n.F.).

[1040] Unmittelbarkeit, Mündlichkeit und Öffentlichkeit des Verfahrens sollten hierdurch gestärkt werden. EM-LOTJ, IV, 3.

[1041] Str., welche hierzu im einzelnen zählen; dazu *Del Río Fernandez*, CGPJ, S. 115 ff.

[1042] Hierüber hat der Vorsitzende zu wachen; siehe *Del Río Fernandez*, CGPJ 1999, S. 113 f.

Urkunden und andere in der Prozessakte befindliche körperliche Beweisstücke können die Geschworenen selbst in Augenschein nehmen (Art. 46 Abs. 2 LOTJ). Auch eine Besichtigung des Tatorts kann in Gegenwart der Geschworenen durchgeführt werden (Art. 46 Abs. 3 LOTJ).

Sofern eine Unterbrechung der Hauptverhandlung nach den allgemeinen Vorschriften notwendig wird, kann der Vorsitzende die Geschworenen entlassen, mit der Folge, dass die bis dahin erfolgte Hauptverhandlung vor einer neuen Jury zu wiederholen wäre. Dauert die Unterbrechung fünf Tage an, muss er die Jury auflösen. (Art. 47 LOTJ) Dies eröffnet den Parteien die Möglichkeit, durch Prozessverzögerungen die Jury auszuwechseln.[1043]

**c) Schlussanträge und -plädoyers**

Wie in Verfahren ohne Jury (Art. 732, 788 Abs. 3 LECrim n.F.) erhalten die Parteien nach Abschluss der Beweisaufnahme Gelegenheit, ihre in den Anklage- und Verteidigungsschriften ursprünglich gestellten Anträge dem Ergebnis der Beweisaufnahme anzupassen (Art. 48 Abs. 1 LOTJ).

Nach dem Wortlaut des eigentlich für das abgekürzte Verfahren geltenden Art. 788 Abs. 4 LECrim n.F., auf den Art. 48 Abs. 2 LOTJ verweist, wäre es der Anklage nun auch möglich, die Tat nicht nur als eine andere Straftat zu qualifizieren, sondern auch einen höheren Grad der Beteiligungsform oder ein fortgeschrittenes Stadium der Ausführung der Tat oder strafschärfende Umstände anzuführen. In der Literatur wird dies als mit dem Anklagegrundsatz unvereinbar erachtet, sofern die Verböserung keine Entsprechung in den in der Anklageschrift behaupteten Tatsachen findet.[1044] Enthält ein Schlussantrag der Anklage eine Änderung eines sachlichen oder rechtlichen Gesichtspunktes, so hat der Vorsitzende auf Antrag der Verteidigung eine Vertagung der Verhandlung mit einer Dauer von bis zu zehn Tagen[1045] anzuordnen, um der Verteidigung zu ermöglichen, entlastende Beweismittel beizubringen (Art. 788 Abs. 4 LECrim n.F.).

Nach ihren Schlussanträgen erhalten die Parteien Gelegenheit, ein Schlussplädoyer an die Jury zu richten. Inhalt und Reihenfolge der Plädoyers richten sich, wie bei den Eröffnungsplädoyers, nach den allgemeinen Vorschriften (Art. 733-736 LECrim). Das letzte Wort hat der Angeklagte (Art. 739 LECrim).

---

[1043] Krit. daher *Salom Escriva*, in: Gómez Colomer/Montero Arocoa, S. 700.

[1044] Vgl. *Gómez Colomer*, in: ders./Montero Aroca, S. 523; einschränkend *Salom Escriva*, ebda., S. 703 ff.

[1045] Die Jury ist allerdings, wie dargestellt, bei einer Unterbrechung der Hauptverhandlung von mehr als fünf Tagen aufzulösen (Art. 47 LOTJ); krit. daher *Salom Escriva*, ebda., S. 705.

**d) Verfahrensbeendigung ohne Jury**
Die LOTJ sieht nach Abschluss der Beweisaufnahme drei Möglichkeiten einer Verfahrensbeendigung durch Urteil vor, ohne dass es zu einer Entscheidung der Geschworenen kommt: den Verzicht auf Strafverfolgung durch die Anklage (**aa**), den richterlichen Freispruch aus Mangel an Beweisen (**bb**) und das Einverständnis des Angeklagten mit der Anklage (*conformidad*) (**cc**).

**aa) Strafklageverzicht durch Anklageparteien**
Der Vorsitzende hat die Jury zu entlassen, wenn die Staatsanwaltschaft und alle anderen Anklageparteien im Laufe der Hauptverhandlung übereinstimmend auf die weitere Strafverfolgung verzichten (Art. 51 LOTJ). Es ergeht ein freisprechendes Urteil durch den Vorsitzenden, ohne dass es der Zustimmung des Angeklagten bedarf. Dem Akkusationsprinzip wird hierbei ein, auch für den spanischen Strafprozess ansonsten ungewöhnlicher, uneingeschränkter Vorrang gegenüber dem Legalitätsprinzip eingeräumt.[1046]

**bb) Richterlicher Freispruch aus Mangel an Beweisen**
Nach Art. 49 LOTJ kann der Vorsitzende auf Antrag der Verteidigung oder von Amts wegen nach den Schlussvorträgen der Anklage die Jury entlassen, wenn er der Auffassung ist, dass die Verhandlung keinen belastenden Beweis erbracht hat, der eine Verurteilung des Angeklagten begründen könnte. Der Vorsitzende kann diese Entscheidung auch auf einen Teil der Anklage beschränken und den verbleibenden Teil den Geschworenen zur Entscheidung vorlegen. In beiden Fällen muss er binnen drei Tagen ein freisprechendes und begründetes Urteil verkünden.

Nach dem Willen des Gesetzgebers sollte dieses der US-amerikanischen *submission of no case to answer* bzw. *motion to dismiss* nachgebildete Institut[1047] die verfassungsmäßige Unschuldsvermutung garantieren und überraschende Schuldsprüche durch Geschworene verhindern, die sich in der Geschichte des spanischen Schwurgerichts häufig ereignet hätten.[1048]

Die vorgezogene Beweiswürdigung durch den Richter stellt einen Eingriff in das systematische Gefüge des spanischen Schwurgerichts dar. Die Kompetenz der Jury wird in einem ganz erheblichen Maße beschnitten. Da die Beweisaufnahme zu diesem Zeitpunkt beendet ist, könnten sich die Geschworenen selbst ein voll-

---

[1046] Krit. *Gómez Colomer*, in: ders./Montero Aroca, S. 532.
[1047] Siehe *Thaman*, Hastings Int'l & Comp. L. Rev., Vol. 21, S. 316 zu Rule 29(a) U.S. Federal Rules of Criminal Procedure.
[1048] EM-LOTJ, IV/4.

ständiges Bild machen.[1049] Die Entscheidung des Richters steht im Widerspruch zum spanischen Verfassungsverständnis des Schwurgerichts, nämlich als Ausdruck demokratischer Mitbestimmung des Bürgers an staatlichen Aufgaben.

Auch ist in historischer Hinsicht bemerkenswert, dass diese Kompetenzverschiebung hin zum Berufsrichter auf die Unschuldsvermutung des Angeklagten gestützt wird. Denn die Jury nimmt ihren Ursprung als Palladium der Freiheit vor einer despotischen Justiz im absolutistischen Inquisitionsprozess. Der Schutz der Unschuld wird auch heute durch Bürgerbeteiligung an der Rechtsprechung als gestärkt angesehen, wie es die Debatte um Inhalt und Reichweite des verfassungsrechtlichen Mandats von Art. 125 CE gezeigt hat.[1050]

Art. 49 LOTJ lässt sich allerdings aus dem spanischen Verfassungsrecht heraus begründen. Die Unschuldsvermutung ist erstens eine durch Art. 24 Abs. 2 CE explizit geschützte Grundfreiheit. Hingegen ist die Teilhabe oder Mitwirkung des Bürgers an der Rechtsprechung nach dem ganz herrschenden Verständnis in der spanischen Rechtswissenschaft kein Grundrecht.[1051] Die Unschuldsvermutung ist daher ein höherrangiges Gut. Indem der Gesetzgeber der Unschuldsvermutung den Vorrang vor der Jury eingeräumt hat, ist der spanischen Verfassung Genüge getan.

Auch auf der Ebene der Gerichtsverfassung genießt die Unabhängigkeit der Jury jedenfalls keinen Vorrang vor der Unschuldsvermutung. Im Rahmen des Art. 125 CE üben die Geschworenen Rechtsprechungsfunktion aus. Als Teil der Rechtsprechung sind sie gemäß Art. 53 Abs. 1 Satz 1 CE aber an die Grundfreiheiten gebunden. Art. 49 LOTJ wird dieser Grundrechtbindung gerecht, da der richterliche Freispruch aus Mangel an Beweisen die Unschuldsvermutung verwirklicht.

Die Kompetenzeinschränkung der Jury zugunsten der Unschuldsvermutung ist also grundsätzlich gerechtfertigt. Fraglich ist aber dann, ob der Richter die Entscheidung der Jury abwarten und sich den Freispruch aus Mangel an Beweisen für den Fall eines Schuldspruchs der Jury vorbehalten sollte.[1052] Die Kompetenz der Jury wäre bei einem entsprechenden Vorbehalt des Richters jedoch nur scheinbar gewahrt, denn ein Schuldspruch der Jury bliebe dann immer wirkungslos. Es entspricht auch nur dem Grundrecht des Angeklagten auf ein Ver-

---

[1049] Krit. *Salom Escriva*, in: Gómez Colomer/Montero Aroca, S. 709 ff., m.w.N.
[1050] Siehe 4. Kap., III/3 c).
[1051] Siehe 4. Kap., III/3 a).
[1052] So *Díaz Cabiale*, in: Commentarios sistemáticos, S. 279 m.H.a. U.S. Federal Rules of Criminal Procedure 29 (b) und (c).

fahren ohne unangemessene Verzögerungen (Art. 24 Abs. 1 CE), wenn der Freispruch aus Mangel an Beweisen ohne Beratung durch die Jury erfolgt.

Schließlich wird gegen den richterlichen Freispruch nach Art. 49 LOTJ eingewandt, dass die Verletzung der Unschuldsvermutung durch eine Jury dem Rechtsmittel der *apelación*[1053] zugänglich ist. Das Rechtsmittelrecht werde durch Art. 49 LOTJ daher empfindlich gestört.[1054] In Anbetracht der Bedeutung von Unschuldsvermutung und Beschleunigungsgebot vermag dies aus externer Sicht nicht zu überzeugen. Auch steht der Anklage die *apelación* gleichermaßen bei unrechtmäßiger Entlassung der Jury durch den Vorsitzenden offen[1055], wodurch die Waffengleichheit der Anklage gewahrt ist.

Der richterliche Freispruch aus Mangel an Beweisen gemäß Art. 49 LOTJ ist ein durchaus berechtigter Eingriff in die Kompetenz der Jury.

### cc) *Conformidad*

Eine weitere Form der Prozessbeendigung ohne Entscheidung der Geschworenen ist das bereits durch das Strafverfahrensgesetz im Jahre 1882[1056] eingeführte Institut der *conformidad*. Sein Anwendungsbereich wurde durch das 1988 eingeführte abgekürzte Verfahren wegen minderschwerer Delikte stark ausgedehnt. Im ordentlichen Verfahren hat die *conformidad* durch die Neueinteilung der Strafen nach dem Código Penal von 1995 praktisch keine Bedeutung mehr.[1057] Im Zuge der kürzlich erfolgten Einführung des Schnellverfahrens hat der Gesetzgeber die *conformidad* für den gesamten Bereich des abgekürzten Verfahrens neu ausgestaltet (Art. 779, 784, 787, 800 LECrim n.F.)[1058]. Für das Schwurgerichtsverfahren ist die *conformidad* speziell geregelt (Art. 50 LOTJ).

#### aaa) Rechtsnatur

Die *conformidad* ist eine einseitige und dispositive Verfahrenshandlung der Verteidigung bei Anwendung eines reinen Opportunitätsprinzips aus Gründen der Prozessökonomie und –beschleunigung.[1059]

---

1053 Siehe dieses Kap., V.
1054 So *Díaz Cabiale*, in: Commentarios sistemáticos, S. 279, 344 f.
1055 Siehe dieses Kap., V.
1056 Siehe drittes Kap., III/2.
1057 Siehe *Armenta Deu*, ZStW 114, S. 740.
1058 Krit. *Marco Cos*, AJA 559/2002.
1059 *Gimeno Sendra*, ZStW 104, S. 224; *Armenta Deu*, ZStW 114, S. 740.

Die *conformidad* umfasst immer ein Anerkenntnis des Strafanspruchs, und zwar im Sinne des Strafantrages, nicht notwendig der Tat. Die *conformidad* setzt das Geständnis des Angeklagten nicht voraus und unterscheidet sich insoweit vom angelsächsischen *plea bargaining*.[1060]

Die *conformidad* kann das vollständige Anerkenntnis des Strafanspruchs der Anklage beinhalten (*conformidad absoluta*). Sind mehrere Anklageparteien vorhanden, ist dies der höchste Strafantrag. Sie setzt hierbei keine vorherige Absprache mit der Anklage oder dem Gericht voraus. (Art. 50 Abs. 1, Satz 1, 1. Alt. LOTJ; 787 Abs. 1, 800 LECrim n.F.)[1061]

Auch die Abstimmung der Anträge von Verteidigung und Anklage ist ein gesetzlich anerkannter Fall der *conformidad* (Art. 50 Abs. 1, Satz 1, 2. Alt. LOTJ; Art. 779 Abs. 5, 784 Abs. 3, 787 Abs. 2 LECrim n.F.). Auch diese Art der *conformidad* unterscheidet sich von der in Deutschland praktizierten Absprache, da auch sie eine Miteinbeziehung des Gerichts grundsätzlich nicht erfordert.[1062]

Die *conformidad* hat daher eine außerordentliche Beschränkung der Befugnisse des Richters[1063] und im Geschworenenverfahren der Jury zur Folge. Das Gesetz sieht allerdings eine eingeschränkte Inhaltskontrolle der *conformidad* durch den Richter vor, worauf im Folgenden kurz einzugehen sein wird.

### bbb) Voraussetzungen im Schwurgerichtsverfahren

Die Jury ist gemäß Art. 50 Abs. 1 Satz 1, 1. Alt. LOTJ einerseits aufzulösen, wenn die Parteien beantragen, ein Urteil zu sprechen, das mit der Anklageschrift, welche die höchste Strafforderung enthält, übereinstimmt. Der vom Gesetz verwendete Begriff der Parteien ist als Referenz an die Verteidigung zu verstehen.[1064]

Der zweite gesetzliche Fall von *conformidad* ist der, in dem die Parteien dem Vorsitzenden einen weiteren der Anklageschrift entsprechenden, gemeinsam unterzeichneten Schriftsatz vorlegen. Dieser darf jedoch weder von dem Verfahrensgegenstand abweichende Tatsachen noch, im Vergleich zu den ursprüngli-

---

[1060] *Gimeno Sendra*, ZStW 104 ff., S. 224; vgl. *Armenta Deu*, ZStW 114, S. 740 ff.

[1061] Der Gesetzgeber hat mit der Neuregelung der *conformidad* im abgekürzten Verfahren klargestellt, dass die Mitwirkung der Staatsanwaltschaft nicht Voraussetzung für ein auf *conformidad absoluta* basierendes Urteil ist; anders noch Art. 793 Nr. 3 LECrim a.F.; vgl. zur alten Rechtslage *Weigend*, S. 100; *Armenta Deu*, ZStW 114, S. 741.

[1062] Rechtsvergleichend: *Thaman*, Hastings Int'l & Comp. L. Rev., Vol. 21, S. 310.

[1063] *Gimeno Sendra*, ZStW 104; *Armenta Deu*, ZStW 114, S. 742.

[1064] *Muerza Esparza*, in: Gómez Colomer/Montero Aroca, S. 724.

chen Anklageschriften, eine strafschärfende rechtliche Bewertung beinhalten. (Art. 50 Abs. 1 Satz 1, 2. Alt. LOTJ)

In beiden Fällen darf die abgesprochene Strafe, wie auch im abgekürzten Verfahren (Art. 787 Abs. 1 Satz 2 LECrim n.F.), eine Freiheitsstrafe von sechs Jahren nicht überschreiten (Art. 50 Abs. 1 Satz 2 LOTJ). Im abgekürzten Verfahren bezieht sich diese zeitliche Begrenzung ausdrücklich nicht auf freiheitsentziehende Maßregeln der Sicherung (Art. 787 Abs. 5 LECrim n.F., 96 Abs. 2 CP). In Ermangelung einer gesetzlichen Bestimmung ist dies beim Geschworenenprozess umstritten.[1065]

Sind die gesetzlichen Grenzen eingehalten, hat der Vorsitzende die Jury aufzulösen und ein der *conformidad* entsprechendes Urteil zu erlassen, es sei denn, es bestehen hinreichende Anhaltspunkte dafür, dass die angeklagte Tat nicht von dem Angeklagten begangen worden ist. Ist dies der Fall, ist die Fortsetzung des Prozesses anzuordnen. (Art. 50 Abs. 2 LOTJ) Entsprechend kann der Vorsitzende nach Anhörung der Parteien verfahren, wenn die übereingekommenen Tatsachen einen gesetzlichen Straftatbestand nicht erfüllen oder wenn ein Strafausschließungs- oder ein zwingender Strafmilderungsgrund vorliegt (Art. 50 Abs. 3 LOTJ).

Wie im Strafverfahren ohne Geschworene entscheidet auch im Schwurgericht der Berufsrichter über die zivilrechtliche Haftung, wenn diese nicht von der *conformidad* erfasst ist. Die Jury ist auch dann aufzulösen.[1066]

### 3. Das Geschworenenverdikt

Die von den Geschworenen auszuübende Funktion ist bereits in den allgemeinen Gesetzesvorschriften niedergelegt. Gemäß Art. 3 Abs. 1 LOTJ erklären sich die Geschworenen darüber, ob die von dem Vorsitzenden zu beschreibende Tat bewiesen oder nicht bewiesen ist. Die Geschworenen können aber auch entscheiden, andere Tatsachen in ihren Spruch aufzunehmen, wenn hierdurch keine wesentliche Änderung der Tat eintritt. Das Verdikt erstreckt sich auf die Schuld oder Unschuld eines jeden Angeklagten wegen der Beteiligung an der Straftat oder den Straftaten, bezüglich derer der Vorsitzende die Anklage zugelassen hat. (Art. 3 Abs. 2 LOTJ)

---

[1065] Die Rspr. zieht keine zeitliche Grenze für Maßregeln; a.A. ein Teil der Lit.: *Gómez Colomer*, in: ders./Montero Aroca, S. 521; *Del Rio Fernández*, in: CGPJ 1999, S. 141. Gem. Art. 101-104 CP darf die Dauer freiheitsentziehender Sicherungsmaßregeln die Dauer der ansonsten zu verhängenden Freiheitsstrafe überschreiten.

[1066] *Muerza Esparza*, in: Gómez Colomer/Montero Aroca, S. 730, m.w.N.

**a) Schriftliche Festlegung seines Gegenstandes**
Der Gegenstand des Verdikts wird von dem Vorsitzenden schriftlich bestimmt. Der Tradition des Schwurgerichts von 1888 folgend, beinhaltet das Verdikt nicht nur einen bloßen Ausspruch über die Schuld oder Unschuld des Angeklagten, sondern auch über die tatrelevanten Tatsachen. Die LOTJ sieht allerdings keinen den Schwurgerichtsverfahren von 1872 und 1888 entsprechenden Fragenkatalog vor. Vielmehr muss der Richter gemäß Art. 52 Abs. 1 LOTJ in getrennten und nummerierten Absätzen die von den Parteien behaupteten Tatsachen darstellen, welche die Jury für bewiesen oder nicht bewiesen zu erklären hat.[1067]

Der Richter hat in einer vom Gesetz vorgegebenen Reihenfolge für jeden Angeklagten und für jede Straftat gesondert die dem jeweiligen Angeklagten ungünstigen Fakten getrennt von den ihm günstigen zu fassen. Ein und derselbe Absatz soll nicht gleichermaßen günstige und ungünstige Tatsachen enthalten.[1068] Der Gesetzeswortlaut knüpft hierbei an Tatsachen an, um eine Entscheidung der Geschworenen über strafrechtliche Konzepte zu vermeiden. Die Tatsachen werden hierbei aber stets in den Kontext ihrer rechtlichen Bedeutung gesetzt.[1069] Ihre Verbindung mit Rechtsfolgen hat der Gesetzgeber als unauflösbar angesehen. Die einzelne Tatsache lasse sich „nicht aus einer reduzierten, naturalistischen Perspektive verständlich würdigen, sondern [...] nur bezogen auf ihre juristische Relevanz“.[1070]

Nach der vom Gesetz vorgegebenen Reihenfolge der Absätze hat der Richter zunächst die von der Anklage bezüglich der Tatbegehung und Beteiligung behaupteten Tatsachen (*hecho principal*) und sodann den hierauf bezogenen Tatsachenvortrag der Verteidigung niederzuschreiben.

Dementsprechend sind die behaupteten Tatsachen, die einen Ausschluss der strafrechtlichen Verantwortung begründen können, aufzunehmen. Den Geschworenen wird also auch die Entscheidung über das Vorliegen von Gründen der Rechtfertigung und des Schuldausschlusses überlassen. In der Praxis ergeben sich dabei ganz erhebliche Darstellungsprobleme für den Richter in Fällen

---

1067 *Thaman*, Hastings Int'l & Comp. L. Rev., Vol. 21, S. 325 f. [dort Fn. 371] bezeichnet den auf dem Parteivortrag basierenden Spruchgegenstand als „tatsächliche Zwangsjacke“ der spanischen Jury im Vergleich zu der der US-amerikanischen Jury durch *rules of evidence* und Belehrungen des Richters auferlegten „rechtlichen Zwangsjacke“.

1068 Nur wenn dies nicht ohne Widersprüche möglich ist, sind die Tatsachen in einem Absatz zusammenzufassen.

1069 Vgl. *Thaman*, Hastings Int'l & Comp. L. Rev., Vol. 21, S. 334, m.w.N.

1070 EM-LOTJ, V/1.

von geltend gemachter Notwehr und Schuldunfähigkeit wegen psychischer und emotionaler Beschwerden oder Drogeneinfluss.[1071]

Daraufhin sind die Tatsachen geordnet nach dem Grad der Ausführung und der Beteiligung sowie im Hinblick auf das Vorliegen gesetzlicher Strafschärfungs- oder Milderungsgründe zu formulieren. (Art. 52 Abs. 1 lit. a) - f) LOTJ)

Das Gesetz gestattet dem Vorsitzenden, dem Schriftstück dem Angeklagten günstige Tatsachen ex officio hinzuzufügen, wenn dies weder eine wesentliche Änderung der Tat noch die Wehrlosigkeit (*indefensión*) der Anklageparteien zur Folge hat (Art. 52 Abs. 1 lit. g) LOTJ). Diese Vorschrift wird in der Literatur als Verstoß gegen das Akkusationsprinzip, der ein Ungleichgewicht im kontradiktorischen Verfahren hervorruft, und als Angriff auf die Unbefangenheit des Richters gewertet.[1072] Sie ist nach der Rechtsprechung des *Tribunal Supremo* daher restriktiv auszulegen. Die hinzugesetzten Tatsachen müssen mit der von der Verteidigung eingenommen Linie übereinstimmen. Dies ist nach der Rechtsprechung nicht der Fall, wenn die Verteidigung sich ohne Sachvortrag auf das bloße Abstreiten von Tatsachen beschränkt hat.[1073]

Nach den relevanten Tatsachen hat der Vorsitzende den gesetzlichen Straftatbestand zu bezeichnen, dessentwegen der Angeklagte für schuldig oder nicht schuldig gesprochen werden soll (Art. 52 Abs. 1 lit. d) LOTJ). Das Gesetz hat also die damals kritisierte Reihenfolge der nach LJ 1888 den Geschworenen zu stellenden Fragen, die mit der Schuldfrage begann, umgekehrt. Die Aufnahme der Schuld in den Verdiktsgegenstand ist in der Literatur als neben den Tatsachen überflüssig bezeichnet worden.[1074] Andererseits wird aus der Gesetzesbegründung geschlossen, dass der Ausspruch der Jury über die Schuld auch eine wertende Beurteilung der Tat gemäß ihrer rechtlichen Einordnung ist, der einen Gesamtvorwurf der Tat beinhaltet.[1075]

Schließlich hat der Vorsitzende die - keine Bindungswirkung entfaltende[1076] - Auffassung der Geschworenen zu einer Strafaussetzung zur Bewährung[1077] und Begnadigung[1078] einzuholen. (Art. 52 Abs. 2 LOTJ)

---

1071 Siehe *Thaman*, Hastings Int'l & Comp. L. Rev., Vol. 21, S. 343 ff., mit Fallanalyse; vgl. *Ponz Nomdedeu*, in: Gómez Colomer/Montero Aroca, S. 752, m.w.N.

1072 Vgl. *Gómez Colomer*, Rev. int. dr. penal 72, S. 307; *Ponz Nomdedeu*, in: Gómez Colomer/Montero Aroca, S. 756, m.w.N.

1073 STS 84/1998 v. 30.1.1998, RJ 1998, 56.

1074 Vgl. *Ponz Nomdedeu*, in: Gómez Colomer/Montero Aroca, S. 757, m.w.N.

1075 *Carmona Ruano*, in: CGPJ 1999, S. 162; *De Paúl Velasco*, in: CGPJ 1999, S. 229.

1076 *Ponz Nomdedeu*, in: Gómez Colomer/Montero Aroca, S. 758.

1077 Gemäß Art. 80, 81 CP kommt diese nur bei erstmaliger Straffälligkeit, Freiheitsstrafe von nicht mehr als zwei Jahren und der Befriedigung zivilrechtlicher Ansprüche in Betracht.

Die Parteien haben Gelegenheit, vor Übergabe des Schriftstücks an die Jury zu dessen Inhalt Stellung zu nehmen und den Ausschluss beziehungsweise die Hinzufügung bestimmter in ihm enthaltener Ausführungen zum Gegenstand des Verdikts zu beantragen (Art. 53 Abs. 1 und 2 LOTJ). Weist der Vorsitzende den Änderungsantrag einer Partei zurück, ist dies zum Erhalt eines hierauf gestützten Rechtsmittels gegen das Urteil zu rügen.[1079]

Das Schriftstück wird zur Prozessakte genommen, von der eine Abschrift den Parteien und jedem einzelnen Geschworenen übergeben wird. Die Prozessakte hat auch abgelehnte Änderungsanträge der Parteien zu enthalten. (Art. 53 Abs. 3 LOTJ)

**b) Belehrung der Geschworenen durch den Vorsitzenden**

Der Vorsitzende belehrt die Geschworenen in öffentlicher Sitzung und im Beisein der Parteien über die Bedeutung ihres Amtes, die Beratungs- und Abstimmungsregeln sowie die formellen Anforderungen an die Anfertigung des Verdikts (Art. 54 Abs. 1 Satz 2 LOTJ).

Sodann erklärt er den Geschworenen unter Bezugnahme auf den schriftlichen Verdiktsgegenstand „in einer diesen verständlichen Weise die Natur der Tatsachen, die Gegenstand der Verhandlung waren, wobei er die strafbarkeitsbegründenden Merkmale der dem Angeklagten vorgeworfenen Tat und solche Umstände festlegt, die sich auf Fälle eines Ausschlusses oder einer Einschränkung der Verantwortung beziehen". (Art. 54 Abs. 2 LOTJ)

Der Vorsitzende hat sich jeglicher Meinungsäußerung zu enthalten. Er darf nur auf das Verbot des Rückgriffs auf Beweismittel hinweisen, die er im Laufe des Verfahrens wegen Rechtswidrigkeit (*ilicitud*) oder Nichtigkeit (*nulidad*) als unverwertbar ausgeschlossen hat. Schließlich hat der Vorsitzende die Geschworenen über den Grundsatz in dubio pro reo zu belehren. (Art. 54 Abs. 3 LOTJ)

Wegen der mit dem richterlichen Resümee in der Geschichte des spanischen Schwurgerichts verbundenen schlechten Erfahrungen hat der Gesetzgeber dem Vorsitzenden eine Stellungnahme zur Beweisaufnahme ausdrücklich verwehrt, dessen Belehrungen jedoch als hilfreich erachtet, um fehlendes juristisches Wissen der Geschworenen zu ergänzen. In der Anwesenheit der Parteien sah der

---

1078 Das Gnadenrecht steht dem König auf Vorschlag des Justizministers und nach Zustimmung des Ministerrats zu. Zu Rechtsgrundlagen und Verfahren siehe http://www.justicia.es/mindultos.htm.

1079 *Ponz Nomdedeu*, in: Gómez Colomer/Montero Aroca, S. 762, m.w.N. zur Rspr.

Gesetzgeber ein probates Mittel, die Unbefangenheit der Belehrungen zu wahren.[1080]

Die Belehrungen des Vorsitzenden spielen in Rechtsprechung und Literatur eine vergleichsweise untergeordnete Rolle[1081], obwohl die Geschworenen in der Praxis erhebliche Verständnisprobleme von Rechtsinstituten wie dem bedingten Vorsatz oder der Notwehr gezeigt haben[1082]. Die Parteien ergänzen in der Praxis contra legem die richterlichen Belehrungen, was bei Wahrung der Waffengleichheit als zulässig erachtet wird.[1083]

Die Belehrungen zu den Beweisverwertungsverboten reduzieren sich in der Praxis auf die Problematik des Beweises vom Hörensagen.[1084] Die der Zuständigkeit des Schwurgerichts unterstellten Straftaten werfen andere Probleme der Beweisverwertung in der Regel nicht auf.[1085]

**c) Beratung der Geschworenen**

Im Anschluss an die Belehrungen zieht sich die Jury zur geheimen Beratung ohne Kontakt zur Außenwelt[1086] zurück. Unter dem Vorsitz des zuerst ausgelosten Geschworenen wird ein Sprecher der Jury gewählt. Bei längerer Beratungsdauer kann der Vorsitzende eine Pause anordnen, bei der die Kontaktsperre aufrecht zu erhalten ist. (Art. 55-56 LOTJ) Ohne dass das Gesetz es vorsieht, erlauben die Gerichte den Geschworenen in der Praxis, körperliche Beweisgegenstände in die Beratungen mitzunehmen.[1087]

Wenn ein Geschworener Zweifel am Inhalt des Verdiktsgegenstands hat, kann er den Vorsitzenden schriftlich um weitere Belehrung, die dann in öffentlicher Sitzung und im Beisein der Parteien zu erfolgen hat, ersuchen (Art. 57

---

1080 EM-LOTJ, V/2.

1081 Vgl. *De Paúl Velasco*, in: CGPJ 1999, S. 204; *Thaman*, Hastings Int'l & Comp. L. Rev., Vol. 21, S. 354 f.

1082 *De Paúl Velasco*, in: CGPJ 1999, S. 240; *Gómez Colomer*, Rev. int. dr. penal 72, S. 306. *Thaman*, ebda., S. 394 f.

1083 *Gómez Colomer*, Rev. int. dr. penal 72, S. 306, m.w.N.

1084 Zur Zulässigkeit der Verwertung des Beweises vom Hörensagen siehe dieses Kap., IV/2 b).

1085 Ermittlungsmaßnahmen wie die körperliche Untersuchung, Telefonüberwachung und Wohnungsdurchsuchung spielen in der Praxis des Schwurgerichts eine untergeordnete Rolle; siehe *De Paúl Velasco*, in: CGPJ 1999, S. 251.

1086 Während der Hauptverhandlung besteht für die Geschworenen hingegen keine Kontaktsperre; krit. *Ponz Nomdedeu*, in: Gómez Colomer/Montero Aroca, S. 776 f.

1087 *Thaman*, Hastings Int'l & Comp. L. Rev., Vol. 21, S. 357, auch zur Praxis einzelner Gerichte, der Jury Tonbandaufnahmen von der Beweisaufnahme zur Verfügung zu stellen.

Abs. 1 LOTJ). Vergehen zwei Beratungstage, ohne dass die Geschworenen eine Entscheidung mitgeteilt oder um zusätzliche Belehrung gebeten haben, kann sie der Vorsitzende ex officio weiter belehren (Art. 57 Abs. 2 LOTJ).[1088] Das Gesetz bestimmt jedoch keine zeitliche Grenze für die Beratungen der Jury.[1089]

**d) Abstimmung der Geschworenen**

Die für jeden Geschworenen obligatorische Abstimmung erfolgt namentlich, laut und in alphabetischer Reihenfolge. Der Sprecher gibt als letzter seine Stimme ab. Eine – trotz Verhängung eines Ordnungsgelds und Androhung von Strafe[1090] - nicht abgegebene Stimme oder Enthaltung wird zugunsten des Angeklagten gewertet. (Art. 58 LOTJ)

Das Gesetz sieht zwei Abstimmungen der Geschworenen vor: eine erste über die Tatsachen (Art. 59 LOTJ) und eine zweite über die Schuld, Strafaussetzung zur Bewährung und Gnadengesuch (Art. 60 LOTJ).

Der Sprecher leitet die Abstimmung. Über jeden einzelnen Absatz des schriftlichen Verdiktsgegenstands wird gesondert abgestimmt. Die Geschworenen stimmen darüber ab, ob die in jenem enthaltenen Tatsachen bewiesen oder nicht bewiesen sind.

Der Gesetzgeber sah eigentlich die Einstimmigkeit als adäquates Entscheidungsprinzip an, wollte aber wegen Uneinigkeit fehlgeschlagene Abstimmungen, im angloamerikanischen Recht als *hung jury* bezeichnet, vermeiden.[1091] Dem Angeklagten nachteilige Tatsachenentscheidungen müssen daher mit mindestens sieben, ihm günstige mit mindestens fünf Stimmen erfolgen (Art. 59 Abs. 1 LOTJ). Das Verfahren unterscheidet sich also von dem einfachen Mehrheitsprinzip auch für ungünstige Entscheidungen, wie es noch die Regelwerke von 1872[1092] und 1888[1093] vorsahen.

Die Einordnung der Tatsachen als dem Angeklagten günstig oder ungünstig gestaltet sich in der Praxis als äußerst schwierig, vor allem dann, wenn die Verteidigung Tatsachen behauptet hat, die im Verhältnis zum Anklagevorwurf günsti-

---

[1088] Ebenfalls in öffentlicher Sitzung und im Beisein der Parteien. In der Praxis sind derart lange Beratungen unüblich; vgl. *Thaman*, Hastings Int'l & Comp. L. Rev., Vol. 21, S. 358.
[1089] Vgl. *Ponz Nomdedeu*, in: Gómez Colomer/Montero Aroca, S. 781; *Díaz Cabiale*, in: Comentarios sistemáticos, S. 317.
[1090] Zu den diesbezüglichen Sanktionen siehe dieses Kap., II/1.
[1091] EM-LOTJ, V/3.
[1092] Siehe drittes Kap., II/6 b) dd).
[1093] Siehedrittes Kap., III/3 d).

ger sind, aber dennoch eine negative Rechtsfolge begründen können.[1094] Es wird daher jede Tatsache als dem Angeklagten ungünstig anzusehen sein, die eine Strafe oder Maßregel der Sicherung zur Folge haben kann.[1095]

Gelangt die Jury bezüglich einer oder mehrerer in dem Verdiktsgegenstand enthaltener Tatsachen nicht zu einer erforderlichen Mehrheit, so erlaubt das Gesetz den Geschworenen auch, die fraglichen Tatsachen zu „präzisieren", bis eine gesetzmäßige Stimmenmehrheit erlangt ist. Durch diese Modifikationen darf aber keine Tatsache entfernt und keine wesentliche Änderung oder Erschwerung der angeklagten Tat eintreten. (Art. 59 Abs. 2 LOTJ) Trotz der genannten Einschränkungen wird in der Literatur die Möglichkeit von Änderungen durch die Jury als unvereinbar mit dem Akkusationsprinzip und dem Modell der klassischen Jury kritisiert.[1096]

Sobald die Geschworenen mit den gesetzmäßigen Mehrheiten über die Tatsachen abgestimmt haben, schreiten sie zu einer Abstimmung über „die Schuld oder Unschuld eines jeden Angeklagten wegen jeder vorgeworfenen strafbaren Tat" (Art. 60 Abs. 1 LOTJ). Für einen Schuldspruch sind sieben, für einen auf Unschuld lautenden Spruch fünf Stimmen erforderlich (Art. 60 Abs. 2 LOTJ).

Zusätzlich können die Geschworenen mit der einfachen Mehrheit von fünf Stimmen eine Strafaussetzung zur Bewährung oder ein Gnadengesuch empfehlen (Art. 60 Abs. 3 LOTJ).

#### e) Abstimmungsprotokoll

Die Geschworenen haben über die Ergebnisse ihrer Abstimmungen ein an dem Verdiktsgegenstand ausgerichtetes Protokoll zu errichten (*acta de la votación*). Dies obliegt dem Sprecher oder, wenn er bei der Abstimmung von der Mehrheitsmeinung abgewichen ist, einem anderen von der Jury zu bestimmenden Geschworenen. Das Protokoll ist von allen Geschworenen zu unterschreiben. (Art. 61 LOTJ)

#### aa) Begründung der Entscheidung

Gemäß Art. 61 Abs. 1 lit. d) LOTJ sind in einem gesonderten Absatz des Protokolls auch die „Bestandteile der Überzeugung" der Geschworenen für die von ihnen getroffenen Feststellungen darzulegen. Dieser Absatz hat „eine kurze Er-

---

[1094] Vgl. *Thaman*, Hastings Int'l & Comp. L. Rev., Vol. 21, S. 362 mit Praxisbeispielen.

[1095] So *Gómez Colomer*, ZStW 110, S. 544.

[1096] *Díaz Cabiale*, in: Comentarios sistemáticos, S. 326 ff.; so auch *Gómez Colomer*, Rev. int. dr. penal 72, S. 309.

klärung zu den Gründen, warum sie bestimmte Tatsachen für bewiesen erklärt oder zu erklären abgelehnt haben“, zu enthalten. Die Begründung hat nur in wenigen Sätzen und mit unjuristischer Wortwahl zu erfolgen.[1097]

Mit der Begründungspflicht ist der Gesetzgeber einem der gegen das Geschworenengericht in der Debatte nach 1978 hauptsächlich geltend gemachten verfassungsrechtlichen Einwände[1098] begegnet. Sie korrespondiert mit der aus Art. 120 Abs. 3 CE folgenden Notwendigkeit der Begründung strafgerichtlicher Urteile[1099] und stellt in der Geschichte des spanischen Schwurgerichts und auch rechtsvergleichend[1100] eine herausragende Neuerung dar.

Rechtsprechung und Literatur in Spanien sehen in der Begründungspflicht eine Stärkung der Unschuldsvermutung. Gleichwohl werden die gesetzlichen Anforderungen eingeschränkt ausgelegt, um die Geschworenen nicht zu überfordern und den Grundsatz der freien Beweiswürdigung, insbesondere bei erklärter Unschuld des Angeklagten, zu wahren.[1101] Die Begründung hat daher nur eine Erklärung über die Bestandteile der Überzeugung bezüglich objektiv bestehender Beweismittel zu enthalten, die einen Schluss auf die Entscheidungsbildung der Geschworenen zulässt.[1102]

Dennoch bereitet die Begründung der Beweiswürdigung in der schwurgerichtlichen Praxis ganz erhebliche Probleme. Häufig werden Beweismittel im Abstimmungsprotokoll lediglich aufgezählt, ohne dass überhaupt begründet wird, weshalb diese für die Entscheidung der Geschworenen erheblich gewesen sind. Nicht selten weisen Begründungen nur tatsächlichen oder wertenden Inhalt auf und benennen keine konkreten Beweismittel.[1103]

---

1097 STS 299/1998 v. 30.5.1998, RJ 1998, 5011; *Ponz Nomdedeu*, in: Gómez Colomer/Montero Aroca, S. 794 ff., m.w.N.

1098 Siehe viertes Kap., III/3 c) bb).

1099 Ob Art. 120 Abs. 3 CE für die Entscheidung der Jury gilt, wird vom *TS* uneinheitlich beantwortet. Dagegen: STS 221/2003 v. 14.02.2003, dafür: STS 279/2003 v. 12.03.2003, beide veröffentlich unter http://www.poderjudicial.es/CGPJ/Docuteca.

1100 Siehe *Thaman*, Hastings Int'l & Comp. L. Rev., Vol. 21, S. 364, m.w.N.: Einzig die Rechtsordnung Österreichs (§ 331 (e) ÖStPO) sieht eine Begründungspflicht des Geschworenenverdikts vor.

1101 Vgl. *Díaz Cabiale*, in: Comentarios sistemáticos, S. 333 ff.

1102 STS 221/2003 v. 14.02.2003, a.a.O., so auch *Díaz Cabiale*, S. 333 ff., 340; höhere Anforderungen bei STS 279/2003 v. 12.03.2003, a.a.O.: Die Begründung muss "klare Vorstellungen bezüglich des Wirkungsgrades jedes einzelnen Beweismittels sowie von der Beweislage insgesamt" erkennen lassen.

1103 Vgl. *Ponz Nomdedeu*, in: Gómez Colomer/Montero Arcoca, S. 794 ff; *Thaman*, Hastings Int'l & Comp. L. Rev., Vol. 21, S. 365 ff., m.w.N. und eigenen Fallstudien.

**bb) Hilfestellung durch den Urkundsbeamten**
Die Jury kann sich bei der Anfertigung des Protokolls auch der Hilfe des Urkundsbeamten oder eines anderen Gerichtsbeamten bedienen, wenn der für die Anfertigung des Protokolls verantwortliche Geschworene ein solches beim Vorsitzenden beantragt. Die Hilfe darf nicht durch den Vorsitzenden selbst erfolgen.[1104] Sie hat sich ausschließlich auf die Anfertigung und Niederschrift des Protokolls, nicht aber auf dessen materiellen Inhalt zu beziehen. (Art. 61 Abs. 2 LOTJ)

Von der Hilfestellung wird in der Praxis reger Gebrauch gemacht.[1105] Sie bedeutet eine Einschränkung des Beratungsgeheimnisses und begründet trotz des entsprechenden gesetzlichen Verbots die Gefahr von inhaltlichen Korrekturen des Wahrspruchs.[1106]

Sowohl die Begründungspflicht als auch die Hilfestellung sind in der Literatur als unterschwelliges Anerkenntnis der dem Schwurgericht immanenten Nachteile gegenüber dem Schöffengericht bezeichnet worden.[1107] Ein direkter Vergleich mit dem Schöffengericht stellt sich jedoch bei näherer Betrachtung als inadäquat dar. Dem lediglich in redaktioneller Hinsicht den Geschworenen Hilfe leistenden Gerichtsbeamten dürfte bei strikter Gesetzeseinhaltung deutlich weniger inhaltliche Einflussnahme auf die Laienrichter möglich sein als dem Berufsrichter im Schöffengericht. Denn Letztgenannter würdigt die Beweise gemeinsam mit den Laienrichtern und ist zu einer inhaltlichen Einflussnahme bereits im Verfahrensstadium der Beratungen berufen.

**cc) Vermerk über Zwischenfälle**
In einem letzten Absatz des Protokolls sollen schließlich die sich während der Beratung gegebenenfalls zugetragenen Zwischenfälle vermerkt werden, ohne dass hierdurch das Beratungsgeheimnis durch eine namentliche Identifizierung durchbrochen wird. Nur die Weigerung der Stimmabgabe oder der Unterschrift des Protokolls wird namentlich vermerkt. (Art. 61 Abs. 1 lit. e), Abs. 3 LOTJ)

---

[1104] Siehe *Thaman*, ebda., S. 376, m.w.N., auch zu der Forderung de lege ferenda, dem Vorsitzenden, wie in Österreich, diese Aufgabe zu übertragen.
[1105] Siehe *Thaman*, ebda., S. 375.
[1106] Vgl. Fallstudie bei *Thaman*, ebda., S. 375; *Díaz Cabiale*, in: Comentarios sistemáticos, S. 337, hält daher eine außerordentliche vorherige Anhörung der Parteien für erforderlich.
[1107] *Gómez Colomer*, in: ders./Montero Aroca, S. 739.

**f) Verlesung oder Zurückverweisung des Verdikts**
Dem Vorsitzenden wird das Protokoll nach dessen Abfassung und Unterschrift zugeleitet. Sofern das Protokoll keine Mängel aufweist, werden die Parteien benachrichtigt und das Verdikt vom Sprecher der Geschworenen in öffentlicher Sitzung verlesen. Danach erlöschen die Funktionen der Jury. (Art. 62, 66 LOTJ)

Das Gesetz sieht, ähnlich den Regelungen von 1872[1108] und 1888[1109], die Möglichkeit der Zurückverweisung (*devolución*) des Wahrspruchs an die Jury durch den Vorsitzenden vor, bevor es zu seiner Verlesung kommt. Dies ist gemäß Art. 63 Abs. 1 LOTJ zwingend der Fall, wenn

- der Wahrspruch sich nicht auf alle Tatfragen oder auf die Schuld oder Unschuld eines jeden Angeklagten hinsichtlich aller angeklagter Taten erstreckt,
- bei einer Abstimmung nicht die erforderliche Mehrheit erreicht wurde,
- Entscheidungen über Tatfragen für sich oder im Verhältnis zur Schuldfrage widersprüchlich sind,
- bei der Beratung oder der Abstimmung ein Verfahrensfehler unterlaufen ist.

Der Gesetzgeber wollte mit dieser abschließenden Aufzählung von Zurückverweisungsgründen rechtsmittelrelevante Mängel des Verdikts vermeiden, wozu auch die Mitwirkung der Parteien beitragen soll.[1110] Vor der Zurückverweisung erklärt der Vorsitzende daher im Beisein der Parteien ausführlich die Gründe und gibt genau die Form an, in welcher der Mangel zu beheben ist. Die Parteien können hierzu Stellung nehmen und zur Wahrung eines späteren Rechtsmittels Rügen erklären. (Art. 64, 63 Abs. 3 i.V.m. Art. 53 LOTJ)

Der für eine Zurückverweisung zwingende Grund bestehender Widersprüche zwischen Tatsachen- und Schuldfrage verdeutlicht, dass die Schuldfrage nicht eigenständig ist. Die Zurückverweisung verhindert aber auch eine klassische Form der *jury nullification*, nämlich den Freispruch aus Gewissensgründen, obwohl alle gesetzlichen Merkmale der Straftat von der Jury als bewiesen angesehen wurden.[1111]

Der auf unschuldig lautende Wahrspruch ist hingegen verbindlich, wenn er auf der Tatsachenebene eine Entsprechung findet, auch wenn es sich um schuldausschließende oder entschuldigende Umstände handelt. Hierin unterscheidet sich

[1108] Siehe drittes Kap., II/6 b) ee).
[1109] Siehe drittes Kap., III/3 e).
[1110] EM-LOTJ, V/3.
[1111] Vgl. *Thaman*, Hastings Int'l & Comp. L. Rev., Vol. 21, S. 377.

das Verfahren von den entsprechenden Regelungen von 1872[1112] und 1888[1113], da nach der LOTJ der Vorsitzende Unschuldsverdikte, die er für falsch hält, nicht zurückweisen kann.

Eine von der Jury als bewiesen hinzugefügte, wesentlich von dem durch den Vorsitzenden zuvor schriftlich abgefassten Verdiktsgegenstand abweichende und strafschärfende Tatsache ist gemäß Art. 63 Abs. 2 LOTJ als nicht bewiesen anzusehen. Einer Zurückverweisung durch den Vorsitzenden bedarf es in diesem Fall nicht.

Ein fehlerhafter Wahrspruch kann wegen ein und desselben Mangels bis zu dreimal an die Jury zurückverwiesen werden. Ist der Mangel nach einer dritten Zurückverweisung nicht behoben, ist die Jury zu entlassen und die Hauptverhandlung vor einer neuen Jury zu wiederholen. Erst wenn auch die neue Jury trotz dreifacher Zurückverweisung nicht zu einem fehlerfreien Verdikt gelangt, hat der Vorsitzende ein auf Freispruch lautendes Urteil zu fällen. (Art. 65 LOTJ)

**4. Das gerichtliche Urteil**

Liegen keine Gründe für eine Zurückverweisung vor und lautet der Spruch der Geschworenen auf unschuldig, erlässt der Vorsitzende ein freisprechendes Urteil *in voce*, das später zu begründen ist. Gleichzeit hat der Vorsitzende die sofortige Freilassung eines sich in Untersuchungshaft befindenden Angeklagten anzuordnen.[1114] (Art. 67 LOTJ)

Ergeht ein Schuldspruch, hat der Vorsitzende vor Erlass des Strafurteils, den Parteien Gelegenheit zur Stellungnahme zu den zu verhängenden Strafen beziehungsweise Maßregeln der Sicherung, sowie zur zivilrechtlichen Haftung und gegebenenfalls zu einer von der Jury angeregten Strafaussetzung zur Bewährung zu geben.[1115] (Art. 68 LOTJ)

Im Anschluss verfasst der Vorsitzende das nach allgemeinen Vorschriften bekannt zu machende und archivierende Urteil, welches die bewiesenen Tatsachen und die gesetzliche Straftat, welche Gegenstand des Strafausspruchs oder des Freispruchs sind, mit dem Juryspruch übereinstimmend enthalten muss (Art. 70 Abs. 1 LOTJ i.V.m. Art. 248 Abs. 3 LOPJ).

---

[1112] Siehe drittes Kap., II/6 b) ee).
[1113] Siehe drittes Kap., III/3 e).
[1114] Dies ist gemäß Art. 983 LECrim auch in anderen Strafverfahren grundsätzlich der Fall.
[1115] Krit. *Gómez Colomer*, in: ders./Montero Aroca, S. 813, die Strafzumessung sei Sache des Richters und die Stellungnahme der Parteien daher gegen das Legalitätsprinzip gerichtet.

Ist die Jury zu einem Schuldspruch gelangt, muss das Urteil auch die „Existenz von die verfassungsmäßige Garantie der Unschuldsvermutung wahrenden Belastungsbeweisen konkretisieren“ (Art. 70 Abs. 2 LOTJ). Der Gesetzgeber trat hiermit der auf die Untrennbarkeit von Tatsachen- und Rechtsfragen sowie die fehlende Begründung des Verdikts gestützten Kritik am Jurymodell entgegen.[1116] Die Urteilsbegründung des Richters kann jedoch nicht eine mangelhafte Begründung des Verdikts durch die Jury ausbessern oder an deren Stelle treten.[1117] Das Urteil hat in bezug auf die Beweiswürdigung nur festzustellen, dass die von der Jury als bewiesen angesehenen belastenden Tatsachen geeignet sind, die Unschuldsvermutung zu widerlegen.[1118]

## V. Rechtsmittel

Unmittelbar gegen das Verdikt der Jury besteht kein Rechtsbehelf. Gegen das von einer *audiencia provincial* erlassene Urteil[1119] des Schwurgerichts kann beim zuständigen Zivil- und Strafsenat des *tribunal superior de justicia* der Autonomen Gemeinschaft, in der die *audiencia provincial* ihren Sitz hat, das Rechtsmittel der *apelación* eingelegt werden (Art. 846bis a) LECrim). Das angerufene Gericht entscheidet über die *apelación* ohne Beteiligung von Laien in der Besetzung von drei Richtern. Die *apelación* ist nicht mit der deutschen Berufung in Strafsachen gleichzusetzen. Eine zweite Tatsacheninstanz ist mit der *apelación* nicht eröffnet. Die gesetzlichen Gründe für eine *apelación* stimmen mit denen der *casación* weitgehend überein.[1120]

Gegen ein in erster oder in zweiter Instanz erlassenes Urteil eines *tribunal superior de justicia* kann das Rechtsmittel der *casación*, welches der Revision im deutschen Strafverfahren vergleichbar ist, eingelegt werden (Art. 847 LECrim).[1121] Der Gesetzgeber hat das dem spanischen Strafprozess immanente Prinzip eines einzigen Rechtsmittels aufgegeben, indem gegen das schwurge-

---

[1116] EM-LOTJ, VI.
[1117] *Díaz Cabiale*, in: Comentarios sistemáticos, S. 344 f.
[1118] STS 221/2003 v. 14.02.2003, http://www.poderjudicial.es/CGPJ/Docuteca.
[1119] Zu Rechtsbehelfen gegen Beschlüsse: *Montero Aroca*, in: Gómez Colomer/Montero Arcoca, S. 898.
[1120] Vgl. ausführlich *Montero Aroca*, ebda., S. 977 ff.
[1121] Sofern der *TSJ* aufgrund eines besonderen persönlichen Gerichtsstands erstinstanzlich entschieden hat, ist nicht die *apelación*, sondern nur die *casación* gegeben. Das Gesetz bestimmt kein Rechtsmittel gegen eine erstinstanzliche Entscheidung des *TS*; krit. dazu *Montero Aroca*, in: Gómez Colomer/Montero Aroca, S. 894, 985.

richtliche Urteil die *casación* nach einer durchgeführten *apelación* eröffnet worden ist.[1122]

Gründe sowohl für die *apelación* als auch für die *casación* entsprechend der allgemeinen Regeln nach Art. 850, 846bis c) lit. a) LECrim sind

- die unberechtigte Zurückweisung eines zulässigen Beweisantrags,
- die unterbliebene Ladung einer Partei zur Hauptverhandlung,
- die Unterbindung einer an einen Zeugen gerichteten zulässigen Frage, wenn sie für den Ausgang des Verfahrens erkennbar von Bedeutung gewesen ist,
- die Fortsetzung der Verhandlung bei Abwesenheit eines Angeklagten.

Ferner sind beide Rechtsmittel gegen das schwurgerichtliche Urteil gemäß Art. 851, 846bis a) lit. a) LECrim begründet, wenn

- das Urteil nicht klar und entschieden ausdrückt, welche Tatsachen als bewiesen oder als nicht bewiesen angesehen wurden, wenn zwischen diesen ein erkennbarer Widerspruch besteht oder wenn als bewiesene Tatsachen Konzepte eingestellt werden, die aufgrund ihrer Rechtsnatur eine präjudizielle Entscheidung implizieren,
- das Urteil nicht über alle Gegenstände der Anklage und der Verteidigung entscheidet,
- eine unzulängliche Anzahl Geschworener an der Entscheidung mitgewirkt hat oder die abgegebenen Stimmen für die Fassung des Geschworenenspruchs nicht ausreichend waren,
- an der gerichtlichen Entscheidung ein Geschworener oder ein Richter mitgewirkt hat, der von einer Partei in zulässiger Weise abgelehnt worden ist.

Im Zuge der *apelación* wird das erstinstanzliche Urteil über die bereits genannten Gründe hinaus auch überprüft

- auf die Verletzung von Verfahrensvorschriften und -garantien, durch welche der Berufungsführer rechtsschutzlos gestellt ist, wenn der Verfahrensfehler in erster Instanz gerügt worden ist oder ein Grundrecht verletzt worden ist (Art. 846bis c) lit. a) Abs. 1 LECrim),

und

- auf Fehler des Wahrspruchs der Geschworenen, die auf die Parteilichkeit der gegenüber der Jury ergangenen Belehrungen[1123] oder auf Mängeln des

---

[1122] *Gómez Colomer*, ZStW 110, S. 538. Ausführlich zu Rechtsmitteln, auch gegen die Verurteilung zum Schadenersatz im Strafurteil: *Montero Aroca*, in: Gómez Colomer/Montero Aroca, S. 918 ff.

[1123] Unzureichende Belehrungen durch den Vorsitzenden sind hiervon grundsätzlich nicht erfasst; siehe *Montero Aroca*, in: Gómez Colomer/Montero Aroca, S. 937.

vom Vorsitzenden der Jury schriftlich vorgelegten Verdiktsgegenstands beruhen oder wenn die Zurückverweisung des Wahrspruchs an die Jury nicht erfolgt ist, obwohl zwingende Gründe hierfür vorlagen (Art. 846bis c) lit. a), a. E. LECrim).

In beiden Fällen ist die Sache an das erstinstanzliche Gericht zur Verhandlung vor einer neuen Jury zurückzuverweisen (Art. 846bis f) LECrim).

Weitere gesetzliche Gründe für die *apelación* gegen das schwurgerichtliche Urteil sind

- der Verstoß gegen eine Verfassungs- oder Gesetzesvorschrift bei der rechtlichen Einordnung der Tatsachen oder bei der Festsetzung der Strafe, Maßregel oder zivilrechtlichen Haftung im Urteil (Art. 846bis c) lit. b) LECrim),
- das unberechtigte Unterbleiben der Entlassung der Jury aus Mangel an Beweisen trotz entsprechenden Parteiantrags (Art. 846bis c) lit. c) LECrim),
- die unberechtigte Entlassung der Jury (Art. 846bis c) lit. d) LECrim); auch hier muss die Sache an das erstinstanzliche Gericht zur Verhandlung vor einer neuen Jury zurückverwiesen werden (Art. 846bis f) LECrim),
- die Verletzung der Unschuldsvermutung, wenn bei Berücksichtigung der in der Hauptverhandlung erfolgten Beweiserhebung die verhängte Strafe jeder vernünftigen Grundlage entbehrt (Art. 846bis c) lit. e) LECrim).

Hat das Rechtsmittel der *apelación* Erfolg und ist die Sache nicht an das erstinstanzliche Gericht zurückzuverweisen, entscheidet das Rechtsmittelgericht selbst.

Revisionsgründe, die nicht von der *apelación* erfasst sind, sind die Verletzung eines materiellen Strafgesetzes oder einer anderen Norm gleicher Art, die bei der Anwendung der Strafnorm beachtet werden muss, und die durch in den Gerichtsakten enthaltene Urkunden bewiesene fehlerhafte gerichtliche Beweiswürdigung. Letzter Grund eröffnet in der Praxis die Möglichkeit, trotz erfolglos durchgeführter *apelación*, die Beweiswürdigung der Jury im Wege der *casación* erneut anzugreifen. Die *casación* eröffnet hiermit eine über die *apelación* hinausgehende Überprüfung der erstinstanzlichen Entscheidung und kollidiert mit der Entscheidungsautonomie der Jury über Tatsachen.[1124]

[1124] Einschränkend daher *Montero Aroca*, in: Gómez Colomer/Montero Aroca, S. 986 f., m.w.N. auch zur a.A. des *TS*.

## VI. Zusammenfassung des fünften Kapitels

Der spanische Gesetzgeber hat im Jahre 1995 das Schwurgericht wieder eingeführt. Das Schwurgericht entscheidet in der Besetzung mit einem vorsitzenden Berufsrichter und neun Geschworenen und ist sachlich zwingend für sehr heterogen zusammengestellte Katalogtaten und grundsätzlich für verbundene Taten zuständig.

Das Geschworenenamt ist gesetzlich zugleich als Recht und sanktionsbewährte Pflicht ausgestaltet. Die Anforderungen an Kandidaten für das Amt sind vergleichsweise niedrig. Ein Dienstverweigerungsrecht aus Gewissensgründen besteht nicht. Kandidaten werden zunächst aus dem Wählerverzeichnis gewonnen. Die nähere Auswahl von Kandidaten erfolgt öffentlich und unterliegt dem Ablehnungsrecht der Parteien, das auf einer letzten Auswahlstufe numerisch begrenzt peremptorisch ausgestaltet ist.

Das Gesetz sieht – ohne Vorläufer in der spanischen Rechtsgeschichte – ein besonderes, akkusatorisch und kontradiktorisch ausgestaltetes Ermittlungs- und Zwischenverfahren im Bereich der Zuständigkeit des Schwurgerichts vor. Beide Abschnitte des Vorverfahrens leitet der Untersuchungsrichter, der auch über die Eröffnung des Hauptverfahrens zu entscheiden hat. Anstelle der Ermittlungsakte hat der Untersuchungsrichter dem Prozessgericht eine unter Mitwirkung der Parteien anzufertigende Prozessakte zu übermitteln, die keine in der Hauptverhandlung reproduzierbaren Beweismittel enthalten darf.

Die Beweisaufnahme vor dem Schwurgericht erfolgt in adversatorischer Hauptverhandlung. Die Berufsrichter sind in Person des Vorsitzenden nur sehr eingeschränkt zur Leitung der Beweisaufnahme befugt. Die Verlesung von Schriftstücken in der Hauptverhandlung unterliegt im Geschworenenverfahren besonderen Einschränkungen. Geschworene dürfen den von den Parteien vernommenen Personen über den Vorsitzenden Fragen stellen lassen.

Das Gesetz räumt dem Akkusationsprinzip den Vorrang gegenüber dem Legalitätsprinzip ein. Verzichtet die Anklage auf eine Strafverfolgung, hat ein Freispruch ohne Jurybeteiligung zu ergehen. Allerdings wird das Akkusationsprinzip der Unschuldsvermutung derart unterworfen, dass die Berufsrichter den Angeklagten aus Mangel an Beweisen auch ohne Mitwirkung von Anklage und Jury freisprechen können. Diese in der spanischen Literatur kritisierte Beweiswürdigung durch das Gericht ist mit dem Verfassungsrang der Unschuldsvermutung zu rechtfertigen.

Wie im spanischen Strafverfahren seit 1882 grundsätzlich möglich, kann der Angeklagte den Anklagevorwurf insgesamt oder in Absprache mit der Anklage zum Teil auch im Schwurgerichtsverfahren anerkennen. Die *conformidad* unterliegt im Geschworenenprozess allerdings einer Inhaltskontrolle des Vorsitzenden zugunsten des Angeklagten.

Der Gegenstand des Juryverdikts wird vom Vorsitzenden, der an den Parteivortrag im wesentlichen gebunden ist, schriftlich festgelegt. Die Jury ist im Rahmen der Schuldfrage auf die Beantwortung der historischen Tatfrage beschränkt. Die Geschworenen haben darüber zu befinden, ob gesetzlich bestimmte strafbarkeitsbegründende, -ausschließende, -schärfende- oder mildernde Umstände bewiesen sind. Ihr schriftlich zu begründendes Verdikt hat aber auch einen Ausspruch über die Schuld oder Unschuld zu enthalten. Der Vorsitzende hat sich bei der Belehrung der Geschworenen in öffentlicher Sitzung jeder Meinungsäußerung zu enthalten.

Dem Angeklagten günstige Entscheidungen treffen die Geschworenen mit fünf, ungünstige mit sieben Stimmen. Bei der Abfassung der schriftlichen Begründung ihres Verdikts können sie sich durch einen Urkundsbeamten helfen lassen. Der Vorsitzende kann das Verdikt bis zu dreimal an die Jury zurückleiten, sofern es gesetzlich bestimmte Mängel aufweist. Danach ist die Sache vor einer neuen Jury zu verhandeln. Kommt auch diese Jury nicht zu einem fehlerfreien Spruch, ist freizusprechen.

Der Vorsitzende ist im Urteil an die Entscheidung der Jury gebunden. Er hat aber die Existenz von hinreichenden Belastungsbeweisen zu bestätigen. Er entscheidet auch über die zivilrechtliche Haftung. Gegen das Urteil bestehen die Rechtsmittel der *apelación* und der *revisión*, die keine zweite Tatsacheninstanz eröffnen.

## Sechstes Kapitel
## Reform oder Abschaffung des Schwurgerichts?

Auch nach der Entscheidung des Gesetzgebers für das Schwurgericht ist die Kritik an der Jury in Strafsachen nicht abgeebbt. Neben einer bis heute in Rechtspraxis und Wissenschaft anzutreffenden Fundamentalkritik des Jurymodells beziehen sich konkrete Einwände hauptsächlich auf den die sachliche Zuständigkeit des Schwurgerichts festlegenden Deliktskatalog, die gesetzlichen Bestimmungen für das Vorverfahren, das Auswahlverfahren der Geschworenen, die Belehrungen des Vorsitzenden, die Festlegung des Verdiktsgegenstands, die Beratung, Abstimmung und Begründung des Verdikts und das Rechtsmittelrecht[1125], kurzum gegen praktisch alle Besonderheiten des schwurgerichtlichen Verfahrens.

### I. Empirie und Gesetzeskritik

Der *Consejo General del Poder Judicial* (CGPJ) hat die Schwurgerichtsverfahren während der ersten zwei Jahre der Gesetzesanwendung in zwei Berichten statistisch dokumentiert. Danach wurden keine derartigen Berichte speziell zum Schwurgerichtsverfahren des CGPJ mehr erstellt. Statistische Angaben enthielten später nur die jährlich erscheinenden *Memorias* des CGJP. Diese beziehen sich auf alle Gerichtsbarkeiten und liefern für das Schwurgericht nur Eckdaten. Neuerdings publiziert der CGPJ das Schwurgericht betreffende, jedoch nur allgemeine und nach einzelnen Gerichten aufgeschlüsselte Daten im Internet.[1126] Schwurgerichtliche Fallstudien wurden in der Literatur von Thaman[1127] und Varona Martínez[1128] vorgelegt.

Im Mai 1996 begannen die ersten Schwurgerichtsprozesse in Spanien nach rund sechzig Jahren ihrer Abschaffung.[1129] In einigen der fünfzig spanischen Provinzen wurde die Einführung aufgrund infrastruktureller Probleme um Monate verschoben.[1130] Bis März 1997 wurden erstinstanzlich nur sechsundsiebzig Strafsa-

---

[1125] Siehe etwa *Goméz Colomer*, Rev. int. dr. penal 72, S. 301 ff.

[1126] Siehe http://www.poderjudicial.es.

[1127] *Thaman*, Hastings Int'l & Comp. L. Rev., Vol. 21, S. 241 ff.

[1128] *Varona Martínez*, S. 167 ff.

[1129] In Palencia, Valencia und Palma de Mallorca; siehe *Gleadow*, S. 275, m.w.N.

[1130] Einige Gerichte verfügten nicht über einen ausreichend großen Gerichtssaal; siehe *Gleadow*, S. 276; *Thaman*, Hastings Int'l & Comp. L. Rev., Vol. 21, S. 403 f.

chen vor einer Jury durch Urteil abgeschlossen.[1131] Im gesamten Jahr 1997 waren bereits über 250, 1998 über 400 dem Schwurgericht zugeordnete Strafsachen bei den *audiencias provinciales* registriert.[1132]

Im Jahr 2000 waren bereits mehr als 25.000 Spanier als Kandidaten für Schwurgerichtsprozesse gelistet.[1133] Im gesamten Jahr 2000 wurden bei den *audiencias provinciales* Spaniens 433 Verfahren nach der LOTJ erstinstanzlich anhängig gemacht.[1134] Die Gesamtanzahl der im Jahr 2000 bei den *audiencias* eingegangenen erstinstanzlichen Verfahren betrug im Vergleich 10.425.[1135] Weniger als fünf Prozent aller Verfahren waren somit dem Schwurgericht zuzuordnen. Bei den *tribunales superiores de justicia* aller autonomen Gebietskörperschaften gingen im Jahr 2000 insgesamt 169 Verfahren nach der LOTJ ein.[1136] Im Zeitraum 2001 bis 2003 nahm diese Zahl leicht zu.[1137]

Der *Tribunal Supremo* registrierte die ersten Rechtsmittelverfahren der *casación* gegen schwurgerichtliche Entscheidungen im Jahr 1999.[1138] Obwohl die Anzahl dieser Verfahren bis zum Jahr 2002 auf über das Dreifache anstieg[1139], kann für die meisten Rechtsfragen, welche die LOTJ aufwirft, noch nicht von einer gefestigten höchstrichterlichen Rechtsprechung ausgegangen werden.

Fast die Hälfte aller Schwurgerichtsprozesse in den ersten beiden Jahren betraf Tötungsdelikte.[1140] In diesen Prozessen traten wesentlich häufiger Privatankläger als in anderen Juryverfahren auf.[1141] In etwa dreißig Prozent der Prozesse gelangten Jurys zu einem die strafrechtliche Verantwortung verneinenden Wahrspruch. Die Freispruchrate ohne Laienbeteiligung lag vor den *audiencias provinciales* im Vergleich bei rund zwanzig Prozent.[1142] Bei schweren Straftaten, vor allem Mord und Totschlag, blieb die Anzahl der auf unschuldig lautenden Verdikte der Jurys aber deutlich unter dieser Prozentmarke. Eine besondere Milde gegenüber Angeklagten war in diesen Schwurgerichtsprozessen daher

[1131] In 20 Provinzen fand kein einziger Geschworenenprozess statt; siehe *CGPJ*, Informe 1998, S. 11.
[1132] *CGPJ*, Informe 1999, S. 2292.
[1133] *El País* v. 10.12.2000, S. 30.
[1134] *CGPJ*, Memoria 2001, S. 399.
[1135] *CGPJ*, Memoria 2001, S. 399.
[1136] *CGPJ*, Memoria 2001, S. 393, ohne Angabe, ob erst- oder zweitinstanzlich.
[1137] Siehe *CGPJ*, Memoria 2002, S. 383, 389, http://www.poderjudicial.es.
[1138] 27 Rechtsmittel der *casación* in 1999, http://www.poderjudicial.es.
[1139] 87 Rechtsmittel der *casación* in 2002, http://www.poderjudicial.es.
[1140] *CGPJ*, Informe 1998, S. 21.
[1141] *Thaman*, Hastings Int'l & Comp. L. Rev., Vol. 21, S. 397 [dort. Fn. 714].
[1142] *CGPJ*, Informe 1998, S. 24.

nicht zu verzeichnen.[1143] Dies wird auch auf ein unnachgiebiges Auftreten von Privatanklägern zurückgeführt, die es der Verteidigung erschwert haben sollen, Sympathien für den Angeklagten bei der Jury durch dessen Darstellung als einfacher Mitbürger hervorzurufen. Außerdem soll der Auftritt der Privatankläger eine erfolgsträchtige Arbeitsteilung mit der Staatsanwaltschaft bewirkt haben.[1144] Die Popularanklage hat vor Schwurgerichten eine gänzlich untergeordnete Rolle gespielt.[1145]

In etwa einem Viertel der Verfahren mit widerstreitenden Tatdarstellungen seitens Anklage und Verteidigung ergingen Jurysprüche, welche der Richterrat als überraschend, das heißt von einer fachkundigen Beurteilung klar abweichend, eingestuft hat.[1146] Besonders große Schwierigkeiten bereiteten den Jurys die Beurteilung des Tatvorsatzes, der Mordmerkmale und der Zurechnung in Tötungsfällen.[1147] Die von den vorsitzenden Richtern den Jurys vorgelegten Verdiktsgegenstände enthielten häufig komplizierte und allzu juristische Formulierungen.[1148] Diese Schriftstücke wurden in der Praxis von den Vorsitzenden ganz überwiegend ad hoc angefertigt.[1149] Nur etwa ein Drittel der Begründungen von Jurysprüchen entsprach nach Einschätzung des ersten Berichts des CGPJ den gesetzlichen Anforderungen; andere waren inexistent oder offenkundig ungenügend.[1150] Der Folgebericht aus dem Jahr 1999 ging hingegen von einer gesetzeskonformen Begründung vieler Verdikte aus.[1151]

Ganz erhebliche Probleme in der anfänglichen Gerichtspraxis erkannte der Richterrat bei der Anfertigung der Prozessakte. In nicht wenigen Fällen übersandten Untersuchungsrichter die gesamte Ermittlungsakte an das Prozessgericht, eine Praxis, die nach der LOTJ gerade unterbleiben soll.[1152] Auch ist in der anfänglichen Schwurgerichtspraxis das Verbot der Einführung von in der Hauptverhandlung reproduzierbaren Beweismitteln durch den Beweis vom Hörensagen umgangen worden.[1153]

---

[1143] *CGPJ*, Informe 1998, S. 24 ff.; so auch *Thaman*, Hastings Int'l & Comp. L. Rev., Vol. 21, S. 393 ff., m.w.N. und eigener Fallstudie.

[1144] Siehe *Thaman*, ebda., S. 397 ff., 399: Ohne strategische Absprache nehme der Staatsanwalt die Rolle des "good cop", der Privatankläger die des "bad cop", ein.

[1145] *Thaman*, ebda., S. 401, m.w.N.

[1146] *CGPJ*, Informe 1998, S. 35; einschränkend *CGPJ*, Informe 1999, S. 2297. Vereinzelt wichen richterliche Urteile von Verdikten ab; siehe *CGPJ*, Informe 1999, S. 2316 f.

[1147] Auch wurde der Tatvorsatz mit der Schuld vermengt; siehe *CGPJ*, Informe 1998, S. 55 ff.

[1148] *CGPJ*, ebda., S. 49 ff.; Informe 1999, S. 2309; *Thaman*, ebda., S. 59.

[1149] Krit. *Gómez Colomer*, Rev. int. dr. penal 72, S. 305 f.

[1150] *CGPJ*, Informe 1998, S. 28, 53 f.

[1151] *CGPJ*, Informe 1999, S. 2315 f.

[1152] *CGPJ*, Informe 1998, S. 41; Informe 1999, S. 2304.

[1153] *CGPJ*, Informe 1999, S. 2305 ff.

Den untersuchten Gerichtsakten entnahm der CGPJ, dass die Belehrungen der Vorsitzenden zu einem Großteil bereits vor Prozessbeginn angefertigt waren.[1154] In der Praxis sind überwiegend kurze, in einigen Fällen auch nur schriftliche, Belehrungen beobachtet worden[1155], so dass dem Anliegen des Gesetzgebers, eine Einflussnahme des Richters auf die Entscheidung der Geschworenen zu verhindern, grundsätzlich genügt wurde. Trotzdem fordert die Spanische Generalstaatsanwaltschaft die Abschaffung der obligatorischen Belehrung.[1156]

Keine einzige Hauptverhandlung musste aus Mangel an Kandidaten vertagt werden. In der Regel dauerten Los- und Ablehnungsverfahren einen halben Tag lang.[1157] Von ihrem Recht, Kandidaten für das Geschworenenamt abzulehnen, haben die Parteien exzessiven Gebrauch gemacht. Die an die Kandidaten im Auswahlverfahren seitens der Parteien gerichteten Fragen überprüfen die Gerichte in sehr unterschiedlichem Maße.[1158]

Der CGPJ hat in seinen Berichten aus den Jahren 1998 und 1999 im Bereich der dem Schwurgericht unterworfenen minderschweren Straftaten eine „Flucht vor der Jury" in Form von Absprachen und mittels Tatqualifikationen als bloße Gesetzesübertretungen festgestellt.[1159] Die *conformidad* führte vor allem im Stadium des Zwischenverfahrens, teilweise aber bereits während des Ermittlungsverfahrens und auch zu Beginn der Hauptverhandlung, selten jedoch in dem gesetzlich vorgesehenen Zeitpunkt des Abschlusses der Beweisaufnahme vor der Jury, zu einer vorzeitigen Verfahrensbeendigung.[1160] Dies traf vor allem bei Tatvorwürfen des Hausfriedensbruchs, Drohungen, unterlassener Hilfeleistung, Brandstiftung in Forstgebieten und bei Bestechungsdelikten zu.[1161] Aber auch vor Tötungsdelikten macht die *conformidad* in der Praxis nicht Halt, vor allem dann, wenn wegen vollständiger oder partieller Schuldunfähigkeit keine Freiheitsstrafe, sondern die Anordnung einer Sicherungsmaßregel vereinbart wird.[1162] Der

---

[1154] *CGPJ*, Informe 1999, S. 2312.
[1155] Siehe *Thaman*, Hastings Int'l & Comp. L. Rev., Vol. 21, S. 354.
[1156] *FGE*: Informe acerca de la experiencia aplicativa del Jurado y algunas propuestas de reforma, http://www.fiscalia.org/doctdocu/docu/htm, S. 46 ff.; krit. auch *Gómez Colomer*, Rev. int. dr. penal 72, S. 305 f.
[1157] *CGPJ*, Informe 1999, S. 2302.
[1158] *CGPJ*, Informe 1998, S. 71; Informe 1999, S. 2303.
[1159] *CGPJ*, Informe 1998, S. 36; Informe 1999, S. 2295; siehe auch *Gómez Colomer*, Rev. int. dr. penal 72, S. 31; *Serra Domínguez*, S. 61.
[1160] *CGPJ*, Informe 1999, S. 2318.
[1161] Forstbrandstiftung 100 %, unterlassene Hilfeleistung 93,3 %, Hausfriedensbruch 56,2 %, Drohungen 45,5 % *conformidad*; siehe *CGPJ*, Informe 1999, S. 2294; *Varona Martínez*, S. 201.
[1162] 14,6 % *conformidad*. *CGJP*, Informe 1999, S. 2296; vgl. *Varona Martínez*, S. 201; siehe auch *Thaman*, Hastings Int'l & Comp. L. Rev., Vol. 21, S. 312 f., m.w.N.

CGPJ sprach sich daher für eine Begrenzung der Zuständigkeit des Schwurgerichts auf schwere Straftaten und auf Fälle beantragter Freiheitsstrafe aus, in welchen die Schuldfähigkeit des Angeklagten nicht schon von der Anklage verneint wird.[1163] Die spanische Richterschaft[1164], die Generalstaatsanwaltschaft[1165] und die überwiegende Meinung in der Literatur[1166] teilen diesen Standpunkt.

Für eine Begrenzung der sachlichen Zuständigkeit spricht aus Sicht des CGPJ aber auch eine teils zu beobachtende überlange Dauer des schwurgerichtlichen Ermittlungsverfahrens gerade bei minderschweren Straftaten.[1167] Allerdings wurde nur bei jedem zehnten der für den Zeitraum April 1997 bis März 1998 untersuchten Schwurgerichtsverfahren das Ermittlungsverfahren nach den besonderen Vorschriften der LOTJ eingeleitet.[1168] In jedem fünften Zwischenverfahren verzichtete die Verteidigung auf die mündliche Verhandlung über die Eröffnung des Hauptverfahrens vor dem Untersuchungsrichter (*audiencia preliminar*).[1169]

Die meisten Mord- und Totschlagsprozesse dauerten nicht länger als drei Tage, wenige über eine Woche; Verfahren wegen minderschwerer Tatvorwürfe ein bis zwei Tage.[1170] Die Berichte des CGPJ enthalten keine spezifischen Angaben zu den Kosten des Schwurgerichtsverfahrens. Abgesehen von den Geschworenen zu zahlenden Tagessätzen schlagen die Kosten der Unterbringung[1171] und Verpflegung zu Buche. Für einen fünftägigen Geschworenenprozess wurden diese Kosten auf insgesamt 6.000 bis 12.000 Euro beziffert.[1172] Weitaus höhere Kosten wurden durch Baumaßnahmen ausgelöst, um die Gerichtssäle den Anforderungen eines Juryprozesses anzupassen.[1173]

---

[1163] *CGPJ*, Informe 1998, S. 36.

[1164] So die Richtervereinigung *Francisco de Vitoria,* Diario de Noticias LA LEY v. 7.3. 2001.

[1165] *FGE*, Informe, S. 9 f.

[1166] Statt vieler: *Gómez Colomer*, Rev. int. dr. penal 72, S. 303 f.

[1167] *CGPJ*, Informe 1998, S. 39; *Thaman*, Hastings Int'l & Comp. L. Rev., Vol. 21, S. 402, geht hingegen von einer für europäische Verhältnisse durchschnittlich kurzen Dauer des Vorverfahrens aus.

[1168] Ansonsten wurde das herkömmliche Ermittlungsverfahren nach der LECrim angewendet; siehe *CGPJ*, Informe 1999, S. 2297 f.

[1169] *CGPJ*, Informe 1999, S. 2299.

[1170] *Thaman*, Hastings Int'l & Comp. L. Rev., Vol. 21, S. 402.

[1171] Vereinzelt wurden Geschworene über Nacht nach Hause entlassen; krit. *Gómez Colomer*, Rev. int. dr. penal 72, S. 308.

[1172] Geschworene wurden mitunter in 5-Sterne-Hotels untergebracht und verpflegt; siehe *Thaman*, Hastings Int'l & Comp. L. Rev., Vol. 21, S. 403.

[1173] Die Regierung ging von Gesamtkosten der Einführung des Schwurgerichts in Höhe von umgerechnet rund 8.400.000,- Euro aus; siehe *Gómez Colomer*, Rev. int. dr. penal 72, S. 302 (dort Fn. 23), m.w.N.

Noch vor Inkrafttreten der LOTJ hatten Meinungsumfragen ergeben, dass die spanische Bevölkerung die Laienrichter in Strafsachen mehrheitlich befürwortete.[1174] Die Bereitschaft zur eigenen Mitwirkung als Geschworener war nach Inkrafttreten der LOTJ allerdings gering. Im Jahre 1997 standen nur zwölf Prozent der Befragten einer eigenen Nominierung als Kandidat positiv gegenüber. 44 Prozent wollten das Amt nur gezwungenermaßen ausüben. Weitere 44 Prozent gaben an, alles tun zu wollen, um das Amt zu umgehen.[1175] In den ersten drei Jahren nach Inkrafttreten der LOTJ sank die Akzeptanz des Schwurgerichts für den Fall, selbst wegen einer Straftat vor Gericht zu stehen. Während bis 1992 eine Mehrheit der Befragten das Schwurgericht einem reinen Berufsgericht vorzog, hat sich dieses Verhältnis seit 1997 zugunsten der Berufsrichter gewendet.[1176]

## II. Der Mordfall *Otegi*: Auslöser einer Reformdebatte

Das veränderte Meinungsbild in der Bevölkerung könnte insbesondere mit der medialen Berichterstattung über den Fall *Otegi* zusammenhängen. Kein anderes Strafverfahren hat nach Wiedereinführung der Jury die Debatte um das spanische Schwurgericht derart geprägt.[1177] Zuvor hatten sich die Medien in Spanien nur wenig mit der Jury auseinandergesetzt.

Dem jungen Basken Mikel Otegi Unanue wurde zur Last gelegt, im Dezember 1995 zwei Beamte der autonomen baskischen Polizei *Ertzaintza* auf einem baskischen Bauernhof erschossen zu haben. Der Sympathisant einer in das weitere Umfeld der separatistischen Terrororganisation ETA gerückten baskischen Jugendorganisation ging davon aus, dass die beiden Polizisten angerückt waren, um ihn zu verhaften. Die Nacht zuvor hatte Otegi in einem erheblichen Maß Alkohol konsumiert.

Nach der Festnahme Otegis machte die heute landesweit verbotene separatistische baskische Partei *Herri Batasuna* (HB) die Vorgehensweise der Polizei gegen die baskische Jugend für den Tod der beiden Beamten politisch verantwortlich. Bereits im Vorfeld des Strafprozesses gegen Otegi wurde die Angelegen-

---

[1174] 1980 äußerten sich 50% der Befragten positiv, 1985: 63 %, 1992: 63 %; siehe *Varona Martínez*, S. 174, m.w.N.
[1175] *Varona Martínez*, S. 174, m.w.N.
[1176] 1987 bevorzugten noch 47 % eine Jury, 26 % ein reines Berufsgericht. 1992: 50 % ./. 29 %, 1996: 49 % ./. 37 %, 1997: 32 % ./. 54 %, 1998: 40 % ./. 44 %; siehe *Varona Martínez*, S. 179 f., m.w.N.
[1177] *Thaman*, Hastings Int'l & Comp. L. Rev., Vol. 21, S. 405.

heit in Politik und Medien angespannt mitverfolgt. Obwohl verschiedene Politiker deshalb einen Prozess vor der ansonsten für Terrorismusdelikte zuständigen *Audiencia Nacional* ohne Jurybeteiligung forderten, wurde die Sache schließlich vor dem zuständigen Schwurgericht der *Audiencia Provincial de Gipuzkoa* in San Sebastian verhandelt.

Im Januar 1997 wurden hierzu die sechsunddreißig Kandidaten für die zweite Liste ausgelost. Neunzehn Kandidaten machten Entschuldigungsgründe geltend, von denen das Gericht die meisten zurückwies. Staatsanwaltschaft, Partikularanklage und Verteidigung machten vollen Gebrauch von ihren Ablehnungsrechten. Spätere Interviews mit Geschworenen ergaben, dass Kandidaten, die sich entweder in bezug auf die baskische Polizei oder auf baskische Separatisten negativ äußerten, umgehend entschuldigt oder von den Parteien abgelehnt wurden. Die Jury setzte sich schließlich aus acht Frauen und einem Mann zusammen. Einige Geschworene stellten sich später als Mitglieder der HB heraus oder bewegten sich in einem separatistischen Umfeld.

Die fast zwei Wochen währende Hauptverhandlung fand unter großen Sicherheitsvorkehrungen für die Geschworenen, deren Identität anonym blieb, statt. Staatsanwaltschaft und Partikularanklage beantragten lange Freiheitsstrafen wegen Mordes. Die Verteidigung berief sich auf eine Geistesstörung des Angeklagten und beantragte dessen Freispruch.

Die Jury fertigte ihr Verdikt mit der gesetzlich vorgesehenen Hilfestellung eines Gerichtsbeamten an. Auf die entsprechende Bitte der Jury hin wurde das Verdikt unter Ausschluss der Öffentlichkeit und in Abwesenheit von Gerichtspolizei verlesen. Die Jury befand Otegi wegen fehlender Zurechnungsfähigkeit für unschuldig. Das Abstimmungsergebnis wurde von der Justiz geheim gehalten. Später wurden in Justizkreisen unterschiedliche Ursachen für das „Fehlurteil" der Jury angegeben: politische Sympathie der Geschworenen für Otegi, das allgemeine politische Klima im Baskenland, die Angst der Geschworenen vor Repressalien und eine schlecht ausgerichtete Strategie der Anklageparteien.[1178]

Otegi wurde zwei Stunden nach Verdiktsverlesung auf freien Fuß gesetzt. Es erging ein freisprechendes Strafurteil durch den Vorsitzenden. Der Angeklagte wurde jedoch zu einer Zahlung von umgerechnet über 200.000 Euro an Schadensersatz verurteilt.

Bereits drei Monate später hob der *Tribunal Superior de Justicia del País Vasco* das Urteil auf und begründete dies unter anderem mit einer unzureichenden Begründung des Juryverdikts. Die Sache wurde an die *audiencia provincial* zur

[1178] Siehe *Thaman*, ebda., S. 396, m.w.N.

Verhandlung vor einer neuen Jury zurückverwiesen. Der *Tribunal Supremo* bestätigte im März 1998 diese Entscheidung. Bis heute konnte die Sache jedoch nicht neu verhandelt werden, da Otegis Aufenthaltsort seit geraumer Zeit unbekannt ist.[1179]

Der Freispruch Otegis löste in ganz Spanien einen Sturm der Entrüstung sowie Massenproteste aus. Baskische Polizistenvereinigungen konstatierten, die Jury habe mit ihrem Verdikt die beiden Polizisten ein zweites Mal ermordet und den baskischen Separatisten eine Lizenz zum Töten ausgestellt. In der Politik wurden schnell Forderungen laut nach einer Reform des Schwurgerichts, um derart skandalöse Freisprüche zu verhindern.[1180]

### III. Die Reformdebatte nach dem Fall *Otegi*

An dem auf den Freispruch Otegis folgenden Tag forderte die seit 1996 regierende konservative Volkspartei *Partido Popular* (PP) eine Reform der LOTJ, um in Zukunft „groteske" Juryverdikte wie das im Fall Otegi gesprochene zu verhindern. Während die baskischen Nationalisten (PNV) diese Forderung unterstützten, stieß sie auf den Widerstand von Sozialisten (PSOE), der Vereinigten Linken (IU) und katalanischen Nationalisten (CiU).[1181]

Allerdings sprachen sich auch einige Anhänger des Juryprinzips in Kreisen der damaligen Opposition und Justiz grundsätzlich für die Möglichkeit aus, die Zuständigkeit der Jury auszuschließen, wenn wegen des politischen Klimas, wie im Baskenland, ein faires oder legitimes Verfahren nicht mehr gewährleistet sei.[1182] Kritiker dieser Forderung gaben hingegen zu bedenken, dass dieser politische Druck im Baskenland auch Berufsrichter zu „skandalösen" Freisprüchen veranlasse, ohne dass diese Richter ausgewechselt werden.[1183]

Zu den ersten Reformvorschlägen vornehmlich aus Reihen der PP und PNV zählten - neben einer gänzlichen Abschaffung der Jury – weiterhin

- eine Begrenzung der sachlichen Zuständigkeit des Schwurgerichts, indem Taten gegen Angehörige der Staatsgewalt ausgenommen werden sollten,

[1179] Vgl. *Varona Martínez*, S. 212 ff.
[1180] Siehe *Thaman*, Hastings Int'l & Comp. L. Rev., Vol. 21, S. 405 ff., m.w.N.
[1181] Siehe *Thaman*, ebda., S. 405 f., m.w.N.
[1182] Siehe *Thaman*, ebda., S. 406, m.w.N.; vgl. *Gleadow*, S. 277.
[1183] Vgl. *Thaman*, ebda., S. 407, m.w.N.

- die Beschränkung des Verdiktsgegenstandes auf eine reine Tatsachenentscheidung unter Ausklammerung einer tatbestandlichen Einordnung,

- die Entfernung der Schuldfrage sowie von Belangen der Rechtfertigung, Entschuldigung und strafmildernder und –schärfender Umstände aus dem Wahrspruch,

- die Ausweitung der Revisibilität von schwurgerichtlichen Urteilen im Wege des Rechtsmittels, was von anderer Seite als verfassungswidrig kritisiert wurde.[1184]

Die Forderung nach Abschaffung des Schwurgerichts wurde in der Politik zunächst nicht weiterverfolgt. Im April 1997 brachte die PP einen Gesetzentwurf auf den Weg, der die vorgenannten Vorschläge weitgehend aufgriff. CiU, auf deren Zustimmung die PP wegen der seinerzeit im Kongress herrschenden Mehrheitsverhältnisse angewiesen war, bestand jedoch auf einer gründlichen Voruntersuchung der Reformauswirkungen.

Die Aufhebung des Freispruchs Otegis in zweiter Instanz nahm der angestrebten umfassenden Reform des Schwurgerichts die politische Brisanz. Die anfangs in der Politik äußerst hitzig geführte Debatte nahm moderatere Töne an. Der Freispruch Otegis und das enorme öffentliche Interesse an diesem Verfahren stellt bis heute einen Ausnahmefall in der jüngeren spanischen Schwurgerichtsgeschichte dar.[1185] Die "Flucht vor der Jury" führte zudem dazu, dass nur wenige politisch brisante Verfahren vor eine Jury gelangten. Vorwiegend sind es Fälle von gegenüber Familienangehörigen verübten Tötungsdelikten gewesen, welche die Aufmerksamkeit der Medien auf die Jury gezogen haben.[1186]

Nach 1998 nahmen die Reformbemühungen um das Schwurgericht deutlich ab. Im Mai 2001 verabredeten die damalige konservative Regierung und sozialistische Opposition im Rahmen eines Staatspakts für eine Justizreform die "Anpassung des Systems im Lichte der bei seiner Anwendung gemachten Erfahrungen".[1187] Die Generalstaatsanwaltschaft wiederholte im April 2002 ihre Forderung nach einer Einschränkung der sachlichen Zuständigkeit des Schwurgerichts. In der Folgezeit hat sich der Gesetzgeber bei der Reform des spanischen Strafprozesses jedoch anderen Zielen gewidmet, wie dem erst

---

[1184] Vgl. *Thaman*, ebda., S. 408 f., m.w.N.; *Varona Martínez*, S. 235.
[1185] *Varona Martínez*, S. 234.
[1186] *Thaman*, Hastings Int'l & Comp. L. Rev., Vol. 21, S. 408 ff.
[1187] *Principios del Pacto de Estado para la reforma de la justicia*; http://www.mju.es/g270501.htm.

kürzlich eingeführten Schnellverfahren und der Reform des abgekürzten Verfahrens.[1188]

## IV. Jüngste Reformforderungen

Im Frühjahr 2003 flammte die Diskussion um das Schwurgericht wieder auf. Der CGPJ schlug im Hinblick auf die Reform des spanischen Gerichtsverfassungsgesetzes (LOPJ) vor, die Kompetenzen der Jury für den Fall einer Zurückverweisung des Wahrspruchs durch den vorsitzenden Richter einzuschränken. Bei einer Neuverhandlung der Sache vor einer zweiten Jury gemäß Art. 65 LOTJ sollte eine erneute Zurückverweisung des Wahrspruchs durch den Richter nicht mehr möglich sein. Der Vorsitzende sollte die Jury dann sofort entlassen und ein freisprechendes Urteil verkünden können, es sei denn, es handelte sich um eine schwere Straftat; dann soll die *audiencia provincial*, also ein reines Berufsgericht, die Sache insgesamt entscheiden dürfen.[1189]

Im September 2003 wurde ein weiteres auf einem Juryspruch basierendes "skandalöses" Urteil bekannt. Anders als im Fall *Otegi* ging es im Fall *Wanningkhof* aber nicht um einen Freispruch. Die des Mordes an Rocío Wanningkhof angeklagte Dolores Vázques war im September 2001 von dem Schwurgericht der *Audiencia Provincial de Málaga* dem Anklagevorwurf folgend zu einer Haftstrafe von fünfzehn Jahren verurteilt worden. Der andalusische *tribunal superior de justicia* hob das Urteil im Februar 2002 wegen unzureichender Begründung von Juryspruch und Urteil auf und ordnete die Wiederholung der Hauptverhandlung vor einer neuen Jury an. Der *Tribunal Supremo* hat die Urteilsaufhebung im März 2003 bestätigt. Im September 2003 wurde von der Staatsanwaltschaft verlautbart, dass ein auch wegen anderer Gewalt- und Sexualstraftaten belangter britischer Staatsbürger die Tat gestanden habe.[1190] Staatsanwaltschaft und Verteidigung kündigten an, die Einstellung des Verfahrens zu betreiben.[1191] Zur gleichen Zeit, allerdings aus völlig anderen Gründen, nahm die damalige sozialistische Opposition von dem mit der Regierung im Jahre 2001 geschlossenen Staatspakt zur Justizreform Abstand. Die seinerzeit konservative Regierung kündigte sodann eine gründliche Reform des Schwurgerichts an.[1192]

---

[1188] Siehe http://www.mju.es/actividad_legislativa.

[1189] *CGPJ*: Informe sobre el anteproyecto de Ley Orgánica de reforma de la Ley Orgánica 6/1985, del Poder Judicial v. 22.4.2003, http://www.poderjudicial.es.

[1190] http://www.elmundo.es/elmundo/2003/09/21/sociedad/1064133025.html.

[1191] *El País* v. 23.9.2003, S. 15.

[1192] *El País* v. 23.9.2003, S. 18.

Nach dem Regierungswechsel im Frühjahr 2004 ist noch nicht abzusehen, welchen Weg der heutige Gesetzgeber einschlagen wird. Als naheliegende Reform des Schwurgerichts erscheint eine vielerseits geforderte Begrenzung seiner sachlichen Zuständigkeit, um minderschwere Delikte nicht mehr vor die Jury zu bringen. Die sozialistische hat die Reform zunächst auf Eis gelegt. Ob die Kompetenz der Jury weiter begrenzt oder, wie in der Lehre und zunehmend in Kreisen der Justiz[1193] gefordert, die Jury gänzlich zugunsten der Schöffen aufgegeben wird, ist in Spanien derzeit offen.

## V. Zusammenfassung des sechsten Kapitels

Der Geschworenenprozess bildet in der Praxis des gegenwärtigen spanischen Strafverfahrens die große Ausnahme. Das Schwurgericht wird durch vermehrte Absprachen und untersuchungsrichterliche Tatqualifikationen umgegangen, weshalb die Rede von der „Flucht vor der Jury" ist. Die Gesetzesumgehung ist bereits im Ermittlungsverfahren angelegt. Das besondere Vorverfahren nach der LOTJ hat kaum eine praktische Bedeutung. Das im Gesetz verankerte Unmittelbarkeitsprinzip wird durch die Übersendung der Ermittlungsakte an das Prozessgericht und durch *hearsay* untergraben.

In Mord- und Totschlagsverfahren fallen Jurysprüche nicht milder aus als Entscheidungen reiner Berufsrichterkollegien. Dies wird auch auf die formelle Parteistellung von Privatanklägern zurückgeführt. Besondere Schwierigkeiten bereiten den Geschworenen die Beurteilung des Tatvorsatzes, der Mordmerkmale, der Zurechnung und der Schuldfähigkeit sowie die Entscheidungsbegründung.

Das Verfahren hat sich in der Praxis nicht als besonders langwierig herausgestellt. Dennoch scheuen viele Bürger die Amtsausübung. Das Funktionieren des Schwurgerichts ist hierdurch aber nicht in Frage gestellt.

Das Schwurgericht stößt nicht nur in der herrschenden Lehre, sondern auch in weiten Teilen der Justiz auf Ablehnung. Die infolge des erstinstanzlichen Freispruchs im Fall Otegi in Spanien geäußerten Reformforderungen haben eine starke Beschränkung der Kompetenzen der Jury bis hin zu ihrer vollständigen Restitution durch Schöffengerichte beinhaltet. Heute zeichnet sich deutlicher denn je eine Reform ab, deren Reichweite jedoch noch ungewiss ist. Als wahrscheinlich gilt jedenfalls die Einschränkung der sachlichen Zuständigkeit des

---

[1193] So die Richtervereinigung *Asociación Profesional de la Magistratura*, vgl. *El País* v. 23.9.2003, S. 18.

Schwurgerichts, um minderschwere Delikte bereits aus fiskalischen Gründen vom Juryprozess auszusparen.

## Siebtes Kapitel
## **Zusammenfassung der Arbeit**

**I.** Die Renaissance des Schwurgerichts in Spanien hat in der deutschen Rechtswissenschaft bisher kaum Beachtung gefunden. Hierzulande ist die Jury in Strafsachen rechtsgeschichtlich ad acta gelegt. Die 1924 abgeschafften Geschworenengerichte sind seit langem aus dem Augenmerk der rechtspolitischen Diskussion gerückt. Heute wird in Deutschland die Laienbeteiligung an der Strafjustiz insgesamt in Frage gestellt.[1194]

**II.** Der das Schwurgerichtsmodell kennzeichnende Begriff *Jurado* findet in der spanischen Rechtssprache eine vielseitige Verwendung. Je nach Verwendung bezeichnet er das gesamte Gericht, die Geschworenenbank oder den einzelnen Geschworenen. Als grundlegend wird für das Schwurgerichtsmodell eine personelle und funktionelle Teilung des Gerichts, die Laieneigenschaft der Geschworenen, das auf eine konkrete Strafsache reduzierte Amt und die Ungebundenheit der Geschworenen an juristische Begriffsmerkmale erachtet.[1195]

**III.** Das spanische Schwurgericht wurzelt nicht im Mittelalter. Das rechtsphilosophische Fundament für das Schwurgericht setzte die spanische Aufklärung. Sie rezipierte die französischen Freiheitspostulate, fand jedoch im spanischen Katholizismus und der Treue zum Staatsmodell der Monarchie enge Grenzen. Das Schwurgericht wurde in der spanischen Aufklärung daher nicht als Ausdruck nationaler Souveränität, sondern mehr als Kontrollinstrument der Justiz betrachtet.[1196]

**IV.** Auslöser der spanischen Schwurgerichtsbewegung im 19. Jahrhundert war das gegen den Absolutismus gerichtete Emanzipationsstreben des liberalen Bürgertums. Der politische Liberalismus war in Spanien äußerst elitär verfasst. Im Ringen um politische und wirtschaftliche Macht bediente er sich der Presse und ging zuweilen Zweckbündnisse mit den Streitkräften ein. Die bürgerliche Revolution Spaniens verlief in mehreren Etappen und wurde erst in den 80er Jahren des 19. Jahrhunderts abgeschlossen.[1197]

---

[1194] Siehe Einl.
[1195] Siehe erstes Kap.
[1196] Siehe zweites Kap.
[1197] Siehe zweites Kap.

**V.** Auf der Grundlage der Verfassung von Cádiz von 1812 wurde die Jury erstmals 1820 für Pressestraftaten eingeführt. Spätere Regelwerke von 1837, 1852, 1864 und 1872 dehnten die Zuständigkeit auf andere, vorwiegend schwere Straftaten aus. Ein zunächst starker Bezug zur angelsächsischen Jury wurde allmählich zugunsten französischer Verfahrenscharakteristika aufgegeben. Kennzeichnend für das spanische Schwurgericht des 19. Jahrhunderts war zunächst ein zunehmend verschärfter Vermögenszensus. Selbst das aus der Ersten Republik stammende Regelwerk von 1872 griff diesen auf. Alle Schwurgerichtsgesetze vor der definitiven Einführung der Jury im Jahre 1888 waren kurzlebig. Im Zeichen des ständigen politischen Machtwechsels konnte sich das Schwurgericht, wie auch andere liberale Errungenschaften, nicht dauerhaft etablieren.[1198]

**VI.** Die liberale spanische Rechtswissenschaft des 19. Jahrhunderts widmete sich der Frage des Schwurgerichts erst spät. In einer ersten radikalliberalen Phase verstand man die Jury zunächst als Bollwerk gegen den absolutistischen Inquisitionsprozess. Prominente liberale Rechtsgelehrte sprachen dem Schwurgericht jedoch jede politische und juristische Funktion ab. Hierbei manifestierte sich ein in der Jurisprudenz weit verbreitetes Misstrauen gegenüber dem juristischen Laien und die Angst vor Straflosigkeit. Erst gegen Ende der Isabellinischen Ära wurde das Schwurgericht auch als eine demokratische Institution erkannt. Eine gerechtigkeitsbezogene Begründung der Bürgerpartizipation blieb aus.[1199]

**VII.** Durch einen politischen Kompromiss wurde das Schwurgericht ab dem Jahre 1888 zu einem festen Bestandteil des bereits wenige Jahre zuvor eingeführten reformierten Strafprozesses, einem kontradiktorische und inquisitorische Elemente verknüpfenden Parteiverfahren. Trotz eines komplizierten Auswahlverfahrens und des von der Jury zu beantworteten Fragenkataloges erwiesen sich Jurys in der Praxis als politisch manipulierbar. Zu Beginn der Militärdiktatur von Primo de Rivera wurde das Schwurgericht im Jahre 1923 abgeschafft.[1200]

**VIII.** Das Schwurgericht der Zweiten Republik öffnete die Geschworenenbank ab 1931 allen Bevölkerungsschichten. Erstmals waren auch Frauen zur Amtsausübung berufen. Die republikanische Gesetzgebung verstand die Jury zugleich als demokratische Institution, Verfahrensgarantie und staatsbürgerliche Schule, die gerechte Entscheidungen begünstigt. Während des Bürgerkrieges

[1198] Siehe drittes Kap.
[1199] Siehe drittes Kap.
[1200] Siehe drittes Kap.

wurden alle diese Attribute von den republikanischen Volksgerichten in ihr Gegenteil verkehrt. Die Jury wurde zum gefügigen Instrument der regierenden Kräfte im Kampf gegen politische Gegner. Die Militärjunta schaffte das spanische Schwurgericht gegen Ende des Bürgerkrieges ab.[1201] Die Diktatur Generals Franco beseitigte sämtliche liberalen Errungenschaften aus dem Strafverfahren.

**IX.** Die heutige Spanische Verfassung räumt der Laienbeteiligung an der Strafrechtssprechung Verfassungsrang ein. Die Verfassung gewährt aber weder ein Recht auf Mitwirkung des Bürgers noch ein Recht des Angeklagten auf einen Laienprozess. In Spanien wird die Laienpartizipation grundsätzlich nicht mehr in Frage gestellt. Nach der herrschenden Meinung in der Literatur ist auch das Schöffengerichtsmodell verfassungskonform. Dagegen spricht insbesondere der Wortlaut des Art. 125 CE.[1202]

**X.** Das Schwurgericht ist keinesfalls die moderne Form der Laienbeteiligung, auf die man sich in Spanien geeinigt hat. Die Entscheidung des Gesetzgebers für die Jury – eine letzte große Reform der früheren sozialistischen Regierung – stieß auf heftigen innenpolitischen Widerstand und ruft in Wissenschaft und Praxis bis heute überwiegend Unverständnis hervor. Die moderne Diskussion über die Laienmitwirkung greift neben den klassischen juristischen Argumenten insbesondere das von der Verfassung von 1978 umfassend postulierte Demokratieprinzip auf und setzt es in Bezug zur Entscheidungsautonomie der Geschworenen. Heute richtet sich der Blick aber auch auf die Bedeutung der Laienmitwirkung für Gesellschaft, Angeklagten, Opfer und die Folgen für das materielle Strafrecht.[1203]

**XI.** Das heute aus neun Geschworenen und einem Berufsrichter bestehende spanische Schwurgericht statuiert das Geschworenenamt zugleich als Recht und Pflicht. Die sachliche Zuständigkeit des Schwurgerichts erstreckt sich auf einen heterogen zusammengesetzten Straftatenkatalog. Die Anforderungen an Kandidaten sind vergleichsweise niedrig. Das Auswahlverfahren ist transparent und berücksichtigt die Rechte der Parteien.[1204]

---

[1201] Siehe drittes Kap.
[1202] Siehe viertes Kap.
[1203] Siehe viertes Kap.
[1204] Siehe fünftes Kap.

**XII.** Das gesamte Verfahren, also auch das Ermittlungs- und Zwischenstadium, ist akkusatorisch und kontradiktorisch ausgestaltet. Der Geschworenenprozess basiert auf der strikten Anwendung des Unmittelbarkeitsprinzips. Das Gesetz räumt dem Akkusationsprinzip den Vorrang vor dem Legalitätsprinzip ein. Das Akkusationsprinzip bleibt jedoch der Unschuldsvermutung unterworfen. Gleiches gilt für die Möglichkeit der Parteien, in Form von Absprachen, die in Spanien auch außerhalb des Schwurgerichtsverfahrens gesetzlich geregelt sind, über den Tatvorwurf praktisch in jedem Verfahrensstadium zu disponieren.[1205]

**XIII.** Die Jury ist im Rahmen der Schuldfrage auf die Beantwortung der historischen Tatfrage beschränkt. Sie hat ihr Verdikt schriftlich zu begründen. Die Jury fällt ihre Entscheidungen nach dem qualifizierten Mehrheitsprinzip. Die Bindung des Richters an das Juryverdikt ist nur durch die Unschuldsvermutung beschränkt. Der Richter befindet auch über die zivilrechtliche Haftung. Die gegen das Urteil zulässigen Rechtsmittel sollen keine zweite Tatsacheninstanz eröffnen.[1206]

**XIV.** Vom Schwurgerichtsverfahren wird in Spanien nur wenig Gebrauch gemacht. Die Praxis umgeht die Jury. Vor ihr werden hauptsächlich Mord- und Totschlagsanklagen verhandelt. Schwurgerichte gelangen in Spanien seltener zu einem Freispruch als reine Berufsgerichte. Die Begründung ihres Verdikts bereitet den Geschworenen erhebliche Probleme.[1207]

**XV.** Das Schwurgerichtsverfahren stößt in Rechtswissenschaft und Praxis auf große Ablehnung. In der Bevölkerung besteht ein wachsendes Desinteresse an der Jury. Umstrittene Juryverdikte haben eine rechtspolitische Reformdebatte ausgelöst. Heute reichen die Forderungen von einer Beschränkung der schwurgerichtlichen Zuständigkeit bis hin zur vollständigen Ablösung des Schwurgerichtsmodells durch Schöffen.[1208]

---

[1205] Siehe fünftes Kap.
[1206] Siehe fünftes Kap.
[1207] Siehe sechstes Kap.
[1208] Siehe sechstes Kap.

## Quellen- und Literaturverzeichnis


*Adomeit, Klaus/Frühbeck, Guillermo*: Einführung in das spanische Recht. Das Verfassungs-, Zivil-, Wirtschafts- und Arbeitsrecht des Königreichs Spanien, 2. Aufl., München 2001.
[zit.: *Adomeit/Frühbeck*]

*Alcalá-Zamorra y Catillo, Niceto*: Estudios diversos de Derecho procesal, Barcelona 1987.
[zit.: *Alcalá-Zamorra*, Estudios diversos]

*Aldana y Carvajal, Juan*: Memoria elevada al Gobierno de S.M. por el Fiscal del Tribunal Supremo, el 15 de septiembre de 1894, Madrid 1894.
[zit.: *Aldana y Carvajal*, Memoria 1894]

*Alejandre, Juan Antonio*: La Justicia Popular en España. Análisis de una experiencia histórica: Los Tribunales de Jurado, Madrid 1981.
[zit.: *Alejandre*, Justicia popular]

*Álvarez Junco, José*: Estado y sociedad en España durante la década de 1890, in: Juan Pablo Fusi/Antonio Niño [Hrsg.], Visperas del 98: Orígenes y antecedentes de la crisis del 98, Madrid 1997, S. 47 ff.
[zit.: *Álvarez Junco*, in: Visperas del 98]

*Alzaga Villaamil, Oscar*: Comentarios a las leyes políticas, Constitución Española,
- t. IX (Artículos 113 a 127), Madrid 1987.
- t. XII (Artículos 159 al final), Madrid 1988.

[zit.: *Verfasser*, in: Alzaga Villaamil, Bd.]

*Andrés Ibáñez, Perfecto*: Die rechtsprechende Gewalt in der spanischen Verfassung von 1978, in: Antonio López Pina [Hrsg.], Spanisches Verfassungsrecht. Ein Handbuch, Heidelberg 1993, S. 435 ff.
[zit.: *Andrés Ibáñez*, in: Spanisches Verfassungsrecht]

*Aparicio, Miguel Ángel*: El status del Poder judicial en el constitucionalismo español (1808-1936), Barcelona 1995.
[zit.: *Aparicio*]

*Armenta Deu, Teresa*: Auf dem Weg zu einer Reform des Strafprozesses? – Unabdingbare Prinzipien und kriminalpolitische Wahlmöglichkeiten, in: Bernd Schünemann u.a. [Hrsg.], Festschrift für Claus Roxin zum 70. Geburtstag am 15. Mai 2001, Berlin – New York 2001, S. 1229 ff.
[zit.: *Armenta Deu*, in: FS Roxin [70]]

*Dies.*: Prinzipien und Systeme des Strafverfahrens: Das spanische System als Bezugspunkt, ZStW 114 (2002), S. 736 ff.
[zit.: *Armenta Deu*, ZStW 114]

*Artola, Miguel*: La burguesía revolucionaria: 1808-1874, in: Miguel Artola [Hrsg.], Serie Historia de España, t. V, Madrid 1990.
[zit.: *Artola*, in: Historia de España, Bd. V]

*Attard, Emilio*: El constitucionalismo español: 1808-1978. Ensayo histórico-jurídico, Valencia 1988.
[zit.: *Attard*]

*Benz, Ulrike*: Zur Rolle der Laienrichter im Strafprozess. Eine Untersuchung über das Schöffenamt auf verfahrenspsychologischer und gerichtsorganisatorischer Grundlage mit einem rechtsgeschichtlichen und rechtsvergleichenden Überblick, Lübeck 1982.
[zit.: *Benz*]

*Boatwright, Mary Dorsey/Ucelay Da Cal, Enrique*: El otro "jurado mixto": la introducción de la mujer en los tribunales para crimenes pasionales en la Segunda República, in: Seminario de estudios de la mujer. Universidad Autónoma de Madrid [Hrsg.]: Ordenamiento jurídico y realidad social de las mujeres. Siglos XVI a XX, Madrid 1986, S. 377 ff.
[zit.: *Boatwright/Ucelay da Cal*, in: Estudios de la mujer]

*Bohlander, Michael*: Das neue spanische Geschworenengericht, AnwBl 1999, S. 193 ff.
[zit.: *Bohlander*, AnwBl 1999]

*Boyd, Carolyn P.*: The military and politics, 1808-1847, in: José Alvarez Junco/Adrian Shubert [Hrsg.], Spanish History since 1808, Part I: The travails of Liberalism, 1808-1847, London 2000, S. 64 ff.
[zit.: *Boyd*, in: Spanish History]

*Buhlmann, Bettina*: Das Rechtsmittel der "casación" im spanischen Strafprozeßrecht, Pfaffenweiler 1994.
[zit.: *Buhlmann*]

*Burdiel, Isabel*: The liberal revolution, 1808-1843, in: José Alvarez Junco/Adrian Shubert [Hrsg.], Spanish History since 1808, Part I: The travails of Liberalism, 1808-1847, London 2000, S. 18 ff.
[zit.: *Burdiel*, in: Spanish History]

*Cabanellas, Guillermo*: Diccionario enciclopédico de derecho usual, t. IV (F-I), 24ª Ed., Buenos Aires 1996.
[zit.: *Cabanellas*, Diccionario, Bd. IV]

*Callahan, William J.*: Church and State, 1808-1847, in: José Alvarez Junco/Adrian Shubert [Hrsg.], Spanish History since 1808, Part I: The travails of Liberalism, 1808-1847, London 2000, S. 49 ff.
[zit.: *Callahan*, in: Spanish History]

*Cano Bueso, Juan*: La política judicial del régimen de Franco: 1936-1945, Madrid 1985.
[zit.: *Cano Bueso*]

*Carbonell Mateu, Juan Carlos*: El Jurado y la Constitución Española de 1978, in: Jornadas sobre el Jurado (Universidad de Extremadura), Cáceres 1989, S. 25 ff.
[zit.: *Carbonell Mateu*, in: Jornadas Extremadura]

*Cardona Minguez, Elisabeth*: El jurado. Su tratamiento en el Derecho Procesal Español, Madrid 2000.
[zit.: *Cardona Minguez*]

*Carmona Ruano, Miguel*: El objeto del veredicto, in: Consejo General del Poder Judicial [Hrsg.], Problemas del juicio oral con Jurado, Madrid 1999, S. 147 ff.
[zit.: *Carmona Ruano*, in: CGPJ 1999]

*Carr, Raymond*: España 1808-1975, Barcelona 1982.
[zit.: *Carr*]

*Castells, Irene/Moliner, Antonio*: Crisis del Antiguo Régimen y Revolución Liberal en España (1789-1845), Barcelona 2000.
[zit.: *Castells/Moliner*]

*CGPJ*: siehe bei Consejo General del Poder Judicial.

*Colmeiro, Manuel*: Memoria elevada al Excmo. Sr Ministro de Gracia y Justicia por el Fiscal del Tribunal Supremo, el 15 de septiembre de 1889, Madrid 1889.
[zit.: *Colmeiro*, Memoria 1889]

*Comentarios sistemáticos*: siehe bei Serrano Butragueño u.a.

*Concha Castañeda, Juan de la*: Memoria elevada al Excmo. Sr Ministro de Gracia y Justicia por el Fiscal del Tribunal Supremo, el 15 de septiembre de 1890, Madrid 1890.
[zit.: *De la Concha Castañeda*, Memoria 1890]

*Ders.*: Memoria elevada al Excmo. Sr Ministro de Gracia y Justicia por el Fiscal del Tribunal Supremo, el 15 de septiembre de 1891, Madrid 1891.
[zit.: *De la Concha Castañeda*, Memoria 1891]

*Conde y Luque, Rafael*: Memoria elevada al Excmo. Sr Ministro de Gracia y Justicia por el Fiscal del Tribunal Supremo, el 15 de septiembre de 1892, Madrid 1892.
[zit.: *Conde y Luque*, Memoria 1892]

*Consejo General del Poder Judicial*: Informe del Consejo General del Poder Judicial sobre la experiencia de la aplicación de la vigente Ley Orgánica del Tribunal del Jurado, de 14 de enero de 1998, abgedr. in: Antonio María Lorca Navarrete: Tratado de Derecho del Tribunal del Jurado, Madrid 1999.
[zit.: *CGPJ*, Informe 1998]

*Consejo General del Poder Judicial*: Informe del CGPJ sobre la aplicación de la vigente Ley Orgánica del Tribunal del Jurado desde el 1 de abril de 1997 al 31 de marzo de 1998, de 5 de mayo de 1999, abgedr. in: Antonio María Lorca Navarrete: Tratado de Derecho del Tribunal del Jurado, Madrid 1999.
[zit.: *CGPJ*, Informe 1999]

*Cortés Domínguez, Valentín*: Jurado y Constitución, in: Jornadas sobre el Jurado (Universidad de Extremadura), Cáceres 1989, S. 31 f.
[zit.: *Cortés Domínguez*, in: Jornadas Extremadura]

*Cortes Generales*, Servico de Estudios y Publicaciones: Constitución Española, trabajos parlamentarios, t. I, Madrid 1980.
[zit.: *Cortes Generales*, Constitución, Bd. I]

*Covián y Junco, Victor*: Memoria elevada al Gobierno de S.M. por el Fiscal del Tribunal Supremo, el 15 de septiembre de 1921, Madrid 1921.
[zit.: *Covián y Junco*, Memoria 1921]

*Cremades, Javier*: Das Grundrecht der Meinungsfreiheit in der spanischen Verfassung, Berlin 1994.
[zit.: *Cremades*, Meinungsfreiheit]

*Crónica de la Codificación*: siehe bei Ministerio de Justicia.

*Crúz, Jesús*: The Moderate ascendancy, 1843-1868, in: José Alvarez Junco/Adrian Shubert [Hrsg.], Spanish History since 1808. Part I: The travails of Liberalism, 1808-1847, London 2000, S. 33 ff.
[zit.: *Crúz*, in: Spanish History]

*Davo Escriva, Francisco*: El Tribunal del Jurado. Reflexiones acerca de su desarrollo constitucional, Madrid 1988.
[zit.: *Davo Escriva*]

*De la Oliva Santos, Andrés*: Comentarios a la Ley del Jurado, Madrid 1999.
[zit.: *De la Oliva Santos*, Comentarios]

*De Paúl Velasco, José Manuel*: Instrucciones al Jurado. Observaciones prácticas con alguna incursión teórica, in: Consejo General del Poder Judicial [Hrsg.], Problemas del juicio oral con Jurado, Madrid 1999, S. 203 ff.
[zit.: *De Paúl Velasco*, in: CGPJ 1999]

*Del Río Fernández, Lorenzo*: Constitución del Tribunal y desarollo del plenario, in: Consejo General del Poder Judicial [Hrsg.], Problemas del juicio oral con Jurado, Madrid 1999, S. 79 ff.
[zit.: *Del Río Fernández*, in: CGPJ 1999]

*Díez-Picazo, Luis María*: El poder de acusar. Ministerio Fiscal y Constitucionalismo, Barcelona 2000.
[zit.: *Díez-Picazo*, Poder de acusar]

*Ders./Gullón, Antonio*: Sistema de Derecho Civil, volumen I, 5ª Ed., Madrid 1986.
[zit.: *Díez-Picazo/Gullón*]

*Dippel, Horst*: La significación de la Constitución Española de 1812 para los nacientes liberalismo y constitucionalismo alemanes, in: José María Iñurritegui/ José María Portillo [Hrsg.], Constitución en España: orígenes y destinos, Madrid 1998, S. 287 ff.
[zit.: *Dippel*, in: Constitución en España]

*Documentación*: siehe bei Secretaría General del Congreso de los Diputados.

*Ebert, Ina*: Schwur- oder Schöffengerichte?, Jura 1996, S. 242 ff.
[zit.: *Ebert*, Jura 1996]

*Ekardt, Felix*: Der Kampf um Schwurgerichte und reformiertes Strafverfahren im Vormärz, Jura 1998, S. 121 ff.
[zit.: *Ekardt*, Jura 1998]

*Elorza, Antonio/López Alonso, Carmen*: Arcaismo y modernidad. Pensamiento político en España, siglos XIX-XX, Madrid 1989.
[zit.: *Elorza/López Alonso*]

*Enciclopedia universal ilustrada europeo-americana*,
- t. XX [Enri - Espan]; Barcelona1915.
- t. XXVIII [Int - Kz], 2ª parte; Madrid 1926.
- t. XL [Or - Paku], Barcelona 1919.
- t. LII [Roma – Sa], Madrid 1926.

[zit.: *Enciclopedia Universal*, Bd.]

*Erler, Adalbert/Kaufmann, Ekkehard* [Hrsg.]: Handwörterbuch zur deutschen Rechtsgeschichte, Bd. IV (Protonotarius-Strafprozeßordnung), Berlin 1990.
[zit.: *Verfasser*, in: HRG, Bd. IV]

*Escriche, Joaquín*: Diccionario razonado de Legislación y Jurisprudencia, 3ª Ed., t. II, Madrid 1847.
[zit.: *Escriche*, Diccionario, Bd. II]

*Eylmann, Horst*: Wer spricht Recht im Namen des Volkes? Ein Plädoyer zum Ausbau der Beteiligung ehrenamtlicher Richterinnen und Richter, in: Hasso Lieber/Ursula Sens [Hrsg.], Ehrenamtliche Richter: Demokratie oder Dekoration am Richtertisch? Eine rechtspolitische Streitschrift zu Verbesserung und Ausbau der Beteiligung des Volkes an der Rechtsprechung. Festschrift zum 10jährigen Jubiläum der Deutschen Vereinigung der Schöffinnen und Schöffen, Wiesbaden 1999, S. 35 ff.
[zit.: *Eylmann*, in: FS DVS]

*Fairén Guillén, Víctor*: Los Tribunales de jurados en la Constitución Española de 1978, Madrid 1979.
[zit.: *Fairén Guillén*, Tribunales]

*Ders.*: El Jurado. Cuestiones prácticas, doctrinales y políticas de las Leyes Españolas de 1995, Madrid 1997.
[zit.: *Fairén Guillén*, Jurado]

*Feuerbach, Paul Johann Anselm*: Betrachtungen über das Geschwornen-Gericht. Landshut 1813 (Neudruck Leipzig 1970).
[zit.: *Feuerbach*, Geschwornen-Gericht]

*Gallardo González, Lorenzo*: Memoria elevada al Gobierno de la República por el Fiscal General de la República, el 15 de septiembre de 1934, Madrid 1934.
[zit.: *Gallardo González*, Memoria 1934]

*Ders.*: Memoria elevada al Gobierno de la República por el Fiscal General de la República, el 15 de septiembre de 1935, Madrid 1935.
[zit.: *Gallardo González*, Memoria 1935]

*Ganzenmüller, C./Frigola, J./Escudero, J.F.*: Guía Práctica de la Ley del Jurado, Barcelona 1996.
[zit.: *Ganzenmüller/Frigola/Escudero*]

*García de Cortazár, Fernando/González Vesga, José Manuel*: Breve historia de España. 2ª Ed., t. II, Barcelona 1996.
[zit.: *García de Cortazár/González Vesga*, Bd. II]

*García Jordán, Pilar*: Voto feminino, repercusiones de su concesión y canalización del mismo por los sectores conservadores catalanes, 1931-1936, in: Seminario de estudios de la mujer, Universidad Autonoma de Madrid [Hrsg.], Ordenamiento jurídico y realidad social de las mujeres, siglos XVI a XX, Madrid 1986, S. 391 ff.
[zit.: *García Jordan*, in: Estudios de la mujer]

*García Pelayo, Manuel*: Der Status des Verfassungsgerichts, in: Antonio López Pina [Hrsg.], Spanisches Verfassungsrecht. Ein Handbuch, Heidelberg 1993, S. 475 ff.
[zit.: *García Pelayo*, in: Spanisches Verfassungsrecht]

*Gibert Sánchez de la Vega, Rafael*: El jucio por Jurado entre nosotros, in: Escritos en Homenaje al Profesor Prieto-Castro y Ferrándiz, t. I, Madrid 1979, S. 447 ff.
[zit.: *Gibert Sánchez de la Vega*, in: FS Prieto-Castro, Bd. I]

*Ders.*: Todavia sobre el jucio por jurados, in: Jornadas sobre el Jurado (Universidad de Extremadura), Cáceres 1989, S. 41.
[zit.: *Gibert Sánchez de la Vega*, in: Jornadas Extremadura]

*Gil Novales, Alberto*: Las contradicciones de la revolución burguesa española, in: La revolución burguesa en España. Actas del coloquio hispano-alemán, celebrado en Leipzig los días 17 y 18 de Noviembre de 1983, Madrid 1985, S. 45 ff.
[zit.: *Gil Novales*, in: Revolución burguesa]

*Gimeno Sendra, José Vicente*: Constitución y proceso, Madrid 1988.
[zit.: *Gimeno Sendra*, Constitucón y proceso]

*Ders.*: Absprachen im spanischen Strafverfahren, ZStW 104 (1992), S. 223 ff.
[zit.: *Gimeno Sendra*, ZStW 104]

*Gisbert Gisbert, Antonio*: Algunas cuestiones sobre el futuro Tribunal Popular Español, La Ley 1989, S. 908 ff.
[zit.: *Gisbert Gisbert*, La Ley 1989]

*Ders.*: El futuro Tribunal Popular Español, Barcelona 1990.
[zit.: *Gisbert Gisbert*, Futuro Tribunal]

*Ders.*: Introducción a la historia del jurado español, in: Consejo General del Poder Judicial/Generalitat de Catalunya [Hrsg.], El Jurado sí: pero cómo y cuándo? Ponències de les jornades El jurat sí, però com i quan, celebrades a Girona, Barcelona 1992, S. 13 ff.
[zit.: *Gisbert Gisbert*, in: El Jurado sí]

*Ders.*: Notas sobre la historia del Jurado en España, in: Ministerio de Justicia e Interior [Hrsg.], Estudios del Ministerio Fiscal, núm. 1, Madrid 1994,S. 17 ff.
[zit.: *Gisbert Gisbert*, Notas]

*Gleadow, Carmen*: History of trial by jury in the spanish legal system, Lewiston, N.Y. 2000.
[zit.: *Gleadow*]

*Goldschmidt, James*: Problemas jurídicos y políticos del Proceso penal. Conferencias dadas en la Universidad de Madrid en los meses de diciembre de 1934 y de enero, febrero y marzo de 1935, Barcelona 1935.
[zit.: *Goldschmidt*, Problemas jurídicos]

*Gómez Colomer, Juan-Luis*: Die Reform des Strafprozesses in Spanien nach der Verfassung von 1978, ZStW 97 (1985), S. 626 ff.
[zit.: *Gómez Colomer*, ZStW 97]

*Ders.*: Wiedereinführung des Geschworenengerichts in Spanien, ZStW 110 (1998), S. 529 ff.
[zit.: *Gómez Colomer*, ZStW 110]

*Ders./ Montero Aroca, Juan* [Hrsg.]: Comentarios a la Ley del Jurado. Ley Orgánica 5/1995, de 22 de mayo, del Tribunal del Jurado (teoría, práctica, jurisprudencia y formularios), Pamplona 1999.
[zit.: *Verfasser*, in: Gómez Colomer/Montero Aroca]

*Ders.*: Das Ermittlungsverfahren in Spanien, ZStW 112 (2000), S. 136 ff.
[zit.: *Gómez Colomer*, ZStW 112]

*Ders.*: El Jurado Español: Ley y Práctica, Rev. int. dr. penal, 72$^{e}$ année nouvelle série, 1$^{er}$ et 2$^{e}$ trimestres 2001, S. 285 ff.
[zit.: *Gómez Colomer*, Rev. int. dr. penal 72]

*Gómez de Liaño y González, Fernando*: El Proceso Penal ante el Tribunal del Jurado, Oviedo 1995.
[zit.: *Gómez de Liaño*]

*Gómez de la Serna, Javier*: Memoria elevada al Gobierno de S.M. por el Fiscal del Tribunal Supremo, el 15 de septiembre de 1910, Madrid 1910.
[zit.: *Gómez de la Serna*, Memoria 1910]

*Gómez Rodríguez*, Telesforo: El Jurado, RGLJ 43 (1873), S. 140 ff., 248 ff., 305 ff., 396 ff.
[zit.: *Gómez Rodríguez*, RGLJ 43]

*Ders.*: El Jurado. Examen crítico de los títulos IV y V del libro 2 de la Ley de Enjuiciamiento criminal, comparado con las legislaciones de Inglaterra, Francia, Bélgica, Ginebra y la Confederación Suiza e Isla de Malta, Madrid 1873.
[zit.: *Gómez Rodríguez*, Jurado]

*González Pillado, Esther*: Instrucción y preparación del juicio oral en el procedimiento ante el Tribunal del Jurado, Granada 2000.
[zit.: *González Pillado*]

*Grau, Nicola*: Der Tribunal Constitucional und die Kontrolle des Gesetzgebers. Eine Analyse unter besonderer Berücksichtigung der Rechtsprechung des spanischen Verfassungsgerichts, Berlin 2002.
[zit.: *Grau*]

*Gutiérrez Sanz, María Rosa*: El Jurado: Aproximación a un sentido histórico y actual, Barcelona 1991.
[zit.: *Gutiérrez Sanz*]

*Haber, Günter*: Probleme der Strafrechtsgeschichte im Vormärz - Ein Beitrag zum Rechtsdenken des aufsteigenden Bürgertums -, ZStW 91 (1979), S. 590 ff.
[zit.: *Haber*, ZStW 91]

*Herzog, Felix*: Das Geschworenengericht als „Palladium der bürgerlichen Freiheit“, in: Stefan Smid/Norbert Fehl [Hrsg.], Recht und Pluralismus. Hans-Martin Pawlowski zum 65. Geburtstag, Berlin 1997, S. 343 ff.
[zit.: *F. Herzog*, in: FS Pawlowski]

*HRG*: siehe bei Erler, Adalbert/Kaufmann, Ekkehard

*Jacobson, Stephen/Moreno Luzón, Javier*: The political system of the Restoration, 1875-1914: political and social elites, in: José Alvarez Junco/Adrian Shubert [Hrsg.], Spanish History since 1808, Part I: The travails of Liberalism, 1808-1847, London 2000, S. 18 ff.
[zit.: *Jacobson/Moreno Luzón*, in: Spanish History]

*Jellinek, Georg*: System der subjektiven öffentlichen Rechte, 2. Aufl., Tübingen 1919.
[zit.: *Jellinek*, System]

*Jescheck, Hans-Heinrich*: Entwicklung, Aufgaben und Methoden der Strafrechtsvergleichung, Tübingen 1955.
[zit.: *Jescheck*, Entwicklung]

*Ders.*: Rechtsvergleichung als Grundlage der Strafprozeßreform, ZStW 86 (1974), S. 761 ff.
[zit.: *Jescheck*, ZStW 86]

*Jiménez de Asúa, Luis*: Tratado de Derecho Penal, t. I: Concepto del Derecho Penal y de la Criminología, historia y legislación penal comparada, 5ª Ed., Buenos Aires 1950.
[zit.: *Jiménez de Asúa*, Tratado, Bd. I]

*Jonama, Santiago*: De la prueba por jurados, o sea consejo de hombres buenos, Madrid 1820.
[zit.: *Jonama*]

*Kern, Eduard*: Geschichte des Gerichtsverfassungsrechts, München - Berlin 1954.
[zit.: *Kern*, Geschichte]

*Kleinz, Angelika*: Individuum und Gemeinschaft in der juristischen Germanistik: Die Geschworenengerichte und das „gesunde Volksempfinden", Heidelberg 2001.
[zit.: *Kleinz*]

*Knothe, Benedikt*: Einstweiliger Rechtsschutz im spanischen und deutschen Zivilprozeß. Eine rechtsvergleichende Darstellung am Beispiel von Arrest und einstweiliger Verfügung unter besonderer Berücksichtigung des Wettbewerbsverfahrens, Berlin 1999.
[zit.: *Knothe*]

*Kühne, Hans-Heiner*: Laienrichter im Strafprozeß?, ZRP 1985, S. 237 ff.
[zit.: *Kühne*, ZRP 1985]

*Ders.*: Strafprozeßrecht. Ein Lehrbuch zum deutschen und europäischen Strafverfahrensrecht, 5. Aufl., Heidelberg 1999.
[zit.: *Kühne*, Strafprozeßrecht]

*Küper, Wilfried*: Historische Bemerkungen zur "freien Beweiswürdigung" im Strafprozeß, in: Klaus Wasserburg,/Wilhelm Haddenhorst [Hrsg.], Wahrheit und Gerechtigkeit im Strafverfahren. Festgabe für Karl Peters aus Anlaß seines 80. Geburtstages, Heidelberg 1984, S. 23 ff.
[zit.: *Küper*, in: FS Peters [80]]

*Lalinde Abadía, Jesús*: Iniciación histórica al Derecho Español, Barcelona 1989.
[zit.: *Lalinde Abadía*]

*Landau, Peter*: Schwurgerichte und Schöffengerichte in Deutschland im 19. Jahrhundert bis 1870, in: Antonio Padoa Schioppa [Hrsg.], The trial jury in England, France, Germany: 1700-1900, Berlin 1987, S. 241 ff.
[zit.: *Landau*, in: The trial jury]

*Lanero Táboas, Mónica*: Una milicia de la justicia. La política judicial del Franquismo (1936-1945), Madrid 1996.
[zit.: *Lanero Táboas*]

*Lasarte Álvarez, Carlos*: Principios de Derecho civil, t. I: Parte general y Derecho de la persona, 3ª Ed., Madrid 1994.
[zit.: *Lasarte Álvarez*, Bd. I]

*Lieber, Hasso*: Ist die Beteiligung ehrenamtlicher Richter an der Rechtsprechung in Gefahr?, RohR 1999, S. 41 ff.
[zit.: *Lieber*, RohR 1999]

*Lilie, Hans*: Blinde Kontrollinstanz? Zur Zukunft des Schöffenamtes, in: Ernst-Walter Hanack u.a. [Hrsg.], Festschrift für Peter Rieß zum 70. Geburtstag am 4. Juni 2002, Berlin - New York 2002. S. 303 ff.
[zit.: *Lilie*, in: FS Rieß [70]]

*Linkenheil, Beate*: Laienbeteiligung an der Strafjustiz. Relikt des bürgerlichen Emanzipationsprozesses oder Legitimation einer Rechtsprechung „Im Namen des Volkes"?, Berlin 2003.
[zit.: *Linkenheil*]

*Lisken, Hans*: Zur Gewissensfreiheit des Schöffen, NJW 1997, S. 34 f.
[zit.: *Lisken*, NJW 1997]

*Llabrés Fuster, Antoni/Tomás-Valiente Lanuza, Carmen*: La Responsabilidad Penal del Miembro del Jurado, Barcelona 1998.
[zit.: *Llabrés Fuster/ Tomás-Valiente Lanuza*]

*Lladó y Vallés, José*: Memoria elevada al Gobierno de S.M. por el Fiscal del Tribunal Supremo, el 15 de septiembre de 1923, Madrid 1923.
[zit.: *Lladó y Vallés*, Memoria 1923]

*Llorca, Carmen*: Parlamentarismo y Constituciones en España, Madrid 1988.
[zit.: *Llorca*]

*Lobedanz, Eler*: Schadensausgleich bei Straftaten in Spanien und Lateinamerika, Frankfurt a. M. 1972.
[zit.: *Lobedanz*]

*López-Muñoz y Larraz, Gustavo*: La Justicia penal por Jurados, Revista de Derecho Procesal Iberoamericana 1982, S. 105 ff.
[zit.: *López-Muñoz y Larraz*, RDPIb 1982]

*López Pina, Antonio*: Die Entstehung der Verfassung, in: Antonio López Pina [Hrsg.], Spanisches Verfassungsrecht. Ein Handbuch, Heidelberg 1993, S. 19 ff.
[zit.: *López Pina*, in: Spanisches Verfassungsrecht]

*López Sánchez, Javier*: El veredicto de culpabilidad del Jurado, Tribunales de Justicia 1999, S. 1159 ff.
[zit.: *López Sánchez*, Tribunales 1999]

*Lorca Navarrete*, Antonio María: Hacia el auténtico Jurado, La Ley 1986, S. 1183 ff.
[zit.: *Lorca Navarrete*, La Ley 1986]

*Ders.*: El jurado Espanol. La nueva Ley del Jurado, 2ª Ed., Madrid 1996.
[zit.: *Lorca Navarrete*, Jurado]

*Ders.*: La conceptuacion del Tribunal del Jurado como tribunal de justicia. La pretericion del Tribunal del Jurado como Tribunal popular o Jurado popular en la doctrina y en la reciente jurisprudencia, Diario La Ley, año XXIV, núm. 5762, de 16 de abril de 2003.
[zit.: *Lorca Navarrete*, Diario La Ley 5762/2003]

*Maluquer y Viladot, Juan*: Memoria elevada al Gobierno de S.M. por el Fiscal del Tribunal Supremo, el 15 de septiembre de 1904, Madrid 1904.
[zit.: *Maluquer y Viladot*, Memoria 1904]

*Marco Cos, José Manuel*: Juicios rápidos y policía judicial: Hacia la codirección del proceso penal?, AJA núm. 559/2002.
[zit.: *Marco Cos*, AJA 559/2002]

*Mares Roger, Francisco/Mora Alarcon, José-Antonio*: Comentarios a la Ley del Jurado, Valencia 1996.
[zit.: *Mares Roger/Mora Alarcon*]

*Martín Ostos, José*: El Jurado: Entre la tradición y la renovación, in: Jornadas sobre el Jurado (Universidad de Extremadura), Cáceres 1989, S. 99 ff.
[zit.: *Martín Ostos*, in: Jornadas Extremadura]

*Ders.*: Jurado y Escabinado (participación popular en la Administración de Justicia), Madrid 1990.
[zit.: *Martín Ostos*, Jurado y Escabinado]

*Martín Pallín, José Antonio*: El fiscal y el jurado, in: Jornadas conmemorativas del Centenario de la Ley del Jurado (V Seminario de Estudios Jurídicos, Madrid, del 12 al 21 de abril de 1988), Madrid 1988. S. 39 ff.
[zit.: *Martín Pallín*, in: Centenario]

*Martínez del Campo, Eduardo*: Memoria elevada al Gobierno de S.M. por el Fiscal del Tribunal Supremo, el 15 de septiembre de 1893, Madrid 1893.
[zit.: *Martínez del Campo*, Memoria 1893]

*Merchán Álvarez, Antonio*: Las épocas del Derecho español. 2ª Ed., Valencia 2001.
[zit.: *Merchán Álvarez*]

*Ministerio de Justicia*, Comisión General de Codificación: Crónica de la Codificación española, t. III: Procedimiento Penal. Obra realizada con la colaboración de Juan Francisco Lasso Gaite, Madrid 1970.
[zit.: *Crónica de la Codificación*, Bd. III]

*Ministerio de Justicia*: Crónica de la Codificación española, t. V: Codificación Penal. Obra realizada con la colaboración de Juan Francisco Lasso Gaite, Volumen II, Madrid 1990.
[zit.: *Crónica de la Codificación*, 5/II]

*Moliner, Antonio*: Opinión pública y anticlericalismo en la prensa exaltada del Trienio Liberal, in: Juan Francisco Fuentes/Lluís Roura i Aulinas [Hrsg.], Sociabilidad y liberalismo en la España del siglo XIX. Homenaje al profesor Alberto Gil Novales, Lleida 2001, S. 73 ff.
[zit.: *A. Moliner*, in: FS Gil Novales]

*Moliner, María*: Diccionario de uso del Español, t. II (H-Z), Madrid 1991.
[zit.: *M. Moliner*, Diccionario, Bd. II)

*Montero Aroca, Juan*: Los recursos en el proceso ante el tribunal del Jurado, Granada 1996.
[zit.: *Montero Aroca*, Recursos]

*Ders./Gómez Colomer, Juan-Luis/Montón Redondo, Alberto/Barona Vilar, Silvia*: Derecho Jurisdiccional, t. III: Proceso Penal, 9ª Ed., Valencia 2000.
[zit.: *Verfasser*, in: Montero Aroca u.a., Derecho Jurisdiccional, Bd. III]

*Montero Riós y Villegas, Avelino*: Memoria elevada al Gobierno de S.M. por el Fiscal del Tribunal Supremo, el 15 de septiembre de 1916, Madrid 1916.
[zit.: *Montero Ríos y Villegas*, Memoria 1916]

*Moradiellos, Enrique*: Spain in the world. From great empire to minor European power, in: José Alvarez Junco/Adrian Shubert [Hrsg.], Spanish History since 1808, Part II: The restauration, 1875-1914, London 2000, S. 110 ff.
[zit.: *Moradiellos*, in: Spanish History]

*Moreno Alonso, Manuel*: Los Españoles durante la Ocupación Napoleónica. La vida cotidiana en la vorágine, Málaga 1997.
[zit.: *Moreno Alonso*]

*Moreno Retamino, Juan Luis*: Regimen jurídico del jurado en el Derecho historico español, Diario La Ley, año XXII, núm. 5364, de 3 de agosto de 2001, S. 1 ff.
[zit.: *Moreno Retamino*, Diario La Ley 5364/2001]

*Morodo, Raúl*: Randbemerkungen zur Präambel, in: Antonio López Pina [Hrsg.], Spanisches Verfassungsrecht. Ein Handbuch, Heidelberg 1993, S. 47 ff.
[zit.: *Morodo*, in: Spanisches Verfassungsrecht]

*Morón Palomino, Manuel*: El proceso penal por jurados. Reflexión crítica, in: José Domingo Martín Espino [Koord.], El Tribunal del Jurado - Estudio sobre la L.O. 5/1995, Canarias 1996, S. 39 ff.
[zit.: *Morón Palomino*, in: Tribunal del Jurado]

*Narváez Rodríguez, Antonio*: El jurado en España. Notas a la Ley Orgánica del Tribunal del Jurado, Oviedo 1995.
[zit.: *Narváez Rodríguez*]

*Negro, Dalmacio*: El Liberalismo en España. Una antología, Madrid 1988.
[zit.: *Negro*]

*Núñez Ojeda, Raúl Eduardo*: La instrucción del Ministerio Público o Fiscal. Un estudio comparado entre la situación de Chile y España, in: Rev. Per. D&JP 2000, S. 243 ff.
[zit.: *Núñez Ojeda*, Rev. Per. D&JP 2000]

*Pacheco, Joaquín Francisco*: Estudios de Derecho penal. Lecciones pronunciadas en el Ateneo de Madrid en 1839 y 1840, t. II, Madrid 1843.
[zit.: *J. Pacheco*, Estudios, II]

*Ders.*: Lecciones de Derecho Político. Estudio preliminar por Francisco Tomás y Valiente, Madrid 1984.
[zit.: *J. Pacheco*, Derecho Político]

*Pacheco, Francisco de Asís*: La Ley del Jurado comentada, Madrid 1888.
[zit.: *F. Pacheco*, Ley del Jurado]

*Ders.*: La suspensión del Jurado, RGLJ 75 (1889), S. 388 ff.
[zit.: *F. Pacheco*, RGLJ 75]

*Palma y Luján, Aniceto*: Congreso de Jurisconsultas, in: RGLJ 23 (1863), S. 273 ff.
[zit.: *Palma y Luján*, RGLJ 23]

*Pedraz Penalva, Ernesto*: Sobre el significado y vigencia del Jurado, in: Jornadas sobre el jurado (Universidad de Extremadura), Cáceres 1989, S. 127 ff.
[zit.: *Pedraz Penalva*, in: Jornadas Extremadura]

*Ders.*: Constitución, jurisdicción y proceso. Madrid 1990.
[zit.: *Pedraz Penalva*, Constitución, jurisdicción y proceso]

*Ders.*: Sobre la participación popular en la justicia penal, in: Julio B.J. Maier/Edmundo Hendler [Hrsg.]; Juicio por Jurados en el Proceso Penal, Buenos Aires 2000, S. 241 ff.
[zit.: *Pedraz Penalva*, in: Juicio por jurados)

*Peña González, José*: Historia Política del Constitucionalismo Español, Madrid 1995.
[zit.: *Peña González*]

*Pérez-Cruz Martín, Agustín-Jesús*: La participación popular en la Adminstración de Justicia: El Tribunal del Jurado, Madrid 1992.
[zit.: *Pérez-Cruz Martín*, Participación popular]

*Ders.*: La historia de la participación popular en la justicia en España, in: Julio B.J. Maier/Edmundo Hendler [Hrsg.], Juicio por Jurados en el Proceso Penal, Buenos Aires 2000, S. 335 ff.
[zit.: *Pérez-Cruz Martín*, in: Juicio por jurados]

*Pérez Gil, Julio*: Acusación por particulares y juicio por Jurado en el ordenamiento Español, in: Julio B.J. Maier/Edmundo Hendler [Hrsg.], Juicio por Jurados en el Proceso Penal, Buenos Aires 2000, S. 399 ff.
[zit.: *Pérez Gil*, in: Juicio por jurados]

*Peuster, Witold*: Código Civil. Das spanische Zivilgesetzbuch. Spanisch-deutsche Textausgabe, 2. Aufl., Frankfurt am Main 2002.
[zit.: *Peuster*]

*Puga y Blanco, Luciano*: Memoria elevada al Gobierno de S.M. por el Fiscal del Tribunal Supremo, el 15 de septiembre de 1895, Madrid 1895.
[zit.: *Puga y Blanco*, Memoria 1895]

*Ders.*: Memoria elevada al Gobierno de S.M. por el Fiscal del Tribunal Supremo, el 15 de septiembre de 1896, Madrid 1896.
[zit.: *Puga y Blanco*, Memoria 1896]

*Quintero Olivares, Gonzalo*: La Justicia Penal en España, Pamplona 1998.
[zit.: *Quinterno Olivares*]

*Real Academia Española* [Hrsg.]: Diccionario de la Lengua Española, 21ª Ed., Madrid 1992.
[zit.: *Real Academia*, Diccionario]

*Reeg, Axel*: Die Bekämpfung der organisierten Betäubungsmittelkriminalität im spanischen Strafrecht, Freiburg i. Br. 1992.
[zit.: *Reeg*]

*Rico Linage, Raquel*: Constituciones históricas, 2ª Ed., Sevilla 1994.
[zit.: *Rico Linage*, Constituciones históricas]

*Rieß, Peter*, in: Peter Rieß [Hrsg.], Die Strafprozeßordnung und das Gerichtsverfassungsgesetz: StPO, Großkommentar Löwe/Rosenberg, Bd. 1 [Einleitung; §§ 1 bis 71], 25. Aufl., Berlin - New York 1999.
[zit.: *Rieß*, in: Löwe-Rosenberg, StPO, Einl.]

*Rodríguez García, Carlos-Javier*: Apónas y contigencias de la intervención del Jurado en la Administración de Justicia en la Espana de las Autonomías, Madrid 1998.
[zit.: *Rodríguez García*]

*Rüping, Hinrich*: Grundriß der Strafrechtsgeschichte, 3. Aufl., München 1998.
[zit.: *Rüping*, Grundriß]

*Ruiz y Valarino, Trinitario*: Memoria elevada al Gobierno de S.M. por el Fiscal del Tribunal Supremo, el 15 de septiembre de 1905, Madrid 1905.
[zit.: *Ruiz y Valarino*, Memoria 1905]

*Ders.*: Memoria elevada al Gobierno de S.M. por el Fiscal del Tribunal Supremo, el 15 de septiembre de 1906, Madrid 1906.
[zit.: *Ruiz y Valarino*, Memoria 1906]

*Sainz Guerra, Juan*: La Administración de Justicia en España (1810-1870), Madrid 1992.
[zit.: *Sainz Guerra*]

*Sánchez Román, Felipe*: Memoria elevada al Gobierno de S.M. por el Fiscal del Tribunal Supremo, el 15 de septiembre de 1898, Madrid 1898.
[zit.: *Sánchez Román*, Memoria 1898]

*Sanz Cid, Carlos*: La Constitución de Bayona, Madrid 1922.
[zit.: *Sanz Cid*]

*Schmidt, Eberhard*: Einführung in die Geschichte der deutschen Strafrechtspflege, 3. Aufl., Göttingen 1983.
[zit.: *Eb. Schmidt*, Einführung]

*Schubert, Werner*: Die deutsche Gerichtsverfassung (1869-1877) - Entstehung und Quellen, Frankfurt am Main 1981.
[zit.: *Schubert*, Gerichtsverfassung]

*Schünemann, Bernd*: Wohin treibt der deutsche Strafprozess?, ZStW 114 (2002), S. 1 ff.
[zit.: *Schünemann*, ZStW 114]

*Schwinge, Erich*: Der Kampf um die Schwurgerichte bis zur Frankfurter Nationalversammlung, Breslau 1926 (2. Neudruck Aalen 1990).
[zit.: *Schwinge*]

*Secretaría General del Congreso de los Diputados*: Jurado (Documentación preparada para la tramitación del Proyecto de Ley Orgánica del Tribunal del Jurado) (BOCG, Congreso, Serie A, n° 64-1, de 20 de mayo de 1994), Documentación n° 116.
[zit.: *Documentación*]

*Serra Domínguez, Manuel*: El Jurado: Éxito o fracaso, in: Joan Picó i Junoy [Hrsg.], Problemas actuales de la Justicia Penal, Madrid 2001, S. 59 ff.
[zit.: *Serra Domínguez*, in: Problemas actuales]

*Serrano Butragueño* u.a.: Comentarios sistemáticos a la Ley del Jurado y a la reforma de la prisión preventiva, Granada 1996.
[zit.: *Verfasser*, in: Comentarios sistemáticos]

*Silvela y Corral, Eugenio*: Memoria elevada al Gobierno de S.M. por el Fiscal del Tribunal Supremo, el 15 de septiembre de 1903, Madrid 1903.
[zit.: *Silvela y Corral*, Memoria 1903]

*Solé Tura, Jordi/Aja, Eliseo*: Constituciones y períodos constituyentes en España: 1808-1936, 17ª Ed., Madrid 1997.
[zit.: *Solé Tura/Aja*]

*Sommermann, Karl-Peter*: Der Schutz der Grundrechte in Spanien nach der Verfassung von 1978. Ursprünge, Dogmatik, Praxis; Berlin 1984.
[zit.: *Sommermann*]

*Soriano, Ramón*: El nuevo Jurado espanol, Barcelona 1985.
[zit.: *Soriano*, Jurado]

*Ders.*: El legislador español y el Jurado: 1820, 1888 y 1933, in: Jornadas sobre el jurado (Universidad de Extremadura), Cáceres 1989, S. 149 ff.
[zit.: *Soriano*, in: Jornadas Extremadura]

*Témime, Émile/Broder, Albert/Chastagnaret, Gérard*: Historia de la España contemporánea desde 1808 hasta nuestros días, Barcelona 1991.
[zit.: *Témime/Broder/Chastagnaret*]

*Thaman, Stephen C.*: Geschworenengerichte in Ost und West: Die klassische Jury und das adversarische Verfahren im Strafverfahren Rußlands und Spaniens, ROW 1997, S. 73 ff.
[zit.: *Thaman*, ROW 1997]

*Ders.*: Spain returns to Trial by Jury, Hastings International & Comparative Law Review, Vol. 21 [1998], S. 241 ff.
[zit.: *Thaman*, Hastings Int'l & Comp. L. Rev., Vol. 21]

*Ders.*: The Seperation of Questions of Law and Fact in the New Russian and Spanish Jury Verdicts, in: Sean Doran/John D. Jackson [Hrsg.], The Judicial Role in Criminal Proceedings, Oxford - Portland Oregon 2000, S. 51 ff.
[zit.: *Thaman*, in: Judicial Role in Criminal Proceedings]

*Toharia, José-Juan*: El juez español. Un análisis sociológico, Madrid 1975.
[zit.: *Toharia*]

*Tomás y Valiente, Francisco*: Manual de Historia del Derecho Español, 4ª Ed., Madrid 1990.
[zit.: *Tomás y Valiente*, Manual de Historia]

*Tornos y Alonso, Andrés*: Memoria elevada al Gobierno de S.M. por el Fiscal del Tribunal Supremo, el 15 de septiembre de 1911, Madrid 1911.
[zit.: *Tornos y Alonso*, Memoria 1911]

*Ugarte, Javier*: Memoria elevada al Gobierno de S.M. por el Fiscal del Tribunal Supremo, el 15 de septiembre de 1909, Madrid 1909.
[zit.: *Ugarte*, Memoria 1909]

*Varela Castro, Luciano*: Fundamentos político-constitucionales y procesales, in: Consejo General del Poder Judicial [Hrsg.], El Tribunal del Jurado, Madrid 1995, S. 25 ff.
[zit.: *Varela Castro*, in: CGPJ 1995]

*Varela Suanzes*: El debate sobre el sistema británico de gobierno en España durante el primer tercio del siglo XIX, in: José María Iñurritegui/José María Portillo [Hrsg.], Constitución en España: orígenes y destinos, Madrid 1998, S. 79 ff.
[zit.: *Varela Suanzes*, in: Constitución en España]

*Varona Martínez, Gema*: El Jurado y la arquitectura de la verdad jurídico-penal, Donostia (Gipuzkoa) 2000.
[zit.: *Varona Martínez*]

*Viada Vilaseca, Salvador*: Memoria elevada al Gobierno de S.M. por el Fiscal del Tribunal Supremo, el 15 de septiembre de 1899, Madrid 1899.
[zit.: *Viada Vilaseca*, Memoria 1899]

*Vilata Menades, Salvador*: Sobre el Jurado: Un análisis desde una perspectiva distinta (El derecho a juzgar y el derecho a ser juzgado), Valencia 2001.
[zit.: *Vilata Menades*]

*Volk, Klaus*: Der Laie als Strafrichter, in: Ernst-Walter Hanack u.a. [Hrsg.], Festschrift für Hanns Dünnebier zum 75. Geburtstag am 12. Juni 1982, Berlin - New York 1982, S. 373 ff.
[zit.: *Volk*, in: FS Dünnebier [75]]

*Volkmann-Schluck, Thomas*: Der spanische Strafprozeß zwischen Inquisitions- und Parteiverfahren, Baden-Baden 1979.
[zit.: *Volkmann-Schluck*]

*Vormbaum, Thomas*: Die Lex Emminger vom 4. Januar 1924. Vorgeschichte, Inhalt und Auswirkungen. Ein Beitrag zur deutschen Strafrechtsgeschichte des 20. Jahrhunderts, Berlin 1988.
[zit.: *Vormbaum*, Lex Emminger]

*Vossler, Norbert*: Strafprozessuale Zwangsmittel als Instrumente des beschleunigten Rechtsgüterschutzes. Ein Beitrag zur deutsch-spanischen Straf- und Zivilprozeßrechtsvergleichung, Freiburg i. Br. 1998.
[zit.: *Vossler*]

*Wassermann, Rudolf*: Bürgermitwirkung an der Rechtsprechung - Verfassungsrechtliche und rechtspolitische Aspekte, in: Hasso Lieber/Ursula Sens [Hrsg.], Ehrenamtliche Richter: Demokratie oder Dekoration am Richtertisch? Eine rechtspolitische Streitschrift zu Verbesserung und Ausbau der Beteiligung des Volkes an der Rechtsprechung. Festschrift zum 10jährigen Jubiläum der Deutschen Vereinigung der Schöffinnen und Schöffen, Wiesbaden 1999, S. 38 ff.
[zit.: *Wassermann*, in: FS DVS]

*Weigend, Thomas*: Absprachen in ausländischen Strafverfahren, Freiburg i.Br. 1990.
[zit.: *Weigend*]

*Wendt, Jürgen*: Wahl und Berufung ehrenamtlicher Richter, ZRP 2003, S. 286 f.
[zit.: *Wendt*, ZRP 2003]

*Windel, Peter A.*: Soll am Laienrichterwesen festgehalten werden?, ZZP 112 (1999), S. 293 ff.
[zit.: *Windel*, ZZP 112]

**Schriften der Deutsch-Spanischen Juristenvereinigung**

Band 1 Santiago Gonzáles-Varas: Die Verwaltung in Privatrechtsform in Spanien und Deutschland. 2002.

Band 2 Eva Romanski: Sozialstaatlichkeit und soziale Grundrechte im Grundgesetz der Bundesrepublik Deutschland und in der spanischen Verfassung. 2000.

Band 3 Alexander von Kuhlberg: Änderung und Revision der spanischen Verfassung vom 29. Dezember 1978. 2000.

Band 4 Kai Christian Fischer: Verbraucherschutz im spanischen Vertragsrecht im Lichte der europäischen Rechtsangleichung. Eine Studie mit rechtsvergleichenden Bezügen zum deutschen Recht. 2000.

Band 5 Miguel Félix Rodríguez y Rowinski: Die Haftung für Hilfspersonen im spanischen Recht. 2001.

Band 6 Ole Brühl: Immissionsschutzrechtliche Vorhabengenehmigung in Deutschland und Spanien. Eine rechtsvergleichende Untersuchung unter besonderer Berücksichtigung der Rechtslage in den Autonomen Gemeinschaften Spaniens. 2001.

Band 7 Florian Pagenkemper: Die Mängelhaftung des Bauunternehmers in Spanien nach der *Ley de Ordenación de la Edificación* und dem *Código civil*. Eine Untersuchung der vertraglichen und gesetzlichen Haftung mit rechtsvergleichenden Bemerkungen zum deutschen Recht. 2002.

Band 8 Daniel Friedrich Berg: Die Rückabwicklung gescheiterter Verträge im spanischen und deutschen Recht. Eine rechtsvergleichende Untersuchung unter besonderer Berücksichtigung des Einheitsrechts. 2002.

Band 9 Maria Isabel Haas: Der Durchgriff im deutschen und spanischen Gesellschaftsrecht. Eine rechtsvergleichende Analyse. 2003.

Band 10 Sonja Kohtes: Das Recht der vorformulierten Vertragsbedingungen in Spanien. Die Umsetzung der Richtlinie 93/13/EWG über missbräuchliche Klauseln in Verbraucherverträgen. 2004.

Band 11 Markus Artz: Kollisionsrecht und ausländisches Recht in spanischen und deutschen Zivilverfahren. Eine rechtsvergleichende Untersuchung. 2004.

Band 12 Johannes F.K. Rheinheimer: Arbeitsrechtliche Fragen nationaler und internationaler Telearbeit in der Europäischen Union an den Beispielen Deutschland und Spanien. 2004.

Band 13 Julia B. Spaethe: Spaniens Abstammungsrecht in Geschichte und Gegenwart. Unter besonderer Berücksichtigung der Nichtehelichkeit. 2004.

Band 14 Thomas Reineke: Das Recht der Arbeitnehmerüberlassung in Spanien und Deutschland und sein Verhältnis zu der geplanten europäischen Regelung. 2004.

Band 15 Christian Gohm: Maßnahmen zur Beschleunigung und Konzentration im neuen spanischen und deutschen Zivilprozess.Eine rechtsvergleichende Analyse im Lichte der Europäisierung des Zivilprozessrechts. 2004.

Band 16 Till Pense: Das spanische Schwurgericht. Die Jury im Spannungsfeld von Rechtsstaat und Demokratie. 2006.

Kolibri 360 GmbH
Ferdinand-Jühlke-Straße 7
99095 Erfurt, Deutschland
produktsicherheit@kolibri360.de

Druck:
CPI Druckdienstleistungen GmbH
im Auftrag der
Kolibri 360 GmbH
Ferdinand-Jühlke-Str. 7
99095 Erfurt